中國法理

徐显明题

CHINA JURISPRUDENCE

◆中国法理学研究会主办
◆李　林　齐延平　主编

第4辑

中国法学会资助出版

法律出版社
LAW PRESS · CHINA

目　录

指导性案例

理论纵横

比较法研究

网络法治

年会简况

指导性案例

司法裁判中的指导性案例

彭中礼*

【摘　要】 案例指导制度是我国针对法治发展的现实需要而创新的一种法律制度。2012~2016年五个年度间,我国共有1405份司法判决涉及运用指导性案例(其中法院适用指导性案例的司法判决有373份)。经验研究发现,指导性案例的采纳适用与案件类型、案由、指导性案例的提供主体、律师代理、提供指导性案例的方式、审理程序和法院级别等有显著相关性;但与判决书的制作年份等不存在相关性。从指导性案例的司法适用可以看出,指导性案例进入司法判决既缺乏必要的程序保障,也缺乏有效的法律方法支持。从案例指导制度运作的效果来看,案例指导制度尚未有效解决制度设计与法律理念、制度运行与适用方法之间的深刻鸿沟。实证研究和法理反思均表明,任何制度的设计,不仅需要有制度运作的程序安排,也需要有娴熟的法律方法训练,更需要有成熟的理念沉淀,才能真正实现制度创新的目标和价值。从未来发展的角度看,增强指导性案例的实效,需要从程序、方法和理念等层面着手,实现案例指导制度的中国化和本土化。

【关键词】 指导性案例;法律适用;法律方法

一、问题、方法与材料

法治是“使人类行为服从于规则治理的事业”。[1] 在法治建设良好的国家,“国家和社会必须有严密的法律体系,而这些法律又必须用于裁断纠纷和案件”。[2] 对于法律来说,其生命力恒存的方式就是通过司法把纸面上的规则转化为具体的法律,并深刻嵌入到人们的生活当中去。因此,法治的基本要求是:法律规范一旦确定,就需要将纸面上的文字变成现实的权利义务,这是法律实施必须要解决的重大课题。通过法律实施,法定的权利义务变成实然的权利义务,进而沟通法律理念与法律现实。司法的过程,是法律从文字变成规训的演变过程,也是一个将法治梦想实践成现实的过程。因而“司法过程的性质问题几乎被所有的法哲学家们提及”。[3] 如果法律当中有关权利义务的规则仅停留在法律文本上,对人民的行为难以产生丝毫的影响,那么法治就只可能成为虚幻故事。换言

* 彭中礼,中南大学法学院教授,法学博士。

〔1〕 Lon L. Fuller, *The Morality of Law* (*Revised Edition*), New Haven, Yale University Press, 1961, p. 96.

〔2〕 Richard A. Wasserstrom, *The Judicial Decision: Toward a Theory of Legal Justification*, California, Stanford University Press, London, Oxford University Press, 1961, p. 1.

〔3〕 Ibid., Richard A. Wasserstrom, p. 14.

之,人民对于法治建设的失望,不仅仅是没有法律规范,更有可能是已经制定的法律没有实施,成为虚设,所以中国古人张居正说,“天下之事,不难于立法,而难于法之必行”。[4]

在法治建设过程当中,为了有效实施法律,大陆法系和英美法系选择了不同的法律实施模式,形成了不同的司法制度。我国作为以制定法为主导的成文法国家,既承继了成文法系所拥有的全部优点,也存在成文法系所有的缺点。比如,制定法看似具有清晰性、明确性和稳定性等优点,然而一旦被司法适用就可能存在法律漏洞、词语含义模糊等缺点。不过,人类天生地具有制度修复能力。所以,面对上述问题,不同的国家有了不同的因应措施。在我国,为了解决上述问题,创建了案例指导制度,这是一种类似西方判例法传统但又与其明显存有差异的新制度。[5] 但是,值得深思的是,作为一种新制度,制度的设计者们从未能真正有效、全方位地考察指导性案例的适用效果。可以说,在司法判决当中如何适用[6]指导性案例以及应当如何适用指导性案例,既缺乏非常深入的理论反思,也缺乏严肃认真的经验总结。因此,本文所要思考的问题是,在中国这样一个并不深具判例法文化传统,且先例裁判思维亦不发达的国家,案例指导制度会如何运行,法官会如何适用指导性案例,民众又会如何对待案例指导制度?或者说,在案例指导制度的运行中,诸如什么样的案件能适用指导性案例,指导性案例能够被适用的前提是什么,如何适用指导性案例才不至于失去指导性案例的精髓等,都在拷问中国的案例指导制度及其运行实效。通过对案例指导制度运行实效的考察,总结该制度的运行经验,反思该制度的可能缺陷,是制度得以不断保持活力的理论基础。

为了实现研究目的,本文采用实证研究方法,对案例指导制度的运行实效进行考察。鉴于中国裁判文书网已经拥有比较完整的数据查询能力,而且搜索方式也比较先进,因而在数据来源的选择上以中国裁判文书网为主。从材料来看,2011 年 12 月 20 日,我国颁布了第一批指导案例,共 4 个,截至 2017 年 4 月 16 日,我国共发布 16 批指导性案例,共 87 个(但在本文的实证研究中并没有涉及 2016 年 12 月 28 日以后发布的第 15 批和第 16 批指导性案例共 18 个)。从 2012 年到 2016 年年底,有充分的理由相信已经有不少的法院适用过指导性案例。为了解指导性案例在我国是如何适用的,笔者在中国裁判文书网上,

---

[4] 张廷玉:《明史·张居正传》,中华书局 1974 年版,第 5643 页。

[5] 我国自古就有律例并行的传统,且新中国成立后也非常重视案例的指导作用,如在改革开放之前,由于当时没有法律可用,最高人民法院曾经将一些案例作为法律根据适用;改革开放初期,最高人民法院曾发布多个案例作为司法解释适用。参见黄晓云:《案例指导制度的历史沿革》,载《中国审判》2011 年第 1 期。笔者认为,虽然我国历史上曾经重视发挥案例的作用,但是将案例制度化却是制度创新,与简单的案件类比裁判存有巨大差异。

[6] 一般认为,“适用”“引用”和“运用”的含义是不同的。法官在进行司法裁判时,可能出现“适用”指导性案例但是不“引用”指导性案例的情形,而“适用”只是“运用”的情形之一,因此“运用”未必适用,但是“适用”必定属于“运用”。从主体来看,本文所用的“适用”,其主体是法官,“引用”的主体也是法官,而“运用”的主体主要是指案件当事人或者律师。另外,鉴于我国《最高人民法院关于案例指导工作的规定》指出“最高人民法院发布的指导性案例,各级人民法院审判类似案例时应当参照”。《〈最高人民法院关于案例指导工作的规定〉实施细则》亦规定“各级人民法院审理类似案件参照指导性案例的,应当将指导性案例作为裁判理由引述,但不作为裁判依据引用”。全国人大法工委《立法技术规范(试行)(一)》的第 14 点指出,“应当”与“必须”的含义没有实质区别;法律在表述义务性规范时,一般用“应当”,不用“必须”。由此可见,各级法院在适用指导性案例时,必须引用指导性案例,即“必须将指导性案例作为裁判理由引述,但不作为裁判依据引用”。因此,从司法解释来说,本文所研究的“适用”和“引用”从理论上是重叠的。

以“指导案例”和“指导性案例”[7]为关键词进行检索。在检索时间的设定上,从2012年1月11日开始,截至2016年12月31日,共五个年度。通过检索和仔细甄别可知,我国共有1405份裁判文书涉及指导性案例,其中法院适用指导性案例的司法判决有373份。

本文以指导性案例和法律适用的一般法理为基础,仔细观察案例指导制度运行过程中法院适用指导性案例的统计数据,并适当结合个案,对司法判决适用指导性案例的情形尝试性地给出具体的分析框架。笔者首先根据司法裁判文书所包含的构成要素如时间、案件类型、案由、指导性案例的提供主体、有无代理律师、提供指导性案例的方式、审理程序和法院级别等因素,作为考察指导性案例适用的变量,考察这些变量因素与指导性案例是否适用的关联性,然后从中总结我国司法判决适用指导性案例所存在的普遍性问题。本文的主要工作是基于实证研究的描述性分析,然后再根据法理学的一般理论,对我国法院在司法适用指导性案例过程中呈现出来的一般问题,进行必要的理论反思,提出促进案例指导制度完善的方向,从而为进一步提升案例指导制度的运行实效奠定基础。

二、司法判决适用指导性案例的概况

从数据和材料获得的途径来看,本文对司法适用指导性案例问题的实证分析是基于全样本进行的,或者说至少在中国裁判文书网所收纳的司法判决文书范围内是属于全样本的。因而,本文的描述性分析非常真实,且不存在任何投机行为。虽然抽样调查是科学的,但是“抽样设计会影响标准误差的估计”。[8] 而本文对数据库当中的所有样本进行分析,很难出现传统抽样调查方法可能出现的误差问题,因此,所得出的结论具有科学性、准确性。

表1对近五年来我国各级法院适用指导性案例的情况进行了初步统计。自2012年1月最高人民法院正式发布指导性案例以来,指导性案例在我国司法审判实践中多有涉及。因此,从各年份的视角对指导性案例的适用情况进行考察,有利于从整体上把握案例指导制度的贯彻实施情形。从SPSS卡方统计来看,不同年份下指导性案例适用的卡方值=0.403,渐进Sig.(双侧)=0.982(>0.05),皮尔森卡方检验的Sig.值为0.982。这说明,不同年份裁判的案例,在适用指导性案例上没有显著差异。不过,由表1可以得知,从涉及指导性案例的样本数量来看,存在一个逐年上升的趋势。从适用指导性案例的数量来

[7] 在司法判决中,笔者发现人民群众乃至于法官并没有区分“指导案例”和“指导性案例”。有学者认为,指导性案例专指最高人民法院审委会通过并以公告形式正式发布的案例,已经成为专门术语;而指导案例则是指有司法或教学指导作用的案例,二者并不相同。但是,笔者也发现,《最高人民法院关于案例指导工作的规定》中用的是“指导性案例”这个词语(如其中的第7条规定:“最高人民法院发布的指导性案例,各级人民法院审判类似案例时应当参照。”)在具体涉及多少号指导案例时,最高人民法院用的是“指导案例多少号”的称呼。(如《最高人民法院关于发布第15批指导性案例的通知》中,指导案例70号到指导案例77号。)为此,本文严格按照《最高人民法院关于案例指导工作的规定》中的用法使用“指导案例”和“指导性案例”。

[8] [美]李殷禹、罗纳德·N.福索佛:《分析复杂调查数据》(第2版),张卓妮译,格致出版社、上海人民出版社2012年版,第15页。

看,这种上升趋势亦相对比较明显。从适用率来看,指导性案例发布后的第一个年头指导性案例少,采纳适用指导性案例的样本案例也比较少;而随着指导性案例的增加和样本数量的增多,采纳适用指导性案例的比率也逐步增加。之所以存在这样的情形,笔者以为可能的影响因素是:第一,最高人民法院发布的指导性案例数量与涉及指导性案例的案件数量密切相关。2012 年度发布的指导性案例偏少,因而能够适用指导性案例的案件数量亦相对较少;此后指导性案例发布逐年增多,因而法院能够适用指导性案例的范围和领域逐步变宽。由此可以解释为何到了 2014 年之后,涉及指导性案例的案件数量大幅度增多,而此前涉及指导性案例的案件一直在低数量层面徘徊。第二,指导性案例的适用率高低并不取决于最高人民法院发布的指导性案例数量,而是受到案件本身事实因素的影响,因而适用率的高低并不决定指导性案例的质量或者其他任何因素。第三,涉及指导性案例的案件数量多寡,可以反映民众对指导性案例的接受程度,进而反映指导性案例的功能正在逐步正常发挥,这是制度本身的作用使然,也是制度的力量所在。总体来看,可以预测的趋势是:随着指导性案例数量的不断增多,随着各级地方法院的法官对指导性案例的了解不断深入,随着民众对指导性案例的了解不断加深,涉及和适用指导性案例的案件数量会不断逐年增长。

表 1　不同裁判年份下的指导性案例适用情况

			年份					合计
			2012 年	2013 年	2014 年	2015 年	2016 年	
指导性案例适用情况	未适用	计数	5	35	221	406	365	1032
		指导性案例适用情况中的比率	0.5%	3.4%	21.4%	39.3%	35.4%	100.0%
		年份中的比率	71.4%	72.9%	74.4%	72.6%	73.9%	73.5%
		总数的比率	0.4%	2.5%	15.7%	28.9%	26.0%	73.5%
	已适用	计数	2	13	76	153	129	373
		指导性案例适用情况中的比率	0.5%	3.5%	20.4%	41.0%	34.6%	100.0%
		时间中的比率	28.6%	27.1%	25.6%	27.4%	26.1%	26.5%
		总数的比率	0.1%	0.9%	5.4%	10.9%	9.2%	26.5%
合计		计数	7	48	297	559	494	1405
		指导性案例适用情况中的比率	0.5%	3.4%	21.1%	39.8%	35.2%	100.0%
		年份中的比率	100.0%	100.0%	100.0%	100.0%	100.0%	100.0%
		总数的比率	0.5%	3.4%	21.1%	39.8%	35.2%	100.0%
卡方值 =0.403,渐进 Sig.(双侧)=0.982(>0.05)								

表 2 对涉及指导性案例的各类案件类型进行了分析。从表 2 来看,法院适用指导性案例最多的案件类型排序为民事类案件、行政类案件和刑事类案件,数值分别为 291 份、60 份和 22 份。从法院适用指导性案例的比率来看,其排序为刑事类案件、行政类案件和民事类案件,适用比率分别为 20.7%、4.3% 和 1.6%。需要思考的是,适用指导性案例的

数量是不是与最高人民法院发布的指导性案例类型的数量多寡紧密相关呢？统计表明，在69个样本指导性案例中，民事类指导性案例42份，刑事类指导性案例15份，行政类指导性案例12份。根据SPSS数据统计，不同案件类型下，适用指导性案例的卡方值=12.982，渐进Sig.（双侧）=0.002（<0.05），皮尔森卡方检验的Sig.值为0.002，远远小于0.05的标准，这意味着不同案件类型下指导性案例的适用存在较为显著的差异。不过值得反思的是，综观目前的所有样本案件，适用指导性案例的案件绝对数量却并不多。虽然各种类型的案件适用指导性案例的数量均略高于最高人民法院发布的指导性案例数量，但是其绝对数量相比于司法判决文书的总数量而言严重偏低。这说明，在我国司法实践中，至少是截至目前，指导性案例并没有完全地融入到司法领域。

表2　不同案件类型下指导性案例的适用情况

			案件类型			合计
			民事案件	刑事案件	行政案件	
指导性案例适用情况	未适用	计数	886	33	113	1032
		指导性案例适用情况中的比率	85.9%	3.2%	10.9%	100.0%
		总数的比率	63.1%	2.3%	8.0%	73.5%
	已适用	计数	291	22	60	373
		指导性案例适用比率	78.0%	5.9%	16.1%	100.0%
		总数的比率	20.7%	1.6%	4.3%	26.5%
合计		计数	1177	55	173	1405
		指导性案例适用比率	83.8%	3.9%	12.3%	100.0%
		总数的比率	83.8%	3.9%	12.3%	100.0%
卡方值=12.982，渐进Sig.（双侧）=0.002（<0.05）						

表3对不同案由下法院适用指导性案例的情况进行了初步统计。从基本数量统计来看，合同纠纷、侵权责任纠纷、行政行为、执行纠纷和其他纠纷（"其他"类型的案由包括破坏社会主义市场经济秩序罪、公司解散纠纷、管辖权异议纠纷、劳动与人事争议、清算责任纠纷、公司决议撤销纠纷、股东资格确认纠纷、违反安全保障义务纠纷、侵犯财产罪和海商事纠纷等，它们虽然涉及了指导性案例，但是并没有适用指导性案例的裁判文书出现，因而为了研究方便将其归纳为"其他"类型）是样本案件主要案由。通过SPSS数据统计的卡方值=158.028，渐进Sig.（双侧）≈0.000（<0.05）。可见，皮尔森卡方检验的Sig.值为0.000，远远小于0.05的标准，这意味着不同案由与指导性案例的适用有着显著相关性。换句话说，鉴于目前指导性案例并没有在每一个案由领域都有分布，而只在特定案由领域才存在指导性案例，因而这种强相关性表现得非常明显。由表3亦可以得知，司法判决适用指导性案例的案由前四甲分别是侵权纠纷、合同纠纷、行政行为纠纷和执行纠纷。侵权责任纠纷之所以被适用频次最多，是因为指导案例24号"荣宝英诉王阳、永诚财产保险股份有限公司江阴支公司机动车交通事故责任纠纷案"中的裁判要点"交通事故的受

害人没有过错,其体质状况对损害后果的影响不属于可以减轻侵权人责任的法定情形”被多次适用。合同纠纷之所以被适用次数多,主要是最高人民法院发布的指导性案例与合同法相关的数量较多,且案件数量本身亦多,因而适用的频次处在首位。当然,也值得指出,虽然不同案由与指导性案例的适用有强相关性,但是并非某个案由下涉及指导性案例的样本数量越多,其适用指导性案例的频次就越多,二者并不存在正比关系。比如,行政管理范围案由下总共只有17份裁判文书,却有10份裁判文书适用了指导性案例;而合同纠纷中涉及指导性案例的裁判文书数量有614份,亦有111份裁判文书适用了指导性案例,但是相比之下,行政管理范围案由下适用指导性案例的裁判文书比率达到了58.8%,而合同纠纷案由下适用指导性案例的裁判文书比率只有18.1%。

表3　不同案由下指导性案例的适用情况

			案由												合计
			行政行为	行政管理范围	人格权纠纷	合同纠纷	侵权责任纠纷	危害公共安全罪	妨害社会管理秩序罪	贪污贿赂罪	侵犯公民人身权利、民主权利罪	知识产权纠纷	执行纠纷	其他纠纷	
指导性案例适用情况	未适用	计数	111	7	9	503	190	0	5	11	4	12	47	133	1032
		指导性案例适用情况中的比率	10.8%	0.7%	0.9%	48.7%	18.4%	0.0%	0.5%	1.1%	0.4%	1.2%	4.6%	12.9%	100.0%
		案由中的比率	63.8%	41.2%	47.4%	81.9%	62.7%	0.0%	31.2%	84.6%	33.3%	60.0%	58.0%	100.0%	73.5%
		总数的比率	7.9%	0.5%	0.6%	35.8%	13.5%	0.0%	0.4%	0.8%	0.3%	0.9%	3.3%	9.5%	73.5%
	已适用	计数	63	10	10	111	113	3	11	2	8	8	34	0	373
		指导性案例适用情况中的比率	16.9%	2.7%	2.7%	29.8%	30.3%	0.8%	2.9%	0.5%	2.1%	2.1%	9.1%	0.0%	100.0%
		案由中的比率	36.2%	58.8%	52.6%	18.1%	37.3%	100.0%	68.8%	15.4%	66.7%	40.0%	42.0%	0.0%	26.5%
		总数的比率	4.5%	0.7%	0.7%	7.9%	8.0%	0.2%	0.8%	0.1%	0.6%	0.6%	2.4%	0.0%	26.5%
合计		计数	174	17	19	614	303	3	16	13	12	20	81	133	1405
		指导性案例适用情况中的比率	12.4%	1.2%	1.4%	43.7%	21.6%	0.2%	1.1%	0.9%	0.9%	1.4%	5.8%	9.5%	100.0%
		案由中的比率	100.0%	100.0%	100.0%	100.0%	100.0%	100.0%	100.0%	100.0%	100.0%	100.0%	100.0%	100.0%	100.0%
		总数的比率	12.4%	1.2%	1.4%	43.7%	21.6%	0.2%	1.1%	0.9%	0.9%	1.4%	5.8%	9.5%	100.0%
卡方值=158.028,渐进Sig.(双侧)=0.000(<0.05)															

从各指导性案例的适用频次来看,当事人提及的指导性案例分布范围较广,主要提及的指导性案例如表4所示。表4表明,在最近5年当中,当事人反复提及的指导性案例分别是指导案例9号、指导案例14号、指导案例15号、指导案例17号、指导案例19号、指导案例22号、指导案例23号、指导案例24号、指导案例25号、指导案例34号、指导案例36号、指导案例54号。而被法院适用最多的指导性案例分别是指导案例9号、指导案

表4 在司法判决中被当事人提及或者被法院适用的具体指导性案例

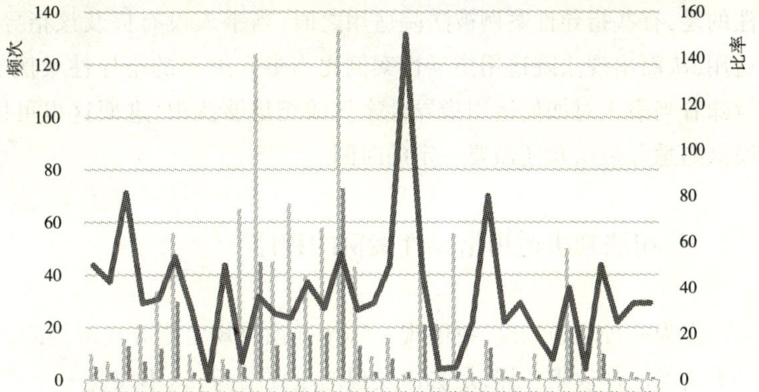

	指导案例1号	指导案例2号	指导案例5号	指导案例6号	指导案例8号	指导案例9号	指导案例10号	指导案例12号	指导案例13号	指导案例14号	指导案例15号	指导案例17号	指导案例19号	指导案例22号	指导案例23号	指导案例24号	指导案例25号	指导案例26号	指导案例28号	指导案例33号	指导案例34号	指导案例35号	指导案例36号	指导案例38号	指导案例41号	指导案例45号	指导案例46号	指导案例47号	指导案例53号	指导案例54号	指导案例56号	指导案例69号	指导案例61号	指导案例64号	指导案例66号
涉及具体指导案例的数量（次）	1	7	1	2	3	5	1	0	8	6	1	4	6	4	5	1	4	9	1	2	4	2	5	4	1	4	3	1	1	5	2	2	4	3	3
法院适用指导案例的频次（次）	5	3	1	7	1	3	3	1	4	5	4	1	1	1	1	7	1	3	8	3	2	1	3	1	1	1	1	2	1	2	1	1	1	1	1
比率（%）	5	4	8	3	3	5	3	0	5	8	3	2	2	4	3	5	3	3	5	1	4	5	5	2	8	2	3	2	9	4	5	5	2	3	3

例15号、指导案例24号、指导案例34号、指导案例54号。同时,通过表4还可以说明:第一,指导性案例正在影响司法裁判。主要表现在有较多的当事人能够自觉运用指导性案例,而且有一定数量的司法判决采纳适用指导案例。这说明指导性案例在一定程度上影响了人们的规范选择,成为化解纠纷的重要规范来源。第二,我国发布的指导性案例适用率低。主要表现在还有较多的指导性案例并没有被当事人提及或者没有被法院适用,比如指导案例3号、指导案例4号、指导案例7号、指导案例11号、指导案例18号、指导案例20号、指导案例21号、指导案例27号、指导案例29号、指导案例30号、指导案例31号、指导案例32号、指导案例37号、指导案例38号、指导案例39号、指导案例40号、指导案例42号、指导案例43号、指导案例44号、指导案例48号、指导案例49号、指导案例50号、指导案例51号、指导案例52号、指导案例55号、指导案例57号、指导案例58号、指导案例59号、指导案例62号、指导案例63号、指导案例65号、指导案例67号、指导案例68号和指导案例69号。但是这不能否定指导性案例的重大实践价值,因为一项制度的推行并非一蹴而就,需要长期的沉淀、磨合和融合才可能实现制度的有效运行。因此,这些暂时没有被适用的指导性案例并非没有实际效用,只是可能还没出现相应的案件。当然,这也进一步说明,最高人民法院在选择指导性案例的时候,其现实针对性以及预测能力还需要进一步提升。也就是说,对指导性案例的选择和确定必须真正关注人民群众日常生活的规范需要,而不能仅仅从法理上进行推测。第三,如何适用指导性案例,或者说指导性案例的适用方法尚未普及。大多数当事人往往只提及"指导性案例",而没有指出指导性案例的编号或者名称,这样的案件有364份,占整个样本的25.90%;也有法院在适用指导

性案例时,仅说参照或者根据“相关指导性案例”[9],然后直接宣布裁判结果。还值得关注的是,有些指导性案例被法院适用之时,当事人没有提及该指导性案例,然而法院自行适用,从而出现法院适用指导性案例比当事人提及的指导性案例次数还要多的现象。这意味着当事人对如何运用指导性案例缺乏足够认识,进而这也可以说明案例指导制度被民众熟悉并被认知还需要一定的时间。

三、司法判决适用指导性案例的程序

作为一种全新制度,我国现有法律并没有规定指导性案例的适用程序,即指导性案例是不是像法律规则一样,是法律发现的重要对象,这不仅是一个理论问题,也是一个重大司法实践问题。为此,笔者先从法院的审判级别与指导性案例的适用情况入手分析实践中法官适用指导性案例的操作程序,进而在理论部分进行必要的反思。

从司法实践来看,指导性案例的发现程序并不复杂。表5对指导性案例的提供方与指导性案例的采纳适用情况进行了比较分析,通过SPSS数据统计表5的卡方值=325.834,渐进Sig.(双侧)≈0.000(<0.05)。可见,皮尔森卡方检验的Sig.值为0.000,远远小于0.05的标准,这意味着指导性案例的不同提供主体与指导性案例的适用有着显著相关性。从中可以发现:第一,当事人都希望能够通过提供指导性案例来影响法官,因而当事人提供指导性案例的数量一直居高不下。不过,值得深思的是,当事人所提供的指导性案例,被法官采纳适用的比率并不高,甚至可以说是非常之低,这不能说是法官罔顾指导性案例,而应该是当事人所提供的指导性案例与之需要裁判的案件关联性缺乏或者其他因素缺乏。第二,法官经常主动提供指导性案例,并且被采纳适用的比率非常高。但也存在法官提供指导性案例但没有被采纳适用的情形,主要原因在于法官往往会通过提供指导性案例与所审案件进行对比,从而得出事实不同的结论。从理论上看,法官主动提供指导性案例应当归属于法律发现的范畴,而当事人提供的指导性案例尚需要法官的审查,因而适用率较低。第三,检察机关主动提供适用指导性案例的比率并不高,而且主要是在刑事案件当中提供指导性案例。第四,虽然也有第三人提供指导性案例的情形,但是被法院所采纳适用的案例并没有出现。第五,也有案件当中当事人和法官同时提供了指导性案例,但是法官提供的指导性案例与当事人提供的指导性案例却截然不同,因而成为指导性案例提供的“混合型”,这说明当事人所理解的“案件相似”与法官所理解的“案件相似”存有较大差别。由上可以说明的问题是,诉讼当事人和法院都是指导性案例的发现主体,只是各种发现主体之间能够推动法官采纳适用指导性案例的作用有较大差别。

---

[9] 如在“虞庆伢与周敏、中国人民财产保险股份有限公司溧阳支公司机动车交通事故责任纠纷案”中,法院指出:“根据鉴定机构在鉴定报告中所作的陈述,其系依据原告的年龄状况推定其今后的功能训练会影响伤情的愈合,本质上是依据被鉴定人的实际体质状况对参与度作出的认定,根据相关指导案例,交通事故的受害人没有过错,其体质状况对损害后果的影响不属于可以减轻侵权人责任的法定情形,故被告保险公司该项辩解意见,本院不予支持。”参见江苏省溧阳市人民法院(2016)苏0481民初3730号民事判决书。

表 5 不同提供主体下指导性案例的适用情况

			提供指导性案例主体					合计
			当事人提供	第三人提供	法院提供	检察院提供	混合型提供	
指导性案例适用情况	未适用	计数	1017	1	3	7	4	1032
		指导性案例适用情况中的比率	98.5%	0.1%	0.3%	0.7%	0.4%	100.0%
		提供指导性案例主体中的比率	80.0%	100.0%	2.6%	70.0%	57.1%	73.5%
		总数的比率	72.4%	0.1%	0.2%	0.5%	0.3%	73.5%
	已适用	计数	254	0	113	3	3	373
		指导性案例适用情况中的比率	68.1%	0.0%	30.3%	0.8%	0.8%	100.0%
		提供指导性案例主体中的比率	20.0%	0.0%	97.4%	30.0%	42.9%	26.5%
		总数的比率	18.1%	0.0%	8.0%	0.2%	0.2%	26.5%
合计		计数	1271	1	116	10	7	1405
		指导性案例适用情况中的比率	90.5%	0.1%	8.3%	0.7%	0.5%	100.0%
		提供指导性案例主体中的比率	100.0%	100.0%	100.0%	100.0%	100.0%	100.0%
		总数的比率	90.5%	0.1%	8.3%	0.7%	0.5%	100.0%
卡方值 = 325.834，渐进 Sig.（双侧）≈0.000（<0.05）								

从表 5 来看，在涉及指导性案例的案件当中，当事人提供指导性案例的案件非常多，达到了总样本的 72.4%。这是不是可以说，我国普通民众对指导性案例已经十分熟悉了？或者说，指导性案例刚建立不久，指导性案例就已经深入人心，成为普通民众都熟悉的重要规范？为了验证这种可能性的真伪，笔者进一步考察了有代理律师的案件与指导性案例的适用关系（见表 6）。通过 SPSS 的数据统计的卡方值 = 11.795，渐进 Sig.（双侧）= 0.001（<0.05）。可见，皮尔森卡方检验的 Sig. 值为 0.001，远远小于 0.05 的标准，这意味着代理律师与指导性案例的适用有着显著相关性。事实上，从表 6 也可以明确反映出来，有代理律师的案件，提供指导性案例的频次就远远高于没有代理律师的案件。而且，有代理律师的案件，所提出的指导性案例被采纳适用的比率（77.7%）远远高于没有代理律师的当事人提出的指导性案例（22.3%）。这间接说明，律师作为一种职业，当然会有比当事人更高的法律素养，毕竟"律师通过向公众或者准备雇用他的个人及机构提供自己的专业技能获得报酬"[10]，而且从根本上说律师也是接受指导性案例的精英团体之一，是法律制度最早被认知（但不一定认可）的群体。同时，这也说明指导性案例的普及群体仍然仅限于法律精英，如果要进一步落实到普通群众的信仰和行为中，还要走一段较长的路程。

〔10〕［英］布赖恩·辛普森：《法学的邀请》，范双飞译，北京大学出版社 2014 年版，第 176 页。

表6　律师代理与指导性案例的适用情况

			代理律师		合计
			有代理律师	无代理律师	
指导性案例适用情况	未适用	计数	882	150	1032
		指导性案例适用情况中的比率	85.5%	14.5%	100.0%
		代理律师中的比率	75.3%	64.4%	73.5%
		总数的比率	62.8%	10.7%	73.5%
	已适用	计数	290	83	373
		指导性案例适用情况中的比率	77.7%	22.3%	100.0%
		代理律师中的比率	24.7%	35.6%	26.5%
		总数的比率	20.6%	5.9%	26.5%
合计		计数	1172	233	1405
		指导性案例适用情况中的比率	83.4%	16.6%	100.0%
		代理律师中的比率	100.0%	100.0%	100.0%
		总数的比率	83.4%	16.6%	100.0%
卡方值 = 11.795，渐进 Sig.（双侧）= 0.001（<0.05）					

从程序上看，需要追问的是，当事人是以什么形式让指导性案例进入法官视野的呢？表7对当事人提交指导性案例的方式进行了综合总结。通过SPSS数据统计的卡方值 = 698.009，渐进Sig.（双侧）≈0.001（<0.05）。可见，皮尔森卡方检验的Sig.值为0.001，远远小于0.05的标准，这意味着当事人提供指导性案例的方式与指导性案例的适用有显著相关性。从表7可以看出，有1071份司法判决文书中的当事人将指导性案例视为裁判规范提交，有175份司法判决文书中的当事人将指导性案例当作案件证据提交，有40份司法判决文书中的当事人将指导性案例作为参考资料提交给法院。从法院适用指导性案例的司法判决文书数量来看，将指导性案例当作裁判规范提交的采纳适用率为8.0%，当作参考资料提交的采纳适用率为17.5%，当作案件证据提交的采纳适用率为94.3%。由此可以说明两个问题：一是当事人对如何让指导性案例进入司法案件缺乏统一认识；二是我国法院对此也没有相应的制度因应。因而导致的问题是，虽然当事人十分重视参考或者参照指导性案例，但是因为其对指导性案例与本案的因果关系缺乏确切的把握，因而在提供指导性案例时带有一定的盲目性，缺乏有针对性地提供指导性案例。而且，当事人对于如何运用指导性案例显然缺乏有效的认识，因而在提供指导性案例时，该如何使用指导性案例，也缺乏正确的认识。这似乎也可以进一步说明，对于民众而言，虽然我国已经建立起了案例指导制度，但是案例指导制度全面融入司法，还需要一段时间甚至较长时间的理解和接纳。

表7 当事人提供指导性案例的方式与指导性案例的适用情况

			当事人提供指导性案例的方式			合计
			当作案件证据提交	当作裁判规范提交	当作参考资料提交	
指导性案例适用情况	未适用	计数	10	985	33	1028
		指导性案例适用情况中的比率	1.0%	95.8%	3.2%	100.0%
		当事人提供指导性案例的目的中的比率	5.7%	92.0%	82.5%	79.9%
		总数的比率	0.8%	76.6%	2.6%	79.9%
	已适用	计数	165	86	7	258
		指导性案例适用情况中的比率	64.0%	33.3%	2.7%	100.0%
		当事人提供指导性案例的目的中的比率	94.3%	8.0%	17.5%	20.1%
		总数的比率	12.8%	6.7%	0.5%	20.1%
合计		计数	175	1071	40	1286
		指导性案例适用情况中的比率	13.6%	83.3%	3.1%	100.0%
		当事人提供指导性案例的目的中的比率	100.0%	100.0%	100.0%	100.0%
		总数的比率	13.6%	83.3%	3.1%	100.0%
卡方值 =698.009,渐进 Sig.(双侧)≈0.001(<0.05)						

从程序上来看,还值得追问的是,指导性案例的采纳适用与案件审理的程序阶段是否存在一定的关系?从表8的SPSS数据统计结果来看,其卡方值 =91.113,渐进 Sig.(双侧)≈0.000(<0.05)。由卡方检验的结果可知,其 Sig. 值小于0.05,这说明不同的审理程序,在指导性案例的适用情况上存在显著差异。表8表明,二审、一审、执行程序和申诉程序当中涉及指导性案例的样本案件最多,分别达到了739份、532份、57份和56份。从不同审理程序阶段指导性案例的适用率来看,提审程序、执行程序和一审程序的适用率相对来说较高,分别为60%、42.11%和39.28%;除了重审程序尚未采纳适用指导性案例外,其他程序皆有采纳适用指导性案例的案件。这说明,无论案件是在哪个审理阶段,法官都不会忽视对指导性案例的采纳和适用。可以预见,随着时间的累积和指导性案例的不断增多,各审理程序阶段适用指导性案例的案件也会越来越多。另外,笔者通过统计发现,有31个案件的当事人将再审或者申诉的理由归结为所需要审理的案件与该案件审理时间邻近的指导性案例类似,但没有得到平等对待。[11] 但是,法院通过审理发现,该31

〔11〕 如在“丽丽与中国太平洋财产保险股份有限公司邢台市宁晋支公司财产保险合同纠纷案”中,上诉人主要提出,适用最高人民法院公布的第24号指导性案例来认定本案是对“个人体质”理解错误。法院对此指出:“从本案现有的证据看,能够认定张连因对于发生交通事故,既不存在过错责任,也不存在故意的情形,其自身的疾病是事故造成后果的客观因素,并无法律上的因果关系,对于被保险人对第三者造成的人身损害结果,保险人依法应当承担相应的民事责任。因此,对于最高院公布的指导性案例,对于下级人民法院审理相同法律关系的案件,具有相应的指导意义。另一方面,由于本案交通事故的形成,是由于驾驶人在驾驶机动车行驶中所发生的追尾事故,受害人对此无法预见。因此,依法应当由机动车一方承担事故引发的全部赔偿责任。”参见河北省邢台市中级人民法院(2016)冀05民终1516号民事判决书。

个案件的当事人都错误地理解或者错误地运用了指导性案例,因而要么是驳回申诉,要么是通过再审程序驳回重审请求。

表8 不同审理程序下指导性案例的适用情况

			审理程序							合计
			一审程序	二审终审	提审程序	再审程序	申诉程序	重审程序	执行程序	
指导性案例适用情况	未适用	计数	323	617	3	11	44	1	33	1032
		指导性案例适用情况中的比率	31.3%	59.8%	0.3%	1.1%	4.3%	0.1%	3.2%	100.0%
		审理程序中的比率	60.7%	83.5%	60.0%	73.3%	78.6%	100.0%	57.9%	73.5%
		总数的比率	23.0%	43.9%	0.2%	0.8%	3.1%	0.1%	2.3%	73.5%
	已适用	计数	209	122	2	4	12	0	24	373
		指导性案例适用情况中的比率	56.0%	32.7%	0.5%	1.1%	3.2%	0.0%	6.4%	100.0%
		审理程序中的比率	39.3%	16.5%	40.0%	26.7%	21.4%	0.0%	42.1%	26.5%
		总数的比率	14.9%	8.7%	0.1%	0.3%	0.9%	0.0%	1.7%	26.5%
合计		计数	532	739	5	15	56	1	57	1405
		指导性案例适用情况中的比率	37.9%	52.6%	0.4%	1.1%	4.0%	0.1%	4.1%	100.0%
		审理程序中的比率	100.0%	100.0%	100.0%	100.0%	100.0%	100.0%	100.0%	100.0%
		总数的比率	37.9%	52.6%	0.4%	1.1%	4.0%	0.1%	4.1%	100.0%
卡方值=91.113,渐进Sig.(双侧)≈0.000(<0.05)										

既然指导性案例的适用与案件审理的程序有强相关性,那么从案件的审理级别来看,指导性案例的适用是否与法院的审理级别存有密切联系呢?表9对此进行了有效考察。通过SPSS数据统计的卡方值=55.949,渐进Sig.(双侧)≈0.000(<0.05)。由此可见,皮尔森卡方检验的Sig.值为0.000(<0.05),这说明司法裁判中,案件审判法院的级别与指导性案例的适用之间存在强相关性。从表9可以看出,运用指导性案例最多的主要是基层人民法院和中级人民法院,占到了样本数的89.61%。而且,从适用指导性案例的绝对数量来看,基层人民法院和中级人民法院发布的适用指导性案例的司法判决数量最多,分别是188份和149份,排第三位的是高级人民法院,适用指导性案例的司法判决为35份。不过从指导性案例的适用率来看,基层人民法院、专门法院和高级人民法院的适用率分别位居前三甲,其比率分别为37.8%、33.3%和26.7%。综合而言,我国对指导性案例的适用主要以地方各级法院为主,因为他们审理了绝大多数案件,因而适用指导性案例的机会本来就比最高人民法院和专门法院多。因此,适用指导性案例的程序性操作问题主要在地方法院展开。考虑到指导性案例本来就是最高人民法院为了尽可能地统一司法判决规则,尽可能减少或者消除“同案不同判”现象而设立的制度。最高人民法院作为指导性案例的产出者,决定指导性案例的选编过程,而各级法院仅仅只是指导性案例的适用者,必须尽可能地通过指导性案例的示范效应,达到指导性案例引导下的“同案同判”。

表9 法院级别与指导性案例的适用情况

			审理法院级别					合计
			基层人民法院	中级人民法院	高级人民法院	最高人民法院	专门法院	
指导性案例适用情况	未适用	计数	309	613	96	12	2	1032
		指导性案例适用情况中的比率	29.9%	59.4%	9.3%	1.2%	0.2%	100.0%
		审理法院级别中的比率	62.2%	80.4%	73.3%	100.0%	66.7%	73.5%
		总数的比率	22.0%	43.6%	6.8%	0.9%	0.1%	73.5%
	已适用	计数	188	149	35	0	1	373
		指导性案例适用情况中的比率	50.4%	39.9%	9.4%	0.0%	0.3%	100.0%
		审理法院级别中的比率	37.8%	19.6%	26.7%	0.0%	33.3%	26.5%
		总数的比率	13.4%	10.6%	2.5%	0.0%	0.1%	26.5%
合计		计数	497	762	131	12	3	1405
		指导性案例适用情况中的比率	35.4%	54.2%	9.3%	0.9%	0.2%	100.0%
		审理法院级别中的比率	100.0%	100.0%	100.0%	100.0%	100.0%	100.0%
		总数的比率	35.4%	54.2%	9.3%	0.9%	0.2%	100.0%
卡方值=55.949,渐进 Sig.(双侧)≈0.000(<0.05)								

四、司法判决适用指导性案例的方法

通过对指导性案例适用的程序性分析可以发现,无论是基于当事人的主动申请,还是基于法官的主动发现,指导性案例作为一种规范存在的事实不容否认。将指导性案例作为裁判的参照依据,事实上就是肯定指导性案例的基本价值和现实意义。这不仅需要法官通过恰当的程序对此予以实质性的回应,还需要通过合适的方法对指导性案例进行有效适用。虽然我国不是判例法国家,但是案例指导制度也应当从判例法理论中借鉴经验。因而,指导性案例在司法适用过程当中,虽然其发现的范围主要限定在最高人民法院发布的指导性案例范围之内,但是其需要的“遵循先例”式的适用方法在一定意义上说是成立的。不过,我国历来为制定法国家,在制定法中发现可能适用的法律和裁判规范,是法官的职责和主要义务。在没有完整地适用指导性案例的方法基础和理念基础的前提下,如何适用指导性案例,也是值得思考的问题。

通过上文的实证分析可知,目前我国司法实践中共有373份司法判决适用了指导性案例。其中,有10份司法判决将指导性案例作为裁判依据,有363份司法判决将指导性案例作为裁判理由;将指导性案例作为裁判依据的比例只有2.7%,而将指导性案例视为裁判理由的比例高达97.3%(见表10)。在这里,需要对统计的标准进行一下说明。我们知道,指导性案例作为裁判依据和裁判理由,这两者的效力、作用是完全不一样的。《最高人民法院关于案例指导工作的规定》及其实施细则明确指出指导性案例在司法判决中只能作为“参照”而引用。因此,在司法判决中,如果将指导性案例作为裁判理由,则在“本院认为”部分进行事实阐述和理由论证之时,指导性案例就会成为法律论证的依据,进而由此判断某个行为的合法性。[12] 如果是作为裁判依据,则意味着指导性案例是推论出裁判结果的主要依据之一,那么在法条引用时,应当遵守如下顺序:首先在其前面必须先引用法律条文,然后引用司法解释(如果有的话),再“参照”具体指导性案例(严格说来,在作为判决依据时,不能笼统地说“参照指导性案例”,应当明确指出“参照某个指导性案例”)。[13] 不管在司法判决中指导性案例是以裁判依据的方式被适用,还是以裁判理由的方式被适用,都说明法院对指导性案例的遵守。只是,从法理上说,这种适用的方法和技术却值得考量(具体见后文的分析)。

表10 司法判决中指导性案例的作用方式

			指导性案例的适用方式			合计
			作为裁判理由	作为裁判依据	法院未适用	
指导性案例的适用方式	未适用	计数	0	0	1032	1032
		指导性案例适用情况中的比率	0.0%	0.0%	100.0%	100.0%
		指导性案例作为裁判理由中的比率	0.0%	0.0%	100.0%	73.5%
		总数的比率	0.0%	0.0%	73.5%	73.5%
	已适用	计数	363	10	0	373
		指导性案例适用情况中的比率	97.3%	2.7%	0.0%	100.0%
		指导性案例作为裁判理由中的比率	100.0%	100.0%	0.0%	26.5%
		总数的比率	25.8%	0.7%	0.0%	26.5%
合计		计数	363	10	1032	1405
		指导性案例适用情况中的比率	25.8%	0.7%	73.5%	100.0%
		指导性案例作为裁判理由中的比率	100.0%	100.0%	100.0%	100.0%
		总数的比率	25.8%	0.7%	73.5%	100.0%

〔12〕 如“张家口崇景园林绿化处工程有限公司与张家口市金华鼎房地产开发有限公司建设施工合同纠纷一案执行异议裁定书”:“本院认为,案外人与被执行人张家口市金华鼎房地产开发有限公司签订最高额保证金合同,双方依照合同设立保证金专项账户,被执行人张家口市金华鼎房地产开发有限公司存入该保证金账户3,667,225元保证金,案外人中国建设银行股份有限公司张家口分行对该保证金账户及资金实施监管控制;参照最高人民法院指导性案例,质权人及案外人已取得对该保证金专项账户的占有控制权,符合金钱特定化和移交占有的要求,应认定为金钱质权已设立,但案外人对该保证金账户内的资金并不享有所有权。”参见张家口市桥西区人民法院(2016)冀0703执异7号执行裁定书。

〔13〕 如“杨润波与紫荆控股有限公司、中铁紫荆置业有限公司股权转让纠纷案”中指出:“依照《中华人民共和国民法通则》第四条,《中华人民共和国公司法》第三条第一款、第二十条第三款,《中华人民共和国合同法》第四十四条第一款、第四十五条第二款、第一百零九条、第一百一十二条,《中华人民共和国民事诉讼法》第六十四条,最高人民法院《关于民事诉讼证据的若干规定》第六十四条、第六十六条的规定,并参照最高人民法院第四批指导性案例的第15号指导案例,一审法院判决……”参见河北省廊坊市中级人民法院(2016)冀10民终4005号民事判决书。

法官适用指导性案例的过程,是司法方法和裁判技术实践的过程。从 373 个适用指导性案例的司法判决来看,其适用指导性案例的方式主要体现在表 11 当中。从表 11 来看,法院适用指导性案例最常见的方式有五种,从适用频次的多寡从高到低分别为:第一种方式是参照裁判要(观)点式,即在裁判文书中全文引用指导性案例的裁判要点,并指明参照该要点。[14] 此类案件最多,占到了适用指导性案例的 49.87%。第二种方式是直接参照式,即不指出指导性案例的裁判要点,直接说参照某个指导性案例进行裁判,此类案件占到了适用指导性案例的 26.27%。[15] 第三种方式是案情类似式,即法院指出法官审判的案件与指导性案例案情类似而适用,[16] 此类案件占到了适用指导性案例的 13.41%。第四种方式是作为支撑依据式,即法院先提出自己的观点,然后引用指导性案例作为依据支撑自己的观点,如“安吉某弹簧有限公司等污染环境案”中,法官指出:“如此认定,符合自首制度设立的本意,也为最高人民法院相关指导性案例所肯定。故对其辩护人提出的其系自首,依法可予从轻或减轻处罚的意见,本院予以采信。”[17] 此类案件在适用指导性案例的案件中并不多见,只占到了 7.51%。第五种方式是裁判精神式,即法官适用了某个指导性案例的裁判精神裁判或者认定责任,如“冯伟嫦与中国平安财产保险股份有限公司肇庆市德庆支公司、陆建丽机动车交通事故责任纠纷案”中,法院指出:“经鉴定残情与本案交通事故存在一定的参与度,与上述《最高人民法院发布第六批指导性案例的通知》中指导性案例第 24 号案例相似,故本案有关伤情与交通事故的参与度应适用上述规定。因此,冯伟嫦的伤残赔偿金应按全额计算。”[18] 不过此类案件非常少见,仅占到适用指导性案例的 2.94%。这说明,虽然指导性案例可以被法官参照,但是如何参照以及依照什么方式参照,在没有法律来规范或者缺乏严格的先例裁判技术训练的情况下,属于法官自由裁量的范围。严格说来,虽然没有受过专门的普通法训练,但是如果法官受过专业的法学训练,对英美法系有或多或少的了解,那么至少也不会有“裁判精神式”之类的裁判方式出现。

---

〔14〕 如在“中国人民财产保险股份有限公司景德镇市河西支公司与陈美金等机动车交通事故责任纠纷上诉案”中,法院指出:“经审核认为,最高人民法院指导性案例 24 号指出:交通事故中在计算受害人损失时应当根据受害人对损失的发生或扩大是否存在过错进行分析,受害人个人体质状况不构成侵权责任法等法律规定的过错,即使该状况对损害后果的发生有一定影响,受害人也不应自负相应责任……为此,参照上述指导性案例以及举证规则的规定,陈美金不负相应责任,对人财保险河西公司该辩解意见不予支持。”参见江西省景德镇市中级人民法院(2016)赣 02 民终 646 号民事判决书。

〔15〕 如在“张延刚与新泰市城市管理行政执法局规划行政处罚纠纷行政判决书案”,法院指出:“参照最高人民法院指导性案例 6 号黄泽富、何伯琼、何熠诉四川省成都市金堂工商行政管理局行政处罚一案裁判观点……”参见山东省新泰市人民法院(2014)新行初字第 72 号行政判决书。

〔16〕 如“嘉园(福建)实业有限公司诉银隆融资担保有限公司债权转让合同纠纷案”中,法院指出:“而本案除债权转让时点有别外,基本案情与指导性案例类似。”参见福建省福州市中级人民法院(2015)榕民初字第 629 号民事裁定书。

〔17〕 浙江省安吉县人民法院(2016)浙 0523 刑初 427 号刑事判决书。

〔18〕 广东省肇庆市中级人民法院(2015)肇中法民三终字第 360 号民事判决书。类似案件还有“山东临淄农村商业银行股份有限公司与淄博明珠物资有限公司、淄博泉泰经贸有限公司等金融借款合同纠纷案”,在该案中,法院指出:“本案再审争议的焦点是明珠物资公司与金旗瑞公司是否人格混同。根据《中华人民共和国公司法》的规定及最高人民法院指导性案例精神,认定关联公司人格混同,应坚持人员、业务、财务等方面交叉或混同,导致各自财产无法区分,丧失独立人格的标准。”参见山东省高级人民法院(2015)鲁民再字第 23 号民事判决书。

表11 司法判决中指导案例的适用方式

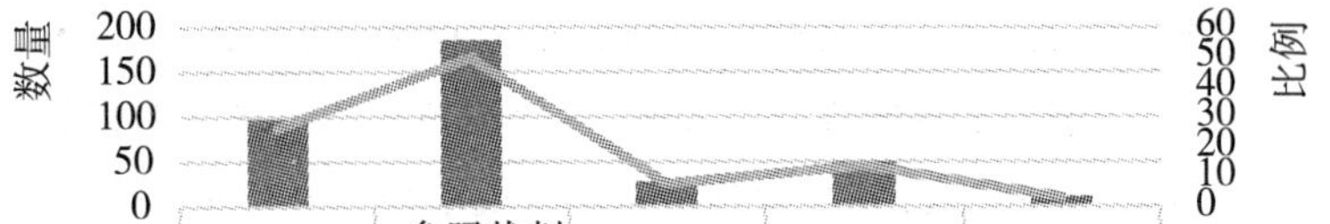

	直接参照式	参照裁判要（观）点式	作为支撑依据式	案情类似式	裁判精神式
适用指导案例的裁判文书数量(份)	98	186	28	50	11
比例(%)	26.27	49.87	7.51	13.41	2.94

适用指导案例的裁判文书数量(份)　比例(%)

司法判决要说道理讲方法,特别是要回应当事人所提出的疑问从而解决纠纷。那么,针对当事人提供的指导性案例,法官是否会给予回应呢?表12对此作出了统计分析。但从表12来看,只有21.3%的司法裁判文书比较明确地回应了当事人提出来的指导性案例,更多的时候是法院不回应当事人提供的指导性案例。有意思的是,法院如果回应了指导性案例,那么法院采纳适用指导性案例的比率就高(93.0%);法院如果没有回应当事人提供的指导性案例,那么指导性案例的采纳适用比率就低(0.3%)。通过SPSS的数据得出卡方值=1144.958,渐进Sig.(双侧)≈0.001(<0.05)。由此可见,皮尔森卡方检验的Sig.值为0.001(<0.05),这说明法院对当事人提供的指导性案例态度与指导性案例的适用之间存在强相关性。虽然最高人民法院《关于指导性案例制度的工作规定》明确指出,法院必须回应当事人提出来的指导性案例,但是在司法实践中,有较多的法院对此采取了回避态度。笔者推测成因有二:一是当事人提供的指导性案例不明确,上文对此也指出,许多当事人只是笼统地提出要参照指导性案例,但是到底要参照哪个具体的指导性案例,当事人没有明确提及,因而法官也无法回应;二是当事人提供的指导性案例与所裁判的案件关联性相去甚远,法官觉得没有必要进行回应。

表12 法院对待当事人提供的指导性案例的态度

			法院是否回应当事人的指导性案例		合计
			回应	未回应	
指导性案例适用情况	未适用	计数	19	1000	1019
		指导性案例适用情况中的比率	1.9%	98.1%	100.0%
		法院是否回应当事人的指导性案例中的比率	7.0%	99.7%	80.0%
		总数的比率	1.5%	78.5%	80.0%
	已适用	计数	252	3	255
		指导性案例适用情况中的比率	98.8%	1.2%	100.0%
		法院是否回应当事人的指导性案例中的比率	93.0%	0.3%	20.0%
		总数的比率	19.8%	0.2%	20.0%

续表

		法院是否回应当事人的指导性案例		合计
		回应	未回应	
合计	计数	271	1003	1274
	指导性案例适用情况中的比率	21.3%	78.7%	100.0%
	法院是否回应当事人的指导性案例中的比率	100.0%	100.0%	100.0%
	总数的比率	21.3%	78.7%	100.0%
卡方值 = 1144.958，渐进 Sig.（双侧）≈0.001（ <0.05）				

从方法上看，还应当追问的问题是，如果法官不予适用指导性案例，会如何进行说理，或者说会如何进行裁断呢？表 13 对该问题进行了分类统计。在 1032 份由当事人提供指导性案例但未被法院采纳适用的司法判决文书中，共有 901 份司法判决文书（占比 87.3%）没有给出为何不适用当事人所提出的指导性案例的理由；共有 131 份司法裁判文书（占比 12.7%）对于当事人提出的指导性案例给出了详细的不采纳适用理由。通过仔细研读不适用指导性案例的司法判决文书，笔者发现法院的不适用理由也能足以成为说明司法技术重要性的依据。从表 13 可以看出，我国法院所提供的不适用指导性案例的理由主要有五个：第一种理由类型为“案件构成事实对比存有差异”，即法官通过对比指导性案例的事实与所要审理案件的事实，如果基本事实大致相同，则可适用指导性案例，不同则不适用指导性案例。比如“山东临淄农村商业银行股份有限公司与淄博明珠物资有限公司、淄博泉泰经贸有限公司等金融借款合同纠纷案”中，法院指出“对比最高人民法院指导性案例，本案证明关联公司法人混同的实例明显较少，证明力明显较低，未能达到最高人民法院同类案例中如此高的证明标准，也无法达到确切证实两公司已丧失法人人格独立性，对外丧失独立承担民事责任资格的程度”。[19] 该种类型在详细说明不适用指导性案例理由的案件中占比排第一位，为 3.8%。第二种理由类型为“与本案没有关联性”，即法院认为当事人所提供的指导性案例与所审理的案件之间缺乏事实或者裁判规范方面的相关性。比如在某案件中，法院指出“原告提供的最高人民法院发布的第 6 号指导性案例与本案没有关联性”[20]，因而不予适用。该种类型在详细说明不适用指导性案例理由的案件中占比排第二位，为 2.6%。第三种理由类型是“超出指导性案例规范范围”，意指所审理的案件需要裁判的范围超出了指导性案例所能规范的范围。如在“中国农业银行股份有限公司津市市支行申请异议案”中，法院明确指出所审理案件中的质权不能排除执行，理由是“最高人民法院指导性案例 54 号只是确认质权，没有指出排除执行，也没有指出相关执行行为违法错误”。[21] 该种类型在详细说明不适用指导性案例理由的案件中占比排第四位，为 2.4%。第四种理由类型为“本案行为另有法律规定”，即指

[19] 山东省高级人民法院（2015）鲁民再字第 23 号民事判决书。

[20] 上海市长宁区人民法院（2014）长行初字第 16 号行政判决书。

[21] 湖南省津市市人民法院（2016）湘 0781 执异 1 号执行裁定书。

导性案例所提供的法律依据与法院审理的案件的事实之间不共用同一法律依据。如“张丽红与安阳市公安局北辰分局等行政赔偿上诉案”中,法院指出:“张丽红在本案中引用了最高人民法院下发的《关于发布第九批指导性案例的通知》中41号指导性案例,41号指导性案例中行政机关在作出决定时仅仅引用了《中华人民共和国土地管理法》,而未具体到条款,且在诉讼中,被告不能证明其行政行为符合法律的具体规定,该案例不适用于本案。”[22]从表13来看,这种情形在详细说明不适用指导性案例理由的案件中占比排第三位,为2.2%。第五种理由类型为“法官有自由裁量权”,意指法官及时发现指导性案例事实与所审理案件事实相同,但是基于自身因素考虑或者基于案件考虑,而不适用指导性案例。此种案例在司法判决中出现次数较少,但是也代表了法官们的一种审理案件的态度。如在“平度市百顺房屋经营部与王玉刚居间合同纠纷案”中,法院指出即使指导性案例1号认为当事人有权选择报价低、服务好的居间公司,而且指导性案例对于基层人民法院来说也有指导意义,但是我国不是判例法国家,指导性案例的拘束力并不强,因而法院仍然有权结合案件事实,区分案件的具体情况,作出符合实际情况的司法判决。[23] 当然,从现有的司法判决来看,明确如此表示的法院确实比较罕见(1.7%),但也说明我国的法官在特定情形下确实也有足够的自由裁量权。

表13 司法判决不适用指导案例的理由统计

法院没有论证不采用理由	本案行为另有法律规定	与本案没有关联性	案件构成事实对比存有差异	超出指导案例规范范围	法官有自由裁量权
901	23	27	39	24	18
87.3	2.2	2.6	3.8	2.4	1.7

司法判决文书数量(份)　比例(%)

五、司法判决适用指导性案例的反思

无论是对于法官而言,还是对于民众而言,案例指导制度都是新型制度。作为糅合了判例法系遵循先例思想而又不致违背大陆法系遵循成文法规则的制度,指导性案例充分体现了学者们的法治情怀和制度缔造者们的创新精神。但与此同时,这也表明,案例指导制度在我国的根基依然浅薄,其基本理念和精神在我国缺乏深厚的语境和肥沃的土壤。因此,本文的实证研究部分尽可能地客观描述指导性案例的适用场景,从而反映出指导性案例在司法当中适用的整体趋势、基本特征和可能问题。事实上,通过实证研究发现,虽

[22] 河南省安阳市中级人民法院(2016)豫05行终196号行政赔偿判决书。

[23] 山东省平度市人民法院(2015)平商初字第2460号民事判决书。

然指导性案例在我国根基不牢,但并非全无可取之处,甚至还可以说指导性案例的适用效果可圈可点。当然,通过实证研究也发现,在司法判决过程当中,不论是案件的当事人还是居中裁判的法官,对指导性案例的适用还缺乏充分的了解。所以,笔者认为在分析和理解司法适用的现象,反思其产生的成因,规范法院的做法等方面,有必要进行基础性的理论反思,为指导性案例的司法适用提供一个全面的考察视角,从而为促进案例指导制度的有效运行奠定理论基础,进而充分有效发挥案例指导制度的正能量,尽可能抑制法院在适用指导性案例方面可能存在的恣意,确保司法公正。从理论上说,司法判决是否适用指导性案例,取决于案件事实与指导性案例的相关性,因此指导性案例的适用应当具有规范性。然而,从实证分析来看,指导性案例的采纳适用与案件类型、案由、指导性案例的提供主体、律师代理、提供指导性案例的方式、审理程序和法院级别等有显著相关性,这说明案例指导制度在运行过程当中还存在较多的变量因素,或者说案例指导制度的制度功能虽然有所凸显,但是主观意志掺杂,因而可以说案例指导制度尚未有效解决制度设计与法律理念、制度运行与适用方法之间的深刻鸿沟,存在运行不畅、方法缺位等现象。为了反思这些现象,笔者认为需要反思的法理问题至少有四个:(1)如何理解指导性案例的价值取向和法律定位?(2)如何从程序上确保指导性案例的合理"入场"和充分"在场"?(3)如何从法律方法上保证指导性案例的充分合理适用?(4)如何保证案例指导制度的有效运行与法律理念进行有机结合?

先谈第一个问题,即如何理解指导性案例的法律定位和价值取向。这本是建立案例指导制度之初就应当解决或者已经解决的基本理论问题。事实上,也有较多学者对此有过比较细致的论述和详细阐述。在此我们继续发问的目的是为了通过确定指导性案例的功能,深化对指导性案例的认识,而不仅仅是炒前人的"剩饭"。在司法判决当中,有不少的当事人甚至有不少的法官认为,我国不是成文法国家,不是按照判例进行裁判的国家,因而在对待指导性案例的时候,可以坚持可有可无的"参照"态度,既然只是"参照",那么就不应当成为决定案件结果的依据。[24] 我们认为这种观点实际是比较消极的。在现代社会,不管是英美法系,还是大陆法系,成文法汗牛充栋,显现出了十分重要的作用。但是,从理性主义起源时始就面临的挑战是,人类的理性能力总有"不及","无论一部法令在起草时经过了多少慎重周密的考虑(实际上很多法令的起草是极为粗略的),各项条款在运用到具体案件中时,案件的具体情况常常会引发争议疑问似乎是不可避免的"。[25] 这些疑问既可能是因为语言的问题而需要提供法律解释,也可能因为法官对法条的理解存在不同,而可能作出截然不同的判决。比如,关于职业打假人"知假买假"的行为是否属于消费行为,我国就有认可其消费者身份不认可其消费者身份两种截然不同的判决,而

〔24〕 比如,在"姜宝琛与青岛东洲物业管理有限公司生命权、健康权、身体权纠纷上诉案"中,法院指出:"我国非判例法国家,人民法院以事实为根据,以法律为准绳对案件作出判决,最高人民法院发布的指导性案例对本案的审理仅有参照意义。经审查,本案系经依法查明事实的基础上作出的判决,结果正确,本院予以确认。"参见山东省青岛市中级人民法院(2014)青民五终字第1628号民事判决书。此类话语实际上是法官对案例指导制度的重大误解,也可以说是案例指导制度的功能和价值(在实务界)尚未完全实现高度统一的认识。胡云腾大法官曾说:"所谓参照,就是参考、遵照的意思。所谓应当参照,就是必须参照的意思。"胡云腾:《案例是什么》,载《法律适用》2017年第6期。

〔25〕 [英]布赖恩·辛普森:《法学的邀请》,范双飞译,北京大学出版社2014年版,第142页。

指导性案例可以通过对适用中产生问题的解决,实现争端解决结果的统一。[26] 指导性案例,从其创设的初衷来说,就是要解决案件裁判经常存在的"同案不同判"问题,保证当事人在同等条件下同等对待。因此,它"不是一种新的造法制度,它在本质上仍是一种法律适用活动和制度"。[27] 案例指导制度以具体的指导性案例指导各级法院的法官在法律活动中如何适用具体的规则,更多地满足司法活动对于细化规则的需要。此种定位决定了指导性案例必定是以一种规范性的立场而存在。也就是说,一方面,指导性案例是有效适用法律的结果,另一方面,指导性案例也是对已有法律规则的一种解释——从《宪法》等相关法律来看,指导性案例的存在有其合法性根据,当然这种"解释"可能带有一定程度上的"创造性"[28]。既然如此,指导性案例的规范效力至少应当在司法机关内部形成高度统一,这样才能充分保证该制度存在的价值和意义。如果仅将指导性案例视为裁判的资料来源,而不是视为重要的法律渊源[29],则难以实现案例指导制度的初衷。上述实证分析表明,当前我国法院采用适用指导性案例的案件并不多,甚至还存在一些"敌视",其主要原因就在于法官对案例指导制度功能和价值的认识不到位;而最高人民法院在《关于案例指导工作的规定》当中做出的"最高人民法院发布的指导性案例,各级人民法院审判类似案例时应当参照"规定也缺乏必要的、更强的拘束力,从而导致案例指导制度的实效并未完全充分发挥出来。因而,未来如有可能,还需要有更高层级的法律规定对案例指导制度进行更为详细的规定,特别是需要将其法律地位阐述得更加准确。

第二个问题是如何从程序上确保指导性案例的合理"入场"和充分"在场"?正如上文所说,指导性案例虽然不是承认和认可判例法,但从源头上说还是要认可其为基于先例裁判的思维产物。从一定程度上说,案例指导制度改变了大陆法系司法判决的固有逻辑思维。因此,如何保证指导性案例合理"入场"而且充分"在场",而不是无缘无故地"缺场",是法律程序上应当研究的问题。对此,《关于案例指导工作的规定实施细则》(以下简称《实施细则》)第11条规定:"在办理案件过程中,案件承办人员应当查询相关指导性案例……公诉机关、案件当事人及其辩护人、诉讼代理人引述指导性案例作为控(诉)辩理由的,案件承办人员应当在裁判理由中回应是否参照了该指导性案例并说明理由。"从

[26] 比如,关于职业打假人"知假买假"的行为是否属于消费行为,我国指导案例23号在裁判要点中明确指出:"消费者购买到不符合食品安全标准的食品,要求销售者或者生产者依照食品安全法规定支付价款十倍赔偿金或者依照法律规定的其他赔偿标准赔偿的,不论其购买时是否明知食品不符合安全标准,人民法院都应予支持。"

[27] 刘作翔、徐景和:《案例指导制度的理论基础》,载《法学研究》2006年第3期。胡云腾也有类似的观点,参见胡云腾:《案例是什么》,载《法律适用》2017年第6期。

[28] 有学者追问指导性案例到底是法律解释还是创制法律,目前主流的观点是将指导性案例视为对法律的解释性适用。比如胡云腾说:"以指导性案例为载体的案例指导制度……是最高人民法院解释法律的一个重要形式……因此,我国的指导性案例只能是释法机制而不是造法机制。"参见胡云腾:《案例是什么》,载《法律适用》2017年第6期。也有学者认为案例指导制度既是法律解释机制也是司法造法机制。参见刘克毅:《法律解释抑或司法造法?——论案例指导制度的法律定位》,载《法律科学》2016年第5期。从案例指导制度的初衷来说,其本质是司法解释机制,但是在司法解释中适度"创制法律"不可避免。

[29] 关于指导性案例是不是重要的法律渊源,学术界存在两种不同的看法:一种观点认为指导性案例不是法律渊源,以刘作翔教授等学者为代表,参见刘作翔:《案例指导制度:人民群众都关心些什么?》,载《法学评论》2017年第2期。另一种观点认为指导性案例是法律渊源,这种观点以雷磊等青年学者为代表,参见雷磊:《指导性案例法源地位再反思》,载《中国法学》2015年第1期。

上述实证分析来看,该条规定显得有些单薄和不足。上文的实证分析表明,在我国最近五年来的司法实践中,指导性案例大多数由当事人以证据形式或者其他形式提交给法院。如果将指导性案例视为证据提交,显然需要对该种特殊证据进行质证,其真实性、合法性自是无可辩驳,但是关联性之辨却在法庭开庭程序中显得稍有混乱,如是也给法官的开庭过程带来一定程度的影响,这显然是《实施细则》所没有预测到的情形。此外,即使根据《实施细则》,也会遇到操作上的问题:一是如果法官在裁判文书中没有回应当事人提出来的指导性案例,会有何种程序性后果?《实施细则》要求法院对当事人提出的指导性案例予以回应,但实证分析发现法院不回应的现象普遍存在。那么,从程序上看,此种情形是否构成当事人上诉或者申诉的重要程序理由?笔者认为,从法理上说,法官回应当事人的诉求是司法的重要内容,也是司法具有可接受性的基本要求。虽然在实践中有很多当事人提供的指导性案例可能与所审案件不存有关联性,但是当事人自身并不一定就明白为何缺乏关联性,因此法官必须在司法判决文书中予以指出。法官一旦忽视了当事人的诉求,从程序上来说,应当成为发回重审的理由。当然,如果二审法院或者再审(提审)法院发现当事人所提供的指导性案例确实与所审案件不具有相关性,必须在二审裁判文书或者再审(提审)裁判文书当中阐释理由,并指出一审法院或者原审法院在此所犯的错误。二是法律发现上的难题。法院碰到可能的情形有:法官要不要在裁判文书当中指明其查询了指导性案例,或者是法官虽然查询了指导性案例却没有查询到符合要求的结果,而事实上却存在符合要求的结果(在指导性案例数量较少的情况下,这种情形容易被识破,但是不排除将来指导性案例足够多的情形下,法官不愿意去查询的可能情形)。出现了这样的情形,在法律程序上该如何处理?上文实证分析已经指出,已经有较多的当事人以存在类似指导性案例为由申诉或者申请再审。如果某个案件本可以参照适用指导性案例,但是因为法官的粗心或者其他因素影响,其只适用了法律,而没有适用指导性案例,进而对案件的裁判带来不公平的结果,此时,该如何解决,或者说该如何进行监督并督促法官适用指导性案例?有学者认为,凡是发现司法判决文书中有该适用的指导性案例而没有适用,无论如何,要么由二审纠正,要么由当事人作为申诉理由而进行申诉。笔者认为,对于此种情形应当根据案件审理的结果去讨论。如果法官没有适用指导性案例,但是案件裁判结果符合法律要求,则可以维持原判;如果案件裁判结果不符合指导性案例的规范要求,也不符合法律规定,上级法院应当发回重审或者依职责依法改判,或者指令再审或者提审。从理论建构的立场上说,要保证指导性案例的合理"入场"而且充分"在场",就应当依照传统的法律发现程序,将指导性案例的发现与适用纳入法律发现与适用的庭审辩论程序当中,进行法律适用的辩论更符合法律程序要义。当然,如果当事人在法律适用庭审辩论程序中没有提供指导性案例,则法院应当依职权适用能够适用的指导性案例,并对适用指导性案例的理由进行法理评析。

第三个问题是如何从法律方法上保证指导性案例的合理适用?指导性案例虽然在一定程度上解决了"同案不同判"的问题,但是由于制度设计本身不周延的原因,也带来了新的问题,其中最关键的就是如何适用指导性案例的问题。特别是随着时间的变迁,最高人民法院发布的指导性案例会越来越多,可供适用的指导性案例也会越来越多,因而如何进行适用的问题随之会越来越重要。在制定法传统下,基本的法律适用方法为司法三段论推理,或者说是拉伦茨所言的涵摄理论。然而,与制定法传统下的法律推理不同,案例指导制度在一定程度上承继了先例裁判的思维特点,因而在法律适用方法上有所不同。最高人民法院新颁布的《实施细则》对于指导性案例的适用有规定,主要体现在第9条和第10条。〔30〕 然而,到底如何理解“相类似”,又如何看待“裁判要点”,现有理论和新颁布的《实施细则》并没有给出必要的回答或者指引,因而在实践当中出现了指导性案例的“适用难题”。根据《实施细则》,应当是先比较案件是否“相类似”,然后参照“裁判要点”作出裁判。然而,在司法实践中,关于指导性案例的适用出现了两种截然对立的情形。一种情形是先比较指导性案例与所审案件的案情是否类似,然后决定是否适用指导性案例,这与《实施细则》的基本要求相一致。如“山东临淄农村商业银行股份有限公司与淄博明珠物资有限公司、淄博泉泰经贸有限公司等金融借款合同纠纷案”(为了讨论方便,以下简称“山东案”)〔31〕;另一种情形是不比较案情,直接分析指导性案例裁判要点的构成要素进行论证,如“福建省晋江福源食品有限公司与郑州味思源食品有限公司、朱新锋侵害商标权纠纷案”(为了讨论方便,以下简称“福建案”)。〔32〕 在“山东案”当中,二审终审法院通过分析指导案例15号的案件事实构成,认为公司法人人格混同至少需要公司人员混同、公司业务混同和公司财务混同三个条件,或者需要对方当事人拿出足够的证据证明关联公司至少具备同等充足的其他证据才能证明成立。〔33〕 在“福建案”当中,法院直接提及指导性案例47号的裁判要旨,并以此作为推理的起点,进而论证被告味思源公司的行为构成不正当竞争。〔34〕 对于“山东案”中的引用模式,要追问的第一个问题是如何来确定案件“相类似”?而对于“福建案”,要进一步扩展的第二点讨论是,法官是不是可以直接依据指导性案例确定的裁判要点进行法律推理?在此基础上,还应当追问:法官是否能够对指导性案例的裁判要点进行再解释?下面分而述之:(1)第一个问题要解决的是指导性案例的事实与所审案件事实如何确证“相类似”,这在实践操作中十分重要。有些法官往往以“不相关”或者“不类似”而打发当事人提供的适用请求,至于理由何在则语焉不详。在英美法系国家当中,先例的存在本身就代表一种权威。先例不是被创造的,而是被发现的。〔35〕 因此,普通法系国家的法官会将大量的时间耗费在先例的寻找上。〔36〕 之所以如此,是因为英美法系国家在适用先例的时候,按照区别技术来适用先例。“一个有约束力的英国先例的判决理由可以通过以后的区别技术而缩小,以使得被当作权威的规则

---

〔30〕《关于案例指导工作的规定实施细则》第9条规定:“各级人民法院正在审理的案件,在基本案情和法律适用方面,与最高人民法院发布的指导性案例相类似的,应当参照相关指导性案例的裁判要点作出裁判。”第10条规定:“各级人民法院审理类似案件参照指导性案例的,应当将指导性案例作为裁判理由引述,但不作为裁判依据引用。”

〔31〕山东省高级人民法院(2015)鲁民再字第23号民事判决书。

〔32〕福建省泉州市中级人民法院(2015)泉民初字第218号民事判决书。

〔33〕但是二审终审法院的这个观点被再审法院否认了。再审法院认为:一是要将举证责任分配给关联公司方,因为关联公司方有更多的条份来为自己洗刷清白;二是关联公司在人员、业务、财务等方面交叉或混同,但关联公司又没有各自并没有丧失独立性。因而认定原审判决认定事实错误,应予纠正。参见山东省高级人民法院(2015)鲁民再字第23号民事判决书。

〔34〕福建省泉州市中级人民法院(2015)泉民初字第218号民事判决书。

〔35〕See William O. Douglas, Stare Decisis, *Columbia Law Review*, Vol. 49, No. 6, June, 1949, p. 735.

〔36〕See Neil Duxbury, *The Nature and Authority of Precedent*, Cambridge University Press, 2008, p. 3.

不会如其最初阐述得那样宽泛。”〔37〕在判例法制度中，它强调法官在判决具体案件时，必须遵循先例，按照相同案件要相同处理的原则进行裁断，这构成了对法官的约束。一般来说，如果法官需要决断的具体案件能够找到与之相同的先例，如在事实方面差别不大，可能涉及相同的法律原则时，就应该适用先例——当然，世界上不可能存在完全相同的案例，即使除去发生的时间、当事人的差别不算，案件事实或多或少会存在一定的差别。但是，整体来看，先例中存在的案件事实的争论点与需要裁决的案件的争论点大致相同，先例所概括出来的裁决规范具有可参照性，就构成了适用先例的基本前提。区别技术将先例中事实与所审案件的事实彻头彻尾地比较了一遍，从而确定基于语境的案件事实产生的规则是否可以适用。区别技术是在对比先例的案件事实与待决的案件事实时，以发现案件的相似性为基础，来决定法律规则的可适用性。在区别技术中，如何判断先例事实与待决案件事实的相似性，是适用先例的重要前提。拉兹对此有过讨论：例如判决P中记录着该案的事实是a，b，c，d，e，g，法官从该先例中总结出了一个规则，即无论何时，只要A，B，C，就应作出判决X（小写字母代表案件判决中记录的特定情况，大写字母代表案件事实的一般性质，即a是A的具体情况等）。判决P可被概括为：P：a，b，c，d，e，g/A，B，C——X。当下案件N包含事实a1，b1，c1，d1，ē1（即非e1），f1，这样它就受P的规制，在法庭上P被认为是具有拘束力的。如果法官按照P判决，那么判决将是：N：a1，b1，c1，d1，e1，f1/A，B，C——X。在待决案件N中，尽管其事实不完全等同于先例中的事实，比如ē1不同于e，先例中存在事实g，而待决案件中存在有事实f，但这些事实不构成案件的主要事实，先例中只有事实a，b，c才构成判决的依据，这些事实才是法官要考虑的主要事实，而在主要事实方面，待决案件中的a1，b1，c1与a，b，c相同，所以被视为是同样的案件，法官必须作出同样的判决X。〔38〕根据司法解释，适用指导性案例的前提是要确定案件的相似性。比如，在上述“山东案”中，要能够适用指导案例15号，前提是“山东案”的案情与指导案例15号的案情类似。此时先例裁判思维中如何寻找案件相类似事实的方法给予我们较多启示。这种启示在于，适用指导性案例所需要的案情“类似”的论证，要充分利用“指导性案例”中特地标示出来的“关键词”，再结合裁判要点来进行“相似性判断”。如指导案例24号“荣宝英诉王阳、永诚财产保险股份有限公司江阴支公司机动车交通事故责任纠纷案”，该指导性案例的关键词是“民事”“交通事故”和“过错责任”。综观该案，其主要任务是对《中华人民共和国道路交通安全法》第76条第1款第2项规定“机动车与非机动车驾驶人、行人之间发生交通事故，非机动车驾驶人、行人没有过错的，由机动车一方承担赔偿责任；有证据证明非机动车驾驶人、行人有过错的，根据过错程度适当减轻机动车一方的赔偿责任”中的“过错”如何理解的问题。在指导性案例中，个人体质并非个人“过错”，因此在过错归责时，不要将个人体质问题归纳到个人“过错”当中，这实际上就是“裁判要点”，裁判要点又变成了辅助论证“相似性”的重要依据。显然，指导性案例中的关键词就是拉兹意义上的判决P的A、B、C。因此，一个案件与指导性案例是否相似，主要从以下三个方面来理解：一是案件的主要问题相似；二是案件构成的基本

〔37〕［英］鲁伯特·克罗斯、J. W. 哈里斯：《英国法中的先例》，苗文龙译，北京大学出版社2011年版，第18页。

〔38〕参见［英］约瑟夫·拉兹：《法律的权威》，朱峰译，法律出版社2005年版，第160页。

事实相似;三是案件争议相似。这种相似性的判断严格遵守了主要事实相同的裁决标准。当然更为具体的标准还需要法官根据案情来把握——而这需要长期的经验积累和磨砺。(2)第二个问题是法官是不是可以直接依据指导性案例确定的裁判要点进行法律推理?根据最高人民法院的《实施细则》,在没有论证案件相似性的前提下,是不可以根据指导性案例的裁判要点进行裁判的。然而,以裁判要点来进行推理是否可行呢?也就是说,我们直接将裁判要点视为案件裁判的大前提是否符合法律的要求?其实,从本质上说,以指导性案例的裁判要点作为推理的大前提,是将其视为裁判依据的体现,因而并不符合《实施细则》的要求。然而,裁判要点本身也是最高人民法院根据案件对法律在(间接)审判过程当中的一种解释,符合《宪法》对最高人民法院的职责要求。从这个层面来理解,指导性案例的裁判要旨能够成为司法推理的大前提。而且,裁判要点本身应当具有规范性,这是能够被法院参照的前提。既然具有规范性,那么能够进行司法推理也是题中应有之义,这还需要最高人民法院在今后的理论研究当中根据我国的司法实践进行不断推敲、斟酌进而完善。(3)第三个问题是法官是否能够对指导性案例的裁判要点进行再解释?上述已经指出,从我国的法律体系来看,指导性案例本身是对法律的进一步解释,因而其裁判要旨是对法律进行解释的结果。与此相关的法律条文是指导性案例进行法律解释的基础。而且,由于裁判要旨本身是对法律的解释,法官无权对指导性案例进行司法意义上的再解释。

最后,还应当指出的是,实证分析虽然只是对适用指导性案例的司法现象的一种描述,但是通过对上述现象的观察,可以发现,我国民众和各级法院在适用指导性案例过程当中所呈现的各种现象,背后还存在更为深厚的成因。任何一项制度要想获得良好的有效运行,不仅仅需要外在的制度设计完善,而且也需要有深蕴的理念基础作为支撑。密尔松说:“那些最大的变革从来都不是预先设计好的。甚至在某项立法导致重大后果时,人们也可以肯定地说这样的结果并不是出自立法者的本意。”[39]因此,以纯粹的建构主义立场出发设计制度,也许能够起到刚性的强制作用,但是难以达到融入人们生活的有效结果。任何制度的形成,既是理性的,也是经验的。因此,人们在建构制度的时候,既要考虑到制度的历史,也要考虑到制度的现在,更要考虑到制度的未来。将制度的历史、现在和未来统一到人类的法治事业当中去,是制度在复杂的社会结构中能够具有实效的重要统合因素。在英美法系国家,遵循先例的判例法传统经过了几百年的传承,判例制度的建设也存有几百年的积淀。不管是英美法系的法官,还是英美法系的民众,都有比较成熟的遵循先例的理念。在理念的指引下,民众自然而然地有正确认识判例的观念,而法官也会自发形成对判例适用的方法。这些观念和方法,不是“醍醐灌顶”般地在某天大彻大悟形成,而是在历史的变迁过程当中,不断地沉淀、积累和孕育而形成。所以,在英美法系已有的判例法传统当中,经过几百年的继承,已经有了一整套的协作制度、裁判理念和裁判技术与方法。有些甚至都是一些“看不见摸不着”的东西在起着十分深刻的作用,从而演绎着与众不同的法律文化传统。这就意味着,一项制度的有效运作,不仅仅需要人为的理性

〔39〕[英]S. F. C. 密尔松:《普通法的历史基础》,李显冬等译,中国大百科全书出版社1999年版,第VI页。

设计,更需要历史经验的广泛参与。[40] 特别是需要通过人们的实践,不断地对制度进行打磨和砥砺,磨去其中的棱角,实现制度的圆润与包容。从这个层面来看待我国的案例指导制度,也许会有更多体悟。作为一项重要的制度创新,案例指导制度在学界存有广泛的共识基础,但这种基础毕竟仅仅是来源于精英阶层的卓越远见。因此,应当看到,虽然案例指导制度的设立符合转型社会制度创新的需要,但是对于民众而言,甚至对于法官而言,都还是比较陌生的制度。试图在短短几年的时间之内,让法官和民众彻底接受或者完全消化这个制度的基本精神,并培育相应的理念,尚缺乏足够的土壤。期待制度一建立,就获得无数的掌声,就获得广泛的支持,就能够深入人心,这极其不现实。人类历来的经验告诉我们,必须低调淡定地看待新事物,特别是在涉及文化传统相关的内容之时,更应当是慎之又慎。当然,这种慎重不是源于对案例指导制度的排斥,而是源于如何谨慎地让案例指导制度融入到成文法国家的法条血液当中去,从表层的肌肤护理,到内部的肌骨保养,再到深层的血液流淌,构成一幅生动的制度图画,让制度设计者们为此不断斟酌、不断深思熟虑和不断举一反三。由此可知,制度设计之初,需要制度的参与者们不断进行磨合,需要制度设计者们不断对此反思性改进,需要思考者们就制度不断进行激励性评价,从而达到制度的改良与进步。对于制度运行而言,缺乏理念基础,缺乏动力机制,缺乏民众参与,都是制度运行的忌讳。从这个层面来讲,我国的案例指导制度虽然已是实践着的制度,但是在理念上、在方法上,还需要有更深层的积淀。现有的案例指导制度并没有有效解决理念与制度设计、制度运行与适用方法之间的深刻鸿沟,其在司法实践当中存在一些不可避免的实践难题。

总之,人们不得不承认这样一个事实,任何法律制度,都需要在实践当中反复修修补补,才不断完善;甚至本来已经比较完美的制度,也会因为历史的变迁,而不断进行变更。我们不能简单地认为,任何已经成型的法律制度,就不可能出现错误。相反,法律制度因为需要在实践中运行,面对的是千变万化的社会,因而在实施过程中不仅会犯错误,甚至还可能出现制度本身就是错误的问题。任何神话制度的行为,都是对人类不负责的行为。所以,对于案例指导制度,不能仅仅依靠一腔热情,既需要有必要的技术和方法,也需要有成熟的理念,这样才能在推动法治进步的道路上使指导性案例发挥不可磨灭的作用。从未来发展的角度看,增强指导性案例的实效,需要从程序、方法和理念等层面着手,实现案例指导制度的中国化和本土化。

---

〔40〕 这或许正是霍姆斯发生感慨的原因:“法律的生命不在于逻辑,而在于经验。”[英]霍姆斯:《普通法》,冉昊、姚中秋译,中国政法大学出版社 2006 年版,第 2 页。

指导性案例隐性适用的背后

孙海波*

【摘　要】 在适用案例的司法实践中，隐性适用的现象十分普遍并日益成为一种主流。唯有深入发掘其背后的潜在理由，才能真正理解这一特殊的实践活动形式。依靠“基于实用考量的动机”和“借用案例的逻辑”，它巧妙地在裁判过程中将案例遮蔽，从而规避了运用案例的说理负担。这种以实用目的为导向的案例适用活动在本质上是工具主义的，不仅有违案例指导制度的初衷，同时也与形式公正和法治背道而驰。指导性案例自身的特质决定其只能以一种看得见的方式被适用，而实现从隐性适用向明示适用的转变必然是一项系统而复杂的工程，需要在观念和制度方法上的双重努力，通过法官、检察官、律师、法学学者之间不断的沟通和对话，从而达成关于明示适用案例的共识，最终真正实现法官在实践中想用、敢用和会用指导性案例。

【关键词】 隐性适用；实践逻辑；借用案例；明示适用；裁判说理

一、问题的提出

中共十八大四中全会提出“加强和规范司法解释和案例指导，统一法律适用标准”，而案例指导恰恰是推进这一“严格司法”政策的一项重要制度。[1] 随着指导性案例整体数量的不断增多和发布速度的逐渐加快，学界关注的重点也渐渐从“是否需要建立案例指导制度转到怎样充分发挥指导性案例在法制实践中的重要作用上来”。[2] 由此针对指导性案例的适用涌现出了各式各样贴着实证或经验标签的研究[3]，并初步达成了一个基本共识，即中国法官在实践中已经开启了适用指导性案例的局面。但与此同时，我们也注

---

* 孙海波，中国政法大学比较法学研究院讲师、硕士生导师，法学博士。

〔1〕 参见周强：《推进严格司法》，载《人民司法》2014 年 11 月 14 日，第 6 版。

〔2〕 张骐：《发展案例指导制度需要处理好的三个关系》，载《中国审判》2011 年第 10 期。

〔3〕 比较典型的有，吴君霞、秦宗文：《指导性案例适用方法研究》，载《四川大学学报》（哲学社会科学版）2016 年第 2 期；秦宗文、严正华：《刑事案例指导运行实证研究》，载《法制与社会发展》2015 年第 4 期；谢彩凤、赵鸿章：《从“柔性参考”到“刚性参照”：指导性案例应用现状探究及完善——以 52 个指导性案例的援引情况为分析视角》，载贺荣主编：《尊重司法规律与刑事法律适用研究》，人民法院出版社 2016 年版，第 405 ~ 423 页；曹志勋：《论指导性案例的“参照”效力及其裁判技术——基于对已公布的 42 个民事指导性案例的实证分析》，载《比较法研究》2016 年第 6 期；石磊、刘松涛：《指导性案例参照情况的实证分析》，载《人民司法》2015 年第 23 期。

意到一个十分有趣的现象:一方面在实践中指导性案例的数量供不应求[4],另一方面法官在面对指导性案例时表现得畏首畏尾,怀着一种想用却不敢用或想用却不会用的复杂心态,他们更加倾向于以一种从形式上不为外界所察觉的隐性方式适用指导性案例。这一悖论彰显了案例指导制度初创时期所内生的张力。

"指导性案例发布后是否被后案所援引,这是指导性案例落地生根的标志。"[5]明示适用或显性适用,既是案例指导制度的内在要求与目标,同时又是保障其健康发展的重要手段。然而,出于各种原因"隐性适用"在实践中十分盛行,甚至渐渐演变成了一种案例适用的"潜规则"。据一些司法人员反映,他们即便事实上参考了指导性案例也不愿在判决书中明示[6],而是设法掩盖或遮蔽这种适用行为。其突出的特征表现在"实质上用了指导性案例,但在形式上却看不出来",亦即在判决书中并未直接提及指导性案例编号、标题、裁判要点等内容,但裁判结果却与指导性案例的精神是一致的。需要指出的是,一些学者所谈的"隐名的直接引用"(在相关案件中虽未出现"指导性案例"的相关字眼,但却出现了"指导性案例"的裁判要点中的相关字眼)[7]实质上仍属于明示适用。

"隐性适用"所针对的主体主要是法官或法院,基于特定的利益驱动,当事人或代理律师总是尽可能明确地提出并要求法官参照某个相关的指导性案例,因此对其而言并不存在所谓隐性适用的问题。同时也应区分,隐性适用与不予适用或拒绝适用也是不同的,后者是指在特定个案中排斥对相关指导性案例的适用,前者在具体操作方式上虽然隐秘但实质上仍然肯定了指导性案例对特定个案的指导意义。在此意义上,笔者认为"偷用案例"或"借用案例"似乎更能清晰地揭示出隐性适用的真谛。"偷用案例"是指法官暗地里偷偷摸摸地参照指导性案例所体现的原则或精神进行裁判,却丝毫不从外部表现出来;而"借用案例"的只是指导性案例所蕴含的法律适用方案或争议裁决方案,案例只是形成最终裁决结论的中介或跳板,裁判者一旦获得自己所追求的结论后便会立即跳过或丢弃案例。[8] 无论是"偷用案例"还是"借用案例",其所体现的只是法官所抱有的一种机会主义或功利主义的案例适用态度,而非发自内心对这些案例的认可、尊重和信服。

如此一来,隐性适用便背离了指导性案例在司法实践中被适用的本意,通过遮蔽的手段过度地简化甚至抽空案例适用的复杂论证过程,必然会使案例指导制度统一法律适用标准和实现形式正义的预期理想落空。更为紧要的是,这种非规范案例适用方式会使法

---

〔4〕 中国法官尽管对法条有一种天然的路径依赖,但实践中仍将案例作为一种"尽管不是主导,但留作备用"的非正式、非典型的裁判参照,对于案例的需求仍然是巨大的。参见杨会、何莉苹:《指导性案例供需关系的实证研究》,载《法律适用》2014 年第 2 期。

〔5〕 参见刘作翔:《让指导性案例走进司法活动》,载《人民法院报》2016 年 1 月 1 日,第 7 版。

〔6〕 参见吴君霞、秦宗文:《指导性案例适用方法研究》,载《四川大学学报》(哲学社会科学版)2016 年第 2 期。另外,四川省高级人民法院和四川大学联合课题组的调查也显示,"赞成在裁判文书、判后释疑、调解、庭审辩论等当事人能够知晓的场所或方式中引述案例的法官不足 50%,特别是裁判文书中是否引用案例的问题,持肯定意见的比例不足 20%"。参见四川省高级人民法院、四川大学联合课题组:《中国特色案例指导制度的发展与完善》,载《中国法学》2013 年第 3 期。

〔7〕 参见孙维飞:《隐名的指导案例——以"指导案例 1 号"为例的分析》,载《清华法学》2016 年第 4 期。

〔8〕 案例有时只是法官寻找法条的跳板,当遇到疑难案件找不到法条时,先找类似的案例,然后再根据案例中所引用的法条再去找法条。参见杨会、何莉苹:《指导性案例供需关系的实证研究》,载《法律适用》2014 年第 2 期。

官陷入一种十分尴尬的境地:裁判明明是暗地里参照指导性案例的内容而作出的,却口口声声说自己只是适用了法律。在此情形下法官成了说谎者(liars)[9],他没有将制作判决的真实过程客观地呈现出来,这违背了法官应诚信裁判的要求。同时,也未将裁决之形成所依据的材料、推理和论证的过程予以公开,这亦与公开说理的原则背道而驰。案例指导制度具有统一法律适用、提高审判质量和维护司法公正等多重目的,并且在一定程度上能够协助法官裁决疑难案件。既然其理想如此之美好、功效如此之多元,那法官为何宁愿选择隐性而不是明示适用呢?他又为何会说谎,换言之,是哪些原因诱使他选择隐性适用?隐性适用可能会带来哪些问题?如何变隐性适用为显性适用?

带着这些困惑,我们把讨论焦点集中于指导性案例的隐性适用这个问题上。具体而言,本文主要从三个方面展开论证:首先,深入到隐性适用这一现象的背后,发掘那些促成其产生的诸种原因,从而真正理解这一实践活动形式;其次,分析隐性适用所依循的行动逻辑,具体解剖为"基于使用目的的考虑"和"借用案例的逻辑"前后两部分内容,前者展示隐性适用的心理动机,后者刻画这种适用活动所采取的具体行动形式,旨在帮助人们了解这一案例适用活动在实践中具体是如何运行的;最后,转向具体的制度设计与改革。隐性适用在特定的条件下尽管有其存在根据,但它所带来的问题要远远超过其发挥的有限的积极作用,所以我们拥有更强的理由去对其加以改造,使之顺应历史潮流并逐渐转变为明示适用。本文的基本结论是,指导性案例只有以看得见的方式被适用,才能真正充分地发挥其应有的指导作用。

二、隐性适用的潜在理由

在普通法系中,当论及为何必须要遵循先例时,学者们曾提出过诸多理由,包括实现平等(做到类似案件类似处理)、实现确定性(使法律连贯、一致)、体现尊重(尊重前辈法官的经验和智慧)、经济高效(减少案件诉讼量和提高司法效率)[10]以及保障信赖(不遵守先例将会挫败人们的信任并进而导致一种不正义)[11]等。同样地,指导性案例作为审判经验之凝结,其在中国也有类似的功能与价值,诸如具有解释法律、填补漏洞、补充价值以及创设规则等功能。[12] 如果说在案例指导制度产生之前法官不敢贸然引用案例尚可理解,那么在案例经由特定程序被确认为指导性案例之后仍得不到明示的适用就不正常了。如果我们将案例指导制度理解为一种司法能动的体现,[13]那么这里实际上凸显了一

---

[9] "司法虚饰"(judicial meretricious)通常意指掩盖判决据以作出的真正理由、设法将判决武装成是适用既有法律规则之结果的做法。See Martin Shapiro, Judges as Liars, *Harvard Journal Law &Public Policy* 17, 1994, p. 156.

[10] See James Hardisty, Reflections on Stare Decisis, *Indiana Law Journal* 55, 1979, p. 55. Also see E. Allan Farnsworth, *An Introduction to the Legal System of the United States*, Fourth Edition, Oxford University Press, 2010, pp. 58 – 59.

[11] See Richard A. Wasserstrom, *The Judicial Decision*: *Toward a Theory of Legal Justification*, Stanford University Press, 1961, pp. 67 – 69.

[12] 参见姚辉:《民事指导性案例的方法论功能》,载《国家检察官学院学报》2012年第1期。

[13] 参见李仕春:《案例指导制度的另一条思路:司法能动主义在中国的有限适用》,载《法学》2009年第6期。

个“能动又不能动”的悖论,“能动”司法要求法官在实践中积极地适用指导性案例,而实践中法官在运用指导性案例时却表现出了“不能动”的态度——谨小慎微、瞻前顾后、遮遮掩掩。为什么会产生这种现象？制约法官选择隐性适用的因素有哪些？这将是当前这一部分所要重点讨论的问题。

(一)效力之争的羁绊

从形式上来看,指导性案例系基于权威的遴选和发布程序而产生;从实质内容上说,其说理和论证通常较为充分、细致。这就决定了它比普通案例更有资格进入司法过程,更有可能成为证立特定裁决的辅助性渊源。2010年最高人民法院《关于案例指导工作的规定》(以下简称《规定》)肯定了这一点,它要求“各级人民法院审判类似案例时应当参照最高人民法院发布的指导性案例”。这实际上等于赋予指导性案例一种介于普通案例与判例之间的特殊地位:与普通案例不同,指导性案例对于类似案件的审判实践具有“应当参照”的指导效力;与判例不同,指导性案例并不具有正式法律渊源的地位。一言以蔽之,指导性案例是一种既不同于普通案例又不同于判例的特殊存在。

普通案例在司法实践中一直发挥着重要的作用,对于统一法律适用、防止司法擅断、填补法律漏洞以及解决疑难案件方面具有重要意义[14],以至于被称为“活着的法典”。[15]这一点在四川省高级人民法院和四川大学联合课题组的调研中也有所体现,该调研显示“93.7%的法官表示自己在办理案件时习惯查找、判断是否有类似的案例”。[16] 照此逻辑,由于指导性案例相比于一般案例所具有的典型性或代表性,相比于普通案例,它对相似案件的裁判能够起到更大的指导性作用,因此在实践中法官也更易于积极、主动地在裁判中适用指导性案例。然而事实并非如此,一如前述,中国法官在指导性案例面前表现出了一种消极和被动的态度,这尤其体现在隐性适用上。

何以会这样？笔者认为一方面固然和法官们对指导性案例的了解不够有关;[17]另一方面部分指导性案例所存在的质量问题(比如,漏列或错列关键词或相关法条、裁判要点趋于抽象化、个别裁判要点脱离裁判理由、部分裁判理由趋于简略化等)[18]在客观上也制约或阻碍着法官对它们的明示适用。除此之外,个别指导性案例之所以出现低适用率,是由案例本身的附加功能(比如政治功能或政策功能)强于指导功能所致。[19] 以上诸端可

---

〔14〕 参见张骐:《推进案例研究,实现案例指导的跃升》,载《法律适用》2016年第13期。

〔15〕 参见蒋惠岭:《认真对待作为“动态法典”的案例》,载《人民法院报》2008年5月14日,第5版。

〔16〕 四川省高级人民法院、四川大学联合课题组:《中国特色案例指导制度的发展与完善》,载《中国法学》2013年第3期。

〔17〕 有学者对“两高”的《规定》做了一项调查,发现近一半的被调查者并不知道有案例指导制度,因此也就不知道指导性案例究竟为何物。即便是在知道此一制度的被调查者中间,真正非常了解这一制度的也是少之甚少(非常了解的仅占7%,65%表示比较了解)。参见秦宗文、严正华:《刑事案例指导运行实证研究》,载《法制与社会发展》2015年第4期。

〔18〕 参见郭佳琳:《指导性案例的识别与使用——从最高人民法院发布16个指导性案例的缺陷切入》,载贺荣主编:《公正司法与行政法实施问题研究》(下册),人民法院出版社2014年版,第1005~1007页。

〔19〕 参见赖江林、李丽丽:《类案识别:指导性案例适用技术的检视与完善——基于最高人民法院52件指导性案例适用现状的实证分析》,载贺荣主编:《尊重司法规律与刑事法律适用研究》(上册),人民法院出版社2016年版,第389页。

以看作造成指导性案例适用率低的基本因素,它们使法官在决定是否适用指导性案例的问题上表现得举棋不定。而对于隐性适用的产生,很大程度上根源于指导性案例的效力性质不明,亦即对于"应当参照"应做何解释存在争议。如果说指导性案例像普通法系中的先例那样具有法律上的拘束力,法官在裁判过程中不仅必须遵循,而且必须以明示的方式来展示为何以及如何遵循或不遵循,那么也就不存在隐性适用的问题了。

然而,问题恰恰就出现在:如果指导性案例的效力不是一种法律上的拘束力,那么它又会是什么?王利明教授将有关指导性案例之效力的各种观点归纳为"说理功能说"(效力性质上的说服性取决于其说理的正确性和论证的妥当性)、"参照功能说"(审理类似案件时要参照指导性案例的裁判尺度和裁判标准)以及"指导功能说"(法官应按指导性案例进行判决,否则可以成为二审改判的理由)。[20] 说理功能说强调说理,这与一般案例无异。而指导功能的主张较强,等于赋予指导性案例以直接的法源地位。参照功能说认为指导性案例的效力应介于无拘束力和法律上的拘束力之间,从性质上讲是一种事实上的约束力,它是"指导性案例本身具有的正确的决定性判决理由和经最高审判组织确定认可的程序安排,共同构成了指导性案例在司法运用中的说服力和指导作用,其拘束力是内在的、事实上的作用,而不能直接作为裁判依据适用"。[21]

事实上的拘束力,首先并不等同于"必须参照",它并不要求法官必须断然性地参照相关的指导性案例,因此排除了将指导性案例作为一种正式法渊的可能;其次它也不等同于"可以参照","如果允许法官自由决定是否援引或参照相关指导性案例,那么案例指导制度将形同虚设"。[22] 除此之外,这种事实上的拘束力应该是什么样的?它对法官所提出的具体要求又是什么?正如某些学者所敏锐地意识到的那样,事实拘束力的问题在于,"仅从否定的角度排除了指导性案例的法律规范、法律渊源属性,但没有从肯定的角度揭示案例参照的内容及其性质,难以理解和操作"。[23] 尽管人们可以达成这样一种事实拘束力的共识,但是分歧依旧是存在的,事实上的拘束力由于未能对法官在实践中的参照方式提出明确的要求,结果导致他们在面对指导性案例时仍不敢轻举妄动,出于多种考虑宁愿选择不适用或隐性适用,也不愿公开和明示地适用指导性案例。

(二)受具有指导性部分不明的困扰

即便是在普通法系国家,判例的约束力范围也是一个十分具有争议性的问题。[24] 笔者认为,造成中国法官在指导性案例面前举棋不定的一个重要原因,在于其不知应参照指导性案例中的哪部分的内容。从目前指导性案例的编写体例来看,"列出标题和关键词,有利于检索和查询,而列出裁判要点和相关法条,有利于参照适用"。[25] 但是问题在于,

---

〔20〕 参见王利明:《我国案例指导制度若干问题研究》,载《法学》2012年第1期。

〔21〕 胡云腾、罗东川、王艳彬、刘少阳:《〈关于案例指导制度的规定〉的理解与适用》,载《人民司法》2011年第3期。

〔22〕 王利明:《我国案例指导制度若干问题研究》,载《法学》2012年第1期。

〔23〕 冯文生:《审判案例指导中的"参照"问题研究》,载《清华法学》2011年第3期。

〔24〕 See Larry Alexander, Precedent, in Dennis Patterson eds., *A Companion to Philosophy of Law and Legal Theory*, Second edition, Blackwell Publishing Ltd., 2010, p. 493.

〔25〕 胡云腾、吴光侠:《〈关于编写报送指导性案例体例的意见〉的理解与适用》,载《人民司法》2012年第9期。

法官可以参照的部分仅限于裁判要点和相关法条，还是同时也包括判决理由和判决结果呢？或者说，在裁判要点、裁判理由和裁判结果中只有一者才具有约束力？法官们应当如何在其中进行抉择。张骐教授对此将其归纳为三种选择："一是针对相应案件事实所作出的判决的具体内容；二是案例中说明判决赖以建立的法律主张的理由；三是案例对有关法律问题或观点的类似于规则的表述。"〔26〕行文方便起见，笔者将这三种进路分别称为"结果模式""理由模式"和"规则模式"。

"结果模式"强调的是判决的具体结果对于后来案件的约束力。这种模式的一个问题在于，一个特定的裁决结论是抽象的法律与具体的案件事实之间不断相互调适、适应的结果，从某种意义上说它是深深地"嵌"在案件事实中的。一旦将其从案件事实中硬生生地剥离出去便很难产生什么普遍性的约束力。这种模式的另一个问题是忽视了背后支撑裁决结果的判决理由，如果后案法官只盯着这些具体的裁决结果不放，而对于促成该结果的判决理由置之不理，那么将不仅会错失指导性案例中真正能够发挥指导作用的内容，而且这种"照着葫芦画瓢"的裁判很有可能最终被证明是错误的。因为有时两个案件在某些细小方面的差异足以产生实质上的不同。退一步而言，即便我们承认指导性案例的判决结果具有一定的指导意义，这种指导性也只是一种间接的、有条件的、有限的指导性，否则的话最高人民法院对指导性案例编写体例的精心设计、学者们对指导性案例实践操作机制的争论还有多大意义呢？因此从这个意义上讲，结果模式非但难以实现案例指导性制度的目的，反而还有可能会大大限制其作用的发挥。

相比之下，"理由模式"主张后案法官并不受先前案件裁决规则的约束，而是受到其推理或说理的约束。法官所参照的并非指导性案例的全部内容，而主要是判决说理部分。〔27〕一般来说，"借其说理的内容，法院的裁判常能超越其所判断的个案，对其他事件产生间接的影响"。〔28〕判决理由集中体现了法官对于系争案件中法律争点的提取、分类和阐明，是对裁决结论是否合法、正当的推理和论证，是一个判决中真正具有实质性内容的部分。在普通法系国家，如果说先例的形式约束力受制于确立这一判决的法院的地位、法官的名望以及该先例本身的表述，那么其实质约束性在很大程度上则取决于"先前法院的推理的说服力"。〔29〕由于多数情况下，法院实际上所适用的准则并不直接体现在判决书中，加上"那些事实也许说得太简短，以致无法说清事实的真相，或者说得过分细致，以致无法说清事实的真相，或者说得过分细致，以致很难确定究竟法院认为哪一点是重要的。"〔30〕此时法官就必须深入到判决理由中，结合案件事实从中抽象、归纳和发掘出先例规则或先例原则。就此而言，判决理由是案件裁判规则赖以生成的母体、源头。

判决理由是指导性案例的重要组成内容，是"裁判要点的来源和基础，是联系基本案

〔26〕 张骐：《试论指导性案例的"指导性"》，载《法制与社会发展》2007年第6期。

〔27〕 王利明教授认为虽然指导性案例不能作为法官裁判的依据，但是可以在判决书说理部分直接加以引用，由此指导性案例可以成为说理的理由。参见王利明：《我国案例指导制度若干问题研究》，载《法学》2012年第1期。

〔28〕 [德]拉伦茨：《法学方法论》，陈爱娥译，商务印书馆2003年版，第300页。

〔29〕 [英]阿蒂亚、[美]萨默斯：《英美法中的形式与实质——法律推理、法律理论和法律制度的比较研究》，金敏等译，中国政法大学出版社2005年版，第90页。

〔30〕 [美]法恩兹沃斯：《英美法律制度概论》，马清文译，群众出版社1986年版，第72页。

情和裁判结果的纽带”,[31]是“指导性案例中具有指导性、一般性的部分”。[32] 可以毫不夸张地说,无论是分析指导性案例的事实争点,还是参照指导性案例的裁判要点或裁判结果,都无法绕过判决理由。这一方面是因为判决理由所指向的是对争议问题的分析,是对法律选择与适用的说明,是对为何作出某种裁决结论的背后理由的揭示;另一方面是因为指导性案例的性质决定了其自身不能充当案件裁判的根据或依据,并且它在后案判决书中的最佳出场位置是裁判说理部分,只有在裁判说理部分引用指导性案例的内容才能最恰当地、最大限度地发挥指导性案例的作用。但有两点需要说明:其一,指导性案例中的裁判理由并不是“原汁原味”地从原判决书中照搬过来的,而是经过了最高人民法院审判委员会的补充、强化和细化,这一点与先例中的判决理由有所不同;其二,判决理由模式也无法避开一些难题,比如说如果指导性案例中判决理由过于抽象化、一般化,诸如“平等对待”“正当程序”等本身过于宽泛以至于很难产生实际的约束力。[33] 又如不能完全排除某个指导性案例本身在判决理由方面的瑕疵,[34]甚至某个指导性案例本身可能就是错判,在这种情形下指导性案例的说理价值就会大打折扣。

“规则模式”主张指导性案例中具有指导性或约束力的部分应当是其中所蕴含的规则,或者采取规则形式所表述的内容。这种模式是普通系法中的主流模式,遵循先例原则要求法官必须区分“判决根据”(*ratio decidendi*)和“附带意见”(*obiter dicta*),只有前者对于本院以及下级法院未来类似案件的审判才具有约束力,法官的任务就是从先例裁决中归纳和抽取具有一般性的规则或原则,并将此规则或原则适用于相似的待判案件中。回到案例指导制度中来,规则模式是否同样也具有说服力呢?在指导性案例中采取规则形式所表述的内容是裁判要点以及紧随其后所列出的相关法条。裁判要点总的来说是对判决理由的一种提炼和浓缩,所表达的内容是对争点问题的分析,是对法律适用的解释与说明。但是,裁判要点、裁判规则、裁判依据的法条这三者是怎样的关系?它们是不是一回事?

我们可以小结如下:首先,裁判所依据的法条是法律推理的前提和裁决据以作出的根据,它通常所采纳的是法律条文的表现形式,这一点可以将其与裁判要点和裁判规则区分开来,后两者本身并不具有正式法律渊源的地位;其次,裁判规则是对“通常意义上什么能够被算作是以某种方式裁决案件的充分理由”[35]的解释,是对裁判根据的细化和具体化,而裁判要点恰恰是对裁判规则的归纳和提炼,在这个意义上“裁判规则是裁判要旨的内容,裁判要旨是裁判规则的形式”。[36] 需要注意的是,裁判要点虽然大多数时候采取了规则的表现形式,但它本身毕竟不是法律规则,这就决定了后案法官不能将其作为裁决根

---

〔31〕 胡云腾、吴光侠:《〈关于编写报送指导性案例体例的意见〉的理解与适用》,载《人民司法》2012年第9期。

〔32〕 张骐:《试论指导性案例的“指导性”》,载《法制与社会发展》2007年第6期。

〔33〕 See Larry Alexander, “Precedent”, in Dennis Patterson eds., *A Companion to Philosophy of Law and Legal Theory*, Second edition, Blackwell Publishing Ltd., 2010, p. 499.

〔34〕 如果出现了一个没有阐述理由的判决,解释者该怎么办?他可以推论出判决理由吗?参见[英]汉森:《法律方法与法律推理》,李桂林译,武汉大学出版社2010年版,第73页。

〔35〕 Richard A. Wasserstrom, *The Judicial Decision: Toward a Theory of Legal Justification*, Stanford University Press, 1961, p. 6.

〔36〕 张骐:《指导性案例中具有指导性部分的确定与适用》,载《法学》2008年第10期。

据直接引用,就此那种主张运用类比推理的方法直接类推适用裁判要点的观点是对裁判要点自身性质的严重误解,因为作为类比推理之基准的那个东西一定是法律规则或法律原则。所以,后案法官对裁判要点的参照适宜出现和反映在判决说理部分。

(三)避免判决遭受质疑

促使法官采纳隐性适用策略的第三个重要因素,在于这样可以避免判决遭受公众的质疑。而判决的合法性或合理性一旦被质疑,甚至进一步被认定为是错判或误判,其带来的直接后果是要追究案件承办法官的责任。指导性案例的效力指向不明,加上指导性案例中具有指导性的部分难以确定,已经足以令法官在指导性案例面前望而却步。由于案例适用本身是一项复杂的活动,操作不当确实容易出现错误,法官贸然公开地适用指导性案例,很可能会导致"好心办坏事"的结果,通过错案错判会进一步牵引出司法责任。本着不求有功、但求无过的心理,他通常更不愿意大张旗鼓地公开援引指导性案例。接下来笔者会从判决说理的角度来解释为何隐性适用可以较好地避免判决被质疑。长久以来中国法官撰写的判决书整体上较为简略,格式化气息和色彩十分浓重,由此所导致的判决不说理问题也一直为学界所诟病。

依照诚信裁判理论(judging in good faith),法官在判决书中不仅应充分说理,而且还应如实地向外界展示判决据以形成的真正理由。[37] 造成判决不说理的理由有很多,归纳起来主要有这样几点:一是腐败("法官枉法裁判,不敢进行说理");二是无能("法官素质不高,没有能力说理");三是缺管("缺乏督促措施,法官不愿下功夫说理");四是体制("现行司法制度的原因")。[38] 在笔者看来,我们可以将这些理由划为三类:第一,"懒得说",法官懒于独立思考问题,[39]这种思维上的惰性使法官不重视说理,也不愿下功夫对判决进行推理和论证;第二,"想说却又不知该如何说",这种观点将判决不说理归结为"人的问题",想说却没能力说,相应地,如欲提高判决说理质量就要努力提高法官的理论素养,增强理性思维和论辩的能力;第三,"想说却不敢说",出于体制或其他原因,法官在判决书中不敢说太多。言多必有失,说多了怕"露馅"或惹祸上身。[40] 在以上这三类理由的诱使下,选择隐性适用指导性案例是避免判决遭受质疑的绝佳方式。

首先,是司法惰性的因素。出于主观方面的考虑,法官故意逃避说理。与适用成文法规则不同,案例的适用依赖于一套复杂的方法,需要从已决案件中归纳和提取裁判规则,区分案件中的重要事实与非重要事实,需要判断已决案件与眼前待决案件之间的相似性等,这其中需要依靠极强的归纳性思维。如欲做到规范地适用案例,一项核心的工作就是要判断案件相似性。同理,如果想要参照某个指导性案例,法官就必须证明眼前待决案件与指导性案例件在实质上是相似的;相反,如果要规避或拒绝参照某个指导性案例,就要

---

〔37〕 See Mathilde Cohen, *Giving Reasons: Why and How Public Institutions Justify Their Decisions*. Proquest, Umi Dissertation Publishing, 2011.

〔38〕 参见凌斌:《法官如何说理:中国经验与普遍原理》,载《中国法学》2015 年第 5 期。

〔39〕 See John Henry Merryman, Rogelio Pérez-Perdomo, *The Civil Law Tradition: An Introduction to the Legal Systems of Europe and Latin America*, Third edition, Stanford University Press, 2007, p. 47.

〔40〕 张骐:《法律推理与法律制度》,山东人民出版社 2003 年版,第 27 页。

证明这两个案件在实质上是不同的。由此可见,依靠案例进行推理会让整个司法过程变得更加复杂,原本就不太擅长或懒于说理的法官显然就更不太可能选择明示的方式适用案例,因为明示适用案例在一定程度上就意味着要承担额外的说理负担或论证义务。很多时候即便想参照某个指导性案例,也往往会选择以一种隐性的方式进行,因为这样可以减轻或逃避其本应承担的说理义务和论证负担。

其次,是能力方面的原因。即由于理性思维和说理能力的欠缺,导致法官无法在判决书中以书面的形式展开理性的推理和论辩。指导性案例的非正式法源性质决定其不能作为裁判之根据,而只适宜在判决说理的部分发挥作用。一方面,由于适用案例会施加给法官更高的说理义务,而鉴于目前我国裁判文书说理性整体不强的现状,其必然会抑制法官选择明示适用指导性案例的欲望。[41] 另一方面,适用案例需要一套以类比推理为中心内容的归纳思维,而我国的法官更青睐法条式的演绎推理,加上对于如何参照案例缺少可操作性规定,导致"长期沉浸于制定法和司法解释环境中的法官们,对于指导性案例及其适用的陌生是相当根深蒂固的"。[42] 由于能力、知识和思维方法上的限制,中国法官陷入了一种主观上想用但客观上却不会用指导性案例的困境。当同时面对成文法规则与案例时,他们会下意识地移步前者,这是因为"民法法系国家的法官只有将脚下的小船停泊在制定法的港湾时才会有安全感"。[43] 即便是转而诉诸指导性案例,他们更希望看到的也是案例中蕴含的以条文形式所表达的裁判规则。[44] 如此一来,当法官不确定应如何适用指导性案例时,他们要么干脆选择回避指导性案例,要么选择以隐性的方式来适用指导性案例,以此推卸或逃避复杂的论证要求和更高强度的说理义务。

最后,是制度性方面的因素。上文所讨论的"能力论"隐含着一个基本预设,即不选择明确适用的方式是因为法官不谙熟类推思维,不懂得如何在判决书中围绕案例的比较展开说理和论证。依此逻辑,反过来如果法官通过学习和培训掌握了适用案例的归纳思维,那么他就能像普通法系中的同行那样只以明示的方式适用案例。然而,这一推论显然过于单纯和乐观,真实的情况要比这复杂得多。即便是能力方面的障碍得以克服,法官仍不敢贸然公开适用指导性案例,这背后起作用的其实还有制度性因素。具体来说,法官之所以不以明示的方式将指导性案例的适用过程及细节展示于众,主要是出于规避风险或责任的考虑,对于他们来说适用指导性案例就意味着必须要在裁判说理部分予以明示,这无疑会增加其论证说理的负担,言多必有失、说理太细很容易"露馅儿",[45] 比如适用了不相关的指导性案例,或者适用了指导性案例中的不相关内容等,这些很容易通过文字的方式暴露出来,从而造成判决引起公众的质疑,甚至带来一些不必要的风险。法官隐性地

[41] 参见谢彩凤、赵鸿章:《从"柔性参考"到"刚性参照":指导性案例应用现状探究及完善——以52个指导性案例的援引情况为分析视角》,载贺荣主编:《尊重司法规律与刑事法律适用研究》(上),人民法院出版社2016年版,第417~418页。

[42] 孙光宁:《反思指导性案例的援引方式》,载《法制与社会发展》2016年第4期。

[43] Hein Kötz, Taking Civil Codes Less Seriously, *The Modern Law Review* 50, 1987, pp. 1-15.

[44] 参见张骐:《指导性案例中具有指导性部分的确定与适用》,载《法学》2008年第10期。

[45] 参见张骐:《法律推理与法律制度》,山东人民出版社2003年版,第27页。

适用指导性案例却不指明其出处，可以减少判决被质疑的机会，[46]为其披上一层安全的外衣，同时无形中又能贯彻指导性案例的整体精神或判决思路。

三、隐性适用的实践逻辑

上文用了一定的篇幅处理隐性适用的成因问题，对于这些潜在理由的揭示和解释，可以帮助我们真正理解中国法官为何不愿选择以公开、明确的方式适用指导性案例。那么接下来这一部分我们将继续处理一个重要问题，亦即隐性适用的实践逻辑。隐性适用虽然通常并不具备可观察的外在形式，更不用谈有何统一的适用方式了，但其作为一种普遍的司法活动在实践中仍遵循一定的逻辑。对此笔者将隐性适用的实践逻辑具体解剖为两个部分：从主观层面来看，它受制于“基于实用考量的动机”；而从客观行为方式来看，它采取了一种“借用案例的行动手段”，一旦在隐性的层面利用案例达到所追求的目的，当即便会搁置或丢弃案例。这不仅可以帮助我们认识隐性适用在实践中是如何具体运作的，同时对于后文治理隐性适用而言也极为重要。

（一）基于“实用考量”的动机

细心的读者会发现，上一小节讨论的焦点集中于“隐性”而非“适用”。出于各种考虑，法官在实践中不太情愿将适用指导性案例的过程向外界展示。现在我们将目光暂时转移到“适用”，即回到指导性案例的适用逻辑上。尽管法官是以隐性的、非明示的方式将指导性案例引入裁判过程，但其实质上却仍然“适用”了这些案例。换言之，在是否适用的问题上法官给予了默认的回答，而对于是否以明示的方式适用则给出了否定性的回答。所以从这个角度来看，对于指导性案例是否对眼前待决案件具有可能的指导性价值或意义，法官所持有的态度在整体上是积极的。因此，将分析重点从“隐性”转向“适用”，可以帮助我们更加准确地洞察该活动在实践中遵循的逻辑。

严格来说隐性适用是一种不规范的案例适用方式，它违背了案例应当以公开的方式被适用的要求。同时隐性适用方式本身也可能会带来诸多问题，典型的是由于缺乏公开地对案件相似性进行比对和论证，相应地在隐性适用中出现错误的可能性也较高，如此一来，判决结果的正确性也将难以获得保证。即便如此，通过全盘考虑法官仍然选择适用了相关的指导性案例，这背后隐含着这样一种实践逻辑，即出于功利角度的考虑，适用指导性案例可能会给自己带来某种利益或好处。这里，笔者可以将这样一种行动逻辑称为“好用”或“实用”。具体而言，这种“好用”或“实用”体现为：

第一，可以化解疑难案件的裁判困局。

能够被作为典型加以公布的指导性案例，其来源特征表现为社会广泛关注、法律规定比较原则、具有典型性、疑难复杂或者新类型，以上决定了它具有较强的代表性。作为审判经验和智慧的凝结，它能够为某一类型的疑难案件的解决提供科学合理的指导，“如果指导性案例本身就是在填补法律漏洞的基础上作出的，则其裁判过程中所进行的漏洞确

---

〔46〕 孙维飞：《隐名的指导案例——以“指导案例1号”为例的分析》，载《清华法学》2016年第4期。

认、方法选择以及裁判依据的适用等,都将成为后来与之相似的案例在法律漏洞填补中参考和效仿的对象"。[47] 比如说,对于关联公司利用人格混同逃避债务的情况现有法律并未作出明确规制,指导性案例第15号将关联公司人格混同的情形并入《公司法》第20条第3款"法人人格否认制度"的框架之下,[48] 等于变相地延展了该规则的内容,在此之后的类似案件均可遵循此种思路来解决,所以适用指导性案例可以让裁判摆脱被动的僵局。

第二,保障判决的合法性和提高裁判效率。

首先,人们信奉指导性案例的正确性。这里的正确性主要是指法律适用的正确性,具体来说包括推理过程(说理)的正确性和裁决结果的正确性。这种正确性能够获得双重的保证,即指导性案例本身具有的"正确的决定性判决理由"和"经最高审判组织确定认可的程序安排"。[49] 前者是一种理性权威或实质权威,是一种经由"理由所产生的权威","民法法系国家在审理类似案件时之所以需要考虑先例,是因为法官被先例或判例中的法律推理的正确性或妥当性所说服,而并不是因为他负有遵照先例的法律义务"。[50] 后者是一种制度权威或形式权威,这种权威发自指导性案例产生的法定程序,即在法院系统内部一般须先经本院审判委员会通过,再进行层层把关并上报至最高人民法院。因此,一般而言,程序越加复杂意味着案例内容出现错误的概率就越低。

其次,案例指导制度的重要功能之一是"统一法律适用",实践中绝大多数法官也都将"统一法律适用标准,防止和减少'同案不同判'"作为该制度的首要功能。[51] 而在指导性案例的诸构成性内容中,裁判要点是发挥这一功能的重要载体,是从"指导性案例中抽象出来并指导类似案件审判的裁判规则"。[52] 对于某类案件所涉及的法律争点给出了统一的、确定的解释方案,下级法院在审理类似案件时应当参照。由于我国法官对于规则性内容有一种强烈的偏好,他们"通常所看到的是裁判要旨,但所希望得到的是通过裁判要旨所表现出来的裁判规则"。[53] 而裁判要点作为整个指导性案例中精华的一种提炼或浓缩,可以为法官提供一种快餐式判决指南,[54]"通过适用这种已确立的准则来解决新案件可以节省成本和提高效率"。[55] 相反,如果允许在每一个案件中都重新开启对裁判要点的讨论,不但会加大论证和说理负担,而且容易造成同案不同判的结果。

---

[47] 参见姚辉:《民事指导性案例的方法论功能》,载《国家检察官学院学报》2012年第1期。

[48] 关联公司人格混同,其中由个别公司承担所有关联公司的债务却无力清偿,又使其他关联公司逃避巨额债务,严重损害了债权人的利益。此种行为违背了法人制度设立的宗旨,违背了诚实信用原则,其行为本质和危害结果与《公司法》第20条第3款规定的情形相当,故参照《公司法》第20条第3款的规定,关联公司相互之间对外部债务承担连带责任。对此参见最高人民法院指导案例第15号"徐工集团工程机械股份有限公司诉成都川交工贸有限责任公司等买卖合同纠纷案"。

[49] 参见胡云腾、罗东川、王艳彬、刘少阳:《统一裁判尺度,实现司法公正》,载《中国审判》2011年第1期。

[50] 张骐:《再论指导性案例效力的性质与保证》,载《法制与社会发展》2013年第1期。

[51] 四川省高级人民法院、四川大学联合课题组:《中国特色案例指导制度的发展与完善》,载《中国法学》2013年第3期。

[52] 胡云腾:《关于案例指导制度的几个问题》,载《光明日报》2014年1月29日,第16版。

[53] 张骐:《指导性案例中具有指导性部分的确定与适用》,载《法学》2008年第10期。

[54] 参见吴英姿:《案例指导制度能走多远》,载《苏州大学学报》(哲学社会科学版)2011年第4期。

[55] Also see E. Allan Farnsworth, *An Introduction to the Legal System of the United States*, Fourth Edition, Oxford University Press, 2010, pp. 58 – 59.

以指导性案例第24号为例,该案确立了"交通事故的受害人没有过错,其体质状况对损害后果的影响不属于可以减轻侵权人责任的法定情形"。在受害人具有特殊体质的侵权案件中,对是否应该适量减轻侵权人的责任一直是困扰学术界和理论界的重要问题,实践中处理思路也不一致,其中按照受害人体质状况对损害后果的参与度来分担侵权责任的判决十分常见。第24号案例在一定程度上解决了这个难题,通过指出作为无过错方的受害人自身携带的特殊体质并不构成侵权法意义上的过错,其本质上是对《侵权责任法》第26条以及《道路交通安全法》第76条第1款第2项的解释,在某种意义上等于确立了一项解释性的裁判规则。在此之后的类似案件,如果仍沿用"参与度"裁判则势必会影响判决的合法性。相反,遵照或借鉴第24号所确立的裁判思路,不仅可以保证判决合法、正确,而且可以减少论证负担和提高裁判效率,这对于隐性适用更是如此,因为它几乎可以完全抹去或隐藏案例论证的具体环节。

第三,避免所作出的判决被质疑。

实践中,法官可能主动去检索、分析并进一步隐性适用相关指导性案例,目前来看这种情形并不是主流。更为常见的是,当事人一方主动提出某个指导性案例,并要求法院依照此案例中所确立的裁判规则来处理眼前案件,于此如果法院作出与指导性案例之内容、精神或原则相违背的判决,则当事人很可能以此为由提出上诉,而由于指导性案例产生于科层制的审级结构,[56]所以原审判决在上诉审中极有可能会被认定为错判,并进而会追究原审法官的责任。可见在第二种情形中,法官除非有足够的理由认为本案与指导性案例并不实质相似,否则至少会倾向于使裁判结果与指导性案例的精神或原则保持一致。在此意义上,可以说适用指导性案例,哪怕是以隐性的方式适用,至少会带来两个层面的实用性后果:其一,可以提高判决的可接受性,尤其是让案件利益攸关的当事人接受判决结果;其二,法官能够从中获得安全感,避免自己的判决在上诉审中被推翻,并进一步规避一些不必要的风险和责任。

(二)选择"借用案例"的逻辑

无论是能够成功化解疑难案件的裁判困局,或者是保障判决的合法性和提高裁判效率,还是避免自己所作出的判决被质疑,凡此种种均可看作"基于实用或功利性考量",因为在这些理由的引诱下,法官对于案例的需求具有非常强的"利益导向"或"利益驱动"色彩,即适用案例必定会给他带来一些直接或间接的好处。如果说将上述这些功利性考虑看作是"(隐性)适用"指导性案例的潜在动机,那么进一步要追问的问题是,法官是以何种方式完成"隐性适用"的,这同样也是隐性适用之实践逻辑的重要组成内容。至此,我们的分析将从隐性适用的心理动机转向行动方式。

中国法官在实践中面对疑难案件时,第一选择往往并不是寻找指导性案例,而是通过其他替代性方法来解决,[57]比如个案请示、司法批复、提交审判委员会或审判长联席会议

---

〔56〕 指导性案例的生成具有极强的行政化色彩,受司法行政权(特别是最高人民法院居于一种地位上的优势而形成的纵向管理权)的影响。对此参见郑智航:《中国指导性案例生成的行政化逻辑》,载《当代法学》2015年第4期;张骐:《指导性案例中具有指导性部分的确定与适用》,载《法学》2008年第10期。

〔57〕 参见赵瑞罡、耿协阳:《指导性案例"适用难"的实证研究——以261份裁判文书为分析样本》,载《法学杂志》2016年第3期。

讨论等。[58] 即便如此,经过一番博弈、较量或通盘考虑,比如说成功地通过指导性案例来说服领导,那么就可能为案例的适用争取到一定的空间,[59]由此可以确定的一点是,指导性案例对于破解疑难案件仍发挥着重要的作用。[60] 然而,从适用的方式来看,由于隐性适用简便易行、安全可靠,所以这一现象才能在实践中获得较大市场。进一步地,如果深入到隐性适用的内部,可以发现在这种适用方式的背后其实隐藏着一套独特的行动逻辑,笔者此处权且将其称为"借用案例"的逻辑。

这种行动逻辑和前述基于"实用考量"的动机在本质上都是功利性的,二者都受到特定实用性目的的激励或推动。在个案裁判中,法官之所以选择以隐性的方式适用某个指导性案例,主要并不是因为在实质上被指导性案例的说理、推理或论证所说服,而是因为如此适用能够给自己带来直接或间接的利益,这就决定了以利益为导向、暗度陈仓式的隐性适用在本质上是一种权宜之计,是一种以追求判决不被质疑、争议案件得到高效解决的策略之举。具体来说,这一行动逻辑包括三个层面的内容,即"试探性权衡和沟通""借用案例"和"搁置或摆脱案例"。总体而言,它所遵循的大致是一种"经由案例、依凭案例、超越案例"的路径。以下将分别简要阐述之。

首先,隐性适用的一个前期工作是试探性地进行权衡和沟通。在具体个案中,是否需要适用指导性案例,很多时候是由多种复杂因素所决定的。在具体个案中,要不要适用指导性案例很多时候要先试探性地听取领导的意见,如果领导明确同意适用指导性案例,则明示适用相关案例就不成问题。相反,如果领导的意见与指导性案例的内容相冲突,办案人员很可能会直接以领导的意见来处理案件。[61] 此外,在领导不发表意见或默认的情况下,如果适用指导性案例能够有效化解裁判困局,那么办案法官会更倾向于选择隐性适用案例。与此同时,如果当事人强烈要求参照某个指导性案例,法官会权衡拒绝适用该案例可能会引发哪些后果,而明示适用除了增加论证负担还可能出现适用错误等结果,通过此种权衡与沟通,从而做出是明示适用还是隐性适用的决定。

其次,针对性地甄选和借用案例,这是隐性适用的一个关键环节。在笔者看来,"借用案例"这个表述可以十分精准、有力地刻画隐性适用的真实过程。从主观上讲,这种借用是指法官并非出于对指导性案例的尊重或认可而遵守,而是为了促进或达成某些目的的实现,比如说,为了快速化解纠纷或减少裁判风险而隐性参照指导性案例;在客观上,也不同于普通法系法官通过对比前后两案的关键性事实以确定可供适用的先例规则,而是直接引用指导性案例中言之成理的内容。[62] 也就是说,避开在判决书中对指导性案例与眼前待决案件之间在关键事实上的相似性判断,甚至根本不提及相关指导性案例的名称、编号或裁判理由,而是直接"套用"该案例在裁判要点中所确立的裁判思路,并且在裁判

---

〔58〕 对于正文中所列诸种方法的讨论,参见孙海波:《疑难案件裁判的中国特点:经验与实证》,载《东方法学》2017年第4期。

〔59〕 秦宗文、严正华:《刑事案例指导运行实证研究》,载《法制与社会发展》2015年第4期。

〔60〕 调研显示实践中解决法律适用疑难问题的指导性案例援引频率较高。并且,从案例的类型来看,这些案例大都属于"弥补法律漏洞型""拓展法律、司法解释型"的案例。参见赵瑞罡、耿协阳:《指导性案例"适用难"的实证研究——以261份裁判文书为分析样本》,载《法学杂志》2016年第3期。

〔61〕 秦宗文、严正华:《刑事案例指导运行实证研究》,载《法制与社会发展》2015年第4期。

〔62〕 杨会、何莉苹:《指导性案例供需关系的实证研究》,载《法律适用》2014年第2期。

结果上亦与其保持高度一致。

最后,一个收尾性的工作是“经由案例,超越案例”,说得难听些其实是“过河拆桥,甩开案例包袱”。在上一个“借用案例”的环节中,通过直接套用指导性案例的裁判思路获得一个大体相似的裁判结果,其实已基本达到隐性适用所要追求的目的。但在形式上,还需要做一些掩饰,即明明参照了指导性案例的相关内容,却非要将其遮蔽以免被外界所察知,进而使得案件的裁决被看作一种直接适用成文法规则的必然结果。在这一点上与司法虚饰理论不谋而合,即通过佯装或说谎的方式掩盖判决形成的真正过程。〔63〕 在此,指导性案例仅仅被当作一种跳板或工具,一旦实现目的马上就被抛弃或抽离,这不仅违背了案例适用的基本规则,而且会从根本上架空案例指导制度。同时,在较强功利性利益或目的的驱使下,硬生生地将指导性案例中的判决思路(以及结果)与案件事实、裁判理由剥离开来的做法,将会错失指导性案例中真正具有指导价值和意义的内容。

至此,笔者已全面揭示了隐性适用背后所依凭的实践逻辑。在隐性适用的场合,案例的某些要素虽然对于裁决结果的形成起到了一定的作用,但是在有形的司法场域里我们却看不到案例的身影。人们可能会问,实践逻辑所包含的两部分内容之间是一种怎样的关系?依笔者看来,“实用考量”的动机是行动的先导,是导致隐性适用的直接性诱因,并且相对于“借用案例”的行动而言具有逻辑先在性;相比之下,“借用案例”则是一种策略性的行为方式或手段,并不是一种常态的出于对指导性案例的尊重或服从而适用案例,而仅仅只是一种特定目的或利益驱动下的权宜之计。总体而言,这二者是相互联系、相辅相成、内在统一的,它们共同服务于一个实用性目的,即以隐性的方式适用指导性案例为自己谋求直接或间接的利益。

四、变隐性适用为明示适用

通过以上的分析可以看到,在大力推进案例指导制度的背景下隐性适用并不是凭空出现的,其产生和存在有着深刻的根源,并且在现实中依靠一套独特的实践逻辑而运作,唯有弄清楚这些内容,才能从根本上准确地评价和改造隐性适用问题。诚然,隐性适用是一种对于指导性案例的非规范的适用方式〔64〕,但其在本质上仍然属于广义的适用指导性案例的活动,相比那些本该适用指导性案例而拒绝适用的做法确实有一定的可取之处。尽管如此,这种非规范性适用方式所带来的问题或产生的消极影响更大,这也是我们不得不对其进行改造的根本原因。鉴于此,本部分任务有二:一是要分析我们为何需要对隐性适用进行改造;二是要探索如何变隐性适用为明示适用。

(一)为什么改造隐性适用

这个问题可以进一步区分为三个层次。第一个层次,之所以要改造隐性适用,是因为

〔63〕 See Martin Shapiro, Judges as Liars, *Harvard Journal Law & Public Policy* 17, 1994, pp. 155 - 156.

〔64〕 对于指导性案例之误用与滥用的讨论,参见孙海波:《论指导性案例的使用与滥用——一种经验主义视角的考察》,载舒国滢主编:《法学方法论论丛》(第3辑),中国法制出版社2015年版,第223~241页。

这种案例适用方式自身存在问题,它会给司法裁判以及既有的案例制度带来一些消极影响;第二个层次,如果不得不改造隐性适用,那么我们就必须寻找或确立一种新的方法,亦即下文将要提倡的明示适用,这就需要分析相比于隐性适用,它有何种独特的价值和意义;第三个层次,是要彻底放弃隐性适用,还是予以一定范围的保留,我们需要在数种不同的指导性案例的适用模式之间做出选择。

1. 隐性适用存在的问题

首先,它仅仅将指导性案例当作是达到某些目的的工具或手段,只注重案例的形式而不关心其内在的实质,因此本质上是一种工具化的案例适用观。甚至在某些案件中,"先有领导意见,后找案例佐证,案例成为论证领导意见合理性的工具,失去了参阅案例的本来意义。案例适用的工具化倾向侵蚀了指导性案例适用的生态基础"。[65] 指导性案例的约束力不仅产生于特定程序的安排,而且也与其在实质层面的推理与说理的质量密不可分,这就决定了"应当参照"意味着"应当以一种明示的方式参照",并尽可能将案例适用的全过程以外界能够知晓的方式展示出来。显然,工具化的隐性适用暗度陈仓,违背了案例以开放性、明示化适用的基本要求,也背离了案例指导制度的初衷。

其次,遮蔽案例适用的过程和事实,指导性案例与待决案件之间事实的比对、相似性判断、运用案例进行说理等活动均被掩饰,使这种活动无法接受法律共同体的监督。在此逻辑之下,案例的适用不是基于理性的论证,而成为法官基于感性判断等主观性因素所作出的任意选择,"这种带有'机会主义'倾向的案例适用方式实际上偏离了成文法传统中经由'逻辑推理'形成'有原则的判决'路径"。[66] 这种任意性的适用方式构成了对指导性案例的滥用,极易造成同案不同判的结果,进而影响法律的统一适用。除此之外,案例适用本是一个复杂的论证过程,对操作步骤有着特定的要求,人为地抽空这些中间环节,将案例适用真空化会助长法官的惰性,甚至还会造成错判、误判。

最后,隐性适用是司法虚饰的一种表现,从根本上背离了诚信裁判的基本要求。司法虚饰主张判决书中所展示的判决理由并非判决据以作出的真正原因,实质上只不过是粉饰判决的一种工具,[67] 真正起决定作用的理由被有意隐藏或遮蔽掉了。隐性适用所因循的逻辑大体相同,被适用的案例在一定程度上对案件的结果起着重要的甚至决定性的作用,法官通过遮蔽案例而佯称裁决只是适用成文法规则的结果。与之相对,诚信裁判不仅认为法官有责任为判决提供相应的理由,[68] 而且还应向外界如实地披露判决据以作出的真正原因或理由。[69] 由此观之,法官以隐性的方式适用案例,却不如实地将这些对裁决结果起重要意义的法律理由予以披露,不仅是走向了诚信裁判的对立面——恶信裁判(judging in bad faith),而且也与法治的要求背道而驰。[70]

---

〔65〕 秦宗文、严正华:《刑事案例指导运行实证研究》,载《法制与社会发展》2015年第4期。

〔66〕 参见杨会、何莉苹:《指导性案例供需关系的实证研究》,载《法律适用》2014年第2期。

〔67〕 参见杨贝:《论判决理由与判决原因的分离——对司法虚饰论的批判》,载《清华法学》2016年第2期。

〔68〕 See Aleksander Peczenik, *On Law and Reason*, Kluwer Academic Publishers, 1989, p. 41.

〔69〕 Scott Altman, Beyond Candor, *Michigan Law Review* 89, 1990, pp. 296 – 297; John W. McCormac, Reason Comes Before Decision, *Ohio State Law Journal* 55, 1994, p. 166.

〔70〕 See Mathilda Cohen and Mathilde Cohen, "The Rule of Law as the Rule of Reasons", *Archiv für Rechts-und Sozialphilosophie / Archives for Philosophy of Law and Social Philosophy* 96, 2010, pp. 1 – 16.

2. 明示适用的美德

将指导性案例适用过程明示化,首先有利于接受法律共同体的监督。案例的适用并不单纯是法官的个体行为,而是整个动态司法过程的一个环节。以明示的方式适用案例,可以以开放性的姿态接受法律共同体的监督,从而形成法学理论家、法律实务者(法官、检察官、律师)以及社会共同的良性互动与沟通。“只有以当事人、法律职业共同体乃至社会公众看得见的方式展示先例式参照的过程和内容,才能使审判权的行使得到深入的监督,才能使法律专家得以准确的评价,才能使当事人背离良知和法律的行为得到抑制,才能使社会公众得到理性的引导,也才能使生活共同体得以重建和拓展。”〔71〕通过此种监督,一来可以让案例以一种看得见的方式被适用,从而有效地制约法官对裁量权的滥用;二来能够及时、有效地发现问题和解决问题。

明示适用反对仅仅将指导性案例当作谋求特定目的的工具或手段,它要求裁判者深入到案例的内部去发现真正具有内在价值的东西。正是这种出于内心对于指导性案例的尊重或认可,才最终促使法官选择在具体个案中适用相关的指导性案例。这种明示适用的要求与现代法治,尤其是与形式法治内在地联系在一起,它偏重程序和规则对思维决策的影响,〔72〕要求以明确和透明的方式来执行和适用既有的法律标准,从而确保法律适用的明确性、一致性、稳定性和可预期性。〔73〕 法官在作出决定时必须提供相应的理由,这也是法治的核心要求之一。〔74〕 一如我们所看到的,与隐性适用相比,明示适用能够把指导性案例当作是一种类型的法律理由(legal reason),并将这种理由在裁判过程中的适用以外界可以察知的方式展示出来,不仅为判决的“合法性”提供妥适的论证,而且有助于促使指导性案例能够被连贯、一致、可预期地适用于今后类似的案件中,推动案例适用回归到一种符合法治的、常态的运作模式。

除了以上两点优势之外,明示适用还有促进裁判说理的价值。由于指导性案例并不具有正式法源的地位,因此它不能够作为裁判根据加以援引。在待决案件中,其最合适的出场位置是裁判说理部分,案例的援引可以为特定法律的理解或适用提供支撑性理由。对于是否必须以明示的方式在裁判说理部分引述指导性案例,《规定》给出了肯定性的答复,认为“应当明确引述”符合审判公开、透明的要求,也便于人民群众监督。〔75〕 适用指导性案例和适用成文法一样,都是一种运用法律理由进行论辩的过程,包括明确地对案件重要事实进行提炼和比对、前后两案是否实质相似的判断等内容进行论证。尤其是,“如果有当事人在诉讼中明确要求法院参照某个指导性案例,那么,法官在裁判文书的说理部分就必须回应是否应当参照并说明理由”。〔76〕 明示适用所施加的以公开、明确的方式利用案例进行推理和论证义务,能够提高裁判文书的说理性,也可以增加司法的公信力,在

〔71〕 冯文生:《审判案例指导中的“参照”问题研究》,载《清华法学》2011 年第 3 期。

〔72〕 参见陈金钊:《对形式法治的辩解与坚守》,载《哈尔滨工业大学学报》(社会科学版)2013 年第 2 期。

〔73〕 参见张翔:《形式法治与法教义学》,载《法学研究》2012 年第 6 期。

〔74〕 See Mathilda Cohen and Mathilde Cohen,“The Rule of Law as the Rule of Reasons”, *Archiv für Rechts-und Sozialphilosophie / Archives for Philosophy of Law and Social Philosophy* 96, 2010, pp. 1 – 16.

〔75〕 郭锋、吴光侠、李兵:《〈〈关于案例指导工作的规定〉实施细则〉的理解与适用》,载《人民司法》2015 年第 17 期。

〔76〕 胡云腾:《如何做好案例指导的选编与适用工作》,载《中国审判》2011 年第 9 期。

根本上有利于人们更好地接受判决。

3. 案例适用模式的阶段论之辩

在案例指导制度的初创阶段,对于司法实践中应如何适用或参照案例,确实是一个不断试错、不断摸索的过程。由此,到底是选择明示适用的方式,还是隐性适用的方式更适宜,确实是一个具有争议性的问题。在诸多主张中,笔者注意到有一种观点十分显眼,即认为可以“分阶段地”来适用指导性案例,理由是在案例指导制度运作的初期,案例本身不具有正式法律渊源的地位,在效力上会受到一定的限制。加上法官适用案例的能力相对较低,因此应当以宽容的态度容许分阶段地、采取不同的模式来援引案例。〔77〕换言之,根据具体的情况坚持“两步走”的战略,具体来说又有两种不同的选择:其一,“先明示后隐性”,即在该制度运作的前期阶段,应严格贯彻明示适用,待制度完善和条件发展成熟可以一定条件地允许隐性适用;其二,“先隐性后明示”,认为初级阶段应大力推广隐性适用,后期则可以着力提倡明示适用。

我们首先来检讨“先隐性后明示”这个主张,之所以主张隐性适用先行,其背后的立论依据主要是:(1)参照和引用是两种不同的司法活动,“参照可以引用也可以不引用,只要类似案件的裁判参照了指导性案例的精神,符合指导性案例的裁判要点要求,不必非在裁判文书中引用某个指导性案例”。〔78〕依此逻辑,裁判文书中看不到指导性案例并不意味着法官没有参照,参照不必非得以明确的方式引用。(2)由于技术上的原因不能保证明确适用案例不出现错误时,“使用了指导案例中的裁判要点却不指明其出处,对法官减少其判决被质疑的机会是会起正面作用的”。〔79〕为了避免陷入争议或危险,而竭力提倡以隐性的方式推进案例的适用。(3)其他一些在前文所提及的原因。总体而言,认为在案例指导制度刚刚建立、效力地位严重受限、技术和方法尚不成熟、法官专业素质参差不齐的情况下适宜隐性适用,待制度完善和条件成熟方可再引入明示适用。

再来看“先明示后隐性”。更确切地说,在案例制度建立之初对指导性案例的适用必须采取明示的方式,这是“应当参照”的原本和真实含义,正如于同志所言,“如果指导性案例不能被法官在裁判文书中引用,法官就可以不理会指导性案例,当事人、律师以及检察官也会觉得它对当下的案件没有意义而不予重视,这样只会导致指导性案例如同目前一些法院发布的典型案例一样,仅仅是形式上的指导,并无实质性的意义”。〔80〕对于新生制度而言,出现问题并不可怕,可怕的是有意地去遮蔽问题,或者采取鸵鸟政策人为地回避问题。明示适用本身就是一种试错性的活动,相比之下它更容易展示或暴露案例适用中可能遇到的问题。确实,完全放弃或排除隐性适用也是不可能的,在特定的情形下它有自身存在的价值,比如说隐性适用可以对抗领导的行政干预。但是应注意,隐性适用对操作环境有很高的要求,它要以法治为基本前提、以法官的高素养和法律共同体的自律为重要保障。故而,待案例指导制度发展到一定阶段,各方面的客观条件较为成熟之时,隐性

〔77〕 参见袁白薇:《案例指导制度之微观运作——以待决案件的适用进路为视角》,载万鄂湘主编:《建设公平正义社会与刑事法律适用问题研究》,人民法院出版社2012年版,第77~78页。

〔78〕 胡云腾:《如何做好案例指导的选编与适用工作》,载《中国审判》2011年第9期。

〔79〕 孙维飞:《隐名的指导案例——以“指导案例1号”为例的分析》,载《清华法学》2016年第4期。

〔80〕 于同志:《论指导性案例的参照适用》,载《人民司法》2013年第7期。

适用可以发挥一定的补充性功能。

通过以上的分析，可以看出这两种主张背后都有其相应的根据。从这个角度讲，阶段论的提出有其合理的一面。但是深入到阶段论的内部，在面临两种不同的选择模式之时，我们要保持清醒的头脑，严格地检视这两种模式何者更能切合案例指导制度的目的。相比之下，笔者更倾向于支持第二种论点，即在当下应严格地推行明示适用的方式，严格地限定和压缩隐性适用的空间。〔81〕无论隐性适用的背后潜藏着多少合理的理由、隐含着何种巧妙的行动逻辑，我们都拥有更多、更强的理由去改造它。

（二）从隐性适用迈向明示适用

指导性案例只有在司法实践中被具体适用，其生命力才能从根本上被激活。通过这种具有特殊身份的案例指导司法裁判，可以激发处理当前案件的灵感、增强对处理结果的信心、为说服同事或领导提供有力论据、有效化解外部压力等。〔82〕上文笔者已经论证，在现阶段我们必须对隐性适用方式加以改造，使隐性适用全面转向明示适用，这是实现案例指导制度走向正轨的一个重要保障。然而，要做到这一点并非易事，这可以说是一项复杂的系统工程，除了端正对指导性案例的态度之外，还需要在制度上做出一些改进，比如引入一些制裁性举措以及激励性举措，一方面积极引导法官主动、规范地以明示的方式适用指导性案例，另一方面对于那些以隐性的方式非规范地适用指导性案例的行为设定一些责任负担，从而逐步实现从隐性适用到明示适用的过渡和转换。

1. 端正对指导性案例效力性质的认识

在文章一开始就提出过这个问题，指导性案例的效力性质不明（“应当参照”所指向的到底是什么？）在一定程度上诱使法官选择隐性适用。如某些学者所揭示的那样，“因为指导性案例没有法律效力，法官据此认为他们可以选择性地参考”〔83〕，通过其自身的内容来影响后案法官的裁判过程，但却并不在裁判说理中留下蛛丝马迹。〔84〕笔者认为，隐性适用所依凭的这种效力观是有问题的。从语义上看，“应当”不同于“可以”，它所引导的规范模式属于强行性法律规范，属于法律义务的范畴，相关主体必须履行而不得随意放弃。〔85〕虽然指导性案例在我国并不具备正式的法源地位，但是下级人民法院在审理类似案件时如无充分理由不得有意偏离或规避相关的指导性案例。这种独特的效力并不是直接来自法律制度的直接规定，而是基于一系列相对于法律制度的“事实因素”的保障所形成的，这种事实性因素包括逻辑、伦理、智识、利益和诉讼制度运作的综合效应等。〔86〕故而，“应当参照”不仅意味着必须参照，而且还要求法官必须以明示的方式来参照指导性案例。

---

〔81〕参见张骐：《再论类似案件的判断与指导性案例的使用——以当代中国法官对指导性案例的使用经验为契口》，载《法制与社会发展》2015 年第 5 期。

〔82〕参见秦宗文、严正华：《刑事案例指导运行实证研究》，载《法制与社会发展》2015 年第 4 期。

〔83〕陆幸福：《最高人民法院指导性案例法律效力之证成》，载《法学》2014 年第 9 期。

〔84〕参见曹志勋：《论指导性案例的“参照”效力及其裁判技术——基于对已公布的 42 个民事指导性案例的实证分析》，载《比较法研究》2016 年第 6 期。

〔85〕参见谢晖：《“应当参照”否议》，载《现代法学》2014 年第 2 期。

〔86〕冯文生：《审判案例指导中的“参照”问题研究》，载《清华法学》2011 年第 3 期。

与效力观紧密相连的一个问题,是人们对指导性案例秉持一种怎样的态度。无疑,指导性案例这个事物既具有内在价值又具有外在价值。所谓“内在价值”(intrinsic value)也可以成为自有价值或目的价值,是指事物本身所具有的、不依赖于其他事物或价值的存在而存在的价值;而“外在价值”(extrinsic value)也称工具性价值,是非独立存在的、服务于其他事物或目的的一种手段。[87] 在此意义上,笔者认为实现形式正义(同案同判)是其终极性目的、内在价值或目的性价值,而巧妙地规避风险、提高裁判效率等则是一种工具性的价值。隐性适用犯了本末倒置的错误,“借用或套用”的行动逻辑过分强调和重视指导性案例的工具性价值,而忽视了案例本身所蕴含的更为重要的内在价值。因此,改造隐性适用,除了端正对指导性案例效力性质的态度之外,还应从根本上摒弃工具主义的案例适用观。通过信奉、尊重和认可指导性案例的内在价值,启发法官以明示的方式适用案例进行推理和论证。

2. 惩戒性举措与激励性举措并重

案例指导制度在实践中运行状况不佳的一个重要原因,在于缺乏相应的惩戒性举措与激励性举措。《规定》仅仅笼统地要求“各级人民法院审判类似案例时应当参照”,但既未指明违背该规定将会承担何种责任,亦无辅之以任何激励性的措施,前者无疑会助长法官适用指导性案例的随意性,而后者则会打消其主动、规范性适用的积极性。想要变隐性适用为明示适用,就需要在具体的指导制度上引入这两种新的变量要素,从积极和消极两个方面来分别加以引导。

确实,当下中国法官,尤其是在错案追究等司法责任制压力的重逼之下,法官们下意识地会形成一种“多一事不如少一事”“不求有功但求无过”的习惯性心理,加上普遍面临案多人少的问题,明确援引指导性案例势必会增加其论证负担。[88] 由此,法官在指导性案例面前表现出了一种“集体性的消极态度”。站在责任的对立面,着眼于激励性措施的制度设计是一种思路,确实最高人民法院也意识到了这一点,所以2015年在《〈关于案例指导工作的规定〉实施细则》(以下简称《实施细则》)中笼统地规定了一条(第14条)激励性措施,即“各级人民法院对于案例指导工作中做出突出成绩的单位和个人,应当依照《法官法》等规定给予奖励”。

对于何为“做出突出成绩”,最高法相关负责人认为这可能表现为“法官所承办的案件被总结、提炼,变成指导性案例指导全国法院对类似案件的裁判”。[89] 需指出的是,这仍然主要是从生产而非适用指导性案例的角度来谈的。笔者认为这里的“做出突出成绩”可能包括:在适用指导性案例时对既有法律的理解和适用有进一步的推进,对既有指导性案例的缺陷予以补正,或者适用指导性案例而产生的裁判进一步被遴选为指导性案例等。此外,也有人主张应将指导性案例的适用情况与法官的业绩考核挂钩。[90] 然而需

〔87〕 参见陈真:《当代西方规范伦理学》,南京师范大学出版社2006年版,第44页。

〔88〕 参见孙光宁:《案例指导的激励方式:从推荐到适用》,载《东方法学》2016年第3期。

〔89〕 郭锋、吴光侠、李兵:《〈《关于案例指导工作的规定》实施细则〉的理解与适用》,载《人民司法》2015年第17期。

〔90〕 参见四川省高级人民法院课题组:《指导性案例的应用障碍及克服——四川法院案例应用试点工作的初步分析》,载《法律适用》2012年第5期。

要注意，正向激励固然重要，但其仍然主要是在一种实用性目的的导向下运行的。过度推崇或者依赖此种手段，容易出现法官为了片面、功利地追求指导性案例的适用率，进而导致生搬硬套、暗度陈仓的后果。

我们现在转向对负面制约的讨论，如果相关主体错误地（不）适用指导性案例，即本应适用相关指导性案例而未适用，适用了某个不相关的指导性案例，在适用相关指导性案例的过程中出现方式或手段的错误，在这几种情形下法官是否需要以及应承担何种不利的法律后果呢？这其实涉及的是法官责任（judicial responsibility）的问题。当然，责任的具体形态可能是多种多样的，小到降薪大到停职处分等。这里笔者比较关心的一个问题是，一旦出现上述几种情形，能否构成当事人提起上诉或申诉的一个充分理由？这是一个比较具有争议性的问题。

目前学界的主流意见倾向于支持肯定说，认为对属于错误地（不）适用指导性案例的情形当事人可以依法提起上诉或申诉，法院可以依法进行改判或发回重审。其理由有很多，比如认为"违背指导性案例的裁判，本质上是违背了指导性案例所适用的法律规定、司法解释所反映的法理精神、裁判要点"。[91] 甚至江苏省高级人民法院在《关于加强案例指导工作的意见》中也作了类似的规定："上级法院在审理案件过程中，发现下级法院的裁判违反了相关指导性案例所依据的法律、法规或司法解释规定的，应当依法予以改判或者发回重审。"问题在于，违背指导性案例裁判是否一定构成法律适用错误呢？对此，我们需要针对不同情况具体分析：

第一，"违背指导性案例"与"违背指导性案例所依据的法律、法规或司法解释的规定"是否是一回事？从字面上理解，"违背"是指"违反""背离""相反"或"不一致"；违背指导性案例包括违背指导性案例的裁判要点、关键事实的认定、裁判说理的基本思路以及裁判结果，其情形颇为复杂，而违背指导性案例所依据的法律、法规或司法解释的规定实质是违背法律而非违背指导性案例，严格来讲这二者并不等同。所以不能因为后案法官在裁判中违背了指导性案例所依据的法律而断然认定其行为属于法律适用错误。

第二，"违背指导性案例"是否一定是不正当的？答案是否定的。首先，指导性案例自身并非绝对完美，有些指导性案例存在先天不足，在产生之时就存在一些可能的错误或瑕疵，所以违背本身有瑕疵的指导性案例恰恰是正当的。其次，有学者主张如果就指导性案例涉及的实质性相似问题采取不同的法律见解，并且对此并未给予充分的理由，那么可以成为当事人提起上诉的理由。[92] 言外之意，如果法官对于指导性案例的背离是基于正当的根据并且作出了充分论证，那么此种"违背"便是正当的。

第三，退一步而言，即便是后案法官错误地（不）适用某个指导性案例，认为"这可构成当事人提起上诉或申诉理由"的观点仍然难以成立。理由在于，诉讼法对于当事人上诉或申诉的情形已做出明确规定，而这些规定均为正式意义的、强的规范性理由，只有它们才有可能启动上诉或申诉，如王利明教授所指出的，"由于法律对上诉和再审的程序已

---

〔91〕 参见胡云腾主编：《中国案例指导》，法律出版社 2015 年版，第 294 页。

〔92〕 曹志勋：《论指导性案例的"参照"效力及其裁判技术——基于对已公布的 42 个民事指导性案例的实证分析》，载《比较法研究》2016 年第 6 期。

经做出了明确的规定,并没有把这一理由作为再审的原因,所以在有关诉讼法律没有进行相应修订之前,还不能将未参照指导性案例作为进行上诉和再审的启动原因”。[93] 鉴于指导性案例并非正式的法律渊源,单纯违背指导性案例尚不足以构成当事人提起上诉或申诉的充分理由。

总体而言,激励性措施的正向引导和惩戒性措施的反向制约,对于规范实践中法官适用指导性案例的活动是必要且有益的。在具体的制度设计方面,应避免过度适用,注意区别对待。过度运用激励性措施可能会造就一种“虚假繁荣的景观”,而过度依赖惩戒性手段则会让法官在指导性案例适用上更加小心谨慎、畏首畏尾。所谓区别对待,就是针对不同的适用行为给予不同种类的激励或惩戒,坚持比例原则,做到惩罚得当、均衡。此外,在法律作出正式修改之前,给违背指导性案例的适用行为配置以提起上诉或申诉的救济,将面临着合法性的质疑,因此须慎之又慎。

3. 运用案例进行推理和论证

中国法官习惯于成文法的演绎性方式,而不谙熟运用案例进行推理的归纳和类比思维[94],这确实是造成隐性适用普遍盛行的一个重要原因,努力在案例运行的技术和方法上做出改进是现实可行的。的确,案例在裁判过程中的运用主要依赖于一种类比推理的思维,是一个从特殊到一般再到特殊的过程。具体来说,就是从特殊的指导性案例中抽象和归纳出一个具有一般性的裁判规则(通常以裁判要点的形式体现),然后再将该规则适用到眼前个案的裁判中去。

运用案例进行推理的首要环节,“就是要发现和确证先例案件与待决案件之间的相似性”[95],相似性的判断主要依赖于案件的争议焦点与关键事实,这就需要确认:首先,案件的争议焦点属于同一类型,也可以说他们属于同一种具体的法律关系[96]或者具体案由是相同的;其次,识别指导性案例与待决案件之间事实上的相同点与不同点。因为对案件事实既可以提炼得很简要,也可以提炼得很冗繁;既可以按照不同程度的一般性来提取,也可以按照详略不等的细节来描述。[97] 如果某个事实报道出了相关法律规则的特定内容,那么该事实就是一种重要事实[98],在确认关键事实之后,需要从中进一步拣选出相同点和不同点,具体来说是要发现两案之间“相关的相同点”(relevant similarities)和“相关的不同点”(relevant differences),因为“并非所有的相同点都是相关的,也并非所有的不同点都是相关的”。[99] 最后一步,比较相同点和不同点到底何者更为重要,从而决定是否

[93] 王利明:《我国案例指导制度若干问题研究》,载《法学》2012年第1期。

[94] 参见赵瑞罡、耿协阳:《指导性案例“适用难”的实证研究——以261份裁判文书为分析样本》,载《法学杂志》2016年第3期。

[95] Edward H. Levi, *An Introduction to Legal Reasoning*, University of Chicago Press, 1949, p. 1.

[96] 这里的法律关系类似,并不是说基本法律关系相似,比如说都是合同法律关系,而是指具体的法律关系相类似,比如说都属于房屋租赁合同纠纷。参见王利明:《我国案例指导制度若干问题研究》,载《法学》2012年第1期。

[97] See Geoffrey Marshall, What is Binding in a Precedent, in D. Neil MacCormic and Robert S. Summers eds., *Interpreting Precedents: A Comparative Study*, Dartmouth Publishing Company, 1997, p. 504.

[98] See Richard B. Cappalli, *The American Common Law Method*, Transnational Publishers Inc., 1997, p. 24.

[99] Frederick Schauer, *Thinking Like a Lawyer: A New Introduction to Legal Reasoning*, Harvard University Press, 2009, p. 94.

参照相关指导性案例进行裁判。

经过论证一旦决定参照某个相关的指导性案例，就应当在后案的判决说理部分加以适用，这一点不同于普通法系中的遵循先例。由于先例所具有的正式渊源地位，决定了从先例中所抽取的先例规则或原则可以直接被后案援引为裁判根据，而指导性案例“不能在裁判文书中作为法律依据直接援引，只能作为裁判理由来引述，即在待审案件论证说理时，结合个案事实，融入裁判说理部分的表述中加以援引”。[100] 故而，适用指导性案例势必意味着要用案例为法律的适用和裁决结果的论证提供理由，人民法院《四五改革纲要》提出要完善裁判文书说理的刚性约束机制和激励机制，并将说理水平作为法官业绩评价和晋升的重要因素。在此种要求之下，法官一方面要坚持明示适用，唯有如此才能发挥其作为一种制度化的方法在实现形式公正与形式法治方面的作用；[101] 另一方面，要坚持以诚信原则规范自己的案例适用活动，应当在裁判说理部分如实地向外界展示案例适用的全部过程，让公众真正理解案例是如何在法律适用中发挥作用的。

4. 建立案例规避的论证制度

法律的存在和发展也会经历一个不断推陈出新的过程，那些相互冲突的、过时的以及有悖于法律价值的内容会通过法律修改或废止的方式退出历史舞台，判例（案例）必然也面临着同样的命运。广义的退出机制既包括对指导性案例的清理和废止，也包括对指导性案例的规避。这里我们主要关注对指导性案例的规避，即在特定的情形下法官可以正当地偏离指导性案例，并且无需承担任何不利法律后果。但是须注意，如果法官对于这种偏离并无充分的理由或根据，或者未能以明示的方式对此种偏离进行充分的论证，那么这种偏离行为就是不正当的。

普通法系中先例具有正式的法律渊源地位，对于先例的偏离本身意味着对于法律的偏离，偏离的理由可以有：先例与眼前案件不相关或实质上不相似、先例自身存在瑕疵或错误（比如先例存在“清晰而又严重的错误”[102]）、先例根据（*ratio*）模糊而无法适用、先例与法律的基本原则相冲突、先例已被制定法所推翻[103]等。大陆法系国家也有类似的制度设计，比如德国就确立了偏离判例的报告制度。当德国下级法院法官在裁判当前案件时，如果意欲偏离另一审判庭或者高级法院的先前判决，则负有将争议向最高法院审判庭提交的义务（Vorlegungspflicht 或 Vor-lagepflicht）。[104] 笔者认为在规范我国法官对于指导性案例适用的问题上，亦可借鉴以上做法，探索建立一种对于指导性案例偏离的论证制度，这一制度的核心在于对偏离行为之正当性的论证。

从积极的层面来看，法官对于指导性案例的启用并不是任意的，需要满足一定的前提条件，亦即他需要论证指导性案例与眼前待决案件之间存在实质上的相似性，否则适用指

[100] 胡云腾：《如何做好案例指导的选编与适用工作》，载《中国审判》2011 年第 9 期。

[101] 参见张骐：《再论类似案件的判断与指导性案例的使用——以当代中国法官对指导性案例的使用经验为契口》，载《法制与社会发展》2015 年第 5 期。

[102] 在普通法系中，“清晰而又严重的错误”（clear and serious wrong）通常能够构成法官区分或者规避某个先例的充分理由。See Richard A. Wasserstrom, *The Judicial Decision: Toward a Theory of Legal Justification*, Stanford University Press, 1961, pp. 42 – 45.

[103] 参见李浩：《英国判例法与判例规避》，载《比较法研究》1995 年第 1 期。

[104] 参见高尚：《论德国判例的偏离报告制度》，载《法律适用》2017 年第 2 期。

导性案例将失去可能。而从消极的层面上讲,法官对于指导性案例的规避或区分必须基于充分的理由,即须论证指导性案例基于某种原因不适宜适用于眼前案件。然而,无论是积极的层面还是消极的角度,均表明指导性案例的适用或规避都无法脱离论证,而论证必然要以公开和明示的方式在判决说理部分展示,由此案例的适用或规避也当然不宜以隐性或默示的方式进行。

对于是否需要规避某个指导性案例,在不同的情形下法官论证义务的强弱有些不同。这主要存在两种情形:其一,在当事人提出并要求法官适用某个指导性案例的情形下,法官负有一种较强的回应和论证义务,尤其是拒绝适用相关指导性案例时一定要明确说明理由。然而实践中法官对于当事人所提出的指导性案例往往采取置之不理的态度,对此《实施细则》第11条设定了一种"强制回应义务",对于当事人引述指导性案例作为控(诉)辩理由的,案件承办人员应当在裁判理由中回应是否参照了该指导性案例并说明理由。其二,法官主动去寻找、辨识相关指导性案例,并做出适用或拒绝适用的决定。此种情形下法官的论证义务相对没有那么强,除了依靠法官的自觉、自律和职业敏锐感之外,还需要当事人、整个法律共同体以及社会公众的监督。

最后,对于在何种情形下可以偏离指导性案例,到目前为止我们还没有给出答案。归纳一下,无外乎出现以下这样几种情形:(1)指导性案例与待决案件是不相似的。前后两案之间在实质上相似,是适用指导性案例进行裁判的基本前提。如果通过论证发现待决案件与指导性案例在关键事实与法律争点方面并不相似,便可正当地偏离指导性案例。(2)指导性案例存在先天不足。比如遗漏了原审案件中的关键性事实,或者法律适用存在错误,又或裁判要点提取方面存在瑕疵,直接适用此种指导性案例无疑也会作出拙劣的判决。(3)指导性案例的内容和精神与法律的基本原则相冲突。比如如果一个刑事指导性案例通过类推或扩大解释的方式创造了一个新的罪名,那么这在根本上就违背了罪刑法定原则,参照这种指导性案例所作出的判决必然是不合法的。(4)其他一些理由。比如学者所提到的,指导性案例所确立的裁判要点(规则)模糊不清,或数个指导性案例之间彼此冲突,或指导性案例的裁判要点(规则)被制定法所吸收。[105] 此外,《实施细则》还规定了两种情形,即"与新的法律、行政法规或者司法解释相冲突的"和"为新的指导性案例所取代"。所以,在以上这些情形下,法官可排除指导性案例对待决案件的适用。

五、结论:以看得见的方式适用

行文至此,意味着我们对于隐性适用这个司法实践中的特殊现象的分析也将告一段落。这一路走来,我们看到,隐性适用并不是凭空产生的,它的背后有着复杂、深刻的原因,其中包括指导性案例的效力不明、具有指导性部分不好确定以及避免判决受到质疑。同时,与明示适用不同,隐性适用在本质上是一种非规范性的案例适用活动,其背后依循一套特殊的实践逻辑,即"基于实用考量的动机"和"选择借用案例的逻辑",这决定了隐性适用所必然彰显的实用主义或工具性色彩。由于隐性适用在实践中所带来的一些问

〔105〕 参见于同志:《论指导性案例的参照适用》,载《人民司法》2013年第7期。

题,比如架空案例指导制度、背离诚信裁判和法治原则,加上显性适用所拥有的诸多优点,因此我们必须要对隐性适用加以改造。这种改造既依赖于观念上的进步,比如端正对指导性案例效力性质的认识,重视指导性案例的内在价值和目的,同时还要在案例适用的方法上下功夫,包括引入惩戒性和激励性措施、规范运用案例说理的方法以及建构判例案例的论证制度,借此可以逐渐实现由隐性适用转为明示适用的目的。

尽管隐性适用在特定的情形下可以发挥一定的价值,但是它对操作员环境有着极其高的要求,它需要法官拥有较高的专业素质、较强的职业自律意识以及法律共同体的有力监督,目前来看这些条件很难得到满足,所以全面提倡明示适用对于案例指导制度的健康运行是至关重要的。案例的适用需要观念和方法的共同推动,由于案例不会开口说话,也不会贴上标签或自己裁剪好等着我们,这就需要法官在观念和态度上具有较强的发现、尊重、认可和适用案例的意识。从方法上看,它的运作依赖于一种归纳和演绎相结合的推理思维,依循一个从特殊到一般再到特殊的过程。由此,我们最终走向明示适用这个目的地,它要求指导性案例应当以看得见的方式被适用,这个可能就属于所谓“想用、敢用和会用”中的“会用”。最后,明示适用还有赖于整个法律共同体的努力,通过法官、律师、检察官以及学者的不断沟通和对话,促进人们对于是否适用以及如何规范地适用指导性案例形成共识,从而最终慢慢让实践接近“以看得见的方式适用案例”的理想。

理论纵横

国家主义的两重维度

丁　轶*

【摘　要】 国家主义在理论上可以划分为两个维度,一是价值论国家主义,二是方法论国家主义。在价值论维度上,集体主义、权力至上、国家理性构成了国家主义的核心特征,而国家法制主义则是价值论国家主义在现实中的主要体现;在方法论维度上,国家主义主张国家自主性、治理术、能动型国家视角和实践性国家观等研究思路,试图对转型中国法治实践中的具体过程、机制、逻辑和技术进行经验研究。由于价值论国家主义是一种强国家主义,有必要在肯定国家法制主义之历史合理性的基础上引入价值论个人主义,实现后者对于前者的有效节制与矫正。相比之下,方法论国家主义属于一种弱国家主义,具有较大的理论合理性和可接受性,可以为人们有效认识转型中国的法治实践和重新挖掘政法法学的理论蕴意,提供必要的方法论支持。

【关键词】 价值论国家主义;方法论国家主义;法治实践;政法法学

在当代中国的法学研究与法治实践中,国家问题似乎是一个既绕不开、又回避不了的话题。一方面,尽管"国家起到了产权的保护者与实施者的作用",但与此同时,"国家又常常带来不安定与高额的交易费用"。[1] 另一方面,如果说国家这个"利维坦"尚能够带来安全与秩序的话,那也仅仅意味着,"利维坦的降临,没能永久解决暴力问题,只是将之移至更高层次"。换言之,"以前是部落支系之间的战斗,现在是愈益扩大的战争,主要角色换成了国家"。[2] 显然,国家的上述"两面性"或"悖论性"的存在状态就决定了,任何敏锐、清醒的研究者,都必须对涉及国家的一系列问题给予高度的关注,尤其是,当"国家"被冠之以某种"主义"的形式——"国家主义"[3]——而登场时,就更值得我们加以严肃地对待和严谨地分析。

围绕着国家主义的历史演变等问题,学界已多有研究,本文拟不再重复类似的工作。在这篇文章中,笔者将主要关注这样一个看似"简单"的问题:对于国家主义,我们应该如何来看待和评价? 不同于多数论者,在本文中,建立在对国家主义进行某种必要的划分和

---

* 丁轶,东北财经大学法学院副教授,法学博士。本文系教育部人文社会科学研究青年基金"制度创新视野下的地方社团立法试验机制研究"(15YJC820008)的阶段性成果。

[1] [美]道格拉斯·C. 诺思:《制度、制度变迁与经济绩效》,杭行译,上海人民出版社2008年版,第48页。

[2] [美]弗朗西斯·福山:《政治秩序的起源:从前人类时代到法国大革命》,毛俊杰译,广西师范大学出版社2012年版,第89页。

[3] 在本文中,为了接下来讨论的方便,笔者对"国家主义"进行了一种相对宽泛化的处理,即把国家主义理解为一种相对于"个体主义""个人主义"而言具有某种优先性的理论学说,而这种优先性可以在不同的维度上表现出来。

重构（“价值论国家主义”和“方法论国家主义”）的基础上，笔者将对国家主义进行一种有限度的辩护与捍卫。进而，通过上述的具体比较和分析，我们就可以对转型中国的法治实践和政法法学的理论蕴意形成一种新的理解与认识。

一、价值论国家主义

实际上，国家主义之所以会引起巨大的争议，主要是因为，在很多人看来，国家主义是一种价值论维度的主张，换言之，国家主义充分地表达出了作为行动者、参与者而存在的一个人的情感、态度和倾向：拥护价值论国家主义的人们，要么主张对现实世界中的某些现象和事实表示直接的赞同或反对，要么企图以各种方式参与到现实的实践中，并对其施加某种程度的作用和影响，进而，在这种立场的指导下，人们的相应行为和活动就与现实生活紧密地纠缠在了一起，既无法完全分离开来，又很难保持适当的距离。

概括地说，所谓的“价值论国家主义”，就是强调以国家为目的和中心的一套思想学说，换言之，这套学说往往“主张以国家为中心，以国家的强盛、国家能力的提升作为现代化的核心目标”[4]，推崇国家具有独立的、最高的理性，体现了一种高于、优于个人的至善目的。结合现有的研究，“价值论国家主义”的主要观点可以被大致概括为如下三点：

1. 集体主义：无疑，国家属于某种类型的集体，因此，在集体主义价值观与价值论国家主义之间，就具有了天然的同构关系，即“国家主义从属于集体主义，在本质上是一种与自由主义相对的社会理念”。[5] 于是，价值论国家主义往往把国家看成是人类的最高集体，坚持国家利益至上，个人只有在不违背国家利益的前提下，才能追求私人利益，而当二者间发生冲突时，个人必须无条件地服从、忠诚和服务于国家，以实现国家利益的最大化。

2. 权力至上：由于国家主义强调国家利益的绝对至上性，这就导致了它的另一个特征，即重视权力关系在国家治理中所发挥的基础性作用，试图通过国家权力的具体行使来保障国家利益的有效实现。因此，“权力至上”指导下的国家主义就更为重视实质正义、实质合理性这样的问题，侧重于以命令性规范而不是授权性规范为主来构筑法律体系的内在结构，往往在各个领域中会出现“重国家，轻社会”“重权力，轻权利”“重人治，轻法治”“重集权，轻分权”“重实体，轻程序”等现象。[6]

3. 国家理性：实际上，在推崇集体主义价值观和奉行权力至上准则的同时，势必会形成某种“国家拜物教”，进而，一种强调“国家理性”的国家主义便会由此产生。尽管国家理性的观念史源远流长，含义复杂多变，但在总体上，国家理性主要是一种“关于‘为何要有国家’以及‘国家应当为何’的历史解释、政治期许、法权规范和道德训诫”[7]，不过，在国家主义的背景下，国家理性中的上述“道德”“规范”面向已经逐渐淡出，更为强调和重视的，则是国家理性中“政治”和“历史”的一面。据此，国家主义者们往往认为，历史已经表明，相较于个人，国家才具有更高的政治理性和政治德行，不但能够为社会设计和规划

---

〔4〕 许纪霖：《当代中国的启蒙与反启蒙》，社会科学文献出版社2011年版，第237页。

〔5〕 于浩：《共和国法治建构中的国家主义立场》，载《法制与社会发展》2014年第5期。

〔6〕 参见吕世伦、贺小荣：《国家主义的衰微与中国法制现代化》，载《法律科学》1999年第3期。

〔7〕 许章润：《国家建构的法理图景》，载《读书》2010年第9期。

出更为合理的发展图景,而且是全体人民利益的最佳代言人,而正是由于国家具备了如此多的卓越品质,国家本身就构成了一种内在有价值的善,值得人们顶礼膜拜。

具体来说,价值论国家主义在现实中主要表现为一套意识形态及其相应的实践活动。究其最典型的表现,则莫过于“爱国主义”了——它往往以一种非自由主义的“群体意义”的形式去诱惑公民,“使之凌驾于公民权利和自由之上”,“动员人们做出政治上的个人奉献”,“呼吁对个人利益的超越”。〔8〕不过,尽管爱国主义具有一种潜在的反个人主义倾向,但从历史上来看,这种类型的国家主义却是不可或缺的,因为它是现代民族国家“国家构建”(state-building)的必备要件,它通过主张个人必须向民族国家效忠,能够使一个人的民族认同感在一定的地域(而非血缘)范围内得以有效地产生和表达,而这不仅会超越“特殊的、地方性的关系,同时也缓和了经济现代化进程中越来越重要的市场关系所导致的跨地域的、以利益为基础的显著差异”。〔9〕从这个角度来看,很显然,爱国主义实际上是将人们从前现代化的对于氏族、家庭、宗族、教会、封建主等各种类型的地方性权威力量的依赖中解脱了出来,能够排他性地把情感和忠诚集中到掌握了合法暴力垄断权的主权实体(即民族国家)身上。就此而论,我们甚至可以说,如果没有爱国主义这种现代的国家主义,“则现代民族国家——它具备理智化的管理技术和受过训练的官僚——是无由衍生的”。〔10〕

不过,一旦国家的意识形态生产不满足于单纯的民族归属和政治忠诚,而是试图实现更大的价值目标时,一些严重的弊端就会同时产生,比如,当国家的至高地位和无上价值被强调到无以复加的地步时,人类历史上两种臭名昭著的意识形态——极权主义和法西斯主义——便会应运而生。然而,这并不表明,在爱国主义与极权主义、法西斯主义之间,不存在一个“中间地带”。

总而言之,在价值论维度上,国家主义高扬集体主义的大旗,奉行权力至上的行动准则,主张自己的一切活动都具有必要的理由与理性,并通过诸如爱国主义、国家法制主义等意识形态层面的生产和宣传,来为自己的统治正名、赋予合法性,继而就对处于不同情境中的不同主体产生了潜移默化的支配作用,最终实现了对人们的价值判断和行为选择进行引导、指导和控制的目的。

二、方法论国家主义

不同于价值论国家主义,国家主义的第二个维度是一个方法论问题,根据马列主义经典作家的表述,这种维度的国家主义认为,“任何的社会需要、法律等都应当从政治上来考察,即从整个国家的观点、从该问题的社会意义来考察”。〔11〕换言之,“方法论国家主义”并不试图对现实世界产生某种影响,也不企图指导人们的具体行动,而是一种相对于研究者而言的研究视角和分析框架,即研究者应该将国家看作一个真实的存在物和行动

〔8〕［德］扬-维尔纳·米勒:《宪政爱国主义》,邓晓菁译,商务印书馆2012年版,第1页。
〔9〕［美］贾恩弗朗哥·波齐:《国家:本质、发展与前景》,陈尧译,上海人民出版社2007年版,第27页。
〔10〕［美］艾恺:《世界范围内的反现代化思潮——论文化守成主义》,贵州人民出版社1999年版,第18页。
〔11〕《马克思恩格斯全集》(第1卷),人民出版社1956年版,第395页。

者,进而从"国家的视角"出发来看问题,对某些现象进行理论上的合理描述、分析与解释。具体来说,这种方法论国家主义的主要观点,大体上可以归纳为如下三点:

1. 国家自主性(state autonomy):在这种主张看来,国家绝非如某些自由主义者所设想的那样,仅仅是一个供不同压力集团、社会团体公开、合法地竞争利益和资源的中介与平台,亦非如某些马克思主义者所理解的那样,完全是一个维持、捍卫和巩固占据支配地位之阶级的统治工具,相反,由于任何国家都要首先并主要是"从社会中抽取资源,并利用这些资源来创设和支持强制组织和行政组织",〔12〕因此,"作为一种对特定领土和人民主张其控制权的组织,国家可能会确立并追求一些并非仅仅是反映社会集团、阶级或社团之需求或利益的目标"。〔13〕换言之,根据这种理解,国家既不是一个中立舞台的提供者,又没有被某个统治集团所完全支配和"俘获",而是一个"具有能动性和整体性的行动者(actor),而不只是一个拼合性的、静态性的结构(structure)",〔14〕自然具有自己独特的取向、偏好和动机,进而,通过灵活运用自身的组织、价值、规则和资源,国家能够随时机和环境的不断变化而采取相应的策略和行动。

2. 治理术(governmentality):实际上,即便国家具有了一定程度的自主性,这也并不意味着它可以为所欲为,相反,由于国家能力、市民社会等方面的限制和约束,国家治理要想有效,就必须诉诸某些特定的治理技术,而且,这种技术越是被运用得精致与巧妙,其达到的治理效果越是明显,相应的合法性生产越能实现最大化状态。在这个意义上,所谓的"治理术",即是权力的某种运作形式和技巧,就是"由制度、程序、分析、反思、计算和策略所构成的总体,使得这种特殊然而复杂的权力形式得以实施",〔15〕而其背后的权力主体,自然就是作为行动者而存在的、具有潜在自主性的国家。显然,治理术意义上的国家主义并不要求国家是一个高高在上、铁板一块、密不透风的主权实体,相反,这个意义上的国家既可以是一种观念,又可以是一种实践——在观念的层面上,"它界定清晰、高度统一,且能够被单一的措辞所言说",而在实践的层面上,国家却被视为"一系列松散联系的实践碎片,在这里,国家与其他境内外的组织之间的边界往往未能清晰界定,且后者常常会创制出相互冲突或直接与国家法律相冲突的规范"。〔16〕进而,即便国家按照自由主义、程序主义的理念来实施法治,在这种视角看来,这也不过是现代国家特有的一种有节制的、隐蔽的治理技术,"它意味着国家采用一种精巧的新型技术对社会进行更为细致的治理"。〔17〕

3. "能动型国家"(activist state)视角与"实践性国家观":相比于前两种观点,这类国家往往奉行某种系统性的意识形态或对某种整合性的理想图景进行承诺,进而,在这类国家中,由于政治合法性主要来源于历史传统、价值承诺和治理绩效,因此,在现实中,国家往往会将自己的主观能动性发挥到极致,积极、主动地介入市民社会的生活中,并运用强

〔12〕[美]西达·斯考切波:《国家与社会革命》,何俊志等译,上海人民出版社 2008 年版,第 30 页。
〔13〕[美]彼得·埃文斯等编著:《找回国家》,方力维等译,三联书店 2009 年版,第 10 页。
〔14〕冯仕政:《当代中国的社会治理与政治秩序》,中国人民大学出版社 2013 年版,第 117 页。
〔15〕[法]米歇尔·福柯:《安全、领土与人口》,钱翰等译,上海人民出版社 2010 年版,第 91 页。
〔16〕[美]米格代尔:《社会中的国家》,李杨等译,江苏人民出版社 2013 年版,第 23 页。
〔17〕强世功:《法制与治理——国家转型中的法律》,中国政法大学出版社 2003 年版,(自序)第 15 页。

大的组织网络和资源提取能力,对那些影响到自身合法性稳定生产的社会问题加以有效解决和强力改造。值得注意的是,运用能动型国家视角来从事具体的研究时,势必不能仅仅关注国家表面上的制度结构和文本规定,而是要看国家在现实中是如何运用丰富多彩的"实践"来解决各种问题的,哪怕这种实践是非正式的、非制度化的,在这个意义上,在强调能动型国家视角的同时,自然也突出了一种"实践性国家观",即一种强调国家在面临不确定的变革风险和转型成本时,往往愿意使用多种多样的手段、策略和技术这类治理实践来有效应对风险。[18]

总而言之,在方法论维度上,国家主义者首先将国家看作一个具有独特组织、规则、资源、偏好和动机的自主存在者,进而,通过从"治理术"出发的权力分析,人们就可以对国家在现实中的具体行动以及相应的逻辑、机制和技术,加以全面的透视与把握,而在终极意义上,通过引入能动型国家视角和实践性国家观,人们就可以对当代中国的国家形态及其复杂的实践性特征,进行合理的分析与研究。

三、国家主义的强与弱:批评与辩护

通过前述分析不难发现,同样被冠之以"国家主义"的名目,但在价值论维度和方法论维度,却会呈现出颇为不同的思路和立场。那么,我们到底应该如何来看待这些国家主义呢?显然,在勾勒出了上述国家主义的同时,我们必须要对它们进行再梳理,以便于帮助我们洞察到隐藏在背后的实质性问题。大体上,我们可以从"强国家主义"和"弱国家主义"这个角度出发来展开讨论。

(一)强国家主义

在本文看来,所谓的"强国家主义",即是前述的"价值论国家主义"。之所以称这种国家主义为"强",就是因为价值论国家主义试图对人们的行为选择和价值评判进行系统而又全面的指导和控制,继而旨在对现实世界产生某种作用和影响,在这个意义上,由于价值论国家主义强烈地表达出了国家的主观意愿和偏好,自然就属于一种强类型的国家主义。介于强国家主义在当代中国的主要体现是国家法制主义,相应地,我们的关注点就自然集中在:国家法制主义的合理性何在?我们又应该如何来看待它的表达与实践?

1. 国家法制主义与赶超型现代化

必须承认的是,国家法制主义的存在与盛行,的确具有一定的现实合理性。其根本原因在于,不同于众多西方国家,当代中国仍属于典型的"后发现代化国家",而这类国家在现代化过程中,往往采取的发展战略便是"赶超型现代化",即通过某些主体的强力推动方式,试图在短时间内实现对传统社会的政治、经济、文化结构的全面改造,以便于迅速缩小与西方发达国家的现代化差距。进而,由这种发展战略所决定,中国就不可能像欧美国

〔18〕 对于上述"能动型国家"视角和"实践性国家观"的具体阐述,参见丁轶:《"历史—国家分析"视野下的制度变迁——对当代中国社团管理体制的再考察兼答闫东先生》,载王名主编:《中国非营利评论》(第15卷第1辑),社会科学文献出版社2015年版,第116~123页。

家那样，仅仅通过“社会力量互动和市场自发作用的循序渐进之路，即‘世俗——自由主义’道路”[19]来实现现代化，而是要在短时间内把西方国家几百年走过的道路压缩在几十年内走完，这必然导致的一个后果就是，在较长一段时间内，全面的制度转型与变迁不但是必要的，也是可取的，而这又在客观上需要一个强大的政治权威来主导各个领域内的改革与转型，“由政治权威把人们有效地组织起来，形成目标一致、步调一致的行动团队”[20]，以克服后发现代化国家尤其是第三世界国家现代化过程中经常出现的“一盘散沙”“组织失败”之类的困境。否则，一旦权威缺失，势必会导致赶超型现代化战略的实施失去推动力，社会秩序与政治秩序亦会陷入到严重的失序、无序状态中。自然，由上述种种因素所决定，当代中国的法治化进程也必然要由国家来主导，“它强调在市场经济羽翼未丰，民主化进程有待推进，社会自治能力较为欠缺的情况下，在不排斥社会对法治的推动力的前提下，政府在某些领域运用一定的强制力规制经济与社会的法治建设”[21]，以避免单纯依靠社会力量来推进法治所可能衍生出来的不确定性和无序状态。从这个意义上来讲，国家法制主义无非是上述的赶超型现代化战略在意识形态层面上的直接反映而已。

不过，有利必有弊，在国家法制主义有力地配合了赶超型现代化战略实施的同时，却又不可避免地会产生某些不利的后果和影响，最终导致这套战略实施可能陷入到一定的困境中：首先，现代国家的构建过程，应该是国家与社会相互促进、协调发展的过程，自然，在这个过程中，能否在国家与社会间形成一种良性的互动关系，继而实现强国家与强社会的双赢局面，便成为了评价一国国家构建成就的重要标准和参照。而在国家法制主义中，由于法治化进程主要由国家来主导，人为设计、主观建构、强力推动的色彩往往十分明显和浓厚，这必然会带来的一个结果便是，国家构建所必备的另一条腿（社会自治）会被忽视和压制，不但容易滋生出“国家全能”“权力至上”这类论调的土壤，还会将法律看作“国家权力的具体化和延伸”，进而“对于社会中自发生成的其他社会规范诸如传统习惯、风俗、规章、协议等，往往采取一种敌视和排斥的态度，以便确定自己的主宰地位”。[22] 其次，更为严重的是，在国家法制主义中，个人及其相应的权利、利益和自由便极易在实践中被置于从属、附庸的地位，加之在规则层面缺乏明确的、可操作的制度化保障，一旦在现实生活中与国家发生冲突，“个人利益”[23]便往往会在“国家利益”“集体利益”或“社会公共利益”优先的名义下被轻易地忽视、牺牲掉。于是，在国家建设突飞猛进的同时，社会建设却步履蹒跚，个人利益又被严重轻视，最终将会严重影响到赶超型现代化战略的有效实施。因此，从这个角度来讲，尽管国家法制主义的现实合理性不容抹杀，我们却又无法对这套意识形态予以全盘接受，相反，在本文看来，在日益突出和强调“国家治理现代化”和“法治中国”建设的今天，我们仍然有必要对一种迥异于价值论国家主义的“价值论个人

[19] 胡伟：《改革开放后中国现代化的经验：关于“中国模式”的探讨》，载《江西社会科学》2009年第3期。

[20] 夏勇：《中国民权哲学》，三联书店2005年版，第192页。

[21] 孙笑侠、郭春镇：《法律父爱主义在中国的适用》，载《中国社会科学》2006年第1期。

[22] 汤火箭：《国家—社会关系框架下的法律观评析》，载《社会科学研究》2005年第6期。

[23] 参照庞德的说法，这里所谓的“个人利益”，就是某些“直接包含在个人生活中并以这种生活的名义而提出的各种要求、需要或愿望”。参见[美]罗·庞德：《通过法律的社会控制 法律的任务》，沈宗灵等译，商务印书馆1984年版，第37页。

主义”立场加以阐述和审视,以便于有效矫正、中和国家法制主义所带来的负面效应。

2. 认真对待价值论个人主义

顾名思义,所谓的“价值论个人主义”,便是将某些价值的根源、目的和归宿归结为个人的一种伦理主张,自然,这种主张的最大特色,便是坚持个人的重要价值和权利的基石地位。由此,在对待个人与国家关系的问题上,价值论个人主义往往会从个人所具有的种种独特特征出发,将其视为一种在道德上有价值的理性存在物,继而认为,个人只有在享有一系列基础性权利的前提下,才能够在社会中得到更好的生存和发展,才能够实现成立国家的根本目的。相应地,国家既不能随意干涉、侵犯也不能任意剥夺其统治下成员们的权利,相反,一旦权利遭到了事实上的(哪怕是可能的)侵害,普遍道德就“要求政府负有义务去竭力保护其管辖下的每个人的人权”[24],否则,“政府就是在羞辱它的公民们,并否定了自己的道德责任”。[25] 因此,在这种立场看来,一个人享有权利的根据只能是“作为道德因素的身份或能力,而不是作为一个特定的政治社会的成员资格或者与之的法律关系的结果”。[26] 于是,从逻辑上来说,这种立场就可以分为两个层面的论证:首先,个人之所以加入国家,就是为了在国家中更好地实现自身的生存和发展,国家仅仅是实现上述目的的手段而不是目的本身;其次,国家在这种“手段—目的”的约束下,必然需要对各种权利的行使提供保障,否则就不具有合法性。而在当代中国的时代背景和政治语境下,经由部分修正和改造,价值论个人主义就体现为一套如今广为人知和被广泛传播的“权利本位论”——在这套理论看来,权力与权利之间的关系,应该是“权力来源于权利,权力服务于权利,权力应以权利为界限,权力必须由权利制约”。换言之,“国家权力的配置和运作,只有为了保障主体权利的实现,协调权利之间的冲突,制止权利之间的相互侵犯,维护和促进权利平衡,才是合法的、正当的、合理的”。[27] 而在现实生活中,从权利本位论出发,就要求国家或政府必须“自觉地服从和服务于人权,在其一切思考和行动中自觉地坚持以人权为出发点和归属点,自觉地把人权常识化,并首先确立起坚定的人权神圣的信念和人权信仰的情感,在此基础上,建立并始终维护人权传统”。[28] 进而,从上述主张出发,我们就可以合理地指望,价值论个人主义能够对国家法制主义的一系列负面效应,进行一定程度的节制与矫正:

首先,价值论个人主义可以有效厘清“国家利益”“集体利益”和“社会公共利益”的具体含义,揭开围绕着上述利益而长期缠绕的神秘面纱。在国家法制主义的表达中,个人利益无论在重要性还是在具体的排序上,可能位于上述利益之后,这就导致在现实的实践中,个人利益有可能会沦为国家强权的牺牲品。而通过引入价值论个人主义,人们就可以对国家利益、集体利益和社会公共利益的具体含义形成合理的认知与把握:在前两者中,

---

〔24〕 [英]A. J. M. 米尔恩:《人的权利与人的多样性——人权哲学》,夏勇、张志铭译,中国大百科全书出版社1995年版,第190页。

〔25〕 Ronald Dworkin, *Freedom's Law: The moral reading of the American constitution*, Oxford University Press, 1996, p. 200.

〔26〕 [美]史蒂芬·霍尔姆斯、凯斯·R. 桑斯坦:《权利的成本:为什么自由依赖于税》,毕竞悦译,北京大学出版社2011年版,第4页。

〔27〕 张文显:《法哲学范畴研究》,中国政法大学出版社2001年版,第397页。

〔28〕 姚建宗:《法治的生态环境》,山东人民出版社2003年版,第284页。

一旦离开了个人,无论是国家利益还是集体利益均是无法理解的,换言之,国家利益或集体利益都只是一种抽象的存在,其实质不过是个人利益的总和;相比之下,社会公共利益则是“公众对社会文明状态的一种愿望和需要”,具体包含了诸如公共秩序的和平与安全、经济秩序的健康与安全、社会资源与机会的合理保存与利用、社会弱者利益的保障、公共道德的维护、人类朝文明方向发展的条件等多个方面。[29] 而通过这样一种厘清,人们就可以对国家法制主义的具体表达与实践产生某种必要的警醒,既能认识到国家利益或集体利益具有一定的虚幻性,必须以个人利益为起点和归宿;又能认识到个人利益的行使须有限度,要与社会公共利益划清相对明晰的界限,从而保证国家法制主义不至于在现实运行中沦为公权力寻租的“挡箭牌”。

其次,价值论个人主义可以有效根除“权力至上论”的繁衍土壤。权力至上论的最佳滋生环境莫过于公权力的不受限制,相比之下,由于价值论个人主义高度重视个人的权利和自由,自然地,通过“以权利制约权力”的方式,就可以在一定程度上约束公权力的恣意行使,确保权力在运行中不会发生变质和异化。尤为重要的是,价值论个人主义并非只是在抽象的道德层次上主张权利,它更为重视的是具体的制度建设,尤其注重通过程序方面的构建和完善来保障个人权利:一方面,它通过设置一系列程序性权利的方式,旨在为个人实体性权利的有效实现提供必要的手段,继而,只有“当程序性权利与实体性权利相适应、相佐证、相协调时,权利才有完整的表现,也才有实现的可能”。[30] 另一方面,由于“程序的对立面是恣意”,“程序的公正性的实质是排除恣意因素”,因而,无论是在规范认定还是在事实认定的过程中,强调结构分化、功能自治等基本原理的制度设计就具有了重要的作用和意义——它不但可以有效过滤、抵制外部环境因素对事关个人权利、利益之公权力决策的不适当影响,还能够在程序参加者之间分派角色、分配职责,从而保证他们能够各司其职,在既配合又牵制的基础上,将公权力的恣意空间减小到最少。[31] 显然,通过上述分析不难发现,价值论个人主义确实有能力将国家法制主义中潜在的“权力至上论”倾向加以有效地制约和克服,进而在不断完善以程序为中心的制度建设的过程中,实现价值论个人主义与国家法制主义的有机融合与有效互补。

最后,价值论个人主义还可以为现代国家“去魅”,将“国家理性”限定在一个可接受的范围内,减小“国家拜物教”观念的不良影响。在“价值论国家主义”的视域中,国家可能会认为自己拥有一种超越于个人之上的政治理性与政治德行,能够对市民社会乃至于个人的现实活动进行有益的指导和干预,但问题在于,如果一直沿着这种观念和做法走下去,便极有可能将国家本身神秘化、神圣化,最终国家将成为一切世俗目的的归宿,而个人仅仅是实现国家目的的一个环节和链条而已。有鉴于此,通过适当引入价值论个人主义,我们就可以对国家理性形成某种必要的反思与钳制:一方面,立基于价值论个人主义之上的立宪主义往往认为,所谓的“国家”只能是这样一种有效的政治实体,即“它是有限的、受到了公民权利强有力制约的政府和国家的权力体系”,而“这些权力体系的合理性是由

---

〔29〕 参见孙笑侠:《法的现象与观念》,山东人民出版社 2003 年版,第 67 页。

〔30〕 孙笑侠:《程序的法理》,商务印书馆 2010 年版,第 219 页。

〔31〕 参见季卫东:《法治秩序的建构》,中国政法大学出版社 2000 年版,第 15 ~ 17 页。

法律或宪法所规定的",换言之,"立宪的理性使得国家具有了合理的正当性"。[32] 而通过这样一种解构,价值论个人主义就可以在很大程度上将国家"去魅化",继而将国家理性朝着保障个人权利、实现政治正义的方向加以健康地引导与规制。另一方面,以价值论个人主义为支撑的权利本位论,通过主张诸如权利先于功利、权利先于义务、权利先于权力、权利先于立法等一系列观点,[33]可以对国家理性指导下的法治现象和治理实践加以合理的评判和审慎的反思,帮助人们习惯于从权利视角出发来看问题,并通过权利话语的不断使用来反观现实世界,实现对国家权力运行的常态化监督与制度化参与,从而有效提升国家治理的总体绩效和法治建设的宏观效果。

(二)弱国家主义

如果说"强国家主义"是"价值论国家主义",那么,这里的"弱国家主义"便是"方法论国家主义"了,而之所以称后者为"弱",就是因为方法论国家主义并没有刻意赞同国家的主观意愿和价值偏好,也不试图对人们的思想观念和行为选择施加有意的影响和控制,其主要的目的仅仅在于,希望对研究者们提出某些建议和忠告,即希望他们在针对某些问题的具体研究中,能够选择从"国家的视角"出发来看问题,在将国家理解成一个具有潜在自主性的能动行动者和权力主体的基础上,对国家治理中的一系列技术、策略、机制和逻辑加以细致的描述、解释与分析,从而帮助人们更好地理解真实世界中的制度与实践,抑或针对现实中的具体问题和弊端,能够给出更好的解决方案或决策建议。进而,不同于价值论国家主义,在如何看待和评价方法论国家主义的问题上,本文持一种肯定的立场,换言之,试图为方法论国家主义做某种程度的捍卫与辩护,具体来说,在本文看来,运用方法论国家主义的视角和思路来从事法学研究,主要具有如下两点理论意义:

1. 重新认识转型中国的法治实践

通过对于价值论国家主义的前述分析不难发现,以政治权威为主导的"赶超型现代化"实际上构成了当代中国"政治—经济—社会"转型的重要背景和必要条件。而上述背景和条件的存在就决定了,任何对于转型中国之法治实践的具体认识与理解,都必须在两个维度——时间维度和空间维度——展开,相应地,方法论国家主义就在这两个维度的研究中发挥出了重要的作用。

首先,在时间维度上,诚如有学者所言,"时间铸造了法律的性质、式样和风格,法律在一定的时间之点上被立法者所创制,而又要经过一定的时间的实践来逐渐获得其效力、实效",[34]这种观察对于转型中国尤为适用:由赶超型现代化的战略目标所决定,当代中国的法治建设往往强调要在相对短的时间范围内实现大规模的制度变迁,不过,如果把这种急速的转型推向极致,往往就会带来某些意想不到的后果,即它可能会严重打乱人们在日常生活中逐渐培养起来的稳定感,"可能破坏普通人基于昨天的记忆而建立起来的预期,使人感到不安和焦躁"。最终,"频繁的变法不是在建立秩序,而往往是在破坏他们熟

[32] 高全喜:《我的轭——在政治与法律之间》,中国法制出版社2007年版,第24页。

[33] 参见黄文艺:《权利本位论新解——以中西比较为视角》,载《法律科学》2014年第5期。

[34] 舒国滢:《在法律的边缘》,中国法制出版社2001年版,第76页。

悉的秩序;频繁的变法不是建立法治,而往往是在摧毁法治”。[35] 然而,反观现实,一个颇为吊诡的现象便是,表面上看,当代中国的制度变迁具有明显的人为色彩和强力痕迹,但在具体的操作和实施中,却呈现出了鲜明的“试错”特征和“渐进”特色,换言之,为了保证总体的政治、经济、社会转型能够在一个相对稳定且具有可接受性的前提下展开,国家往往会随着时代背景、国际形势和阶段性任务的变化而灵活地调整自己的策略与手段,从而在法治进程中就呈现出了强制性变迁与诱致性变迁、制度与运行乃至于表达与行动既彼此共存又相互背离的局面,而反映到转型中国的法治实践上,就表现为在具体的立法、执法和司法过程中“潜规则”众多、“不成文做法”盛行、“变通性执行”多样、“正式制度”与“非正式制度”并立。[36]

其次,在空间维度上,人们还会发现这样一种空间性的“悖论”:一方面,赶超型现代化战略目标的存在,势必要求中央政府在总体上实行集权,继而在掌控决策、资源、组织和人事的基础上,统筹调度、稳妥推进,方能实现国家在短时间内的跨越式发展;然而,另一方面,反观现实,中国的赶超型现代化之所以能够取得目前的成就,却在很大程度上得益于地方的不断试验、试错和创新,进而,通过“重视和发掘地方经验,在地方法治试验中第一时间总结第一手经验,并迅速上升为地方立法,待时机成熟时填补国家法治的内涵缺陷”,[37] 就成为国家法治建设的重要动力和法治实践的重要特征。无疑,中央集权与地方分权已经在法治实践的空间维度上产生了某种微妙的冲突,不过,也正是由于这种冲突的隐秘存在,才使中国的改革与转型能够在如此短的时间维度内获得如此大的成功,以至于不少论者都将中国的成功原因归结为一种独特的“分级制试验模式”[38] 的存在,即一种建立在中国内部的多元性和差异性基础之上,“包容、允许并且鼓励了地方政府基于自身条件的探索,而不预设一种可在不同地区加以不断复制的实体模式”。[39]

显然,无论是在时间维度还是在空间维度上,转型中国的法治实践都呈现出了极为多样而又复杂的面貌。方法论国家主义充分注意到了转型中国法治实践的两大基本特征:首先,在时间维度上,尽管总体的转型进程由国家所主导,但由于国家具有不完全理性,加之改革风险较大,转型危机频现,这就导致了国家在具体的法治实践中,在面对具体的法治问题时,往往愿意采取渐进的“危机—改革—适应”的推进模式和循环过程[40] 来逐步应对风险和危机;其次,在空间维度上,由于中央的决策牵一发而动全身,一旦贸然决断,极易造成无法挽回的后果,因此,在转型中国的法治实践中,地方和社会就占据了重要的

---

〔35〕 苏力:《道路通向城市:转型中国的法治》,法律出版社 2004 年版,第 25 页。

〔36〕 这方面的代表性研究,参见韩丽:《中国立法过程中的非正式规则》,载《战略与管理》2001 年第 5 期;强世功:《中国宪法中的不成文宪法——理解中国宪法的新视角》,载《开放时代》2009 年第 12 期;于晓虹:《策略性服从:我国法院如何推进行政诉讼》,载《清华法学》2014 年第 4 期。

〔37〕 周尚君:《国家建设视角下的地方法治试验》,载《法商研究》2013 年第 1 期。

〔38〕 See Sebastian Heilmann, Policy Experimentation in China's Economic Rise, *Studies in Comparative International Development* 2008, 43, pp. 1 – 26; Sebastian Heilmann, From Local Experiments to National Policy: The Origins of China's Distinctive Policy Process, *China Journal* 2008, 59, pp. 1 – 30.

〔39〕 田雷:《“差序格局”、反定型化与未完全理论化合意:中国宪政模式的一种叙述纲要》,载《中外法学》2012 年第 5 期。

〔40〕 参见徐湘林:《转型危机与国家治理:中国的经验》,载《经济社会体制比较》2010 年第 5 期。

地位，国家往往会将具体的执行权、试验权下放到地方，而地方又会通过充分鼓励、吸收民众的创造精神与实践成果的方式，来检验具体的法治试验有效与否，从而在中央与地方之间就形成了一种良性的互动与交流。在这个意义上，方法论国家主义无疑超越了自上而下与自下而上两种视角的局限性，更为看重彼此间的均衡与融合，并在具体的研究中克服了文本主义与法条主义的内在弊端，不会单纯地就制度论制度，而是注意到了隐藏在制度背后的实践，并追问这种实践的产生根源、运行机制、运作逻辑和具体技术，从而帮助人们重新认识转型中国的法治实践及其意义，亦能针对现实实践中所出现的具体问题给出更为合理的建议和意见。

2. 重新挖掘政法法学的理论蕴意

在当代中国的法学研究中，目前占据主导地位的学术流派无疑是法教义学和社科法学，可以说，二者间的双峰对峙与融合共生构成了当前学界的一大景观。然而，在法教义学与社科法学相互竞争、互相促进的同时，“政法法学”却备受冷落，在某种意义上甚至作为上述两种学派共同的“理论禁忌”而被打入冷宫。究其原因，在很大程度上可能与政法法学的理论定位有关，比如，苏力就将政法法学看作是一种基本上由政治的、传统的和非实证的话语所组成的学术流派，其主要的历史功绩是在改革开放初期为法律和法学在当代中国的发展争夺了一个空间，提供了必要的政治正当性，然而，由于其学术资源不是强调“法律职业性并同法律职业发展相伴随的法律思想”，又不“研究社会生活中具体细致的法律问题”，因此，政法法学只是一个阶段性的产物，势必要让位于后来的“诠释法学”和“社科法学”。[41] 与此同时，由于政法法学将“所有法律问题在本质上归结于政治问题，同时外在表征为宏大理论的叙事”，[42] 自然得不到关心法律规范与司法审判的法教义学，以及关心法律实践与经验研究的社科法学的重视，相反，由于政法法学所内含的高度的政治性特征极易妨碍自主的法律职业与法学研究的形成与发展，必然会遭到法学界近乎全盘的否定与抛弃。

然而，政法法学是否真的如上述论者所描述的那样，却是一个可争议的问题。在本文看来，这里的关键点其实在于，我们应该如何理解“政法”？实际上，所谓的政法法学，无非是一种强调以政治的眼光和视角来分析法律现象的理论路径，详言之，这种路径往往会通过两个方面的具体研究来展示自身的理论属性：一是试图引进政治学的研究方法来分析具体的法律现象；二是试图揭示出隐藏在法律制度，尤其是法律实践背后的政治背景。如果作此理解的话，那么，政法法学就并不一定不关心具体的法律问题，也不会将所有的法律问题还原为政治问题，更不会只能在宏大理论和叙事上做文章。而在重新挖掘政法法学理论蕴意的过程中，方法论国家主义就起到了重要的作用。

首先，以方法论国家主义为基础的政法法学可以有效避免理论研究中的“宏大理论化”倾向，自觉以经验研究和个案研究为研究重心。一如前述，方法论国家主义所关心的重点在于现实世界中的法律实践，并试图从国家的视角出发，追问这种实践的产生根源、运行机制、运作逻辑和策略技术，这就表明，以这种方法为指导的政法法学研究，实际上属

---

〔41〕 参见苏力：《也许正在发生：转型中国的法学》，法律出版社2004年版，第9～11页。

〔42〕 侯猛：《社科法学的传统与挑战》，载《法商研究》2014年第5期。

于一种社会科学中的中层理论,它更多关心的是个案中具体的“因果机制”,而不是大的理论框架,在总体上介于宏观性的公理与微观性的描述之间。[43] 而从上述的理论定位出发,我们就可以发现,政法法学并非宏大理论的等价物,其关注的重心实则在于法律实践中的具体机制,而且,正是由于它将研究对象锁定在了现实的法律实践上,这就意味着,政法法学必须以经验研究和个案研究为中心,自然需要关心具体的法律问题。

其次,以方法论国家主义为基础的政法法学并不试图将所有的法律问题还原为政治问题,而是对法教义学的研究领域保持了必要的谦逊与尊让。大体上,法教义学的研究范畴主要是现行有效的实定法体系,“既包括立法条文,也包括司法案例,两者缺一不可”。[44] 究其具体的工作内容,则是在对实定法秩序坚定信奉、毫不质疑的基础上,完成对于法律规范的解释与体系化。[45] 尽管有以偏概全之嫌,无论是从研究范畴还是从工作内容上来看,法教义学都主要是一门为司法审判工作提供理论指导的学科。相比之下,由于以方法论国家主义为基础的政法法学主要是一种中层理论,其根本的理论目的在于解释法律实践中的因果机制,自然就与以探寻法律规范之真义为己任的法教义学产生了重大的差别,因此,在具体的研究中,对于法教义学的专门研究领域和问题(比如在许霆案中,当事人是有罪还是无罪?如果无罪,该行为是否属于民法上的不当得利?如果有罪,该行为应被界定为盗窃罪、侵占罪还是诈骗罪?),政法法学显然是无法插足的,即便在法律推理、解释和论证的过程中可能也会涉及政治判断,但在政法法学看来,这亦是在法教义学的工作范围之内,政法法学没有能力也没有资格就“参与者”们的实质性判断做出孰真孰假、孰优孰劣的评判。就此而论,政法法学的研究视角显然是一种“观察者”的视角,这也决定了,政法法学不会主张一种“政治学帝国主义”的立场,将所有的法律问题都还原成政治问题来研究。

最后,以方法论国家主义为基础的政法法学还可以对社科法学某些潜在的理论缺陷加以反省、改进和补充,从而与社科法学形成合力,更好地认识真实世界中的法律现象。诚如前文所言,尽管国家具有一定的自主性,但在现实的法律实践中,国家并不一定要体现为一种高高在上的、宏大的总体性形态,相反,由于国家既可以表现为一种观念,又可以表现为一种实践,这就意味着,观念意义上作为一种主权实体而存在的国家,可以在实践层面上表现为一套松散而又精细的权力关系,“我们甚至可以说根本就不存在‘国家’这样的实体,存在的只是微观的策略性权力关系,‘国家’不过是这种微观的策略性权力关系所形成的‘权力技术’或‘支配策略’显示出来的‘总体效果’而已,这些策略性权力构成了福柯所谓的流变的、弥散的‘毛细形式的权力’”。[46] 相反,如果在经验研究中仍然坚持一种总体性、中心化的权力观和国家观,那么,这样的研究势必将陷入静态的结构分析中而无法自拔,亦无法认识到现实世界中的法律及其实践者们的真实逻辑。在这个意义上,政法法学所秉持的方法论国家主义无疑给社科法学提出了某种警醒和建议,既要在研究中认真对待国家问题,又要防止把国家理所当然地进行实体化、总体化处理,进而将

---

〔43〕 参见周雪光:《组织社会学十讲》,社会科学文献出版社2009年版,第15~17页。

〔44〕 凌斌:《什么是法教义学:一个法哲学追问》,载《中外法学》2015年第1期。

〔45〕 参见白斌:《论法教义学:源流、特征及其功能》,载《环球法律评论》2010年第3期。

〔46〕 强世功:《法制与治理——国家转型中的法律》,中国政法大学出版社2003年版,第340~341页。

能动型国家在转型社会国家治理中的种种实践及其相应的机制、技术、逻辑和过程揭示出来。而通过这样的反思与整合,政法法学与社科法学就可以在研究中形成合力,不但可以有效理解法治实践的内在机制和外在条件,还可以参与到当代中国的法治建设中,提炼出中国人自己的法治与法学理论。[47]

四、结语

通过上述分析不难发现,国家主义其实远非人们想象的那么简单,换言之,国家主义并非只有价值论国家主义这一种表现形式,除此之外,方法论维度上的国家主义亦构成了国家主义的内在组成部分。进而,在将价值论国家主义和方法论国家主义进行了"强"与"弱"的适当区分与梳理之后,我们就可以在如何看待国家主义的问题上形成一种合理的看法。

首先,价值论国家主义属于一种典型的强国家主义,在当代中国的主要体现便是法制国家主义,尽管法制国家主义能够在最大限度上契合国家"赶超型现代化"的发展战略,具有存在上的合理性,但由于这套意识形态及其相应的实践已经日益不符合现代国家构建的基本要求,极易在现实中产生压制社会自治、侵犯个人权利的不利后果,因此,一种建立在价值论个人主义基础上的权利话语和权利本位论立场便具有了充分的必要性和正当性,因为它们可以在话语和实践两个层面有效节制与矫正国家法制主义中隐含的国家利益优先、权力至上、国家拜物教等不良倾向,从而有效提升国家治理的总体绩效和法治建设的宏观效果。

其次,与价值论国家主义不同,方法论国家主义属于一种典型的弱国家主义,这种国家主义秉承国家自主性、治理术、能动型国家视角和实践性国家观等思路,试图帮助研究者在具体的经验研究中,选择从"国家的视角"出发来看问题,对转型中国丰富多彩的法治实践进行深度的分析与透视,继而在有效理解其中的过程、机制、逻辑和技术的基础上,认识到转型中国的法治实践在时间和空间维度上的复杂性,最终为一种不同于传统理解的"政法法学"的再次出场提供必要的方法论支持。显然,这种意义上的国家主义具有充分的可辩护性与可接受性,如能与法教义学和社科法学形成适当的分工与合作,必将在未来极大地丰富既有的法学研究格局,实现法学研究中的"百花齐放,百家争鸣"。

总而言之,国家主义远不是一个完全过时的、进而应当被全盘否定与抛弃的概念和框架,相反,正是由于当代中国的意识形态和转型时期的法治实践呈现出了如此多样的特征与丰富的素材,才使作为研究者的我们,必须将国家主义看作一个值得不断审视、反复争辩的对象,并在这种反思的基础上,贡献出我们这个时代所应有的独特思考和理论成果。

---

〔47〕 参见陈柏峰:《社科法学及其功用》,载《法商研究》2014年第5期。

正当防卫理论中的国家和个人

蔡宏伟*

【摘　要】　正当防卫是一项重要的刑事制度,更是刑事被告人的行为得以正当化或受到宽宥的重要理由。关于正当防卫的本质,目前西方存在自主性理论、保护社会——法律秩序理论、权衡利益和选择较小危害理论三种代表性理论,以苏联为代表的社会主义国家也曾经存在过一种类似西方的"保护社会—法律秩序理论"。但是,中国法学界一直没有自觉地和自主地提出一套适合中国的正当防卫理论,甚至没有把"正当防卫的本质"作为一个重要的问题给予充分关注。虽然有个别学者对外国理论做了零星的引介工作,但是仍然缺乏整体上的把握,更没有注意到正当防卫制度和相关理论背后所负载的特定意识形态及其国家想象。通过对西方和苏联代表性正当防卫理论进行内在分析和比较分析,以期能为充满矛盾的、徘徊中的中国法律理论和实践提供某种反思和镜鉴。

【关键词】　正当防卫;自由主义;社会主义;国家;个人

引　言

山东聊城于欢案一出,举国哗然,法学家们纷纷发声。对于一个还没有形成生效判决的案件,法官以外的各方主体可以保持密切关注,但不宜直接就案件判决本身指手画脚,以免有干预司法之嫌。尽管如此,作为法学工作者的我们并非没有参与此案的适当方式。笔者以为,围绕本案所涉及的正当防卫制度,就其相关理论进行深入探讨不失为一种适当的参与方式。[1] 刑法学者可能比较关心正当防卫的构成要件问题特别是其中的防卫限

---

* 蔡宏伟,吉林大学法学院、理论法学研究中心讲师,国家"2011 计划"司法文明协同创新中心研究员。
本文系吉林大学科学前沿与交叉学科创新项目"法律与实践——实用主义法律思想研究"(2011QY031)和教育部人文社会科学重点研究基地重大项目"权利视野下法治政府建设的理论与实践研究"(16JJD820005)的阶段性成果。本文撰写过程中,作者与郑军男博士、王充博士、童德华博士、资琳博士、王小钢博士、朱振博士、刘小平博士、侯学宾博士进行了深入交流,得到很多有益的启发,在此致谢!文责由作者本人承担。

[1] 中国法律学者有着强烈的公共参与意识,但是往往以一种错位的角色进行参与,其根源在于理论与实践的概念不清。法律学者要想象自己应该做牛顿所做的工作,要像牛顿探究物理学一样探究法学或法律理论,而把相关理论运用于法律实践的主体应该是法官或律师。当然,在面对疑难案件(hard case)没有现成法律理论可用时,优秀的法官或律师往往也需要进行理论创造。法官或律师在特定情况下可能跨界法学,但是法律学者在没有特定资格身份的情况下最好不要跨界到法律实践领域,尤其不能冒着干预司法独立的风险进行跨界。

度问题,法理学者则可能比较关心更为一般的正当防卫[2]的本质或正当性问题。[3] 其实,对正当防卫问题进行完整深入的理论探讨,既要探究正当防卫构成要件的理论构造,更要围绕正当防卫的本质进行正当性论证,否则就无法真正回答正当防卫的构成要件何以包括危险的急迫性(imminence)、必要性(necessity)、均衡性(proportionality)、抵抗侵袭的意图(an intention to repel the attack)四个主要方面[4]或者其中的某几个方面,就无法真正回答中国刑法学者特别关心的"必要限度"问题。如果不深入到正当防卫的本质问题,我们就无法理解西方学者为什么要去辨析正当防卫到底应该被看作一种免除违法性或犯罪性的正当理由(Justification)还是作为不予归责的宽恕事由(Excuse),更不可能发现正当防卫制度背后潜在的特定意识形态[5]及其国家学说。只有把政治哲学引入具体的法律思考中,只有把特定的意识形态及其国家学说同具体的正当防卫理论建立起逻辑关系,我们才能对正当防卫这种具体的法律实践提出某种系统性的理论解释。

当下中国的法律,无论是制度实践层面,还是理论论证层面,都正在面临转型。从形式上来看,有接近西方的取向,这一点在理论层面表现得尤为明显;同时又在一些根本问题上固守继受自苏联的法学教条。中国法律理论内部存在着严重的矛盾性,而这种法律理论自身的矛盾性又不可避免地导致法律实践的不确定性,于是在法律的诸多领域不可避免地产生了多重矛盾性,即理论内部的矛盾性、实践内部的矛盾性以及理论与实践之间的矛盾性。为了消除这种多重矛盾性,我们应该立足于中国的法律实践,围绕政治哲学和法律哲学进行系统性的理论解释和理论建构,并推动理论和实践之间的良性互动。

为了推动包括政治法律在内的全面社会发展,向他者学习和借鉴既有成果显然是必要的,但是学习和借鉴什么、怎么学习和借鉴也是我们必须思考的前提。以正当防卫制度为例,在形式上,我们同西方的法律实践已经非常接近,但是我们不能假定制度实践是没有理论负载的,我们在引进西方法律制度的同时该如何对待其所负载的相应理论是一个不得不思考的问题。我们是否已经认识到了西方法律制度所负载的特定理论?我们有没有可能就相同的制度形式提出不同于西方的理论论证?之所以提出这样的问题,主要来自于已故的邓正来教授曾经强调过的两个前提:第一,法律以及研究法律的法学是具有建构性的,不是像人们所说的只具有适应性或者被动地被某种其他的力量所决定;第二,所

---

[2] 以英美学者为代表的西方学者更习惯使用的术语是私人防卫(Private Defense)或自卫(Self-Defense)。

[3] 对应我们习惯使用的"正当防卫",在西方传统接受的术语是"自卫"(Self-Defense),这个术语被普遍地使用在当前的刑法典当中。然而,这个术语不包含为他人的人身或财产进行的防卫,甚至可能不包含对自己住所或财产进行的防卫。因此,有西方学者主张使用"私人防卫"(Private Defense)这个术语。本文中,"正当防卫""自卫""私人防卫"这些术语在不严格的意义上交叉使用。中国学者习惯使用的"正当防卫",相当于西方学者在"正当理由"的意义上所使用的"自卫"或"私人防卫";或者说,刑法规定的"自卫"或"私人防卫"被看作不具有违法性或社会危害性的正当行为。See Boaz Sangero, A New Defense for Self-Defense, *Buffalo Criminal Law Review* 9, 2006, p. 477.

[4] See George P. Fletcher, *Basic Concepts of Criminal Law*, Oxford University Press, 1998, p. 133.

[5] 这里的"意识形态"首先指一套思想体系,其次也被作为某种批判分析的方法,具有方法论的意义。任何一种思想体系如果以脱离实践的方式加以运用,那么就具有扭曲和遮蔽现实的作用。参见蔡宏伟:《跨越中国法学的意识形态陷阱》,载刘小平、蔡宏伟主编:《分析与批判:学术传承的方式》,北京大学出版社2006年版,第78页。

有的法学包括它所研究的法律都具有一种非常严格的、特定的时空性。[6] 本文将通过着重分析西方的正当防卫理论,揭示其制度背后所负载的自由主义意识形态及其国家想象,阐明西方正当防卫理论的内在逻辑及其法律理论和国家理论与其制度实践之间的逻辑一致性。并在比较的意义上,分析以苏联为代表的社会主义国家的正当防卫理论,揭示其制度背后所负载的特定的社会主义意识形态及其国家想象。通过前述内在分析和比较分析,为充满矛盾的中国法律理论和实践提供某种反思和镜鉴。这种反思和批判不仅仅是关乎中国刑法学的,而是指向包括法理学、刑法学以及诸多部门法学在内的整个中国法学的,正当防卫问题乃至中国刑法学不过是我选择的一个切入点。

一、中国正当防卫理论的匮乏现状

每每遇到有关正当防卫的案件,我们的法学家们自信满满地对之品头论足时,往往忽视了调用相关理论资源的匮乏现状,更没有注意到中国法学为世界法学贡献相关理论的有限性。在面对有关正当防卫的案件时,中国的法学家通常呈现出两种面貌:“不理论的面貌”和“有限理论的面貌”。

所谓“不理论的面貌”,是指有些法学家不自觉地以法官的角色进行思考,只是简单地运用某些既有的理论结论,甚至只是依据法律条文进行形式主义的三段论推理,却忘记了学者自身特定的理论身份,忽视了针对具体案件特别是疑难案件(Hard Case)的理论批判和理论创造。面对具体的正当防卫案件,如果法学工作者只会像法官、律师那样进行典型的理论应用,只是基于某种特定理论结论去判定是否存在不法侵害、不法侵害是否正在进行、是否基于防卫的意图实施防卫行为、防卫行为是否超过必要限度,却不能论说具体判定背后的理论,不能对不同理论进行比较分析进而论说选择某种理论的合理性,不能基于实践的特殊情况创造新的更有说服力的理论,法学工作者何以获得自己特定的身份认同呢?我们很多法学家都面临着这种身份认同危机,却不自知。面对于欢案这个涉及正当防卫问题的案件,面对这个有些特殊性的案件,很多法学家只是围绕正当防卫的构成要件简单地抛出了具体的结论(也许称其为“主观的判定”更准确)。至于得出结论的理论根据是什么,我们的法学家并没有比法官或律师给出更多、更有价值的东西,充其量只是一种理论的运用,参与的方式不具有理论性,更谈不上对理论创造有什么贡献。具体来说,对于是否认定杜某等人的非法拘禁、侮辱殴打、非法侵入办公场所拒不离开的行为存在不法侵害且不法侵害正在进行,是否因警察介入但没有有效消除杜某等人的侵害行为而认定于欢存在正当防卫的合法前提,于欢造成重伤、死亡的后果是否必然认定为超过防卫的必要限度等问题,从很多发声的法学家那里,我们看不到充分的理论论证,只有简单的结论或主观的判定。这就是我所谓的“不理论的面貌”。

所谓“有限理论的面貌”,是指中国法学家为正当防卫制度提供的理论说明实在是太有限了。据说中国刑法学界关于正当防卫大致存在三种理论,即必需说、基本相适应说、

---

[6] 参见邓正来:《中国法学向何处去(人大演讲版)》,载爱思想网:http://www.aisixiang.com/data/11824.html,最后访问日期:2017 年 8 月 15 日。

折中说(亦即相当说)。必需说认为,决定"防卫限度"的关键在于防卫行为是否属于有效制止不法侵害必不可少的反击手段。基本相适应说强调对于"防卫限度"的判断应当以防卫行为和侵害行为在强度上的均衡关系为核心。折中说认为,"防卫限度"既要求防卫行为是制止不法侵害所必需的手段,又要求防卫行为的性质、强度及造成的损害不能明显超过不法侵害的性质、强度和可能造成的损害。[7] 显然,无论在上述哪种学说中,"防卫限度"都是中国法学家关注的焦点。至于"正当防卫"到底是一种宽恕事由还是一种正当理由,或者说"正当防卫的本质问题",基本上没有引起中国法学家的关注。同"正当防卫"密切相关的国家学说及其意识形态,更没有进入中国法学家的视野。青年学者陈璇在其2015年的一篇论文中这样评价以往的研究状况:"我国的正当防卫论研究大多停留在对正当防卫各具体成立要件的讨论,而缺少对正当防卫的本质这一基础问题的深入追问,自然也鲜有以正当防卫的本质为主轴对具体要件展开体系化解释。"[8] 陈璇的这个判断可谓切中要害。

有关正当防卫问题的研究,在中国法律学者中,陈璇是较为突出的一个,也是较为典型的一个。通过中国知网进行文献检索发现,陈璇至少在2007年就已经开始了有关正当防卫问题的研究,其最晚近的一篇相关论文发表于2016年。经过十年左右的研究,他从最初追随前辈学者的问题意识,即执着于"防卫限度的问题"本身,[9] 终于意识到并开始涉猎更为前提性的"正当防卫的本质问题"。这是一个学术研究的历史与逻辑最终走向一致的结果。但是,陈璇对于相关理论缺乏整体上的把握,更像是一个理论的消费者。在论述某个具体问题时,他会同时调用多个理论资源。比如,他在讨论"自招者的防卫权"时,引用了有关"正当防卫本质"的"法秩序维护说"和"侵害人值得保护性下降说"。[10] 有时,他又仅仅依凭单一的理论资源来论证某个观点。比如,他在讨论"正当防卫与狭义比例原则的关系问题"时借鉴了有关"正当防卫本质"的"个人自主性理论",[11] 在论证"侵害人法益值得保护性下降的具体程度是确定防卫限度的关键"时主要依凭了有关"正当防卫本质"的"侵害人值得保护性下降说"这种单一理论。[12] 陈璇还只是在解决有关正当防卫的具体问题时借鉴有关"正当防卫本质"的理论资源(特别是德国的有关理论),或者选择其中某种单一理论作为论证依据,没有注意到各个具体理论之间的相互关系,也就不能真正达到他所追求的"以正当防卫的本质为主轴对具体要件展开体系化解释"。尽管这还算不上直面和研究"正当防卫本质问题"本身,但是这相对于前辈学者"不理论

---

[7] 参见陈璇:《正当防卫与比例原则——刑法条文合宪性解释的尝试》,载《环球法律评论》2016年第6期;高铭暄、马克昌主编:《刑法学》(第7版),北京大学出版社2016年版,第135页。

[8] 陈璇:《侵害人视角下的正当防卫论》,载《法学研究》2015年第3期。

[9] 参见陈璇:《论正当防卫中民众观念与法律解释的融合》,载《中国刑事法杂志》2007年第4期。

[10] 参见陈璇:《克服正当防卫中的"道德洁癖"》,载《清华法学》2016年第2期。陈璇在该文中主张,无论是持有"法秩序维护说",还是持有"侵害人值得保护性下降说",自招侵害的事实都不会导致行为人的防卫权出现缺损甚至归于消灭。

[11] 参见陈璇:《正当防卫与比例原则——刑法条文合宪性解释的尝试》,载《环球法律评论》2016年第6期。正如陈璇在该文中所言:"正当防卫所维护的首先不是个别法益,而是防卫人免受他人非法强制的自由和法律地位。"

[12] 参见陈璇:《侵害人视角下的正当防卫论》,载《法学研究》2015年第3期。陈璇把"侵害人值得保护性下降说"和"法秩序维护说"作为并列层级的学说加以介绍和应用,并没有意识到前者相对于"法秩序维护理论"和"个人自主性理论"具有下位的从属性。

的面貌"和"有限理论的面貌"已经有了很大的进步。显然,只有立足于"正当防卫的本质问题"甚至更为前提性的"国家本质问题"及其相关意识形态理论,"防卫限度"这样的具体问题[13]才能得到有效的解释和说明。有关这方面的理论资源中,英文文献是非常丰富的。笔者不懂德文和日文。从中国学者翻译以及引用的德日相关文献来看,德日有关理论并没有超越英美的理论。[14] 所以,后文将主要梳理有关英文文献,参酌德文、日文、俄文的相关译作,以此为依托进行比较研究。另外需要顺便指出的是,通过中国知网进行文献检索可知,在中国以往有关研究中,王政勋是最早也是目前唯一以"正当防卫的本质"为题写作论文的学者。陈璇将王政勋的有关研究称为"关于正当防卫本质问题的开拓性专题研究",但是王政勋所写论文的参考文献主要限于中文文献和有限的译著,他的研究还没有能够充分反映当今世界法学在这一领域的先进成果。[15]

二、西方有关正当防卫的代表性理论

尽管各国司法实践从来没有停止对正当防卫制度的适用,但是关于正当防卫的本质并非没有分歧,对此进行的理论探究从来就没有停止过。根据 Boaz Sangero 的梳理,至少有三种把私人防卫作为正当理由进行论证的代表性理论:自主性(Autonomy)理论、保护社会—法律秩序(Protection of the Social—Legal Order)理论、权衡利益和选择较小危害(Balancing Interests and Choosing the Lesser Evil)理论。

(一)一个前提性的辨析——正当理由 vs. 宽恕事由

在正式讨论关于私人防卫的正当性理论之前,对正当理由和宽恕事由这对概念进行区分是非常必要的,这将有助于我们对私人防卫的本质进行初步廓清。尽管历史上曾有学者把私人防卫仅仅作为宽恕事由进行探讨,但是目前绝大多数的英美学者已经不再接受这样一种进路。[16] George P. Fletcher 指出,私人防卫作为正当理由的西方观念有着悠久的历史,至少在《圣经》的有关段落中就已经体现。正如《出埃及记》第 22 章所载,如果有窃贼入室,被主人发现杀死,主人不必因为窃贼的死而承担流人血的罪。[17] 在当代英美理论中,绝大多数学者都把私人防卫在性质上理解为一种正当理由,但是关于"正当理

〔13〕 和"正当防卫"相关的具体问题不限于"防卫限度问题"。防卫行为指向的对象为什么必须是不法行为或者为什么要求被防卫的行为必须具有可罚性,以及如何理解"不法行为正在进行",这些都是和"正当防卫"相关的具体问题。

〔14〕 参见[德]约翰内斯·卡斯帕:《德国正当防卫权的法维护原则》,陈璇译,载《人民检察》2016 年第 10 期;[日]山口厚:《正当防卫论》,王昭武译,载《法学》2015 年第 11 期;[日]山口厚:《日本正当防卫的新动向》,郑军男译,载《辽宁大学学报》(哲学社会科学版)2011 年第 5 期;[德]汉斯·海因里希·耶塞克、托马斯·魏根特:《德国刑法教科书》,徐久生译,中国法制出版社 2001 年版;[日]松宫孝明:《刑法总论讲义》(第 4 版补正版),钱叶六译,中国人民大学出版社 2013 年版。从这些德日相关文献来看,德国的主要理论包括"个人法益保护说""法秩序维护说"以及将二者结合在一起的"二元论"。日本理论与德国理论大体相当。英美法系的相关理论不仅覆盖了德日理论,而且尝试了更丰富、更有力的理论探索。

〔15〕 参见王政勋:《论正当防卫的本质》,载《法律科学》2000 年第 6 期。

〔16〕 See Boaz Sangero, A New Defense for Self-Defense, *Buffalo Criminal Law Review* 9, 2006, pp. 500 – 504.

〔17〕 See George P. Fletcher, *Basic Concepts of Criminal Law*, Oxford University Press, 1998, pp. 132 – 133.

由”的理解是有分歧的。Paul H. Robinson 认为,正当理由是一种社会基于纯粹功利主义的考虑希望被实施的行为(在正当理由情况下实施的那个行为不会导致社会危害)。Fletcher 则认为,被看作正当理由的行为,除了功利主义的考虑,还必须在道德的意义上是正确的。Joshua Dressler 认为 Fletcher 的理解太过狭窄,主张正当理由不仅应该包括道德意义上是“好的”行为,还应该包括中性的或可容忍的行为。[18]

Sangero 被 Fletcher 的理论吸引,支持把正当理由做狭义理解,主张正当理由是一个合乎道德的且有价值的决定在法律上的效果。据此,在特定情境下,由法律所定义的罪行(比如杀人、伤害)尽管发生了,但是那个貌似犯罪的行为不再是坏的而是好的。相反,在宽恕事由的情况下,基于理解(understanding)和原谅(forgiveness),那个符合法律所定义的罪行的行为即便不被作为犯罪对待,也仍会被社会理解为是可责备的(reproachable)行为。[19]

Jonathan Herring 似乎更认可 Robinson 的理论,主张在正当理由情况下实施的行为不必是道德上最正确的行为,但是它必定是一个无论如何法律都将允许的行为;而在宽恕事由的情况下实施的行为不是正当的,但是主张在某些特定情境行为人不应该为他导致的损害承担适用于某个犯罪的责任(the blame attached to a criminal conviction)。[20]

由上可知,尽管基于不同的道德哲学和法律哲学立场,不同的学者关于正当理由会有不同的主张,但是他们至少都同意正当理由的情况是法律所允许的,相反,宽恕事由的情况是不正当的。显然,因为道德观念上存在严重分歧,有些学者更愿意选择较为谨慎的立场。但是,无论学者是否愿意表明自己的道德立场,法律对待正当理由的情况都表明了一种积极肯定的态度,而对待宽恕事由的情况都表明了一种消极否定的态度,只是基于理解和原谅不予归责。现代各国法律体系对私人防卫都表明了一种积极肯定的态度,比如,德国刑法在排除违法性中首先规定了私人防卫;英美刑法把私人防卫作为首要的辩护理由加以认可;无论是苏联刑法,还是现行俄罗斯刑法,都在排除社会危害性或排除犯罪性中首先规定了私人防卫。[21] 这些法律实践对于把私人防卫作为正当理由的理解提供了现实的支持。

(二)自主性理论

根据“自主性理论”,私人防卫作为一种正当理由而出罪,它的正当性基础在于受害人的独立自主性(Autonomy),遭到攻击的受害人有保卫其个人合法利益的绝对权利。私人防卫是保存生命的最低要求。“个人的独立自主性和捍卫这种独立自主性的权利一起构成了私人防卫的实质。”[22] 如果极端地强调个人自主性的绝对性和至上性,我们将会看到,在有关私人防卫的案例中,防卫的限度会被给予宽泛的理解。比如,在 1920 年德国最高法院的一个判例中,一个苹果园的主人向正在试图偷苹果的年轻人射击,重伤了其中的

[18] See Boaz Sangero, A New Defense for Self-Defense, *Buffalo Criminal Law Review* 9, 2006, pp. 490 – 491.

[19] See Boaz Sangero, A New Defense for Self-Defense, *Buffalo Criminal Law Review* 9, 2006, pp. 484 – 485.

[20] See Jonathan Herring, *Criminal Law* (*Eighth Edition*), Palgrave Macmillan, 2013, p. 295.

[21] 参见[苏]H. A. 别利亚耶夫、M. Л. 科瓦廖夫主编:《苏维埃刑法总论》,马改秀、张广贤译,群众出版社 1987 年版,第 174 ~ 175 页;[俄]Л. В. 伊诺加莫娃 – 海格主编:《俄罗斯联邦刑法(总论)》,黄芳、刘阳、冯坤译,中国人民大学出版社 2010 年版,第 160 ~ 161 页。

[22] See Boaz Sangero, A New Defense for Self-Defense, *Buffalo Criminal Law Review* 9, 2006, p. 521.

一个年轻人,该苹果园主人被判无罪。在该案的判决中,法院援引了这样一条规则,即“正确永远不准向错误让步”。显然,为了捍卫苹果园主人财产权的至上性,在私人防卫中,窃贼的健康权甚至生命权是可以被忽略的。据说,当时大多数德国学者支持了这个判决。[23] Fletcher 指出,德国法律人假定权利受到威胁的任何人都可以使用致命的武力声明和捍卫自己的法律领域,由此,德国法律人使自己掉进了一个概念陷阱。如果对这种个人自主性概念进行理论溯源的话,我们会发现:洛克主张,对于首先发起攻击的来犯之人应该寸步不让;康德承认,作为一个伦理学问题,应该让窃贼离开而不是杀死他,但是法律不应该要求人们使他们的权利屈从于侵害权利的人,无论被侵害的权利有多小。[24] 当代一些德国学者在其所撰写的刑法教科书中将前述立场稍微修正为:“正当防卫的基本思想,是正义不必屈于非正义这一命题,但考虑到社会上的担心,该原则逐渐地受到限制。”[25] 这里所谓的“正义”仍然是以个人的独立自主性和个人权利的至上性为核心的。正如这些德国学者所言:“自我保护的权限与权利证明思想,虽然都是以现行法中的正当防卫为基础的,但个人权利的考察方法依然是占优势的,正如它与刑法典中的自由主义传统相适应一样。”[26] 当下,英美普通法系的学者和德日大陆法系的学者都坚持自主性理论的优先性,同时在修正性的立场中已经隐含了下面将要介绍的“保护社会—法律秩序理论”。

(三)保护社会—法律秩序理论

“根据保护社会—法律秩序理论,私人防卫的正当性不仅来源于被侵害者的合法利益,而且以社会利益为基础,这种社会利益在于一般地保护公共秩序和特殊地保护法律制度,因为发起侵害的非法行为所内含的恶意会动摇社会—法律秩序。保护社会—法律秩序一般不被看作私人防卫的单独根据,而是作为一个附加的考虑同保护被侵害者的合法利益一并考虑。”[27] 一些德国学者指出,“允许对不法进行防卫作为公民个人的权利,有两个根据。其一,被作为个人权利来理解的正当防卫,是每个人与生俱来的通过防止他人对自己的不法侵害的自我主张权……其二,正当防卫还可被作为社会权来理解。根据这种理解,正当防卫是法秩序,它不需要躲避不法。如果不存在官方的帮助,被侵害人的自卫行为同时还是在维护公共和平秩序。……社会权利不受任何限制地允许紧急救助(当然,也只是为了保护个人法益),但在缺乏维护法秩序的观点以及相关财产价值的极端不均衡性情况下,对正当防卫应作出必要的限制。”[28] Mordechai Kremnitzer 对这一原理进行了详细的论述。他把保护社会—法律秩序看作正当化私人防卫的重要因素,特别强调

〔23〕 See Boaz Sangero, A New Defense for Self-Defense, *Buffalo Criminal Law Review* 9, 2006, p. 523.

〔24〕 See George P. Fletcher, *Basic Concepts of Criminal Law*, Oxford University Press, 1998, p. 136.

〔25〕 [德]汉斯·海因里希·耶塞克、托马斯·魏根特:《德国刑法教科书》,徐久生译,中国法制出版社 2001 年版,第 401 页。

〔26〕 [德]汉斯·海因里希·耶塞克、托马斯·魏根特:《德国刑法教科书》,徐久生译,中国法制出版社 2001 年版,第 402 页。

〔27〕 Boaz Sangero, A New Defense for Self-Defense, *Buffalo Criminal Law Review* 9, 2006, p. 527.

〔28〕 [德]汉斯·海因里希·耶塞克、托马斯·魏根特:《德国刑法教科书》,徐久生译,中国法制出版社 2001 年版,第 402 ~ 403 页。

危险来源于一个非法侵害,作为回应不法侵害的防卫行为是针对具有可罚性的侵害人的。那么,实施私人防卫的人就会被看作是社会(公共秩序和法律制度)的代表和保护者,他的防卫行动是为了消除违反法律的行为。[29] 强调这种理论会带来什么后果呢？首先,在对防卫人的后退避让要求方面会有所放松,无需要求防卫人必须后退至别无选择才选择暴力反击,因为这不仅意味着防卫人的后退,还意味着社会—法律秩序的后退。其次,这还会导致放松合比例性或适当性的要求,因为不仅要把防卫人的利益同侵害者的利益进行权衡,还要把社会—法律秩序的利益同侵害者的利益进行权衡。把防卫人的利益连同社会—法律秩序的利益一起跟侵害者的利益相权衡,那么正义天平的倾向就显而易见了。再次,该理论会要求对合比例性采取一种辩证的运用,如果对侵害者实施过度的防卫,这本身也是对社会—法律秩序的侵犯。[30]

(四)权衡利益和选择较小危害理论

这种理论的基本内容是,如果遭受侵害的人不采取私人防卫行为,那么预期会有一个对合法利益的损害;如果采取私人防卫,那么也将预期会导致一个对合法利益的损害;对这两个被预期的损害必须进行权衡,两害相权取其轻。如果只是对身体上的损害结果进行权衡,我们经常得到一个完全平等的结果,比如为了避免一个人的生命被侵害而牺牲另一人的生命。为了避免陷入这种僵局,我们就需要加入一些“抽象利益”(abstract interests)的考量。有的学者就主张,首先实施侵害的人因为其自身的过错将使其自身利益的价值贬值,所以实施私人防卫的主体为了维护自身的生命就可以采取致命的暴力牺牲被防卫对象的生命。[31] 另外,Sangero 主张,遭受侵害的主体的自主性和社会—法律秩序的保护都是必须被考虑的抽象利益。[32] 他甚至主张,与其把私人防卫看作一个较小的损害,不如将其看作一个尽最大可能得到的好的结果。[33]

如果说“自主性理论”来源于康德主义的理论传统,那么“权衡利益和选择较小危害理论”无疑更多地来自边沁开创的功利主义传统。尽管意志论和利益论存在理论上的分歧,但是按照传统观点,它们都将被贴上自由主义的个人主义的标签。[34] 上述三种关于私人防卫的具体理论充分展现了自由主义在西方刑法领域中的绝对统治地位。而这些理论在被中国学者拿来使用的时候,自由主义意识形态中始终隐含的关于国家的想象不仅没有得到中国学者的重视,相反还有一种将其悬隔起来的倾向。本文将在后面的相关论述中指出,中国学者显然是有意把国家理论和法律理论区别开来进而避而不谈。如果把

---

〔29〕 See Boaz Sangero, A New Defense for Self-Defense, *Buffalo Criminal Law Review* 9, 2006, p. 527.

〔30〕 See Boaz Sangero, A New Defense for Self-Defense, *Buffalo Criminal Law Review* 9, 2006, pp. 529 – 531.

〔31〕 前文提到的陈璇着力主张的“侵害人值得保护性下降说”即来源于“权衡利益和选择较小危害理论”,是“权衡利益和选择较小危害理论”的从属理论。

〔32〕 See Boaz Sangero, A New Defense for Self-Defense, *Buffalo Criminal Law Review* 9, 2006, pp. 531 – 532.

〔33〕 See Boaz Sangero, A New Defense for Self-Defense, *Buffalo Criminal Law Review* 9, 2006, p. 543.

〔34〕 尽管哈耶克批评“建构论唯理主义的个人主义”始终隐含有一种演变成个人主义的敌对面的趋向,亦即演变成集体主义的趋向,这种批评可能在逻辑上会使“意志论”和“利益论”的个人主义标签受到怀疑,在此我们暂且遵从西方的主流观点。See F. A. Hayek, *Individualism and Economic Order*, The University of Chicago Press, 1948, p. 4.

自由主义的国家想象视为理所当然的前提而不予触及,这显然是不可接受的,因为自由主义的国家理论并非不可争辩。如果因为某种特定的国家理论同官方意识形态之间存在明显冲突而予以回避,那同样也不是一种科学态度应该持有的立场。

三、在正当防卫理论中若隐若现的国家

尽管西方关于私人防卫的本质有那么丰富的理论,Fletcher 也曾大声疾呼应该在刑法理论中给政治哲学安排一个核心地位,但是主流的私人防卫理论甚少提到国家。Sandy Kadish 是一个例外,他在论证自卫权时把国家置于首要的位置,主张自卫权是一种抵抗侵犯的权利,是防卫人相对于国家的意义上所拥有的一种权利。[35] “经由国家权威的确立,个人没有放弃抵抗侵犯、保存自我的基本自由;这种自由被大多数国家合法性理论所要求,无论是霍布斯的、洛克的还是罗尔斯的国家合法性理论,根据这些国家合法性理论个人对国家放弃特定的权利产生更大的保护以使自己免遭侵犯。”[36] 显然,这里有个关于国家性质的预设,西方主导性的理论就是社会契约论。人们通过社会契约让渡一些特定的权利组建国家,使自己获得更大的保护,免遭侵犯。如果国家不能提供充分的保护使其公民免遭侵犯,那么国家的合法性就会受到动摇。而国家的警察力量又不可能对其公民时时处处提供充分的保护,所以在公权力救济不及的时候授予公民私力防卫的权利是必要的,这同国家的合法性基础是相一致的。正因为公民个人在逻辑上是先在于国家的,国家是由个人进行定义的,所以我们在直接面对西方的私人防卫理论时,国家总是隐而不显。

前面提到的“自主性理论”“保护社会—法律秩序理论”以及“权衡利益和选择较小危害理论”,虽然国家在其中隐而不显,但是关于国家性质的预设却是不言而喻的。在“自主性理论”中,个人权利的至上性被赋予了绝对的地位,任何对个人权利(无论是个人的生命权还是个人的财产权)的侵犯都被看作对个人自主性的完整性的侵犯。个人自主的不容侵犯性在于,个人缔结社会契约的时候并没有把神圣的生命权和财产权让渡给国家,让渡有限权利组建国家的目的在于保护个人的生命和财产神圣不可侵犯。特别是生命权,个人没有允许别人包括国家非法剥夺自己生命的权利,因为个人没有这样的权利,既然没有这样的权利,自然也无从让渡。这是社会契约论和“自主性理论”的内在逻辑。至于“保护社会—法律秩序理论”,它一般不被看作私人防卫的单独根据,而是作为一个附加的考虑同保护被侵害者的合法利益一并考虑;换句话说,“保护社会—法律秩序理论”相对于“自主性理论”具有从属性,于是“保护社会—法律秩序理论”也将接受和“自主性理论”相同的国家预设:任何对个人生命权和财产权的侵犯都被看作对一般的社会秩序和特定的法律秩序的侵犯,而被侵犯的社会—法律秩序源于社会契约的缔结,社会契约和社会—法律秩序旨在保护公民享有充分的自由和平等。这一秩序不仅要保障被侵犯的公民的生命财产,也要保护同样作为缔约人而首先发起侵害的公民的生命财产不受过度防

---

[35] See Kimberly Kessler Ferzan, Self-Defense and the State, *Ohio State Journal of Criminal Law* 5, 2008, pp. 449-450.

[36] Sanford H. Kadish, Respect for Life and Regard for Rights in the Criminal Law, *California Law Review* 64, 1976, p. 885.

卫的侵害。“权衡利益和选择较小危害理论”表面上似乎同社会契约论的国家想象之间的联系没有前面两种理论同社会契约论的国家想象之间的联系那么直接,但是由于在权衡利益时把个人的自主性和社会—法律秩序的保护都作为抽象利益加以考量,因此,这种理论的国家预设还是离不开社会契约论。由此可见,西方法律理论和国家理论具有内在的逻辑一致性,有什么样的国家理论,就有什么样的法律理论与之相适应,就有什么样的正当防卫理论与之相适应。

在处理正当防卫与个人或国家的关系方面并非只有西方自由主义一种理论,至少在20世纪90年代以前,准确地说在苏联解体之前,还存在一种以苏联为代表的社会主义的理论主张和制度实践。只是在这种正当防卫理论中,“个人”几乎消失不见,取而代之的概念是“阶级”,而“国家”也从自然人签订社会契约的产物转换为阶级斗争的产物。这种理论和实践强调阶级对于个人的优先性,赋予个人自卫权的正当性根据并不直接来源于个人的自主性和自由权利的至上性,而是首先来源于“保卫苏维埃国家利益、公共利益”;“在社会主义条件下,个人利益和公共利益是完全一致的”。“正当防卫制度不仅以不容忍犯罪的精神教育苏联人民,同时它还起着重要的预防作用,警告那些有意犯罪的人:侵害行为的受害人以及其他任何人都可以给他们以应有的回击,并在合法的基础上使他们遭受严重的损害。这样,正当防卫就具有明显的、有益于社会的内容。”〔37〕因此,正当防卫作为阶级统治的工具,防卫的限度将会被给予较为宽泛的解释。正如苏联最高法院全体会议1964年12月4日通过的《关于法院适用正当防卫立法的实践》的决议中强调的那样,不允许对正当防卫的权利进行限制性的解释,这种解释同社会主义道德和苏维埃的立法原则是不相容的。〔38〕

这样的理论逻辑也曾被中国的法律理论和实践接受。20世纪80年代,中国学者董鑫对正当防卫的本质进行了如下一般性的论述:“当人类进入阶级社会以后,人们的防卫本能掺入了阶级内容,它不仅受理性的支配,更受到法的约束,而成为法(统治阶级的意志)所赋予或剥夺的一种权利。当统治阶级认为防卫对自己有利时,法就承认这种权利;当统治阶级认为防卫可能危及自己的统治时,法就剥夺这种权利。防卫行为的正当性问题由个人的防卫意识发展为以统治阶级为代表的整个社会意识,正当防卫由私人的反击行为发展为触动统治阶级神经的法的行为,这也是一种本质的演变……社会主义国家规定正当防卫的阶级实质与剥削阶级国家根本不同。社会主义国家是以生产资料公有制为基础,人民群众是国家的主人,社会主义法制是一切合法权益的保障。在社会主义国家,公共利益与个人利益是统一的,个人利益是公共利益的派生,又是公共利益的补充,因此保护公共利益与保护个人合法利益是一致的,相辅相成的。当然,公共利益是全体人民的根本利益,必须首先保护,同时也要保护个人合法利益……谁实施侵害国家利益、集体利益、公民个人合法权益的违法犯罪行为,人人都有对之行使正当防卫的权利。”〔39〕董鑫还

〔37〕[苏]H. A. 别利亚耶夫、M. Л. 科瓦廖夫主编:《苏维埃刑法总论》,马改秀、张广贤译,群众出版社1987年版,第174、176、174页。

〔38〕参见[苏]H. A. 别利亚耶夫、M. Л. 科瓦廖夫主编:《苏维埃刑法总论》,马改秀、张广贤译,群众出版社1987年版,第174~175页。

〔39〕董鑫:《正当防卫的若干问题》,载甘雨沛主编:《刑法学专论》,北京大学出版社1989年版,第118~132页。

指出,有些资本主义国家法律规定只有本人的利益受到侵害才能实行正当防卫;有些资本主义国家即使允许对第三者权益受到侵害时可以实行正当防卫,还对第三者的范围作了限制;而社会主义国家对正当防卫所维护的权益,都不限于防卫者本人的权益。而且我国《刑法》规定,不论是人身权利、财产权利或者其他权利受到侵害时均可实行正当防卫,并把公共利益列在可以防卫的权益的首位。“这是因为我国是社会主义国家,在我国个人利益与集体利益是一致的,集体利益高于个人利益。”〔40〕与董鑫上述论述相对应的刑事立法是1979年中国刑法典,其有关正当防卫的第17条第1款这样表述:“为了使公共利益、本人或者他人的人身和其他权利免受正在进行的不法侵害,而采取的正当防卫行为,不负刑事责任。”到了1997年中国刑法典的第20条第1款则表述为“为了使国家、公共利益、本人或者他人的人身、财产和其他权利免受正在进行的不法侵害,而采取的制止不法侵害的行为,对不法侵害人造成损害的,属于正当防卫,不负刑事责任。”由原来的“公共利益”修改为“国家、公共利益”,立法形式似乎更靠近了苏联,这是一个耐人寻味的变化。

根据前面的论述,我们可以认为,在以苏联为代表的社会主义国家,关于正当防卫问题存在一种类似于西方自由主义的“保护社会—法律秩序理论”,甚至“自主性理论”和“权衡利益和选择较小危害理论”也能有自己的理论空间;但是在不同的意识形态前提下,这些理论的性质和价值排序是完全不同的。在社会主义国家,“保护社会—法律秩序理论”具有独立价值和优先性,而不是反过来作为“自主性理论”的补充。在社会主义的“权衡利益和选择较小危害理论”中,最能代表统治阶级利益的国家利益和公共利益也将占有最大的权重。立足于不同的意识形态前提,不仅各种正当防卫理论在性质和价值排序上会发生变化,而且对于某些正当防卫的类型化以及构成要件的理论建构都会发生不同的变化。比如,对于为他者或第三者的利益实施的正当防卫,社会主义国家的法律理论和实践相对于西方给予更为积极的认定和宽松的理解。再如,对于“超过正当防卫限度的行为”,社会主义国家因为其具有一定社会危害性而在性质上认定是犯罪,但是主张这种犯罪不是出于某种卑鄙的动机而是出于反击危害社会的侵害行为,所以同其他犯罪甚至过失犯罪相比,其危险性要小得多,所以应该减轻法律责任。〔41〕总之,关于正当防卫,即便在构成要件方面、违法犯罪的定性方面、责任的认定方面甚至在具体量刑方面,基于不同的意识形态会得出相同的结论,但是特定的社会主义意识形态更倾向于从国家、社会的立场出发进行正当性论证,而西方自由主义意识形态更倾向于从个人的立场出发进行正当性论证,不同的概念系统赋予同一个正当防卫行为以不同的意义。

四、徘徊在十字路口的中国理论

至此,笔者已经基本完成了本文的大部分论证任务,证明了西方正当防卫理论与自由主义意识形态之间的逻辑关系,证明了西方正当防卫理论以社会契约论为基础的国家预

〔40〕 董鑫:《正当防卫的若干问题》,载甘雨沛主编:《刑法学专论》,北京大学出版社1989年版,第137页。

〔41〕 参见[苏]H. A. 别利亚耶夫、M. Л. 科瓦廖夫主编:《苏维埃刑法总论》,马改秀、张广贤译,群众出版社1987年版,第185页。

设。总体来说,西方的正当防卫理论是逻辑自洽的,理论与实践保持了内在一致性。笔者在前面的论述中还指出,以苏联为代表的社会主义国家在建构正当防卫理论时持有不同于西方自由主义的意识形态,与这种意识形态相适应,“保护社会—法律秩序理论”获得了相对于“自主性理论”的独立价值和优先性,进而也将获得理论的逻辑自洽性以及理论与实践的内在一致性。反观当下中国刑法学和刑法实践,关于正当防卫理论的逻辑自洽性和理论与实践的内在一致性都将面临挑战。

目前,中国官方的国家学说仍然认为,国家是阶级斗争的产物,国家是统治阶级实施阶级统治的工具,我们的立法实践和司法实践与此已经形成了严重的矛盾与冲突。我国的立法和司法实践尽管还残存着继受自苏联的某些痕迹,但是更多的法律实践和理论的指向已转向以保护公民权利为重心。即便是犯了罪的公民,其合法权利在立法和司法中也被强调应该得到充分的关注,最严厉的刑法被学者主张为保护犯罪公民合法权利的大宪章。具体到有关正当防卫的法律实践,我国也如西方国家一样关注四个方面的问题:危险的急迫性、必要性、均衡性、抵抗侵袭的意图。在运用理论对正当防卫进行解释时,以陈璇为代表的一些学者基本上都是依据来自西方的相关理论。但是我们始终没有正视中国法律理论和实践简单消费西方理论资源的做法同我国固有的国家理论(同时也是法律理论)之间存在严重的紧张关系。也就是说,我们的法律实践在结果上已经非常接近西方自由主义主导下的正当防卫认定,甚至我们有学者在进行理论论证时也在引用西方自由主义的相关理论,但这与我们官方固守的意识形态明显存在冲突。

关于国家的性质,我们仍然强调国家是阶级斗争的产物,是阶级统治的工具。关于法律的性质,我们仍然主张法律是上升为国家意志的统治阶级意志的体现。但是,当下中国学者为正当防卫制度进行正当性论证时,参考和引证的理论基本来自西方自由主义的相关理论;在有关正当防卫的司法实践方面更多地采取了限制性解释的立场,特别是在造成被防卫对象严重伤害的情况下,司法机关往往不予认定成立正当防卫。

中国刑法学的上述困难,其实是与中国法理学存在着内在关联。当代中国法理学存在一个有趣的现象,即总是力图把国家理论和法律理论相分离,努力把国家和法律二元化,甚至认为有必要在教材名称上用“法的一般理论”或“法理学”代替“国家和法的理论”来表明这样的立场。[42] 在特定的历史时期,这样的做法可能有其积极意义,但是这种做法也混淆了问题,回避了真正的问题。

张文显教授和于宁博士曾经撰文《当代中国法哲学研究范式的转换》,论述当代中国法哲学研究正在经历从阶级斗争范式到权利本位范式的转换或变革。文中指出,以国家理论主导和代替法学理论是阶级斗争范式的一个基本特征。笔者认为,以国家理论简单代替或等同于法律理论显然是不能接受的,但是把国家理论同法律理论隔离开来或悬隔起来同样也是混淆问题和回避问题的错误做法。“权利本位范式”只是强调指出“阶级矛盾不再是我国社会的主要矛盾,阶级斗争不再是中心任务”[43],但是对于国家的性质却没有给出正面

---

〔42〕 汉斯·凯尔森在1945年出版了著作《法与国家的一般理论》。该书第一部分讨论法律,第二部分讨论国家。他想借此著作将其“纯粹法律理论”适用于“二战”后美国的环境。我们并没有看到凯尔森将“法律”与“国家”两个相关主题结合起来的做法影响了这部作品的法理学品格。

〔43〕 张文显、于宁:《当代中国法哲学研究范式的转换》,载《中国法学》2001年第1期。

的回答。而法律和国家是一体两面的关系,不正视国家理论的我们难道就能对法律理论进行科学的探究和客观的回答吗?我们关于法律的概念就能真正地摆脱阶级斗争范式的束缚吗?我们的主流法理学教材中这样定义法律:“法是由国家制定或认可并依靠国家强制力保证实施的,反映由特定社会物质生活条件所决定的统治阶级意志,以权利和义务为内容,以确认、保护和发展对统治阶级有利的社会关系和社会秩序为目的的行为规范体系。”〔44〕与之相适应,主流刑法学教材把刑法定义为:“刑法是规定犯罪、刑事责任和刑罚的法律,具体些说,也就是掌握政权的阶级即统治阶级,为了维护本阶级政治上的统治和经济上的利益,根据自己的意志,规定哪些行为是犯罪和应负刑事责任,并给犯罪人以何种刑罚处罚的法律。”〔45〕根据上述定义,我们能说我们的法律概念已经真正摆脱了阶级斗争范式吗?

如果我们认为阶级斗争范式下的国家学说已经不再适合当下中国社会,而西方的社会契约论因其理论虚构或者无法解释中国人民政治选择的现实而不能为我们所接受的话,那么我们应该以一种什么样的国家学说来回应已经全面转向旨在保护公民权利的法律实践呢?如果我们不能进行主体性的理论创造,就有可能发生从苏联到俄罗斯那种刑法理论上的转变,即全面倒向西方。当下俄罗斯刑法学者主张:“防卫权是人的自然权利,最初是指保护本人的身体免遭侵犯,被规定在俄罗斯法典之中,现在,该权利已经是每个人受宪法保护的权利(《俄罗斯联邦宪法》第45条第2款)。……我们有理由认为,各个法律部门制度对正当防卫权的有关规定共同形成了正当防卫的法律制度,这些制度的社会法律意义在于,保证无须专门授权的主体积极行使其自然的天生的正当防卫权利。”〔46〕这是西方自由主义关于正当防卫的典型表述方式。俄罗斯刑法学者明确表示:“在新《俄罗斯联邦刑法典》保护的各种利益中,处于最重要地位的不是国家利益,而是个人利益。”〔47〕有关正当防卫的法律条文,相对于旧的苏俄刑法典,俄罗斯刑法典在表述上做了相应调整,“防卫人本人或他人的人身和权利”被置于“社会和国家受法律保护的利益”之前。〔48〕难道除了西方自由主义的个人主义,我们就没有想象力为保护公民权利的法律实践进行理论论证了吗?当然不是。这需要一种既不同于我们固守的教条的法律哲学,也不同于西方占统治地位的自由主义的法律哲学。笔者将在另外的论文中进行这种理论探索,这显然不是本文所能承载的更大的理论工作。但是在做这个工作之前,我们必须首先认识到西方法律理论的特殊性,必须首先认识到我们曾经固守的教条的法律哲学同当下转向保护公民个人权利的法律目标之间存在激烈的冲突。这就是写作本文的主要目的。

中国理论的徘徊必然导致法律实践的不确定性甚至矛盾性。有刑法学家宣称:“定

〔44〕张文显主编:《法理学》(第4版),高等教育出版社2011年版,第47页。

〔45〕高铭暄、马克昌主编:《刑法学》(第7版),北京大学出版社2016年版,第7页。

〔46〕[俄]Л. В. 伊诺加莫娃-海格主编:《俄罗斯联邦刑法(总论)》,黄芳、刘阳、冯坤译,中国人民大学出版社2010年版,第160~161页。

〔47〕[俄]Л. В. 伊诺加莫娃-海格主编:《俄罗斯联邦刑法(总论)》,黄芳、刘阳、冯坤译,中国人民大学出版社2010年版,第3页。

〔48〕关于“正当防卫”俄罗斯刑法典在立法表述上的调整与同一年(1997年)生效的中国刑法典的相应调整形成了鲜明的反差。目前俄罗斯的立法表述同以自由主义的个人主义为前提的西方立法是接近的,比如德国、日本、法国、新西兰、澳大利亚等国的刑法典,都强调“为了防卫自己或他人的权利”免受不法侵害而实施正当防卫。

罪的根据是法律而不是理论,这是毫无疑问的。"[49] 真的那么"毫无疑问"吗? 如果不立足于法律制度所负载的理论,我们何以解释不同国家的法院或同一国家的法院在不同时期,甚至同一个国家内不同的法院,依据表述几乎相同的正当防卫制度对特征相同的案件会作出截然不同的判决? 不同判决的根源正在于立法和司法负载着不同的理论立场。[50] 当然,相同的立法表述和司法判决也可能负载着不同的理论立场,正像我们在苏联刑事立法和俄罗斯联邦现行刑事立法以及相应刑法学家的理论阐述中看到的那样,二者都强调"不论防卫人是否有可能逃避危害社会的侵害或者是否有可能向他人或政府权力机关求助,均享有正当防卫的权利"。前者从特定的社会主义意识形态出发扩张解释防卫权,后者从西方自由主义意识形态出发扩张解释防卫权。[51] 以于欢案为例,在他的人身自由受到严重侵害且在公力救济介入仍不能对其进行有效保护的情况下,如果从西方自由主义的立场出发,以"自主性理论"为参照,极端强调个人自主性的绝对性和至上性,那么法院

---

〔49〕 陈兴良:《教义刑法学》,中国人民大学出版社2010年版,第101页。

〔50〕 德国学者汉斯·海因里希·耶塞克和托马斯·魏根特把德国的正当防卫制度同奥地利、瑞士、法国、比利时、意大利、西班牙、荷兰、英国、美国、巴西等国的正当防卫制度进行比较,指出:"在外国刑法中,对正当防卫的条件的规定大多比德国法要严格些,尤其要求被侵害的法益与被防卫的法益之间的价值均衡"。[德]汉斯·海因里希·耶塞克、托马斯·魏根特:《德国刑法教科书》,徐久生译,中国法制出版社2001年版,第422~423页。《德国刑法典》第32条规定:"正当防卫不违法。为使自己或他人免受正在发生的不法侵害而实施的必要的防卫行为,是正当防卫。"第33条规定:"防卫人由于慌乱、恐惧、惊吓而防卫过当的,不负刑事责任。"《德国刑法典》(2002年修订),徐久生、庄敬华译,中国方正出版社2004年版,第12~13页。《日本刑法典》第36条第1款规定:"对于急迫的不法侵害,为了防卫自己或他人的权利,不得已实施的行为,不处罚。"第36条第2款规定:"超过防卫限度的行为,可以根据情节减轻或者免除处罚。"[日]松宫孝明:《刑法总论讲义》(第4版补正版),钱叶六译,中国人民大学出版社2013年版,第101~114页。以上述德国刑法典和日本刑法典相关表述为例,虽然德国在立法中强调"必要性",而日本在立法中强调"急迫性",但是这种表述上的差异并不影响理论解释和司法实践对急迫性、必要性、均衡性、抵抗侵袭的意图四个方面都给予相应的重视,更不影响它们共同的自由主义意识形态前提。

〔51〕 《苏俄刑法典》第13条第1款规定:"某种行为虽然符合本法典分则规定的行为要件,但是在正当防卫的状态中所实施的,即在保卫苏维埃国家利益、公共利益、防卫人本人或其他人的人身或权利不受危害社会行为侵害而给侵害人致成损害的情况下所实施的,如果这种行为没有超过正当防卫的限度,则不认为是犯罪。"第13条第2款规定:"防卫行为同侵害行为的性质和危害程度显然不相当的,就认为是超过正当防卫的限度。"《苏俄刑法典》,王增润译,法律出版社1962年版,第5页。苏联刑法学家指出,"由于他人实施了侵害行为而使某人处于正当防卫的状态,这时,该人有权采取积极的防卫行为,甚至是在他可以用逃走的办法或有可能用其他方法避免这种危害时(例如,向政权代表人物和亲属请求保护等),他仍有权采取对侵袭者造成损害的方法进行自卫。"[苏]H. A. 别利亚耶夫、M. Л. 科瓦廖夫主编:《苏维埃刑法总论》,马改秀、张广贤译,群众出版社1987年版,第175页。《俄罗斯联邦刑法典》第37条第1款规定:"在正当防卫情况下,即为了保护防卫人本人或他人的人身和权利、社会和国家受法律保护的利益免受危害社会行为的侵害,如果这种侵害伴随着危及防卫人或他人生命的暴力、或者以使用暴力直接相威胁,则对加害人造成损害的不是犯罪。"第37条第2款规定:"如果侵害不伴随着危及防卫人或他人生命的暴力或者不以使用这种暴力直接相威胁,只要没有超过正当防卫的限度,即未实施显然与侵害的性质和危害性不相当的故意行为,则对这种侵害行为进行防卫是合法的。"第37条第2-1款规定:"如果防卫人由于侵害的突然性而不能客观地判断侵害的危险性的程度和性质,则防卫人的行为不是超过正当防卫限度。"第37条第3款规定:"本条的规定平等地适用于任何人,无论其职业训练或者其他专门训练以及职务地位如何,也不论是否有可能逃避危害社会的侵害或者是否有可能向他人或权力机关求助。"《俄罗斯联邦刑法典》,黄道秀译,北京大学出版社2008年版,第15页。俄罗斯刑法学者指出,"正当防卫的主体可以是处在俄罗斯法律管辖区域内的任何自然人,不论其年龄、国籍,也不考虑其职业或专业技能以及职务地位,均享有平等的正当防卫权,不论该人是否有可能逃避危害社会的侵害或者是否有可能向他人或政府权力机关求助,均享有这一权利。"[俄]Л. В. 伊诺加莫娃-海格主编:《俄罗斯联邦刑法(总论)》,黄芳、刘阳、冯坤译,中国人民大学出版社2010年版,第160页。

就很可能认定其造成侵害人死亡的行为构成正当防卫。如果以“保护社会—法律秩序理论”和“权衡利益和选择较小危害理论”为参照,他的行为可能会被法院认定为正当防卫或防卫过当。如果从苏联特定的社会主义意识形态出发,基于“不允许对正当防卫的权利进行限制性解释”的立场,把其行为看作对阶级敌人的斗争行为或维护国家利益、公共利益的行为,法院也同样可能认定其造成侵害人死亡的行为构成正当防卫。尽管从不同意识形态出发可能会得出相同的司法判断,但是它们的性质是完全不同的,赋予的意义是不同的。如果我们承认不同时空下的人们生活在不同的意义世界里的话,那么就相同的司法判断给出具有不同意义的理论建构仍然是必要的。秋菊执着讨要一个说法就是源于她所抱持的意义世界不同于官方制度所负载的那个意义世界。由此可见,我们在言说“定罪的根据是法律而不是理论”时,并非看起来那么具有真理性,并非毫无疑问。多些疑问,多些理论论辩,对于当下转型中的中国法律实践有益无害。我们应努力探求一种能为中国民众普遍接受的理论解释,努力探求一种能够有效解释中国法律实践的法律理论,而不是简单的拿来主义。至少,我们现在不能无视当下法律理论自身所存在的深刻矛盾以及理论与实践之间的深刻矛盾。

立法性决定的界定与效力

金　梦*

【摘　要】 立法性决定是全国人大常委会在行使立法权和决定权的过程中制定的有关宪法和法律问题的决定、决议和办法等规范性法律文件的统称。立法性决定是应对法律缺位达致法律实现目标的必然选择，是法律实用主义发展的重要体现，是完善法律体系的必然要求。立法性决定在立法层面和司法适用过程中存在名称不统一和效力不明确等诸多问题。在对立法性决定进行效力认定时应该坚持宪法至上原则、正当程序原则、科学立法原则和民主立法原则。只有通过在立法过程中完善相应的立法技术规范，明确立法性决定的法律效力，才能更好地发挥立法性决定在完善法律体系和全面推进依法治国中的重要作用。

【关键词】 立法性决定；规范性法律文件；立法程序；法律效力

引　言

全国人大常委会的立法性决定作为中国特色社会主义法律体系的重要组成部分，在法律实践中发挥着重要作用。[1] 立法性决定包括有关宪法和法律问题的决定和决议等，这些决定和决议虽然在宪法及其相关法中没有明确的界定和效力认定，但是在适用过程中有时却具有和法律同样的效力等级。尤其是在司法实践中，有些立法性决定甚至成为司法裁判的重要依据。例如，最高人民法院在审理盘锦市城建建筑有限责任公司与辽宁日月房地产开发有限公司建设工程施工合同纠纷的再审案件中，就援引《全国人大常委会关于司法鉴定管理问题的决定》作为再审裁定的重要法律依据。[2] 此决定在各级人民法院的裁判文书中频繁作为认定案件事实的法律依据，可以说其已经具备法律规范层面的性质和效力。那么，立法性决定是否都具有法律规范层面的可适用性？这些立法性决

---

* 金梦，华东政法大学讲师，法学博士。

〔1〕 根据制定机关的不同，立法性决定分为全国人大的立法性决定和全国人大常委会的立法性决定，由于全国人大在制定立法性决定的过程中不存在立法权的转移和授权问题，其法律效力是毋庸置疑的，因而全国人大的立法性决定不在本文讨论的范围之列，本文只研究全国人大常委会的立法性决定。为了表述的简洁便利，以下简称“立法性决定”。

〔2〕 参见（2016）最高法民申 1218 号，[法宝引证码]CLI. C. 8576844。裁定书中指出，关于辽河司鉴所的鉴定资质问题，根据《全国人大常委会关于司法鉴定管理问题的决定》第 2 条的相关规定，本案工程造价鉴定并不属于司法鉴定登记管理范围，辽河司鉴所具有中华人民共和国住房和城乡建设部颁发的工程造价咨询企业乙级资质证书，一审法院委托其对案涉工程进行造价鉴定，符合法律规定。鉴于此，辽河司鉴所作出的司法鉴定意见及解答意见书（第二次调整）可以作为有效证据予以采信。

定到底是不是法律?[3] 这就涉及它的效力认定问题。要解决立法性决定的效力认定问题,首先需要对立法性决定的含义进行梳理和界定,探寻其存在的理论缘由与实践理性,并以此为基础按照一定的议事规则和程序确定其效力等级,以增强其作为规范性法律文件的实效,这也是本文的研究目标和思维进路。

一、立法性决定的基本内涵

十八届四中全会提出,"建设中国特色社会主义法治体系,必须坚持立法先行,发挥立法的引领和推动作用,抓住提高立法质量这个关键"。在法治国家建设的新时期,完善以宪法为核心的中国特色社会主义法律体系,提高立法质量,需要对扮演重要角色的立法性决定进行详细的阐发,明确其基本性质以及与相关法律的区别和联系,从法规范层面对立法性决定的概念进行证成。

(一)作为规范性法律文件的立法性决定

立法性决定是全国人大常委会立法工作的重要内容,也是其行使法律解释权和法律修改权的重要体现,但是立法机关没有给立法性决定明确的界定和使用规范,因而立法性决定的含义需要进行界定并解释。众所周知,法是一种社会产物,对这种社会产物,如果不根据它们的社会目的、社会作用和社会基础不可能得到适当解释,而且如果不采用分析的方法也难以奏效。[4] 从法理上分析,立法性决定是全国人大常委会行使法定职权的表现形式。根据我国《宪法》第 67 条的相关规定,全国人大常委会具有立法权和决定权。例如,《全国人大常委会关于修改〈中华人民共和国教育法〉的决定》虽然名称上叫"决定",但是效力级别上是法律。可以说,修改某项法律的决定在法理意义上就是法律,这种立法性决定是全国人大常委会行使立法权的表现形式。全国人大常委会的决定权,"是一种具有对事情作出实体性规定和对行为作出规范的权力,这些规定或规范具有法律约束力"。[5] 例如,《全国人大常委会关于批准〈巴黎协议〉的决定》《全国人大常委会关于积极应对气候变化的决议》以及《全国人大常委会关于县级以下人民代表大会代表直接选举的若干规定》等。决定的内容有批准性、废止性、确认性和补充性的内容,在名称表达上并不限于"决定",还有"决议""办法""补充规定"等。这些立法性决定是全国人大常委会行使决定权的结果和体现。

由上述分析可以看出,立法性决定的基本含义是全国人大常委会在行使立法权和决定权的过程中制定的有关宪法和法律问题的决定、决议和办法等规范性法律文件的统称,用以进一步规定、解释、修改、补充和确认相关宪法和法律问题。根据庞德的观点,"概念是一种可以容纳各种情况的权威性范畴,因而,当人民把这些情况放进适当的框子里的时候,一系列的规则、原则和标准就可以适用了"。[6] 按照这一逻辑进程,使用"立法性决

[3] 本文所指称的法律是狭义的法律,即全国人大及其常委会制定的规范性法律文件。

[4] 参见何勤华:《西方法学流派撮要》,中国政法大学出版社 2003 年版,第 89~90 页。

[5] 蔡定剑:《中国人民代表大会制度》,法律出版社 1996 年版,第 323 页。

[6] [美]罗斯科·庞德:《通过法律的社会控制》,沈宗灵译,商务印书馆 2013 年版,第 23 页。

定”既能体现出其立法主体的特质,以区别于其他制定主体的决定和决议,同时又方便与其他规范性法律文件的效力进行比照。而且“立法性决定”是一个会意的用语,用以概括全国人大常委会行使立法权和决定权形成的各式决定、决议、补充性规定和办法等规范性法律文件。

(二)立法性决定的类别和特征

对于立法性决定的分类,全国人大根据它的具体内容将其分成有关法律问题的决定、关于修改批准废止法律的决定和关于批准缔结的决定。有的学者将其分为创设性决定、补充性决定、解释性决定、修改性决定、废止性决定、批准性决定。[7] 对立法性决定进行分类研究的最终目的是确定某项立法性决定是否是法律,这就要求“我们必须证实,这项法律是由某个现存之规则授予立法资格的立法者所制定的,而且该规则中未包含任何对立法的限制,就是不存在任何会影响这个特定法案的规则”。[8] 如果一项立法性决定符合上述的制定标准和内容并且不受非法规则的限制,那么这项立法性决定就是法律,具有和法律同样的效力等级,反之则不是法律。可以说类型化的分析是深入研究和解决问题的重要方法,因此根据立法性决定的内容进行种类划分对于立法性决定的效力认定具有重要意义。

鉴于立法性决定的内容和功能不同,并结合立法性决定的不同效力,将立法性决定分为三类,即立法决定、立法性决定和非立法性决定。立法决定,具有法律的构成要素和基本特征,本身就是法律,其效力毋庸置疑,可以直接适用。如创设性的决定一般属于立法决定。立法性决定,对现有立法(法律)具有补充、解释、修改、废止或完善等立法性的功能,根据“立法性”含量或者程度的多少,含量较高或者程度较重者可以视为法律。如解释性、补充性和废止性的决定一般属于立法性决定。非立法性决定,虽然冠以决定的名称,但是其本身并不具有“立法性”的属性和特征,不能等同于法律。如工作答复或工作文件、重大事项的决定和人事任免的决定等都属于非立法性决定。

根据上述立法性决定的基本含义和分类可以看出,立法性决定具有以下四个特征:第一,立法性决定是由全国人大常委会制定通过的规范性法律文件。这是立法性决定区别于其他规范性文件最为重要的一点。由于制定主体是全国人大常委会,所以除了非立法性决定之外,立法性决定的效力等级与法律平级。这一特征是立法性决定具有法律效力的关键所在。

第二,立法性决定是对法律进行补充、变更和解释的具体的规范性法律文件。立法性决定在内容和形式上通常是针对具体的宪法和法律问题作出的,这是它区别于法律一般性和概括性的特征所在。换言之,有些立法性决定具有针对特定事项和具体问题的有限适用性,不具有如同法律般的普遍适用性,这也是立法性决定最重要的特点。

第三,立法性决定是由国家强制力保障实施的规范性法律文件。立法性决定具有强制执行的效力,这与法律规范是一致的。作为国家权力机关意志的体现,立法性决定由国

[7] 参见陈鹏:《全国人大常委会“抽象法命题决定”的性质与适用》,载《现代法学》2016年第1期。

[8] [英]哈特:《法律的概念》(第2版),许家馨、李冠宜译,法律出版社2013年版,第64页。

家强制力保证实施，并且具有补充现有法律规范的内容和完善法律体系的功能。

第四，立法性决定具有非立法性的显著特点。立法性决定的非立法性主要体现在，立法性决定具有法律效力并没有经过严格的立法程序。有的立法性决定经过全国人大常委会的三次审议，并由国家主席签署并公布。而大多数的立法性决定一般是一次审议通过，并且没有经过国家主席签署并公布，从立法程序上看并不生效，但是在法律实践中仍然具有法律效力。立法性决定非立法性的特点使得立法性决定的效力受到诸多质疑，给立法理论和司法实践带来诸多困境和难题，这也是本文继续要探讨的问题。

（三）立法性决定与相关法律的区别

立法性决定不同于基本法律，也不同于基本法律以外的法律。如果从制定机关、立法程序和适用范围上进行比较分析，不难发现立法性决定与民事、刑事、国家机构的和其他的基本法律以及基本法律以外的法律有着明显的区别。从制定机关上看，立法性决定是全国人大常委会制定通过的，基本法律是全国人大制定的，除了由全国人大制定的法律以外的其他法律是全国人大常委会制定的。从适用范围上看，法律具有普遍的适用性，调整社会关系并且涉及公民权利的享有和义务的履行，而立法性决定往往针对某一具体问题，具有针对性，解决的是单一的法律问题。[9]

从立法程序上看，无论是基本法律还是基本法律以外的法律，都要经过法律案的提出、审议、表决和公布四个阶段。在审议环节，根据《立法法》第29条和第30条的规定，法律案一般实行三审制，各方面意见比较一致的，可以经过两次审议，如果调整事项较为单一或者部分修改的法律案，各方面意见比较一致的，可以经过一次审议。立法性决定的立法程序没有法律的明确规定，根据《全国人大常委会议事规则》第15条的相关规定，有关法律问题决定的议案，法律委员会审议后，可以向本次常委会，也可以向下次或者以后的常委会会议提出审议结果的报告。通过这一规定可以看出，通常情况下，立法性决定经过一次审议通过即可公布生效，这与法律案的审议明显不同。立法性决定可以说是非经《立法法》规定的立法程序产生，而法律由国家主席签署主席令予以公布才能生效。很多立法性决定没有由国家主席签署主席令予以公布而依然具有法律效力。例如，《全国人大常委会关于授权在部分地区开展人民陪审员制度改革试点工作的决定》和《全国人大常委会关于设立国家宪法日的决定》等立法性决定都没有经过国家主席签署主席令予以公布，但依然被视为与法律具有同样的效力等级。从立法程序上分析，立法性决定具有的非法性特征是其问题频出的重要原因。

二、立法性决定的作用和功能

在我国的法律体系中，立法性决定的数量繁多，并且有些立法性决定直接被当作法律适用。鉴于此，我们有必要对立法性决定的出现和频繁被适用的原因进行探究。全国人大常委会制定和通过的立法性决定是其享有和行使立法权和决定权的重要体现和结果，

---

〔9〕 参见江辉：《有关法律问题的决定与法律的区别》，载《人大研究》2012年第1期。

那么立法性决定的存在就和全国人大常委会的职权密不可分。就我国法治建设的现状和愿景而言,立法性决定是法律体系中不可或缺的重要组成部分,因而追溯其存在理由,进行必要性分析以期对其在规范性法律文件中的地位和效力进行科学合理化的定位和系统化的认定。

(一)立法性决定是应对法律缺位达致法律实现目标的必然选择

一个国家经济社会的快速发展必然对法律调整社会关系的数量和质量提出新的要求和挑战。由于1982年《宪法》确立了全国人大常委会的国家立法权,因此在全国人民代表大会闭会期间很多法律的制定和事项的决定任务就由全国人大常委会完成。加之全国人大常委会的各种职权和功能并没有明确的界限,所以立法权和决定权在行使过程中不可避免地出现交叉和混用。在面对法律缺失和空白的情况下,全国人大常委会通常会积极又审慎地通过决定、决议等形式明确具体的法律问题,立法性决定在这个时候出场具有特定历史时期的必然性和不可或缺性。

法律具有稳定性的特点,作为国家根本大法的宪法必须保持高度的稳定性。对于出现的宪法性问题不可能通过宪法的朝令夕改来实现,而立法性决定中有相当一部分是关于选举事项、组织法的相关规定、人大议事和人大立法等宪法性问题的内容。例如,《全国人大常委会关于宪法宣誓制度的决定》和《全国人大常委会关于设立国家宪法日的决定》这两项关于宪法问题的立法性决定弥补了我国现行立法中宪法宣誓制度和国家宪法日等内容的缺位,对于进一步维护宪法权威保证宪法实施具有里程碑的意义。

立法性决定不仅在解决法律缺位的问题上发挥着重要的功能,而且对于法律实现起着积极的促进作用。法律实现的状态是"法律规范的要求由可能性转化为现实性、由应然向实然的转化,是把法律规定的模态判断转变为法律在实际生活的实行这样一种实然判断"。〔10〕 法律实现是国家立法的目的之一,国家立法期待法律的良好遵行,但是在处于社会转型和社会主义现代化建设快速发展的新时期,很多情况下由于法律缺位情势紧急,"立法没有充分考虑司法的逻辑,没有充分回应司法裁判的现实需要,没有以使法律能在司法层面被有效施行作为立法的首要目的,过于强调价值目标的明确对立法能够出台的意义"。〔11〕 例如,《全国人大常委会关于维护互联网安全的决定》在2000年实施于2009年进行修改。鉴于信息化进程的加速,保障互联网的运行安全和信息安全迫在眉睫,现有的法律并不足以应对互联网领域出现的新型犯罪问题,立法机关必须根据新情况和新形势出台相应的法律文件以规制破坏网络安全的违法犯罪行为。该决定明确了相关的犯罪行为和违法行为分别依照《刑法》和《治安管理处罚法》的有关规定予以处罚,可以说立法性决定其实是充当了中间传导项,即把《刑法》的模态判断转化成其应对社会生活中出现新问题的一种实然判断。〔12〕

---

〔10〕 付子堂、胡仁智:《关于法律功能实现的若干思考》,载《法学评论》1999年第5期。

〔11〕 刘风景:《立法释义学的旨趣与构建》,载《法学》2016年第2期。

〔12〕 特别值得注意的是,《中华人民共和国网络安全法》于2016年11月7日颁布,《关于维护互联网安全的决定》弥补着《网络安全法》出台之前法律规制的空白,促进此部法律的颁行,并且具有积极的法律实践价值。可以说,该决定是应对法律缺位达致法律实现目标必然选择的典型代表。

对于法律调整社会关系的空白地带,立法性决定通过决定、决议和办法等灵活多样的形式进行调整并且在很多情况下具有与法律同样的效力层级。在这种意义上说,立法性决定的实用性价值不同寻常。立法性决定在应对法律缺位,完善现有的法律体系,促进法律实施,提高法律实效最终达致法律实现方面发挥着重要作用,可以说是符合中国法治建设国情的必然选择。

(二)立法性决定是法律实用主义发展的重要体现

从理论基础上看,立法性决定的存在和广泛适用是法律实用主义发展的重要体现。在法律实用主义学者看来,法律是产生并存在于事物之间的事实的一些关系,有时候我们不再必须从理性推演出来的文本或体系之中,而是从社会效用之中和某些假定产生后果的必然性中寻找法律的渊源。当需要填补法律的空白之际,立法者寻求解决办法的对象并不是逻辑演绎而是社会需求。[13] 全国人大常委会最初制定的立法性决定是为了克服法律滞后性的弱点,以应对新中国成立之后社会发展过程中频繁出现的各种问题。这些问题有诸如外国条约的批准手续、解释法律的问题、各级人大代表的组成以及对革命战争期间相关问题的追认等,可以说立法性决定的出现是中国法治发展特定阶段的产物。实用主义在重视经验和现实的同时,也需要理论的建构和分析。[14] 只有这样法律实用主义才能具有指导法律实践的意义。立法性决定存续至今虽然没有明确的法律地位,但是其所具有的法律效用是毋庸置疑的,通过进行深入的立法理论探究加之法律适用的实证考量从而给予立法性决定明确的效力和地位就显得十分必要。

同时,立法性决定的出现符合、回应并且进一步验证了法律市场理论。法律市场中的法律需求和法律供给受特定历史时期社会、经济、文化和政治等因素的制约,法律资源具有稀缺性,因而需要对法律资源进行合理的配置和慎重选择以能够实现法律制度的效用最大化。[15] 国家权力机关的立法活动构成了法律供给的重要组成部分,而人们在社会活动中形成的社会关系需要法律调整和保护时产生了法律需求。按照法律市场理论的逻辑进路,制定立法性决定的原因在于面对立法供给不能满足立法需求的情况,全国人大常委会只能"模糊化地处理其已被授予的职权与未授予的法律制定权之间的界分,继而依靠各种'法外'决定塑造转型中国的法秩序"。[16] 可以说立法性决定是为了满足新的法律需求以提供法律供给的情况,从而使法律市场中法律供给和法律需求达到均衡状态,这对于维护法律体系的稳定意义重大。

创设性的立法性决定、修改性的立法决定和废止性的立法性决定的制定就遵从法律市场的供求原理。例如,《全国人大常委会关于设立国家宪法日的决定》是为了加强宪法实施,树立宪法权威和全面推进依法治国的需要;《全国人大常委会关于调整完善生育政策的决议》是根据我国经济社会的发展和人口形势的变化,促进人口长期均衡发展;《全国人大常委会关于废止有关劳动教养法律规定的决定》是因为劳动教养制度已经与中国

---

〔13〕 参见[美]本杰明·卡多佐:《司法过程的性质》,苏力译,商务印书馆2000年版,第75~76页。

〔14〕 参见喻中:《波斯纳法律经济学的理论逻辑》,载《烟台大学学报》(哲学社会科学版)2014年第2期。

〔15〕 参见冯玉军:《法经济学范式》,清华大学出版社2009年版,第262~263页。

〔16〕 陈鹏:《全国人大常委会"抽象法命题决定"的性质与适用》,载《现代法学》2016年第1期。

的法治改革和现实需要不相符，为了进一步维护法律权威，推进法治中国建设，避免发生侵犯公民权利的事件出现。

(三)立法性决定作为功能性的存在是完善法律体系的必然要求

立法机关即全国人大常委会通过立法性决定的形式让法律在调整社会关系的过程中发挥着不可替代的作用，这就是立法性决定作为功能性存在的缘由和意义。立法性决定在立法理论上并没有明确的界定，大部分情况下是立法机关运用立法技术和立法权进行实质的立法活动和立法行为。以《全国人大常委会关于司法鉴定管理问题的决定》为例，全国人大常委会之所以通过该决定，原因在于我国三大诉讼法中没有设定相关司法鉴定问题的具体规则，而在司法实践中需要对专业鉴定意见进行法律承认以将其作为法定证据加以使用，因而需要对从事司法鉴定的主体资格、司法鉴定的内容和范围以及司法鉴定的受理程序等形式方面的内容进行规定。可以说，立法机关需要通过对司法鉴定管理问题的决定这样一种对相关法律内容补充的方式应对司法实践中存在的各种变量。而对于司法鉴定管理实质方面的内容诸如司法鉴定的启动条件、启动的必要性和鉴定事项与案件事实的关联性等则需要诉讼法的详细规定。[17] 从这种意义上讲，立法性决定具有补充法律中相关程序性内容缺失的功能。

立法性决定有补充性、修改性、解释性和批准性等方面的内容，这些内容实质上是对应着相应的功能而存在的。从实质内容来看，“功能主义本身并不是一种规范性的方法，而是一种建构性的方法，具有强烈的解释性色彩”。[18] 解释性的立法性决定在解释法律的功能方面尤为突出。鉴于“一国两制”制度设计下我国法律体系的特殊性，全国人大常委会需要经常对香港特别行政区和澳门特别行政区的法律适用作出相关的解释，如果频繁通过发布法律的形式处理这一问题不现实也显失效率。例如，《全国人大常委会关于根据〈中华人民共和国澳门特别行政区基本法〉第一百四十五条处理澳门原有法律的决定》，对于澳门原有的法律、法令等规范性法律文件与《基本法》相抵触时的适用规则给予了详细的解释。这种立法性决定同样存在于处理香港特别行政区的法律适用问题中。

立法性决定所具有的解释性功能对其发挥在完善法律体系中的作用必要且关键。社会生活不停地变化，法律也处在不断的进化和更新过程中。如果要试问为什么会存在法律规则，那么就要回到法律理论的存在功能上。实在法律理论尝试解释并预测法律中的行为，尤其是法律规则的内容，而规范法律理论则作出法律规则应当如何的主张。法律规则缘何呈现出某种样态，乃是规则的功能来自规则内容的因果解释的原因。[19] 既然法律解释合理性的正当根源在于平衡法律的稳定性与灵活性以确保法律解释与社会生活同步，那么立法性决定所具有的解释性的内容和功能则完全契合这一合理性的正当根源。[20] 但是值得注意的是，解释性的立法性决定不同于立法解释。它毕竟是有权限的立法机关在行使立法权和决定权过程中所形成的规范性法律文件，而不是由解释权所

---

〔17〕 参见苏青:《司法鉴定启动条件研究》，载《证据科学》2016年第4期。

〔18〕 郑智航:《比较法中功能主义进路的历史演进——一种学术史的考察》，载《比较法研究》2016年第3期。

〔19〕 参见[美]劳伦斯·索伦:《法理词汇》，王凌皞译，中国政法大学出版社2010年版，第205页。

〔20〕 参见杨知文:《后果取向法律解释的运用及其方法》，载《法制与社会发展》2016年第3期。

派生出的。

三、立法性决定存在的问题

立法性决定作为我国法律体系的重要组成部分，改革开放 40 年来在完善法律体系，应对法律空缺和推进法治中国建设中发挥着不可替代的作用。但是立法性决定的用法并不规范，在官方的报告文本中没有固定统一的名称，在学术研究中使用的名称更是多样化。由于立法过程中的不精准定位导致在司法适用过程中产生了对于其法律位阶和法律效力的质疑。针对立法性决定目前存在的问题，在立法过程中逐一解决，是发挥立法的引领和推动作用，提高立法质量的重要举措。

（一）立法性决定在法律汇编和学术研究中的不同用法

全国人大常委会每年都会制定一定数量的立法性决定，官方的法律汇编和学术界的理论研究对于立法性决定有着不同的用法。纵观历年全国人大常委会法制工作委员会编制的《中华人民共和国法律汇编》，立法性决定作为法律存在于我国的法律体系中，并得到官方的一致确认。以 2016 年的《法律汇编》为例，其中收录立法性决定 11 项，这些立法性决定与法律和法律解释一起构成 2016 年全国人大及其常委会通过的法律。[21] 从 2009 年到 2017 年中国法学会定期发布《中国法治建设年度报告》，在报告内容和附录部分都会详细列出每年全国人大及其常委会制定和修改的法律、法律解释及决定。以《中国法治建设年度报告（2016 年）》为例，报告内容中专门提到"通过有关法律问题的决定 6 件"，并在附录部分将有关法律问题的决定与法律和法律解释一并列出。[22] 在官方相关的法治报告以及法律法规数据库中，立法性决定是同法律和法律解释并列阐释的。

在学术界，对于立法性决定的概念也没有统一的界定，不同学者在名称使用上也不尽相同，主要使用"有关法律问题的决定""准法律决定"和"抽象法命题决定"。[23] 在相关数据库中，对于立法性决定也有不同的分类。例如，根据全国人大中国法律法规信息库的检索分类，立法性决定共有三种类型，即有关法律问题的决定、关于修改批准废止法律的决定和关于批准缔结的决定。[24] 根据北大法宝法律法规数据库的分类，立法性决定包括有关法律问题的决定、工作答复、工作文件和任免。值得注意的是，在此数据库中"全国人大常委会关于修改《×××法》的决定"被划归到法律的分类中，而并没有包含在有关法律问题的决定中。特别值得注意的是，并不是所有以"决定"命名的有关法律问题的决定都属于立法性决定，也并不是所有的立法性决定都被冠以"决定"之名。在立法实践和

---

〔21〕 参见全国人民代表大会常务委员会法制工作委员会：《中华人民共和国法律汇编（2016）》，人民出版社 2017 年版，第 1 ~ 3 页。

〔22〕 参见中国法学会：《中国法治建设年度报告（2016 年）》，法律出版社 2017 年版，第 2、84 ~ 85 页。

〔23〕 "有关法律问题的决定"参见江辉：《有关法律问题的决定与法律的区别》，载《人大研究》2012 年第 1 期；"准法律决定"参见王竹：《我国到底有多少部现行有效法律——兼论"准法律决定"的合宪性完善》，载《社会科学》2011 年第 10 期；"抽象法命题决定"参见陈鹏：《全国人大常委会"抽象法命题决定"的性质与适用》，载《现代法学》2016 年第 1 期。

〔24〕 参见中国法律法规信息库：http://law.npc.gov.cn/FLFG/，最后访问日期：2017 年 3 月 20 日。

司法实践中,还存在大量不以“决定”命名,而是以“决议”“办法”和“答复”等形式出现的立法性决定。

(二)立法性决定在立法过程中存在的问题

在立法层面,立法性决定主要存在立法程序不规范、名称使用不统一和分类不确定等问题。立法性决定作为我国法律体系的重要组成部分而存在,但是在《宪法》和《立法法》中都没有对立法性决定的效力等级进行明确的定位,只是笼统地将其划归到法律中,显然不能在有法可依、有法必依的法治建设过程中拥有坚实的理论依据。尤其是在全国人大常委会进行立法统计的时候也并不明确区分法律和有关法律问题的决定,有时直接将有关法律问题的决定列入法律的范围内。[25] 对于立法性决定的立法程序,全国人大常委会没有明确的规定,只是在《全国人大常委会议事规则》中简单提及。因而立法性决定的出台一般情况下都是一审制,例如,《全国人大常委会关于批准〈上海合作组织成员国边防合作协定〉的决定》;有一部分是三审制,例如,《全国人大常委会关于司法鉴定管理问题的决定》经过了三次审议。

对于立法性决定名称的使用没有统一的标准。从全国人大常委会法制工作委员会编制的法律汇编看,并不严格区分法律、有关法律问题的决定或者决议,只是笼统地将其编入每年新通过的法律中,这种编撰方式给立法性决定的司法适用带来了很多问题。立法性决定在立法过程中以决定、决议和办法等多种名称出现,对于名称的使用全国人大常委会也没有给出指导意见和规范方式。对于立法性决定的分类,在全国人大法律法规数据库给出的分类中,这些决定并没有被列入法律的类目中,只是简单地按照相关内容分为有关法律问题的决定、关于修改批准废止法律的决定和关于批准缔结的决定。名称的多样化和分类的不确定性增加了其司法适用的难度。

(三)立法性决定在司法适用中存在的问题

在司法适用上,立法理论的缺失导致法律适用中的诸多困顿和疑惑,也给法官依立法性决定办案增加了理论难度。有的立法性决定被认为具有和法律同样的效力,例如,《全国人大常委会关于司法鉴定管理问题的决定》在审理相关案件时经常性地被法官在法律文书中援引,我们可以逆推出其效力等级。[26] 但是法律规范是规定性的,是运用逻辑思维顺推进行适用的,也就是说法律规范制定的初衷并不是考验司法者的逆推能力和深厚的理论研究功底,而是要求“如此这般条件具备时,如此这般的制裁就应随之而来”。[27] 有的立法性决定本身具有法律效力,但是由于名称设置的问题出现了对其法律效力的质疑。

在最高人民检察院发布的保障和促进科技创新的十大典型案件中,吴广侵犯商业秘

〔25〕 参见黄金荣:《“规范性文件”的法律界定及其效力》,载《法学》2014年第7期。

〔26〕 通过北大法宝法律法规数据库的检索,截至2017年8月16日,该项决定被裁判文书引用的篇数为443篇。

〔27〕 [奥]凯尔森:《法与国家的一般理论》,沈宗灵译,中国大百科全书出版社2003年版,第49页。

密案就适用了《全国人大常委会关于司法鉴定管理问题的决定》的相关规定。[28] 上海市浦东新区人民法院在刑事判决书中援引《决定》第 2 条的相关规定，认为知识产权案件中涉及技术鉴定的司法鉴定机构和鉴定人虽然没有明确规定适用登记管理制度，但是按照相关专家具备的专业技术职称，应该具有进行相应技术鉴定的能力。在此案件中，立法性决定被当作法律适用。如果严格从立法程序上考量，《决定》没有经过国家主席签署主席令公布，不应该具有法律效力，但是在司法实践中依然被当作法律适用。在宁波市北仑区人民法院的行政判决书中，有如下表述，"原告认为，根据 2013 年 11 月 12 日中共十八届三中全会审议通过的《中共中央关于全面深化改革若干重大问题的决定》、2013 年 12 月 28 日第十二届全国人大常委会第六次会议经表决通过的关于调整完善生育政策的决议、《人口与计划生育法》第 18 条规定、国卫办指导函[2014]419 号文件有关生育二胎的规定，原告的生育行为是符合生育政策的。"[29] 该裁判文书援引《全国人大常委会关于调整完善生育政策的决议》规定，并且将其置于《人口与计划生育法》之前。就法律效力而言，此决议的效力等级是否和《人口与计划生育法》平级，宪法和法律都没有明确的规定。

面对立法性决定在立法过程和司法实践中出现的使用混乱、标准不统一和效力层级不确定的问题，不仅要求立法机关完善《立法技术规范》中法律名称设置的相关规定，还要求立法者在作出立法性决定的时候明示该决定的效力等级，或者采用一定的立法标准和规则确认立法性决定的效力层级，而不是只有在出现适用困境时才进行解释和答疑的回复工作。对于广泛存在且数量繁多的立法性决定，只有立法机关为立法性决定的适用提供法律参考和适用准则，使立法性决定在法律体系中的地位得到理论认可和实践遵守，以应对在错综复杂的司法实践中出现的各式判决和裁定适用立法性决定混乱的问题，才能从根本上解决立法性决定效力待定的问题。确定立法性决定的性质和效力应该是在立法过程中进行的，而不是在法律适用过程中等待法律解释。可以说解决立法性决定效力问题的关键在于从立法理论和实践操作入手，进行科学合理化的定位和系统化的认定。

四、立法性决定效力认定的基本原则

通过上述立法性决定基本含义的解析和其存在的必要性分析，我们能够确定的是，立法性决定的效力等级虽然没有在宪法和宪法相关法中得到明确的规定，但是从司法实践中的运用方式和援引次数上看，特定的立法性决定已经具有和法律一样的效力等级。立法性决定的效力问题与其在整个法律体系中的定位、是否具有法律规范层面的可操作性和其归根结底是不是法律的问题密不可分。由于法律没有明确规定，需要根据宪法和法律的基本原则积极探索。[30]

(一)立法性决定的效力问题

法律有效性的进路所具有的实际意义是为人们做出有关一条法律规则将在未来的法

〔28〕 (2012)浦刑(知)初字第 42 号，[法宝引证码]CLI. C. 3109401。

〔29〕 (2015)甬仑行初字第 19 号，[法宝引证码]CLI. C. 6705944。

〔30〕 参见公丕祥：《中国特色社会主义法治道路的时代进程》，载《中国法学》2015 年第 5 期。

律判决中被法庭适用的预测提供基础。[31] 在实证主义的视角中，法律只要具备合乎规定的或权威的制定性以及社会的实效性即可，换言之，法律的效力取决于什么是被制定的或者是有实效的，而其中内容的正确性无关紧要。[32] 对于全国人大常委会制定的立法性决定，在其同法律具有同样的效力等级意义上，立法性决定的效力不仅仅取决于被制定获得实效，更取决于根据其内容是创设、补充、解释、修改、废止或者批准性的不同种类，从而作出效力的区分。

为了更直观地分析立法性决定存在的问题，也为了更准确地判断立法性决定所具有的法律属性即“立法性”，我们通过定量分析的方法拟定判断“立法性”的标准和数值。首先设定“立法性”的数值 L 为 0—100，其判断标准(构成要素)为调整社会关系(x_1)、由国家制定或认可(x_2)、规定权利和义务的内容(x_3)、由国家强制力保证实施(x_4)和具有立法(法律)的内容(x_5)。[33] 五项标准每项数值为 20，$L = x_1 + x_2 + x_3 + x_4 + x_5$，当 $L > 60$ 时，立法性决定被认为是强立法性决定即立法决定；当 $20 < L \leqslant 60$ 时，立法性决定为一般立法性决定；当 $L \leqslant 20$ 时，立法性决定为弱立法性决定，即非立法性决定。通过给立法性决定的组成要素赋值，我们能够更加直观地确定立法性决定的种类和效力。

根据前述立法性决定的赋值计算方法，以有关法律问题的决定中《全国人大常委会关于授权最高人民检察院在部分地区开展公益诉讼试点工作的决定》为例，其满足 x_1 即调整在生态环境和资源保护、国有资产保护、国有土地使用权出让、食品药品安全等公益诉讼领域的法律关系；满足 x_2 即全国人大常委会制定；满足 x_3 即在提起公益诉讼前，要求人民检察院应当依法督促行政机关纠正违法行政行为、履行法定职责等；满足 x_5 即决定的实施办法由最高人民法院、最高人民检察院制定，并报全国人大常委会备案。最后得出此项决定的分值 $L = x_1 + x_2 + x_3 + x_5 = 80$，其为强立法性决定。依此类推，通过上述量化分析的方法，我们得出的结论为，有关法律问题的决定属于强立法性决定和一般立法性决定的范畴，而工作答复意见、工作文件和任免决定属于弱立法性决定的范畴。这就为继续分析立法性决定存在的诸多问题和确定不同类型立法性决定的效力提供了定量数据和可靠标准。

立法性决定的效力认定必须按照一定的议事规则进行才能获得有效性。众所周知，根据阿罗定理，那种能保证效率、尊重个人选择，并且不依赖议事日程的多数规则的投票办法是不存在的。换言之，没有任何办法能保证多数投票原则将始终使社会移向其效用可能性边界。[34] 议事规则在竞争环境中为公正平衡和正当地维护各参与方的利益提供了可能性。议事规则规定了组织的会议所必须遵循的程序和官员在其中必须承担的责任，其目标是保证会议的公平和效率，同时为解决程序上的分歧提供坚实的基准。[35] 立

---

〔31〕 参见[美]E. 博登海默：《法理学：法律哲学与法律方法》，邓正来译，中国政法大学出版社 2004 年版，第 349 页。

〔32〕 参见[德]罗伯特·阿列克西：《法概念与法效力》，王鹏翔译，商务印书馆 2015 年版，第 6 页。

〔33〕 上述判断标准基于法的基本特征设定，此标准是判断立法性决定到底是不是法，是不是具有法律效力的标准。

〔34〕 参见[美]保罗·A. 萨缪尔森等：《经济学》(第 12 版)，中国发展出版社 1992 年版，第 1185 ~ 1186 页。

〔35〕 参见[美]亨利·罗伯特：《罗伯特议事规则》，袁天鹏、孙涤译，格致出版社 2015 年版，第 11 页。

法性决定效力的确认必须遵循一定的议事规则以期保证其具有法的实效，即立法性决定在适用过程中是否得到普遍的遵守和执行。因为“法律规定具有强制力乃是法律作为社会和平与正义的捍卫者的实质之所在，因此法律规范的有效性问题乃是一个根植于法律过程之中的问题”。[36] 只有明确的立法程序和议事规则，才能使立法性决定作为法律取得实效。对于立法性决定的效力，应在立法过程中给予明确的规定，例如，在《立法法》中增设专门的条款规定立法性决定的效力，并区分这些立法性决定的效力等级，避免司法机关在适用立法性决定时出现不可预知的错误和困难。对于其效力认定应该以立法性决定的具体内容为基础，严格按照法定的议事规则进行。

立法性决定使用的混乱、名称的多样、效力的不明确与立法机关对其定位不准有着直接的关系。《立法法》第三节列出了全国人大常委会的立法程序，从法律案的提出、审议、听取、征求和整理意见、通过前评估、撤回、通过和表决以及公布等一系列的程序都有明确的规定。如果严格遵照《立法法》和《全国人大常委会议事规则》的相关规定，并结合立法性决定的内容和制定发布过程，可以看出立法性决定的效力有两种，一种是立法性决定本身就是法律，其法律效力毋庸置疑；另一种是立法性决定被认为与法律具有同样的效力。这两种效力可以说一种是原生的，一种是拟制的。根据之前对立法性决定进行赋值的要素分析，我们能够更加直观地确定它的效力问题。立法性决定的效力认定所反映的实质问题是立法性决定是不是法律以及它在法律体系中的法律位阶。立法性决定的效力认定不仅要按照一定的议事规则进行，同时要遵循一定的基本原则。

（二）立法性决定的效力认定应遵循的基本原则

第一，宪法至上原则。宪法作为国家的根本大法，具有至高无上的权威。宪法以国家根本法的形式确立中国特色的社会主义道路、理论体系和制度的发展成果，是新时期党和国家的中心工作、基本原则和重要政策在国家法制上的最高体现。[37] 宪法规定国家生活中最根本最重要的问题，关涉国家根本政治制度、经济制度和公民的基本权利等问题。国家立法权问题就是宪法规定的重大问题。在1982年宪法颁行之前，全国人大常委会并不具有国家立法权，只是行使“制定法令”的权力。而1982年《宪法》在第67条中明确规定，全国人大常委会“制定和修改除应当由全国人民代表大会制定的法律以外的其他法律”。由此可见，全国人大常委会制定通过立法性决定的权力来自宪法的明确规定和授权。

根据《立法法》的相关规定，宪法的效力主要体现在，宪法具有最高的法律效力，一切法律、行政法规、地方性法规、自治条例和单行条例、规章都不得同宪法相抵触。立法法规定了法律法规、规章条例等的制定程序，宪法和规范性法律文件共同构成了中国特色的社会主义法律体系。[38] 立法性决定作为规范性法律文件的重要组成部分，其位阶在宪法之下是毋庸置疑的，但是它的位阶是否和法律平级抑或在法律之下确属值得探讨和商榷的重要问题。在立法性决定的适用过程中应始终坚持并严格贯彻宪法至上原则，对于维护

---

〔36〕［美］E. 博登海默：《法理学：法律哲学与法律方法》，邓正来译，中国政法大学出版社2004年版，第347页。

〔37〕参见莫纪宏：《习近平依宪治理思想的形成及其特征》，载《法学杂志》2016年第5期。

〔38〕参见全国人大常委会法制工作委员会国家法室：《中华人民共和国立法法释义》，法律出版社2015年版，第282页。

宪法和法律权威,坚持依宪治国和依法治国具有重要意义。遵循宪法至上原则,是确认立法性决定位阶的根本原则。

第二,正当程序原则。在确认立法性决定效力的过程中,必须遵循正当程序原则。从经验的角度来看,实证法的有效性首先凡是根据合法程序面获得法律效力的,就被当作法律,尽管法律上存在着废止的可能性,它暂时是具有法律效力的。社会规则的意义同时诉诸两个方面,一方面是得到接受,具有社会的或事实的有效性,另一方面是具有合理的可接受性,具有法律的合法性或规范的有效性。〔39〕 按照经验的逻辑进路,立法性决定的出台遵循《立法法》第三节规定的全国人大常委会的立法程序,只要经过提出议案、审议、评估、表决和公布等一系列的法定程序,就具备和法律一样的效力。

正当程序原则的构成要件包括程序的合法性、主体的平等性、过程的公开性、决策的自治性和结果的合理性。〔40〕 如果根据《立法法》第44条的规定,即由国家主席签署主席令予以公布,来确定一项立法性决定是否是"法律"从程序上来看没有问题,但是从全国人大常委会的实际工作中并没有用此标准区分立法性决定是不是法律。"法律规范的社会有效性,是根据它们得到施行的程度,也就是事实上可以期待法律同伴的接受的程度。"〔41〕立法性决定并非全部都由国家主席签署主席令公布,但是其在立法统计和司法实践中得到高频适用,最根本的原因就在于其得到广泛接受。经由国家主席签署主席令并予以公布显然不是所有立法性决定生效的必要条件,是故从立法程序上看,立法性决定的制定和施行如果符合正当程序的五个构成要件,那么此项立法性决定就是具有法律效力的。可以说,正当程序原则是确认立法性决定效力的关键原则。

第三,科学立法原则。在制定立法性决定的过程中,全国人大常委会应当贯彻落实科学立法的原则。针对立法性决定存在的一系列问题,尤其是名称不规范和效力不确定的问题,究其原因,在很大程度上就是因为没有坚持科学立法的原则。"科学是一组方法,描述和解释观察的或推测的现象,不论现象是过去的或正呈现的,科学以检验假说和建立理论为目的。"〔42〕作为制定立法性决定的技术性指导原则,科学立法原则要求全国人大常委会在制定立法性决定的过程中,运用一系列规范化和理性化的方法,即立法技术对立法性决定的名称、标题和内容等方面进行科学设置。根据《立法法》第6条的规定,"法律规范应当明确、具体,具有针对性和可执行性。"鉴于立法性决定是对法律进行补充、变更和解释的具体规范性法律文件,立法性决定本身就具有针对性,但是一些立法性决定的内容应当具体明确,在司法实践中具有可执行性,这是科学立法原则所要求的。

科学立法的原则要求,立法者对于立法行为要保持科学、严肃和慎重的态度。〔43〕 在制定立法性决定的过程中坚持科学原则,就是要求立法性决定准确反映和体现所调整社

〔39〕 参见[德]哈贝马斯:《在事实与规范之间——关于法律与民主法治国的商谈理论》,童世骏译,生活·读书·新知三联书店2003年版,第35~36页。

〔40〕 参见汪进元:《论宪法的正当性原则》,载《法学研究》2001年第2期。

〔41〕 [德]哈贝马斯:《在事实与规范之间——关于法律与民主法治国的商谈理论》,童世骏译,生活·读书·新知三联书店2003年版,第46页。

〔42〕 [美]迈克尔·舍默:《道德之弧》,刘维龙译,新华出版社2016年版,第6页。

〔43〕 参见周旺生:《立法学》,法律出版社2016年版,第409页。

会关系的客观规律,遵循法律体系的内在规律。科学立法的核心在于立法尊重和体现规律。[44] 科学立法的科学属性本身就要具有规律性、有序性和和谐性。[45] 立法性决定作为应对法律缺位的必然选择和完善法律体系的必然要求,其制定和实施本身就是遵循法律体系内在规律的体现。但是有些立法性决定在形成和制定过程中过于草率,没有严格按照相应的立法程序,我们应该在未来的立法过程中按照科学立法的原则和精神对其进行相应的调整和完善。遵循科学立法原则,是确定立法性决定效力的核心原则。

第四,民主立法原则。我国是人民民主专政的社会主义国家,国家的一切权力属于人民。国家的立法活动需要广大人民群众通过各种途径广泛地参与,从而使法律体现人民的意志和利益。"民主并不像是一架精心设计、加满汽油的机器那样呈现出活力,而是像一个多重繁复地相互套在一起的矛盾,它要求充满活力的人的机智和灵巧,逐步使之趋于平衡。"[46]《立法法》第5条规定,"立法应当体现人民的意志,发扬社会主义民主,坚持立法公开,保障人民通过多种途径参与立法活动。"由于《立法法》和相关法律中并没有对立法性决定进行明文规定,因而立法性决定在制定过程中尤其要注重充分听取并集聚民意,严格依照立法程序进行,避免立法性决定的草率出台。

民主立法的核心在于立法为了人民和依靠人民。[47] 人民群众只有通过多种途径参与立法性决定的立法过程,才能充分保证立法性决定的民主性和科学性。民主是要让多数人懂得少数人有充分且自由表达自己意见的权利,而少数人在知道他们的意见不占多数的时候应该体面地让步。[48] 例如,《全国人大常委会关于延长人民陪审员制度改革试点期限的决定》就是经过民主的程序和原则,通过调查人民陪审员制度在改革试点中人民的各种意见和建议,为了更进一步研究该制度存在的相关问题作出延长试点期限的决定。民主立法的原则是为了更好地贯彻落实群众路线,汇聚民情民力,集中民智民意。贯彻落实民主立法原则,是确认立法性决定效力的重要原则。

五、立法性决定效力认定的立法完善

立法性决定的效力认定应该遵循的宪法至上原则、正当程序原则、科学立法原则和民主立法原则是从宏观层面对立法性决定进行完善,从微观层面则需要从立法过程中完善相关立法技术,对立法性决定设定具体明确的条款,克服其非立法性的弱点使其成为真正意义上的法律。掌握并运用先进的立法技术能够提高立法效率与效益,保障立法的可操作性。[49] 完善立法性决定的相关规定,主要包括以下内容:

第一,名称的使用和设定。对于立法性决定的名称,"目前没有任何法律对全国人大

[44] 参见乔晓阳主编:《〈中华人民共和国立法法〉导读与释义》,中国民主法制出版社2015年版,第60页。

[45] 参见冯玉军、王柏荣:《科学立法的科学性标准探析》,载《中国人民大学学报》2014年第1期。

[46] [德]古斯塔夫·拉德布鲁赫:《法律智慧警句集》,舒国滢译,中国法制出版社2016年版,第62页。

[47] 参见全国人大常委会法制工作委员会国家法室:《中华人民共和国立法法释义》,法律出版社2015年版,第23页。

[48] See Henry M. Robert, *Parliamentary Law*, Irvington Publications, 1975, p. 4.

[49] 参见汪全胜:《立法成本效益评估研究》,知识产权出版社2016年版,第8页。

及其常委会作出的决议和决定的性质和内容作出规范,对于'法律'与具有规范性的'决议'和'决定'的区别更是无从谈起"。[50] 名称具有描绘的作用,能够把已经存在的东西传送给表象性思维。凭借着名称描绘的力量,名称自身对于物具有决定性的支配力量。[51] 通过《立法法》和《立法技术规范》规范立法性决定的名称设置十分必要。在我国现有的法律体系中,法律名称的适用没有统一的标准,在名称设计和使用上较为混乱。这给立法性决定的效力认定增加了一定的难度。尤其是那些可以作为法律的立法性决定,从名称上看很容易被认为是低于法律效力等级的规范性法律文件,但是在司法实践中却被频繁当作法律使用。全国人大常委会工作部门有必要通过一定的解释和说明来对立法性决定的名称进行明确的界定,制定相关的名称使用说明和规范,确定立法性决定的效力层级。立法性决定名称的规范化,需要区分立法决定(强立法性决定)、立法性决定(一般立法性决定)和非立法性决定(弱立法性决定)。通过制定立法性决定的名称使用规范可以更好地进行法律清理,保持法律体系的稳定性和完整性。在名称设置上,应该统一使用立法性决定。这需要全国人大常委会相关工作部门在进行法律清理的时候进行大量的修改和矫正工作,最重要的是在今后的立法过程中能够使用统一的名称。

第二,立法目的条款的设置。根据立法性决定所具有的创设性、补充性、解释性、修改性、废止性和批准性等内容,立法的目的在于对法律进行补充修改,使新情况新问题有法可依。我国大部分法律都在总则或者第1条设置立法目的条款,例如,《立法法》在第一章总则第1条规定,"为了规范立法活动,健全国家立法制度……全面推进依法治国,根据宪法,制定本法"。立法性决定为了形式和内容上的规范化和可操作性,应该在其内容之首设置立法目的条款。例如,《全国人大常委会关于司法鉴定管理问题的决定》的开头就设置了立法目的条款,即"为了加强对鉴定人和鉴定机构的管理,适应司法机关和公民、组织进行诉讼的需要,保障诉讼活动的顺利进行"。该决定可以作为完善立法性决定文本的借鉴和参照标准。立法目的条款应该设置在立法性决定内容的开始部分。

第三,立法性决定的生效。虽然很多立法性决定规定了该决定的施行时间,但是立法性决定中有很大一部分没有经过主席令的公布程序,在法律实践中就已经生效。根据《立法法》第44条的规定,全国人大常委会通过的法律由国家主席签署主席令予以公布,只有经过公布程序,法律才能产生效力。从立法程序上看,没有经过公布的立法性决定并不产生法律效力。对于立法性决定的生效,可以在条文中明确规定需要严格依照现有的立法程序进行,也可以对《立法法》第44条进行修改或者解释,这就需要明确界定立法性决定是否是全国人大常委会制定通过的法律。

第四,法律责任条款的设置。全国人大常委会通过的法律中一般都设有法律责任条款,具体规定了在侵犯法律权利和不履行法律义务的情况下所应该承担的法律责任。由于很多立法性决定是对现行法律的修改、补充和解释,有很大一部分立法性决定并没有设置法律责任条款,只有创设性的立法性决定才有法律责任条款的设置。如果立法性决定具有和法律一样的效力,那么其文本内容的设置应该力求法律化和规范化,而不仅仅是对

〔50〕 黄金荣:《"规范性文件"的法律界定及其效力》,载《法学》2014年第7期。
〔51〕 参见[德]马丁·海德格尔:《在通向语言的途中》,孙周兴译,商务印书馆2004年版,第221页。

特定事项的解释和说明。

第五，立法性决定与相关已有法律的衔接问题。解决立法性决定和相关法律的衔接问题要求全国人大及其常委会提高立法技术，完善相应的立法技术规范。由于立法性决定往往是针对特定事项、个别问题或者新情况进行的法律规制，并不具备法律文本的规范化特征。为了立法性决定能够合法化和规范化地适用，全国人大常委会在制定立法性决定的过程中应该格外注意它与现行法律的衔接问题，对于其生效施行的时间，是否是真正意义上的法律以及是否适用于新法优于旧法的问题进行解释和说明，最大限度降低司法适用的难度。

结　语

十九大报告指出，“推进科学立法、民主立法、依法立法，以良法促进发展、保障善治”。[52] 在全力推进法治中国建设的今天，全面依法治国必须直面法治建设领域突出问题，回应人民群众的期待，全面推进宪法和法律实施，实现良法善治。[53] 长期以来立法性决定在弥补法律漏洞、应对法律缺位和完善中国特色社会主义法律体系中发挥着重要的作用。但是立法性决定在我国法律体系中没有明确清晰的定位，法律效力不明，可以说立法性决定存在的诸多问题需要在立法领域中尽快解决。在建设中国特色社会主义法治国家的新时代，继续发挥立法的引领作用和推动作用，深入推进科学立法、民主立法和依法立法，提高立法技术和立法质量需要对立法性决定进行全方位的界定。它的精准适用涉及立法、执法、司法和守法等法律运行的多个过程和环节。只有通过立法的形式明确赋予立法性决定和法律一样的效力，才能使其名正言顺，使其在法律体系中得到应有的地位，并在中国的法治建设中发挥更大的作用。

---

〔52〕 习近平：《决胜全面建成小康社会　夺取新时代中国特色社会主义伟大胜利——在中国共产党第十九次全国代表大会上的报告》，人民出版社2017年版，第38～39页。

〔53〕 参见李林：《全国依法治国的历史方位与战略推进》，载《求是》2017年第12期。

论我国法官荣誉制度的建构进路

王 霞*

【摘 要】 法官荣誉制度作为人民法院司法改革的重要内容,是司法人员职业化、专业化进程中重要的制度建构。我国法官荣誉制度在改革开放之后得以起步,在司法改革的过程中得以逐步确立,并在实践中形成了以业绩荣誉、职业荣誉和专业荣誉为内容的法官荣誉体系,对激励法官公正司法发挥了重要作用。然而,法官荣誉并不仅仅包括作为精神奖励的法官荣誉,还包括作为职业形象的法官荣誉和作为个人品质的法官荣誉。既有的制度与实践并未完全发挥出荣誉制度所应有的激发法官职业身份认同的功能,留下了进一步完善的空间。因此,从规范业绩荣誉转向塑造职业荣誉,以此实现法官职业荣誉法则的价值共享和品质内化,构成了完善我国法官荣誉制度的基本思路。

【关键词】 荣誉制度;法官荣誉;荣誉准则;职业身份

实现公正司法是全面推进依法治国和司法改革的重要目标,这一目标的实现离不开法治人才队伍的建设工作。法官与检察官员额制和司法责任制是法治人才队伍建设的重要制度建设,其重心在于对司法权力的限制与规范,是一种约束机制。但是,促进司法权的有效运行不仅要有约束机制,也要有激励机制,而司法荣誉制度作为一种激励机制,恰恰与其他相关制度形成了应和,是司法改革中不可忽视的重要制度。荣誉制度在中国法治建设中具有深厚的文化传统根基,司法荣誉制度也必将是中国特色社会主义司法制度的重要组成部分。最高人民法院在《关于全面深化人民法院改革的意见》中强调:"完善司法荣誉制度。明确授予法官、审判辅助人员不同类别荣誉的标准、条件和程序,提升法院人员的司法职业尊荣感和归属感。"这是自 1999 年司法改革以来,首次将"司法荣誉制度"作为改革的重点内容。在新的司法改革中,司法荣誉制度成为推进法官员额制改革、完善司法责任制及法治人才队伍建设的重要制度配套。所以,完善司法荣誉制度对于激发法治人才队伍活力,确保人民法院依法独立公正行使审判权,推动形成信赖司法、尊重司法、支持司法的制度环境和社会氛围具有重大意义。因此,完善司法荣誉制度不仅是司法改革中的实践命题,也是一项亟待推进的重要理论课题。

一、我国法官荣誉制度的确立历程

荣誉制度由来已久,可溯先秦,时至战国时期,以"封爵制度"为主要内容的古代社会

---

* 王霞,南京理工大学知识产权学院讲师,江苏省知识产权发展研究中心研究员,法学博士。本文系中央高校基本科研业务费专项资金资助项目"当代中国司法荣誉制度研究"(30916013121);中央高校基本科研业务费专项资金资助项目(AE15001_10);南京理工大学科研启动费项目的阶段性研究成果。

荣誉制度体系已趋于完整。及至清末民国时期,受西方文化影响,现代荣誉表彰体系得以始现,涉及外交、经济与军事等诸多领域,但由于特定的社会环境因素,荣誉表彰往往侧重于军事领域。[1] 一方面,由于行政司法合一的体制传统;另一方面,出于司法在战时状态的功能局限,所以相比军事荣誉表彰而言,司法荣誉难免沉珠沧海,单独对法官作出的荣誉表彰更是寥寥,偶见实例也往往是对法官整理卷宗、上报归档等工作勤勉高效的通令嘉奖,并不涉及法官定分止争、维护公平的司法工作特质。战争退去,荣誉制度逐渐从服务军事转向鼓励经济建设、科技创新、文化进步和社会发展的五行八作,随着改革开放各行各业激励需求的逐渐扩大,荣誉制度焕发新机,在世纪之交迎来了制度建设的爆发期,直至 2016 年 1 月《中华人民共和国国家勋章和国家荣誉称号法》正式颁行,我国的荣誉制度体系得以初成。正是在这一过程中,我国的法官荣誉制度逐渐产生并得到确立。

更准确地说,我国法官荣誉制度是在与行政机关工作人员奖惩机制的对接和分离过程中逐步确立的。改革开放以前,尽管司法人员也常常获得诸如"劳动模范""三八红旗手"等荣誉称号的表彰认可,但是并没有单独针对法官进行奖惩考评和荣誉表彰的相关规定。1979 年《人民法院组织法》通过后,基于人民法院和法官的工作业绩的评估需要,最高人民法院、最高人民检察院与当时的劳动人事部于 1982 年联合下发了《关于各级人民法院、人民检察院工作人员奖惩工作参照〈国务院关于国家行政机关工作人员的奖惩暂行规定〉办理的通知》,这是法院系统与行政机关奖惩制度的第一次对接,至此正式开启了我国法官荣誉制度的起点。根据该《通知》意见,"在国家未制定新的奖惩条例以前,各级人民法院和人民检察院的奖惩工作,可参照执行《国务院关于国家行政机关工作人员的奖惩暂行规定》,由人民法院,人民检察院自行管理,工作人员的奖励和处分,按照干部管理范围和任免权限办理审批手续"。[2] 根据《国务院关于国家行政机关工作人员的奖惩暂行规定》(以下简称 1957 年国务院《奖惩暂行规定》)第 3 条,奖励分为六种,分别是记功、记大功、授予奖品或者奖金、升级、升职、通令嘉奖。时至 1986 年,根据人民法院的奖惩工作由人民法院自行管理的精神,最高人民法院和原劳动人事部联合制定印发了《人民法院奖惩暂行办法》,对人民法院工作人员奖励标准进行了细化,并重新规定了奖励种类,依次包括:先进工作者、三等功、二等功、一等功、模范(英雄)以及升级、升职、通令嘉奖。其在荣誉类别上实现了与行政机关奖惩制度的第一次分离。至此奠定了法官荣誉表彰体系与行政表彰之间"既对接又分离、相似而又区别"的初步格局。也恰恰是怀着对司法工作特殊性的尊重和认同,在《人民法院奖惩暂行办法》的基础上,为了鼓励法院工作人员的工作热情,增强从事法院工作的荣誉感,最高人民法院于 1989 年发布了《关于颁发人民法院工作人员荣誉证书和奖章的试行办法》,旨在表彰在法院工作满三十年的工作人员,并于当年对 100 名工作人员进行了荣誉表彰,此后至今各地方高院亦有对应表彰。

---

〔1〕 参见张树华、潘晨光等:《中外功勋荣誉制度》,中国社会科学出版社 2011 年版,第 10 ~ 15 页。

〔2〕《最高人民法院、最高人民检察院、劳动人事部关于各级人民法院、人民检察院工作人员奖惩工作参照〈国务院关于国家行政机关工作人员的奖惩暂行规定〉办理的通知》(劳人干[82]138 号),1982 年 9 月 3 日。

法官荣誉制度与行政机关荣誉制度的第二次对接发生在《国务院公务员暂行条例》颁布之后。1993年10月,《国务院公务员暂行条例》正式实施,重新确立了国家公务员的奖励规范,将奖励等级依次划分为:嘉奖、三等功、二等功、一等功、授予荣誉称号。更新后的褒奖规范较1957年国务院《奖惩暂行规定》自然显得更加科学完备。并且,根据1994年原人事部发布的《关于加强对国务院工作部门授予部级荣誉称号工作管理的通知》,"今后国务院各工作部门,授予部级荣誉称号的名称统一规范为'劳动模范'和'先进工作者'……'劳动模范'称号授予企业职工和农民。'先进工作者'称号授予国家机关和事业单位工作人员"。[3] 因而,此时《人民法院奖惩暂行办法》(1986年)尽管仍然有效,但是其中关于"先进工作者"的初级荣誉称谓规定则明显有些不合适了。所以,1995年实施的《中华人民共和国法官法》在"奖励"一章中修正了《人民法院奖惩暂行办法》(1986年)的相关规定,在相关规范上与《国务院公务员暂行条例》相对接,并与《国家公务员奖励暂行规定》(1995年)同期发布,再次实现了制度上的同步协调,展现出司法机关与行政机关荣誉机制离合之间的"异曲同工"。

尽管《中华人民共和国法官法》(1995年)与《人民法院奖惩暂行办法》(1986年)在奖励规范上的冲突可以通过法律适用规则加以化解,但是在2001年《法官法》修订之后,自然也不免要在立法根源上解决这一抵牾之处。因此,参照《法官法》(2001年)和《国家公务员暂行条例》(1993年),并结合《国家公务员奖励暂行规定》(1995年)的制度经验,采取"奖惩分立"的立法策略,最高人民法院与原人事部于2004年联合印发了《人民法院奖励暂行规定》,由此实现了与行政机关荣誉机制的第三次对接。《人民法院奖励暂行规定》(2004年)对奖励的原则、种类、比例、条件、权限、考察、实施、标准、监督等方面做了全方位的细致规定,其中一些相关奖励条款被《中华人民共和国公务员法》(2005年)所吸收,并在体例和内容上被《公务员奖励规定(试行)》(2008年)所效仿,不仅为行政奖励制度的完善提供了模板,更初步确立起了我国法官荣誉制度。

可以说,纵观制度建设的发展历程,当代中国法官荣誉制度的确立过程展现出一个明显的特征:与行政机关荣誉制度若即若离、相应相随。法官荣誉制度与公务员荣誉制度之间之所以在制度建设和机制内容上相互应随,其主要的原因在于三个方面:一是从业绩评价工作的属性上来看,二者具有相似性,无论对法院工作人员还是行政机关工作人员,对其进行的业绩评估无法脱离"德、能、勤、绩、廉"的基本指标体系,所以其工作评价体系具有基本的共通要素。二是从我国法院工作人员的管理体制上来讲,人事管理体制不仅效仿行政机关,并且在实际运行中往往依附于行政部门,所以人员业绩评价体系也自然有所比照。三是就荣誉制度发展的整体趋势而言,改革开放以来各行业荣誉制度的复兴都沉浸在"去军戎化"的共同潮流之中,无论是司法机关还是行政机关在荣誉制度的建构上分享着同一套荣誉激励知识背景和实践经验,因此二者在制度设计上相互照应、互有效仿。与此同时,法官荣誉制度与公务员荣誉制度之间之所以有所别离,其主要原因也有三个方面。首先,由于法院和法官工作中尽管包含了部分行政事务,但体现其根本职能的案件审

---

[3] 《人事部关于加强对国务院工作部门授予部级荣誉称号工作管理的通知》(人核培发〔1994〕4号),1994年8月5日。

理业务毕竟有别于行政管理业务，所以对其进行评价的目标和标准虽然与行政业绩评价体系有所近似，但也必然体现司法工作的基本特征和要求。其次，改革开放以来，我国司法改革和人民法院的建设工作整体轨迹呈现出一种“去行政化”的趋势，在这一趋势中建立与行政机关评价机制相对独立、相互分离的法官评价体系既是一种“去行政化”的努力，也体现了对法官独立职业地位的认同。最后，从荣誉机制的激励实效而言，荣誉本身意味着某种身份特征和品格特质，只有建立符合不同职业身份的荣誉机制才能有效地发挥其激励作用，因此为了更好地发挥荣誉对法官的激励作用，建立单独面向法官的荣誉表彰体系成为一种必要。

也正是在这样一种“若即若离、相应相随”的状态下，我国法官荣誉制度才得以初建。但是需要看到的是，《人民法院奖励暂行规定》(2004 年)仅仅为法官荣誉机制提供了一个框架，随着司法改革的不断深入以及《国家勋章和国家荣誉称号法》(2016 年)的出台，法官荣誉制度必然需要进一步完善。然而，对这一制度完善路径的思考却不能仅仅停留在制度设计的静态分析层面，必须要注视法官荣誉制度的实践运行，关照司法改革的价值指向，对这一制度设计问题进行深层次的理论反思。

二、我国法官荣誉体系的现状检视

尽管《人民法院奖励暂行规定》这一建构我国法官荣誉制度的基本规范看上去有些单薄，但以这一法律文本为核心，在实践中发展起了一套立体的法官荣誉体系。这一荣誉体系大体可以分为三个层面，分别是：作为工作考评的业绩荣誉、作为先进典型的职业荣誉、作为业务权威的专业荣誉。

其中第一层面，作为工作考评的业绩荣誉是指由各级人民法院根据法官在一段期间内的工作成绩情况而给予的奖励表彰。根据《人民法院奖励暂行规定》：成绩优良的，给予嘉奖；成绩优异，在本单位有一定影响的，记三等功；成绩显著，在本单位有较大影响的，记二等功；成绩特别显著，在省级法院系统有重大影响的，记一等功。法官的工作业绩荣誉往往与法院内部年度考评和职级晋升相关，同一批次四级表彰人数在理论上可达到本单位人数的 17.53%，发生频率高，并具有一定的普惠性，是当下我国法官荣誉表彰体系中的主体部分和主要内容。

第二层面，作为先进典型的职业荣誉是指由人民法院根据法官在较长时间内的卓著成绩而授予荣誉称号、作为标兵楷模的荣誉表彰。在实践中，先进典型的职业荣誉以工作业绩荣誉为评选基础和条件。根据表彰等级，最高人民法院授予“全国模范法官”荣誉称号，是对法官综合评价的最高荣誉。其历次授予人数须由最高人民法院与国务院人事部门商定，历届“全国模范法官”荣誉称号获得者不足百人，2010 年只有 99 人，2012 年仅 66 人。由于“全国模范法官”荣誉称号的数量控制，最高人民法院也会变通性地设置“全国优秀法官”“全国法院办案标兵”等荣誉称号，或者协同有关部门和社会团体联合开展“全国法院系统人民满意的好法官”“全国优秀女法官”“中国法官十杰”等荣誉表彰活动。除此之外，各地方高院也往往相应地开展诸如“某某省十佳法官”的省级法官荣誉表彰活动。需要特别提及的是，最高人民法院除了按批次进行荣誉表彰之外，也不定期地发布单独表彰、树立模范典型,号召全国法院系统学习其先进事迹。尽管作为先进典型的职业荣誉数量较少,但由于其对法官塑造自身职业形象具有鲜明的导向性,以及有助于在社会范围内获得民众对法官和法院审判工作的认同感,所以其构成了我国法官荣誉体系的重要内容。出于对法官职业尊荣感和归属感的强大助力,作为先进典型的职业荣誉构成了我国法官荣誉体系中的核心成分。

第三层面,作为业务权威的专业荣誉是指各级人民法院为表彰法官在审判业务中的专业水平和理论造诣而授予的特殊荣誉,旨在表彰高层次审判专业人才。其中,最高人民法院授予的“全国审判业务专家”荣誉称号是人民法院审判业务领域的最高荣誉。2009年首届“全国审判业务专家”评选中全国仅有45名法官获此殊荣,2011年第二届评选出53名,2014年第三届评选出52名,全国累计人数仅150人。《全国法院人才队伍建设规划纲要(2010~2020)》仅仅提出要在规划期内培养“审判业务专家200名、专家型法官2000名”的目标,《新形势下进一步加强人民法院队伍建设若干意见》(2003年)中对这一目标有所提高,也仅计划在2018年之前培养审判业务专家和专家型法官3000人。由此可见,对于法官来说,作为业务权威的专业荣誉是对其审判业务能力和专业水平的充分认可和权威认定。

当然,除了上述三个层面的法官荣誉之外,我国也设置了一些授予对象较为宽泛的荣誉奖项,会涉及法院审判工作人员,例如由党中央和国务院授予的“全国劳动模范”“全国先进工作者”,中华全国总工会颁发的“五一劳动奖章”,全国妇联授予的“全国‘三八’红旗手”,共青团中央和全国青联授予的“中国青年五四奖章”,中央文明办等机构评选的“全国道德模范”,共青团中央联合最高人民法院等多部门评选的“中国杰出(优秀)青年卫士”,等等。这些荣誉由于并不专门针对法官职业,因此并不构成我国法官荣誉体系的框架内容,但是因为其对司法审判工作的顺利推进发挥了重要的激励作用,所以也可以看作我国法官荣誉制度的有益补充。

可以说,以上三个层面的法官荣誉在实践中构成了我国法官荣誉体系的基本框架。三种类型的法官荣誉分享着同一套评价标准,但在实践中各有侧重,有着不同指向的激励分工。其中,就三个层面荣誉表彰之间的关系而言,作为第一类的工作考评业绩荣誉往往是其他两类荣誉表彰的评价条件,在法官荣誉体系之中具有基础性地位。按照《人民法院奖励暂行规定》,一共有9项相对具体的指标用来评价法官业绩,但是其中最为具体且在实践中最具操作性而被作为基本条件所广为采用的重要指标则是“严格依法办案,审结案件量多质高”,因此在实践中第一类型的业绩荣誉往往注重对办案数量的考察,更多地表现为对“勤”与“绩”的评价。以业绩荣誉为基础,职业荣誉与专业荣誉相对并行,二者之间没有层递关系。从实践中的授予情况来看,第二类型的职业荣誉在办案数量考察的基础上更加注重对办案效果和法官职业品德的评价,注重对“德”的考察,强调法官的操行示范,以求塑造法官的职业形象。第三类型的专业荣誉则更加注重办案经验的知识总结和理论提升,注重对“能”的考察,强调法官的业务示范,并且作为一种专业人才储备计划,在实践中为法院改革和审判业务提升提供创新理论与智力支撑。

在对法官考评机制的理论探讨中,针对考评机制忽视法官职业身份塑造的诟病不绝于耳,批评的观点常常提出法官考评中存在“德”的考评虚化、“勤”与“能”相混同、以办案量衡量“绩”等多重弊端。[4] 然而,如果在法官荣誉体系的整体层面宏观审视既有制度对法官“德、能、勤、绩”的评价,那么我们会发现,业绩荣誉中运用“量”来对“勤”“绩”考评的做法尽管看似偏颇却富有实用性,并且这一指标恰恰是《人民法院奖励暂行规定》对《人民法院奖惩暂行办法》的创新所在。事实上,作为职业荣誉和业务荣誉的评价基础,业绩荣誉与后两者在“德”“能”方面的评价构成呼应,在整体上仍然有助于法官职业意识与法官身份荣誉感的塑造。尽管业绩荣誉和业务荣誉在制度建设和实践中也均有弊端[5],但我们不能奢求业绩荣誉与业务荣誉发挥或取代职业荣誉的激励作用,并进而加以批评。其实,在塑造法官的职业认同感、尊荣感、归属感与使命感方面,职业荣誉才是主要的激励手段。相比之下,无论是业绩荣誉还是业务荣誉都具有基本的法律规范,前者依托《人民法院奖励暂行规定》,后者依托《全国审判业务专家管理办法》,而唯独职业荣誉缺乏相对细致的制度建构,在现实实践之中常常显得相对零散。

以最高人民法院单独发布的授予个人模范法官荣誉称号的决定和相关宣传动员材料为样本,我们得以窥见职业荣誉的实践样态。根据“北大法宝”的检索样本,2005 年以来最高人民法院发布了 8 份单独授予全国模范法官荣誉称号的决定,其中包括追授荣誉称号 2 人。[6] 单独授予荣誉称号的 6 人均为女性,其中 3 人曾获得“全国三八红旗手”“全国优秀女法官”等多项全国性荣誉称号,其余 2 人也都曾获得“全国政法系统优秀党员干警”等多项荣誉,6 人都曾荣立一等功。在决定文件中,号召全国法官学习她们“公正司法”“清正廉洁”,并重点表彰她们“司法为民”“善用调解”。追授荣誉的 2 位法官均为男性,均因积劳成疾不幸病逝,追授荣誉以表彰其“人民法官为人民”的勤恳奉献精神。此外,最高人民法院也不定期开展号召全国法院系统学习的模范典型活动,例如,2005 年发起的学习宋鱼水法官,2010 年发起的学习崔正涛法官,2013 年发起的学习翟树全法官,2014 年发起的学习孙波法官,2015 年发起的学习邹碧华法官,2016 年发起的学习黄志丽法官,等等。这些荣誉表彰与学习先进活动,一方面试图在全国法院系统内塑造一个可资效仿的行业模范典型,另一方面也尝试在全社会范围打造一个可被民众称颂的法官职业形象。然而,模范宣传往往和一定时期司法建设和改革工作的重点方向和主要任务相关,带有一定的政治色彩,并且由于评价标准的相对模糊性,在实践中法官对于这种职业荣誉往往可遇而不可求,因此示范有余而激励不足。同时,多重荣誉的附加使得被表彰法官的奉献形象超越了法官的职业特征,致使公众对法官职业的形象认知并不清晰。因而,在实

---

〔4〕 参见姚正陆:《法官考评机制的检讨与改革》,载《法律适用》2003 年第 8 期。

〔5〕 关于业务荣誉的批判意见可以参见高翔:《全国审判业务专家制度的生长与走向——兼论司法改革背景下的法官专业化》,载《法律适用》2015 年第 3 期。

〔6〕 八份决定分别是:《最高人民法院关于授予金桂兰同志全国模范法官荣誉称号的决定》(2005 年 11 月 9 日),《最高人民法院关于授予黄学军同志全国模范法官荣誉称号的决定》(2006 年 7 月 27 日),《最高人民法院关于授予陈燕萍同志全国模范法官荣誉称号的决定》(2009 年 9 月 7 日),《最高人民法院关于授予任秋华同志全国模范法官荣誉称号的决定》(2010 年 1 月 5 日),《最高人民法院关于授予张勇同志全国模范法官荣誉称号的决定》(2011 年 7 月 20 日),《最高人民法院关于授予詹红荔同志全国模范法官荣誉称号的决定》(2011 年 7 月 20 日),《最高人民法院关于追授王锡俊同志全国模范法官荣誉称号的决定》(2009 年 6 月 12 日),《最高人民法院关于追授王天祥同志全国模范法官荣誉称号的决定》(2010 年 1 月 5 日)。

践中,对模范法官的学习与宣传无法完整实现职业荣誉的激励效果。

理论上,业绩荣誉、职业荣誉和专业荣誉三者应当发挥不同指向的荣誉激励功能,但是由于职业荣誉在标准和定位上的模糊性,加之专业荣誉的凤毛麟角,原本三位一体的法官荣誉制度在实际运行中产生了功能塌陷,职业荣誉和专业荣誉的激励效果逐渐向作为基础标准的业绩荣誉退守。而这一趋势则强化了司法荣誉与行政机关荣誉之间的应随性和比附性。法官职业的尊荣感、归属感和身份认同感在这一过程中也被迫稀释。以《人民法院奖励暂行规定》为中心所确立起的法官荣誉制度在实践中并没有充分发挥荣誉激励的实效,反而助长了法官荣誉的行政色彩,因此在促进司法权威和法官尊严的意义上,尽管有法可依,但既有的规范并没有为法官荣誉体系的确立提供足够的制度支撑。这迫使我们重新回到法官荣誉的内涵本真,并以此反思既有制度的逻辑内理。

三、法官荣誉制度的本质回归

法官荣誉规范的简陋与法官荣誉实践的杂乱,不仅没有建构起一个法官荣誉制度的清晰图景,反而容易错生一条偏狭的制度依赖路径。而要厘清法官荣誉制度完善的思路则必然需要对法官荣誉的内涵与本质进行反思和再认识。唯有理解"什么是法官荣誉"才能知晓"我们需要什么样的法官荣誉制度",进而才有勇气解决"如何完善法官荣誉制度"的实践问题。因此,对法官荣誉的解读是完善我国法官荣誉制度的前提,而解释法官荣誉则必须要从理解"荣誉"本身开始。

按照现代汉语的解释,"荣誉"一词是指"个体或团体由于出色地履行义务而获得的公认的赞许和奖励,以及与之相应的主观上的肯定感受,是客观评价和主观感受的统一"。[7] 因此,"荣誉"一词不仅指向一种来自外界的公认的赞许,还包括更深层次的含义,它一方面意味着作为"一种职业在道德、义务上的个人归属感",是对职业道德和义务的个人肯定感受;另一方面也意味着个人"对职业职责的主观认定和严格执行"。[8] 因此,可以说,"荣誉是一个多面现象",它包括三层含义:"以外在认可形式呈现的诸种公共荣誉;荣誉的准则;作为一种性格品质的荣誉心,一种极力遵守其行为准则,并希望因这样做而获得公共认可的勃勃雄心。"[9]其中,公共荣誉是一种奖赏优秀者,使其个人身心愉悦,并且同时向其他同类个人展示一种更高的标准以及提供某种追求这一高标准的动力机制。所谓荣誉准则是"一种责任而非奖赏","阐明了一定的行为规则",在监督、认可人们行动的权威缺席的情况下,荣誉准则被用来自我约束、避免受到来自行为外部的利益诱惑。[10] 遵循荣誉准则的人往往具有某种可以引以为荣的品格,这种品格也就是荣誉心。获得公共荣誉意味着要受到外部规则的调控或一般责任的规训,作为性格品质的荣誉心则意味着来自内在的自我控制,是一种追求卓越的正当欲望,而荣誉的准则既受到规则管束,又是一种性格品质。"相比于公共荣誉,作为性格品质的荣誉乃是一种内在的现象。

〔7〕 辞海编辑委员会编:《辞海》(缩印本),上海辞书出版社1989年版,第1835页。

〔8〕 参见夏毅辉:《"身份荣誉意识":中国法官职业化的精神前提》,载《新西部》2007年第2期。

〔9〕 [美]莎伦·R.克劳斯:《自由主义与荣誉》,林垚译,译林出版社2015年版,第8页。

〔10〕 参见[美]莎伦·R.克劳斯:《自由主义与荣誉》,林垚译,译林出版社2015年版,第9~10页。

一个人不必因遵循荣誉准则而获得公共荣誉。”[11]荣誉不仅仅意味着来自外部授予的公共荣誉，荣誉的全面含义还意味着，“即便在不受公众欢迎或者未得到官方认可的情况下，一个人仍然可以捍卫其原则从而尊重其自身”。[12] 因此，荣誉不仅意味着外部赞许，同时意味着内在约束。荣誉制度也就不仅仅是一种非物质或精神奖励制度，同时也是一种自我约束的培养机制。

诚然，荣誉意味着某种性格品质，但是“荣誉并不是全然主观的观点，因为荣誉是与一般性的行为准则相联系的，这些一般性的行为准则使得荣誉的范围超越了具体的个例，并为其赋予了比个体利益所能达到的更为广泛的担当”。“尽管荣誉就其目的而言是服务于自我的而非集体主义的，但它的源头在性质上却是团体的而非个人主义的。”“一个人的荣誉准则的实质内容来自他在某个特殊社会体中的状况或成员身份”，“荣誉根植于特殊的社会身份与政治身份，这些特殊的身份导致了具体的立场与责任”。[13] 因此，从具体的荣誉的形式和内容来看，荣誉既是一种来自大众的公共评价，也是一种来自个人的品格承诺，同时还是一种来自某一特定社会群体或社会阶层的价值互享。

由此而言，重新审视并定义法官荣誉制度，我们发现，法官荣誉制度也就不仅仅是一种外部褒奖激励机制，在本质上而论，这一制度也是审判人员忠诚于法律的承诺制度，是法官这一群体为了追求公正司法而自觉设立的一种自我约束制度、自我管理制度和自我激励制度。同时，法官荣誉的内涵可以被分为三个层面：作为精神奖励的法官荣誉，作为职业形象的法官荣誉，作为个人品质的法官荣誉。三个层面的法官荣誉分别对应荣誉的三层含义，精神奖励的法官荣誉意味着公共荣誉的体系建设，作为职业形象的法官荣誉意味着法官职业荣誉法则的价值共享，作为个人品质的法官荣誉意味着个人荣誉心的品格展现。在理论和实践上而言，法官荣誉制度的发展是在实施精神奖励、塑造职业形象、倡导个人品质的目标交错中逐步展开的，但是由于社会发展状况和政治体制成因，各个国家和地区在法官队伍建设方面的起点不同，对法官荣誉的关注点和对于法官荣誉体系的建设重点也有所不同。

以美国为例，美国对法官荣誉的讨论较少论及对法官的精神奖励与荣誉表彰以及法官的职业荣誉感，原因在于：一方面由于法官优厚的薪酬制度使得其免受荣誉所带来的外部物质利益诱惑；另一方面由于法官遴选机制的严苛致使准入机制即构成一种职业荣誉机制，加上法官等级序列的制度安排有效激励了法官的职业行为，而无需外求其他荣誉激励机制；[14] 再一方面由于司法机关与行政机关的权力分立塑造了法官特有的身份特征，使得法官的职业荣誉感不需要附加额外的荣誉机制加以维持。因此，美国社会往往不过于关注法官的公共奖誉和职业荣誉，却在此之外，尤其关注法官的个人品誉，甚至认为法官的个人品誉是影响司法公正的重要因素。[15] 不得不说美国的司法发展和法治进步离

---

[11] ［美］莎伦·R. 克劳斯：《自由主义与荣誉》，林垚译，译林出版社 2015 年版，第 9 页。

[12] ［美］莎伦·R. 克劳斯：《自由主义与荣誉》，林垚译，译林出版社 2015 年版，第 31 页。

[13] ［美］莎伦·R. 克劳斯：《自由主义与荣誉》，林垚译，译林出版社 2015 年版，第 84～85 页。

[14] 参见侯学宾：《我国法官等级制度之检讨——以大法官群体为例》，载《法商研究》2013 年第 4 期。

[15] See Nuno Garoupa, Tom Ginsburg, *Judicial Reputation: A Comparative Theory*, University of Chicago Press, 2015.

不开法官个人品质的塑造,尤其离不开美国大法官群体中的法官个人品格的影响力。但是,这种跨越公共奖誉、职业荣誉而强调个人品誉的法官荣誉机制发展策略是不可复制与效仿的。这并非仅受国与国之间的政治体制、司法水平和社会经济发展状况的差异所制约,更深一层的原因在于荣誉制度作为一种心理激励与行为诱导机制,其激励实效本身受到一国特定的社会心理条件所限制,所以一国法官荣誉制度的完善发展必然要考虑其本土社会心理的特征。

正如前文所述,荣誉制度本质上是一种基于荣誉心的自我约束及激励机制,因此,荣誉制度发挥激励功能的本源在于对个体自我认知的反馈,其立基于个体的自我意识。在心理学理论中,所谓自我意识,就是指"一个人在行动时对自己的存在的注意及自觉程度"。〔16〕有学者将自我概念分解成"私我"与"公我"两种,"私我"指的是"在行动中将注意力集中在自己内心的感受、态度、喜好、意向等的倾向","公我"指的是"在行动中将注意力集中在自己在别人眼中所留下的印象"。〔17〕一些西方心理学家还发现,"私我"与"公我"的背后是一种"独立型自我"(independent self)和"相互依赖型自我"(interpendent self)的关系。所谓"独立型自我"是在个人主义背景下人们所广泛持有的自我观,是一种"个人取向式的自我","不仅将自我看作独立运作的单元,并且他们实际上将独立定义为社会化的基本任务"。〔18〕所谓"相互依赖型自我"是对东方、南欧及拉丁文化下人们拥有的自我观的描述,是一种"社会取向式的自我",是指"将自我看成是周围社会关系的一部分,并认识到一个人的行为取决且依赖于个体所知觉到的社会关系中其他人的看到、情感和行动"。"相互依赖型自我不是独立存在的整体,它的结构随着社会情境的变化而变化。"〔19〕尽管个体自身不会因为"自我"概念上的内涵分解而产生认知分裂,但是在西方的文化及价值判断中,"私我""独立型自我""个人取向式的自我"往往才被认为是真正的"自我",而"公我""相互依赖型自我""社会取向式的自我"更接近中国人的自我认知。正因如此,由于美国法官的独立地位和独立形象与这种西方文化圈的自我观念相契合,其法官荣誉更多地与法官的独立品格和个人品誉相结合。故而,在美国语境中,作为个人品质的法官荣誉其本质是一种基于个人品格的自我承认,而非一种需要他人评价的外部认可。这在中国语境中则有所不同,我们不可无视中国人的"公我"意识,所以我国的法官荣誉制度所强调的自我约束、自我管理和自我激励就不仅仅受到个体内心的自我拷问,也就不能寄期于将制度发展的方向定位于法官个人品誉的自我陶醉。

因此,在我国,法官荣誉制度一方面不应被偏颇地解释为非物质奖励机制,而要从精神奖励的外部机制向自我约束与激励的内部机制回归,从大众的公共评价向个人的品格承诺回归;另一方面,在向自我约束与激励机制回归的过程中,也要向中国社会文化中关

---

〔16〕 Wicklund, R. A, Objective Self-awareness, in Berkowitz eds., *Advances in Experimental Social Psychology*, Academic Press, 1975.

〔17〕 参见杨中芳:《如何研究中国人:心理学研究本土化论文集》,重庆大学出版社2009年版,第189页。

〔18〕 [美]谢利·泰勒、利蒂希亚·安妮·佩普鲁、戴维·西尔斯:《社会心理学》(第12版),崔丽娟、王彦等译,上海人民出版社2010年版,第101页。

〔19〕 [美]谢利·泰勒、利蒂希亚·安妮·佩普鲁、戴维·西尔斯:《社会心理学》(第12版),崔丽娟、王彦等译,上海人民出版社2010年版,第101~102页。

于“自我”的本土意识回归，在社会评价和自我认知的结合过程中，强化法官借助外部评价机制对个人品誉的自我肯定，进而从个人的品格承诺向法律职业群体的价值互享回归。

四、我国法官荣誉制度的完善路径

正是在延继我国法官荣誉制度的发展趋势、切中我国法官荣誉制度的实践样态、把握法官荣誉制度本质内理的过程中，我们才能找到适应中国司法改革实践、符合司法发展规律的法官荣誉制度完善之路。在本文看来，完善我国法官荣誉制度应当在整体发展取向上继续保持并扩大与行政机关荣誉制度的分离趋势，在制度建设的理念上坚持从发展公共荣誉向形成荣誉准则推进，将制度建设的重心从规范业绩荣誉转向塑造职业荣誉，以此实现法官职业荣誉法则的价值共享和品质内化。

详言之，可期的完善路径和具体策略包括以下几个方面。

首先，继续推进法官荣誉制度的独立性。改革开放以来，我国的司法实践一直朝着“保证审判权独立运行”的改革方向前行，在法官奖惩制度建设方面也不断实践着“自行管理”的自主性特征。进一步完善我国法官荣誉制度也必然需要坚持这一制度的自主性和独立性，在应随行政机关公务员荣誉制度的同时，保持法官荣誉机制的独立性，实现法官荣誉体系的逐步去行政化。推进法官荣誉的独立性，意味着要在法官奖励规范的基础上，制定法官荣誉制度的全新规范。既往公务员奖惩制度的更新都为法官奖惩制度的变化带来契机，然而，《公务员法》以及《公务员奖励规定（试行）》颁布以来，法官奖励规范并没有把握机会应随更新，似乎认为《人民法院奖励暂行规定》的规范体系并不滞后于《公务员奖励规定（试行）》。然而，如果要进一步完善法官荣誉制度，推进司法人员的正规化、专业化、职业化进程，则必须超越现有法官荣誉制度中与行政机关公务员荣誉制度共同分享的“德、能、勤、绩、廉”的考评标准，结合审判工作实践，确立一套适应法官审判活动、符合司法规律的评价指标。而这一评价指标不仅要实现去行政色彩化，也要打破“以量取质”的单一要素，实现法官荣誉评价标准的多元化。在具体策略上，可以保留但应当逐步淡化运用“嘉奖、三等功、二等功、一等功”等行政性荣誉诠释法官荣誉，转而强调发挥法官等级制度在塑造法官身份认同感上的荣誉激励功能。[20] 与此同时，还应当细化“授予荣誉称号”的标准和程序。除了应当建立独立的法官荣誉规范文本，确立与公务员荣誉有差异的评价标准和荣誉等次之外，还应当在授予主体上实现去行政化。按照现有制度，法官荣誉称号的授予需要与国务院人事部门相协商，然而这一点并不完全应和《人民法院组织法》中关于法官任职资格授予的主体要求。出于法官的选任规范，法官荣誉也应当由各级人大常委会统一授予。在当下司法改革的语境下，推进法官荣誉制度的独立性同时也意味着要发挥法官遴选委员会的评价作用。并且，应当在国家荣誉体系的框架下为法官荣誉留有位置，提升法官荣誉的最高层级，从“部级”荣誉升格为“国家荣誉”，可由最高人民法院提出荣誉授予议案，由全国人大常委会决定授予法官的“国家荣誉”。

---

〔20〕 参见丰霏：《法官员额制的改革目标与策略》，载《当代法学》2015 年第 5 期。

其次,逐步确立法官公共荣誉的规范化。我国既有法官荣誉制度在实践中形成了业绩荣誉、职业荣誉和专业荣誉的层次体系,表现为一系列有关外部精神奖励的公共荣誉。然而,对法官公共荣誉的规范化程度还有待提高。其中,虽然对于业绩荣誉和专业荣誉,我们已经制定了相应的法律规范作为操作守则,但是仍然存在考评主体单一、标准单调、程序隐蔽、缺乏有效监督与申诉机制等问题。[21] 更何况,对于职业荣誉而言,我国尚未建立起基本的制度规范。在实践中,法官职业荣誉的授予主体复合多样,授予称号随意多变,甚至也存在"带病授予"和"权力寻租"的情况,破坏了荣誉称号的权威性,贬损了精神奖励的神圣性,降低了模范示范的效应,甚至误导民众,造成人们对司法的不信任。[22] 因此,规范法官公共荣誉的授予,其重点在于对法官职业荣誉的制度化和规范化,在法律上对那些可以授予法官荣誉的具体国家机关和社会组织要加以明确,对于授予的称号名称应当予以规范,避免多头重复授予,对于符合国家荣誉标准的法官荣誉应当由全国人大常委会统一授予,对于不能达到国家荣誉却需要予以表彰的,可由最高人民法院、高级人民法院或省级人大常委会予以表彰,限制地方基层荣誉的授予,[23] 以此配合人财物省级统管的司法改革要求。由于法官荣誉的制度发展起点较低,有关法官公共荣誉的制度设计方案一时也难有体系,策略方法不一而足,但是正如建立国家荣誉规范化制度一样[24],我国法官公共荣誉的规范化改革需要遵循法治原则、正当程序原则、衡平原则等基本的制度设计原则,[25] 同时要明确一个基本的指向,即满足法官公共荣誉的常态化的发展需求,唯有如此才能持续发挥公共荣誉的鼓舞性功能。

最后,不断扩大职业荣誉的权重与作用。在实践中,法官业绩荣誉和专业荣誉尽管也试图塑造法官的职业尊荣感和归属感,但是其主要的作用在于对法官工作加以外部精神奖励或对法官个人的某项品质加以鼓舞。而职业荣誉机制才是对法官职业所共享荣誉法则的彰示,在法官荣誉体系中应当发挥更重要的价值和作用。扩大职业荣誉的权重与作用是对荣誉制度本质的回归,意味着荣誉体系的重心要从业绩荣誉和专业荣誉转向职业荣誉,要从对"功、勤、能"的业务考评转向对"德、贤"的品格衡量,要从对法官工作的评价转向对法官人格的评价,要从领导角度的纵向评价转向职业同行的横向评价和自我认识的内省评价,要从个人荣誉转向身份荣誉。职业荣誉的表彰,一方面,要强调法官职业道德基本准则,表彰法官个人"依法办事的卫道精神""'兼听则明'的长处";[26] 另一方面,更要突出表彰法官善用法律语言、遵循程序思维、保持情感审慎、长于推理论证的职业技能。[27] 并且,扩大职业荣誉的权重也意味着要从对法官个体特殊情节的宣传中解脱出

[21] 参见姚正陆:《法官考评机制的检讨与改革》,载《法律适用》2003年第8期。

[22] 参见田丰韶:《制度缺陷与个人荣誉称号评选异化现象》,载《兰州学刊》2010年第3期。

[23] 关于对限制地方性荣誉授予的讨论,可以参见钱宁峰:《论国家荣誉制度的宪法基础》,载《法律科学》2008年第5期。

[24] 关于国家荣誉制度的规范化问题,可以参见刘松山:《国家勋章和荣誉称号立法的六个重要问题》,载《河北法学》2015年第12期。

[25] 有关国家荣誉制度设立、授予和管理所应当坚持的原则,可以参见江国华:《中国国家荣誉制度立法研究》,载《中州学刊》2014年第1期。

[26] 季卫东:《法官职业的定位》,载《中国社会科学》1994年第2期。

[27] 参见孙笑侠:《法律家的技能与伦理》,载《法学研究》2001年第4期。

来,避免荣誉称号的个人资本化,[28]转而表彰其作为法官职业群体一分子所应具备的共享品格;在个人职业荣誉之外加强集体职业荣誉的表彰。而这一转变也正应和了我国法官员额制改革中从“利益分配逻辑”向“身份塑造逻辑”转向[29]的时代趋势。

综上所述,法官荣誉制度作为人民法院司法改革的重要内容,是司法人员职业化、专业化进程中重要的制度建构。诚如张文显教授所言,“政法干部必须有坚定的理想信念和职业良知,也必须有过硬的本领和业务能力。有才无德会败坏党和人民的事业,但有德无才也同样会贻误党和人民的事业”。[30] 因而,我国法官荣誉制度必须是一个德才兼顾的激励机制,其完善过程必然经历一个从“零散”向“集中”、从“个人褒奖”向“职业褒奖”、从“综合评价”向“专业评价”的转变过程,而这一发展过程也正是我国司法改革过程的缩影。

〔28〕 参见田丰韶:《制度缺陷与个人荣誉称号评选异化现象》,载《兰州学刊》2010 年第 3 期。
〔29〕 参见丰霏:《法官员额制的改革目标与策略》,载《当代法学》2015 年第 5 期。
〔30〕 张文显:《新时期政法工作的实践辩证法》,载《法制与社会发展》2014 年第 2 期。

司法权力规范运行的关键是正当价值体系的构建

侯学勇*

【摘　要】 当前我国司法权力运行不规范、冤假错案多发的主要原因是司法权力运行中行政化思维根深蒂固，学者们有针对性地提出许多去除行政化、提高法官独立程度的改进建议，但司法权力的实际运行状况依旧令人堪忧。理论建议难以被实践采纳的根源在于我国司法权力运行过程中的价值缺失，不仅法官普遍地缺乏法律至上、依法独立行使审判权之价值观念的支撑，而且现行司法制度也缺乏对这一价值观念的贯彻与保障。唯有进一步完善司法价值体系，才能有效改变目前司法权力运行不规范的局面。欲去除我国司法权力运行中的行政化思维，构建正当的司法价值体系，必须在加强法官法治意识和审判独立意识的同时，将依法独立行使审判权观念真正贯彻到司法制度的改革进程中去，只有这样，才能有效保障司法权力的规范运行。

【关键词】 司法权力；规范运行；去行政化；独立审判；价值构建

近两年，全国各地不断有冤假错案平反。2013 年 3 月 26 日，浙江省高级人民法院依法对张辉、张高平叔侄涉嫌强奸致死案再审并公开宣判，原判被撤销，张辉、张高平无罪释放；4 月 25 日，河南省平顶山市中级人民法院公开审理李怀亮涉嫌故意杀人案，依法宣布李怀亮无罪并当庭释放。这两个案件的曲折经历，使公众看到了最高人民法院本着有错必纠的态度改正错误判决、重建司法公信力的努力。党的十八大报告也提出“依法独立公正行使审判权检察权，健全司法权力运行机制”的司法改革目标，但问题是：有关司法权力规范运行的现行法律法规，从宪法到法律、再到规范性司法规定，以及各种红头文件，种类繁多、数量庞大，但为何却依然无法避免性质如此严重的冤假错案发生？如何真正践行十八大报告提出的司法改革目标，值得认真思考。

最高人民法院常务副院长沈德咏曾言，在目前有罪推定思想尚未完全根除、无罪推定思想尚未真正树立的情况下，冤假错案发生的概率比较大；在我国现实体制背景下，冤假错案往往是法院奉命行事、放弃原则或者工作马虎失职的结果。〔1〕 这表明，当前司法权力运行不规范、冤假错案不断发生的原因，不仅在于司法权力运行制度安排上的问题，也与我国现阶段司法伦理或价值观念的错位关系密切，司法制度或体制中依法独立行使审判权观念的缺位是导致司法权力运行不规范、冤假错案常发的根源。

---

* 侯学勇，山东政法学院教授，法学博士。本文系中国博士后科学基金第六批特别资助项目（编号：2013T60311）、中国法学会 2013 年度部级法学研究课题“法律修辞在司法公信力提升中的作用研究”［编号：CLS（2013）D105］的阶段性成果。本文原发于《法学》2014 年第 4 期。

〔1〕 参见沈德咏：《我们应当如何防范冤假错案》，载《人民法院报》2013 年 5 月 6 日，第 2 版。

一、司法权力运行不规范的现状

司法作为社会正义的最后一道防线，对于防止社会不公、实现司法公正这一目标承担着不可或缺的责任。公民的失信爽约、违法犯罪，官员的渎职失职、腐败滥权，最终都需要通过司法予以矫正，司法公正是整个社会公正的基础。一个国家的立法水平再高、法律体系再健全，司法如果腐败，它会淹没社会正义实现的最后一根救命稻草，吞噬公民权益保障的最后一丝希望，法律会形同虚设。司法腐败是最大的腐败，司法腐败会导致人们对司法的信任程度下降，人们对司法的这种失望最终会转化为对整个法律系统的失望，法律不再被信任、也不再被普遍遵守，整个社会将处于不稳定状态。因而，保障司法权力的规范运行，维护司法公正，意义重大。

然而，近些年不断曝光的司法权力运行不规范、司法腐败现象，不断拷问着我国民众对司法的信任程度。从近几年最高人民法院向全国人民代表大会所作工作报告披露的相关数据来看，[2]我国法官违纪违法案件发生的频率相当高，法官守法的总体状况令人担忧，法院院长违纪违法现象不断突出、法院群体违纪违法现象更为普遍。[3] 法院院长既享有裁判纠纷的司法权，又掌握着普通法官人事升迁的行政权，他们的违纪违法行为不仅对司法机关的社会诚信清廉形象带来极大的负面影响，而且易被下属效仿，产生法官群体违纪违法的窝案现象，更深程度上损及司法公信力。如最高人民法院原副院长黄松有、湖南省高级人民法院原副院长吴振汉、重庆市高级人民法院原副院长张弢、北京市西城区人民法院原院长郭生贵等一批法院高官身陷囹圄，他们的违纪违法行为对司法公信力带来的负面影响，远大于普通法官的违纪违法行为，这是司法权力运行不规范行为中对司法公信力破坏较为严重的一种。

不仅是法官的腐败犯罪行为暴露出司法权力运行的不规范，冤假错案的频繁发生也凸显了司法权力运行中存在的严重问题。张辉、张高平叔侄二人在案件证据存在明显不协调的情况下仍被判有罪关押十余年，在被害人体内没有发现直接的痕迹物证、被害人指甲内存留的与张氏叔侄无关的男性DNA、张氏叔侄车辆下高速的时间与案件发生时间冲突等一系列的矛盾情节，在两次严格的刑事审判程序中都没有受到重视。河南省高级人民法院将李怀亮案发回重审时提到三点疑问：现场提取的O型血为何既不是被害人的也不是李怀亮的，现场尸体是否确定为被害人郭小红，现场勘察发现的被害人裤头为何与被告人供述不一致？这些矛盾情节并没有得到合理的解释，李怀亮却一直被关押了12年。在被告人有可能被判处无期徒刑甚至死刑的重大刑事案件中，如此明显的证据不融贯现象却未受到案审法官的审慎对待，司法权力运行的不规范性可见一斑。

---

〔2〕 最高人民法院每年向全国人民代表大会提交的工作报告都会涉及法院系统干警违法违纪数据的统计，从近十年的统计数据来看，全国法院违法违纪的数量总体呈现不断上升的趋势，法官知法犯法的现象有增无减。2003年全国法院违法违纪人数846人，2004年579人，2005年444人，2006年401人，2007年208人，2008年817人，2009年795人，2010年783人，2011年519人，2012年1548人，2013年381人。参见各年度的最高人民法院工作报告。

〔3〕 参见刘练军：《如何控制法官》，载《东方法学》2012年第4期。

司法权力运行不规范,表面上影响的是进入诉讼程序的案件无法得到公正审理,深层次上却会导致公众对司法权力产生不满情绪,司法公信力逐步下降。不能规范运行的司法权力易突破法律规定的程序约束,造成冤假错案,当事人乃至社会公众会对司法产生不满甚至对立情绪。中国社会大众整体上对司法工作的不满情绪是逐年增长的,并且随着时间的发展将会越来越高。[4] 其中一个表现就是近些年来涉法涉诉信访量的增加,涉法涉诉类信访涉及公、检、法、司等部门,其中对审判机关裁判结果不认同和生效判决长期得不到有效执行的信访,是涉法涉诉信访的主流。[5] 当前信访案中的涉法涉诉信访在特定地区的特定时期几乎可以占据当地信访总量的70% ~80%。[6] 涉法涉诉信访案件的高发,暴露出来的问题是司法公信力的下降和公众对司法裁判不信任感的增加,当事人宁愿通过费时费力、预期性又低的信访途径寻求救济,也不愿将案件进一步放在司法程序中解决。对司法部门不满情绪累加的另一现象是近几年针对法官的刑事犯罪案件不断增多。2005年湖南黄运财在郴州永兴县人民法院的爆炸案、2009年何胜凯在贵州省遵义市中级人民法院杀死法警案、2010年5月深圳市中级人民法院大楼门前爆炸案、2010年6月朱军在湖南永州枪杀3名法官案等,虽然事件起因各有不同,但这一系列针对法官的刑事犯罪案件却有着一个共同特点,都是因当事人对司法裁判结果产生抵触情绪并迁怒于法官所致。

对司法权力运行状态不满意的声音也通过官方渠道不断释放出来。例如,最高人民法院工作报告在全国人民代表大会上表决时,每年都有不同程度的反对声音。2009年全国人民代表大会对最高人民法院工作报告的表决结果是2172票赞成,519票反对,192票弃权;2010年,2289票赞成,479票反对,128票弃权;2011年,2242票赞成,475票反对,155票弃权;2012年,2311票赞成,429票反对,115票弃权。这四年的反对票数量基本徘徊在400票到500票,大约占选票总数的15% ~18%。而2013年,2218票赞成,605票反对,120票弃权,反对票数量比往年有了较大幅度的增加,占总票数的20%还多,平均5位代表就有一位投了反对票。2014年,2425票赞成,378票反对,95票弃权,反对票数量虽然有所下降,但总体来看,我国法院系统面临的信任危机还是比较严重的。

司法权力运行的不规范会降低司法裁判的公正程度、危及社会对司法权力的信任程度。公众对司法权力的不信任以及来自社会各界的“差评”会拉低法官职业的社会美誉度,也会降低法官的职业自豪感,降低法官忠诚于法律、推动司法公正的心理动力,增加司法权力运行不规范的概率。新一轮的司法改革为了拉近司法权力与公众的距离,淡化社会的不满情绪,提高司法权力运行的规范程度,采取了一系列措施,例如审判公开、旁听公开、判决书上网、提倡调解等。但到目前为止,效果却差强人意,司法权力的运行几乎陷入一个法院不断改革、公众不断质疑的不良循环中。

---

〔4〕 参见梁剑兵:《司法改革已经到了危机关头——兼论“压死骆驼的最后一根稻草”究竟在哪里?》,载正义网(法律博客):http://lawyer1964.fyfz.cn/b/753955,最后访问日期:2013年6月11日。

〔5〕 刘炳君:《涉法涉诉信访工作的法治化研究》,载《法学论坛》2011年第1期。

〔6〕 刘金川:《人大试水监督涉法涉诉典型信访案》,载《公民导刊》2010年第2期。

二、司法权力运行中的行政化弊端

为了防范司法权力的不规范运行,我国法律设置了许多约束规范。首先,《宪法》第5条规定了包括法院和法官在内的所有组织和个人都应在宪法和法律的范围内活动,第132条强调了上级人民法院对下级人民法院审判工作的监督权力。其次,《法官法》第7条规定了法官应当履行的基本义务,如严格遵守宪法和法律,审判案件必须以事实为根据、以法律为准绳,秉公办案、清正廉明、忠于职守、遵守纪律、恪守职业道德等;第32条规定了与法官职务行为有关的禁止情况,如法官不得贪污受贿、徇私枉法、刑讯逼供、隐瞒或者伪造证据、泄露国家秘密或者审判工作秘密,不得滥用职权、玩忽职守,不得拖延办案、贻误工作,不得私自会见当事人及其代理人、接受当事人及其代理人的请客送礼等,进一步细化了宪法中的相关规定。最后,最高人民法院还制定了数量庞大、具有规范约束力的司法规定,例如,《最高人民法院关于审判人员严格执行回避制度的若干规定》《人民法院执行工作纪律处分办法(试行)》《最高人民法院关于严格执行〈中华人民共和国法官法〉有关惩戒制度的若干规定》《关于规范法官和律师相互关系维护司法公正的若干规定》《最高人民法院关于"五个严禁"的规定》,以及《最高人民法院关于违反"五个严禁"规定的处理办法》等,林林总总,全方位地划定了司法权力规范运行的界限。

另外,对司法权力的运行有约束力的党内文件也不在少数。例如,2005年中共中央发布了《建立健全教育、制度、监督并重的惩治和预防腐败体系实施纲要》,最高人民法院随后向全国法院发布了《关于贯彻落实〈建立健全教育、制度、监督并重的惩治和预防腐败体系实施纲要〉的若干意见》;三年后最高人民法院又发布了《人民法院贯彻落实〈实施纲要〉和〈若干意见〉构建惩治和预防腐败工作机制实施细则》。2008年中共中央发布了《建立健全惩治和预防腐败体系2008—2012年工作规划》,最高人民法院随后发布了《最高人民法院关于贯彻落实〈建立健全惩治和预防腐败体系2008—2012年工作规划〉的实施办法》。这些党内文件虽然形式上仅约束党员法官,但受现实政治体制的影响,事实上对在我国从事公职工作的人员都具有普遍的约束力,对司法权力的运行而言是一种有普遍约束力的政策性文件。

不同层次的法律规定以及党内文件在保障司法权力规范运行、预防司法腐败方面的力度非常大,但司法权力运行的不规范以及法官的违纪违法现象却并未因此而有明显的克制与收敛,阵容庞大的规章制度并未实现预期的防控效果。制度失灵的原因何在?

许多学者对这一问题进行了深度反思。他们中的多数人认为我国法院系统面临这一困境的根本原因在于司法不独立。依法独立行使审判权主要是指法官独立行使审判权,不受其他任何组织和个人包括上级法院或本级法院法官的不当干预,法官只接受法律的约束和自己良心的指引。依法独立行使审判权是司法公正的根本保障。司法若不独立,容易导致司法权力根据法律之外的某种标准如政治需要运行,远离法律的要求;司法若不独立,法官裁判易受利害关系人的影响,难以做到居间裁断;司法若不独立,就难以实现法律上的公正,司法就不会得到公众的承认与信任。[7] 正因如此,西方许多国家都规定了法官独立审判的制度,以保证司法公正。但我国受苏联国家权力结构模式的影响,采取了高度集中的政治体制,司法权力也采取行政化运作模式,法院体制呈现明显的行政化特点:法院在整个构成和运作方面与行政机关在体制构成和运作方面有着基本相同的属性,是按照行政体制的结构和运作模式建构和运行的。[8] 这种行政化的司法运作模式能够在短时间内有效审结大量纠纷,有效贯彻党的路线、方针、政策,实现司法的社会治理功能。但随着社会的发展,中国社会由单一的计划管理走向多元的市场调节,采取行政化运作模式的司法体制日益暴露出与依法独立行使审判权的本质要求格格不入的弊端。

司法体制的行政化弊端主要体现在以下几个方面。首先是法院与其他国家机关之间关系的行政化。在我国,人民代表大会是国家权力机关,法院、检察院、政府都由其产生并对它负责,法院、检察院与政府一样都是人大的衍生机关;而且,由于法院的人事及福利待遇管理来自地方政府的人事编制部门和财政部门,法院在事实上也几乎成为当地政府的辅助机构。法院时常受到人大或政府的不当影响,审判的独立性被弱化。其次是法院之间相互关系的行政化。我国《宪法》和《人民法院组织法》都明确规定上下级法院之间是一种审判监督关系,通过不同审级的设立,在法院内部相对分权,为那些不服从一审判决的当事人提供进一步的救济,以避免司法权力因独立而陷入专权与妄断。但在实践中,由于各级法院都设置了一定的业绩考核标准,如上诉率、发回重审率、改判率等,使上下级法院之间的监督关系扭曲为一种准行政关系。下级法院在案件审理中遇到疑难问题往往会向上级法院报告,等待上级法院的批复或指示之后再依照办理,以免案件上诉后被发回重审或直接改判。上下级法院关系的行政化使得审级制度形同虚设,下级法院征求上级法院意见之后的判决,实际就是上级法院的意见,审级监督因而名存实亡,当事人的上诉权事实上被剥夺。最后是审判活动过程的行政化。相对于法院处境来讲,我国法官在审判过程中的独立性更弱,不仅在法律上不具有独立审判的地位,在实践中也无独立审判之可能。在法律上,根据《法官法》和《人民法院组织法》的规定,独立行使审判权的主体是法院,而不是法官。因而司法实践中的主审法官并无独立作出判断的权力,所有案件经独任审判员或合议庭审理之后,承办法官须将拟判决的结果上报给副庭长或庭长、重大案件需上报副院长或院长签署同意意见后始能公布结果。[9] 这一做法体现了强烈的行政化色彩,违背了法官作为依法独立行使审判权之核心主体的基本要求,使亲历案件庭审过程、掌握第一手材料的法官丧失了独立判断的可能性,这也就降低了法官规范行使司法权力的积极性。还有就是法官管理制度的行政化。我国现行体制对法官的任免、升职、奖惩都是按照公务员标准予以管理的,法官地位与薪金待遇缺乏法律上的长效保障,在工作中时常受到对其有管理权限或能够决定其薪金福利发放的机构或人员的掣肘,这迫使法官有时不得不为了保全自身利益而在法律和良心上作出让步,降低了审判的公正程度。

---

[7] 参见夏勇等:《中国当代宪政与人权热点》,昆仑出版社2001年版,第253页。

[8] 张卫平:《论我国法院体制的非行政化——法院体制改革的一种基本思路》,载《法商研究》2000年第3期。

[9] 参见张卫平:《论我国法院体制的非行政化——法院体制改革的一种基本思路》,载《法商研究》2000年第3期。

司法体制的行政化严重制约了法官依法独立行使审判权的程度,法官审判时不得不花费大量的时间和精力用以平衡来自行政力量的干扰。在具体审判过程中,法官可能会受到来自本院庭长、院长,或者上级法院法官的指示,受到来自行政机关的压力、权力机关的“个案监督”。为了保全自身利益,法官裁判时,通常会向上级领导汇报案件进展情况、请示处理意见,会向权力机关或行政机关通报案情,司法权力运行的不规范情况时常出现。久之,性质更为严重的贪污贿赂、滥用职权、枉法裁判等违纪违法行为也就难以避免了。

三、司法权力运行中的理论与实践悖论

其实,针对我国司法权力运行中的行政化弊端,学界很早就有人提出过相应的改进建议。有学者指出司法是一种权威裁判,而不是一种权力裁判,因而应当以高薪待遇、退休保障、终身任职等措施确保法官在司法审判中的独立地位,同时废除审判委员会制度和政法委协调公检法协同办案制度以及人大对法院的个案监督制度,以保证法官只服从法律,以公正的裁判维护司法的恒久权威,使之成为人们内心的真正信仰。[10] 也有学者指出,我国仿照苏联模式建立起来的“条块结合、以块为主”的领导体制使司法机关受地方党委和政府制约严重,需要建立“以条为主”的垂直管理体制,改善党对司法工作的领导方式,废止政法委协调办案制度,废除检、法并列的司法体制,建立以审判为中心的司法权力格局,保障司法权力行使的统一性。[11]

这些改进建议的核心目的是保证法官依法独立行使审判权。解决中国的司法问题,在总体上必须从改造法官科层行政官僚体制及其法官审判权的运作体制入手。[12] 传统认识将司法同行政一样视为是国家权力的一种,二者皆由人民代表大会产生并对其负责。这个意义上的法院与行政机关没有什么性质上的不同,都是同级权力机关的衍生机关,人员编制与任命都由同级党委或人大决定,运行经费也由同级行政机关控制下的财政部门拨付;法院内部也是行政科层化管理体制,院长、副院长、庭长、副庭长等都有相应的行政级别,职位晋升、福利增加也都按照公务员法的规定予以管理。这种“以块为主”的行政化司法管理体制必然会带来司法的地方保护主义,司法易成为地方权力的附庸。因而,重新审视司法的自身性质,建立“以条为主”的运行体制,有助于法院从地方权力的约束中解放出来;废除审判委员会制度,有利于法官的独立与权责统一,弱化法院内部管理的行政性质;废除政法委协调办案制度,改善党对政法工作的领导,有利于法院独立履行审判职责。这些建议在弱化人大、检察院等机关对法官的监督权,弱化法院院长、庭长等人对法官的行政管理权的同时,也就是强化了法官的独立审判地位。

但司法的实际运行状况却与理论改进建议走上了相反的方向:对法官的监督监管不断强化,法官的独立审判地位却不断弱化。对法官的行政监督监管权主要掌握在法院院

---

〔10〕 参见贺日开:《司法改革:从权力走向权威——兼谈对司法本质的认识》,载《法学》1999 年第 7 期。

〔11〕 参见崔敏:《论司法权力的合理配置》,载《公安学刊》2000 年第 3 期。

〔12〕 参见王申:《科层行政化管理下的司法独立》,载《法学》2012 年第 11 期。

长手中。一方面,法院院长掌握着法官的人事任免权。根据《法官法》的规定,最高人民法院的副院长、审判委员会委员、庭长、副庭长和审判员由最高人民法院院长提请全国人民代表大会常务委员会任免;地方各级人民法院的副院长、审判委员会委员、庭长、副庭长和审判员由本院院长提请本级人民代表大会常务委员会任免。另一方面,法院院长也掌握着足以影响法官升迁与福利待遇的考核决定权。根据《法官法》第13条第4款的规定,法官"经考核确定为不称职的",法院院长"应当依法提请免除其职务",院长事实上掌握着法官考核结果的好坏差异。法院院长的行政管理权被强化,也就意味着法官审判权的弱化。首先,裁判文书签发制度使案审法官不具有最终决定案件裁判结果的权力。裁判文书签发制度是指人民法院的各种裁判文书由具体审理案件的法官拟制后,报经有关审判庭庭长、分管院长或院长审查、核准并签发后,才能作为法院正式判决书或裁定书对外发布的一种制度。[13] 裁判文书签发制度事实上剥夺了法官独立作出裁判结论的可能性,是一种典型的压缩法官独立审判空间的行政管理制度。其次,法官的审判活动过程受到多重监督,大大限制了法官审判的独立自主程度,增加了司法运行不规范的概率。法官的审判过程面临着多个主体的监督,有来自本院院长、庭长等行政领导的监督,也有来自上级法院、检察院的监督,还有来自人民代表大会的个案监督。理论上来讲,对权力的监督越多,权力运行的规范程度就越高。但事实是,我国司法权力的运行并未因这些密集的监督而变得越来越公正,反而是越来越难以独立,不规范运行的情况越来越普遍。个中原因有两点:一是针对法官审判活动的各种监督事实上是以监督之名参与分享司法审判权,各类监督主体不时以监督的名义干扰法官正常的审判过程,他们的监督行为事实上削弱了司法审判的职业化、专业化程度,结果是过多的监督反而使司法走向政治化、远离了专业化,法官职业伦理亦随之弱化,违纪违法随之而来;二是监督权力异化,实践中人民代表大会的监督异化为人民代表的个人监督、法院领导的监督沦丧为法院领导与案审法官共同腐败等情况,皆是因无人监督监督者而形成的乱象,这不但没能以监督消解腐败,反而扩大了腐败的主体范围。[14]

于是,一个奇怪的现象就产生了:学者针对我国司法体制中存在的行政化弊端,不断提出有益于法官独立审判的理论建议,而司法实践却依旧如斯,法官独立审判的空间不但没有扩大,反而被压缩得越来越小。是什么力量支撑着僵化的司法体制能够一再拒绝各种合理的改进建议,支撑着影响法官正常履职的各种外部力量不断得到加强,进而异化为诱使或迫使司法权力不规范运行的因素?

四、司法权力运行中的价值缺失

从我国目前情况来看,司法制度失灵且很长一段时间没有改善的根本原因在于我国司法权力的运行过程缺少了内在的精神或价值支撑。《环球时报》2013年2月5日发表

---

〔13〕 参见重庆市第一中级人民法院课题组:《合议庭职责和院庭长裁判文书签发权限制度的完善》,载《西南政法大学学报》2008年第3期。

〔14〕 参见刘练军:《如何控制法官》,载《东方法学》2012年第4期。

一篇题为《官员价值体系亏空，钱房就来填补》的社评。该评论指出，当前中国官员腐败现象普遍的根本原因是社会的传统价值体系被市场经济冲得七零八落，应有的一些价值标尺或者变得很软弱，或者成了缺位的真空；与此同时，货币标尺却大行其道，它的统治地位在向很多本应拒绝它的领域蔓延。[15] 此言可谓一举中的。我国制定了那么多有关司法权力规范运行的约束规则，却依然没能阻止不规范行为的大面积发生，其根本原因既不是相关法律制度不够完备，也不是法官业务能力不够高超，而是我们的司法权力运行过程整体地缺少了对法律绝对忠诚的价值追求，缺少了法律至上、依法独立行使审判权的观念培养。

一方面，法官普遍地缺乏法律至上、依法独立行使审判权的价值观念的支撑。拥有法律至上、依法独立行使审判权的价值观念支撑，是法官公正裁判的基础。法官能否依法履行职责、规范行使司法权力，关键在于其个人价值体系中的法律至上观念是否处于最高位置。同样的法律制度，在拥有法律至上观念、绝对忠诚于法律的法官那里是匡扶正义的利剑，在缺乏法律至上观念的法官那里只是权衡个人利弊得失、谋取私利的手段；同样的法官约束机制，在内心忠诚于法律的法官那里是被严格遵守的内在准则；在缺乏法律信仰的法官那里只是随时可能被逾越的外在限制。我国法院系统内部目前明显弥漫着一种失落、沮丧和失败的情绪，法官们对自己所从事的工作自我评价不高，没有基本的职业自豪感，对法治缺乏足够的信仰与信心。[16] 对法治缺乏信心、对法律缺乏信仰，这会极大降低法官依法审判、规范行使司法权力的可能性。就如哈特区分人们面对法律时可能会持有“内在观点”和“外在观点”一样，持有内在观点、将法律要求内化为自己内心行为准则的人比持有外在观点、被迫遵守法律的人，逾越法律规定的可能性会大大降低。对于专司审判权力的法官而言，内心是否持有法律至上的观念尤为重要，这是法官的良知、良心、抑或道德律条中最为重要的内容，是其能否依法审判、规范行使权力、践行法律正义的重要影响因素。因而，缺少独立审判观念支撑的法官在面对各种诱惑时，忠实执行法律规定、坚决抵制不法行为的能力下降，违纪违法行为发生的概率增大。

将法律运行不畅、制度失灵的原因完全归责于法官个人内心缺乏法治精神，这在个别案件的层面基本可以成立；但若从我国法院系统整体上看，很难把司法权力运行不规范普遍化的原因简单地归责于法官职业素养低、法治观念差。毕竟，我国法官队伍在20世纪多由军人转业而来，近一二十年又从大学毕业生中选拔了大量法律知识结构完备、业务能力突出的青年才俊加入法官队伍。从人员构成来讲，法官队伍的整体水平应该是非常高的，包括司法业务能力和职业道德素质，很难说这个群体的法治意识与规则意识整体上低于其他社会群体。但为何司法权力运行不规范的现象却如此普遍？笔者认为，那种把司法腐败的根源完全归诸法官人性的缺陷、个体的需要和职业道德沦丧的立场，[17] 只是看到了问题的表面，并没有触及实质。因为从人性论的角度来看，无论是人性本善、还是人性本恶，在逻辑上都不能从个体人性堕落推导出普遍腐败的结果。若人性本善，蜕变只能

---

〔15〕《社评：官员价值体系亏空，钱房就来填补》，载《环球时报》2013年2月5日，第15版。

〔16〕参见梁剑兵：《司法改革已经到了危机关头——兼论“压死骆驼的最后一根稻草”究竟在哪里？》，载正义网（法律博客）：http://lawyer1964.fyfz.cn/b/753955，最后访问日期：2013年6月11日。

〔17〕陈昆扬、蔡鸿铭：《治理司法腐败应加强对司法权力的制约与监督》，载《福建法学》2008年第2期。

是个别现象,不应该是普遍现象;若人性本恶,为何西方法治国家的法官又享有极高的社会威望？同一类职业群体在中西方分别营造出截然不同的社会形象,显然并非人性论的理由能够解释得清楚。所以,因人性有缺陷、司法良知沦丧而导致法官蜕变、腐败只是个别现象;一旦这种蜕变、不规范行使权力的现象群体化、普遍化,这就不仅仅是某个或某些法官人性堕落的问题了,而是司法制度本身存在问题。

因而,另一方面,司法权力运行不规范的更深层次的原因是我国现行司法制度缺乏对法律至上、依法独立行使审判权观念的贯彻和保障。毫无疑问,西方国家的法官享有极高社会威望源于其设计合理的司法制度或体制,是他们的法官遴选制度与司法运行机制保证了法官在整体上信任法律、规范司法,进而奠定了法官、司法机构在整个社会中的权威地位。但我国目前有关法官管理的制度以及司法运行机制并没有以法律至上、依法独立行使审判权为其最高原则,而是把行政化的价值追求整个地嵌入其中。行政化运作过程中的“命令—服从”模式秉承的理念并非法律至上,而是权力至上。例如,在裁判文书签发制度中,行政级别高的法官可以决定行政级别低的法官所审案件的结果,就是一种典型的行政权力决策模式。这种模式虽然在法制恢复之初法官业务素质整体不高的情况下发挥了重要的把关作用,但其本质上是与司法权的内在要求相抵触的,它不仅在很大程度上否定了法官的独立审判地位,而且人为延长了权力的运行环节,也就是增加了权力寻租的机会,增加了权力运行不规范的可能性。[18]

更重要的是,司法权力运行过程中的行政决策模式在深层意识上反映的是对法官的不信任。社会秩序的维持与运转依靠的是社会成员之间的普遍信任,信任可以使一个人的行为具有更大的确定性和可预期性。古代熟人社会秩序的维系依赖的是交往个体之间直接的人格信任,现代陌生人社会秩序的建立依赖的是对法律系统的信任。大家必须普遍信任法律、信任依据法律裁判纠纷的法官,才能建立一个具有良性循环功能的社会信任系统,从而有效保障所有人的良性社会交往。[19] 对法官的充分信任是司法的根本,法官一旦不被信任,司法也就失去了立足的根基。司法权力运行中的审批制恰恰反映出来的是对法官的不信任。本应由法官独立完成的司法审判过程,最后一个阶段却需经完全没有参与案件审理过程的行政领导签发,这一环节否定了法官在司法审判中的主体地位,使法官在履职过程中无法找到心理上的自我认同感,挫伤了法官的工作积极性和职业自尊感。这种价值认同意义上的负面影响远大于一些硬性规定给法官带来的不利影响。一些限制或约束法官独立审判地位的硬性规定比如调解率、结案率、执行率、上诉率、发改率等,虽然都会对法官依法独立行使审判权的地位产生冲击,但法官却可以通过某些方式或多或少地规避这些考核风险;但制度中蕴含的那种对法官的不信任倾向是任何法官都无法规避和摆脱的,这种价值倾向会逐渐渗透到法官工作的每一个环节,影响其情绪,降低其效率,使之无法以完全忠诚之心适用法律、以彻底中立之情对待当事人。

我国司法权力运行不规范、法官违纪违法现象普遍的根源在于制度设计的观念错位,

---

〔18〕 参见谢鹏程:《克服司法权运行的机制障碍》,载《学习时报》2013年6月10日,第5版。

〔19〕 参见吴情树:《法治是一个良性的庞大信任系统》,载正义网(法律博客):http://qingyuanshan.fyfz.cn/b/742309,最后访问日期:2013年6月11日。

本与法官依法独立行使审判权相抵触的行政观念却贯穿于司法权力运行的整个过程，使法官整体上迷失了基本的价值方向，忠实执行法律的基本原则被置换成了执行上级命令的原则，公平正义的基本原则被置换成了迁就权力的功利主义原则。因而唯有重建司法伦理、重塑司法人格，坚持对法律和良知的遵从，才能为杜绝冤案夯实基础。[20]

五、司法权力规范运行中的正当价值构建

学者针对司法权力运行不规范给出的改进建议，多是制度的改进与完善。问题是，若只是看到制度的更替，而不重视价值观念的更新，即使制度有所变化，执行起来亦会走样、变形；而且，若无思想上的解放与革新，新的制度如何形成与制定也是问题。君不见学界提出的诸多司法改革建议已逾十余年，但制度本身却无甚多改变，其中核心的原因应是价值观念与思想认识的僵化阻碍了制度的更新与交替。缓解司法权力运行中的这一紧张局面，既要依靠制度的强硬，也必须对社会价值体系重新整理和构建。[21] 司法体制改革的关键也即司法权力运行规范化的关键，应是在司法权力运行过程中构建正当的价值体系，移除能动司法意识形态下的政治大局观念，切实贯彻司法审判中的公平正义观念；移除行政化思维中的权力至上观念，巩固司法运作模式中的法律至上观念。

已有不少学者提及司法改革中的观念改进或者价值体系构建的建议。如有人提到司法制度改进中容易被忽视的一环是司法伦理的重建和司法人格的重塑，[22]也有人提到任何控制制度约束力的真正发挥都离不开被约束主体内心的道德自律，[23]也有人提到提升司法公信力的基础是确立唯法是从的理念和品德，[24]也有人提到司法的定力是遏制错案的根本，[25]还有人提及司法改革面临的障碍和制约因素主要是思想观念上的束缚，[26]这些建议的重点皆在于关注司法体制改革中的观念改变与价值体系的构建。但大多数学者只是指出了应当改进观念或构建新的价值体系，至于构建谁的价值体系、如何构建等问题，少有更为详细的论述。

关于构建谁的价值体系这一问题，已有成果多是主张应当加强法官的职业道德建设。例如，上文提及的司法人格的重塑、主体内心道德自律的强化、唯法是从理念的确立、司法定力的培养、思想观念的解放等建议，指向的主体皆是法官。的确，司法权力规范运行过程中必须要加强法官群体的价值体系建设，因为他们是司法权力的具体行使者，他们对于公平正义和法律至上观念的认同程度，将直接影响司法权力运行效果的好坏、影响法律适用质量的高低。明确的法律规范并不必然带来司法的公正，充分的证据也并不必然产生

〔20〕 参见毛立新：《"功大于过"有违司法伦理》，载《法制晚报》2013 年 5 月 6 日，第 A03 版。

〔21〕 《社评：官员价值体系亏空，钱房就来填补》，载《环球时报》2013 年 2 月 5 日，第 15 版。

〔22〕 参见毛立新：《"功大于过"有违司法伦理》，载《法制晚报》2013 年 5 月 6 日，第 A03 版。

〔23〕 刘练军：《司法要论》，中国政法大学出版社 2013 年版，第 348 页。

〔24〕 高子程：《确立唯法是从的理念和品德》，载《人民法院报》2013 年 5 月 6 日，第 7 版。

〔25〕 沉静如水：《司法的定力是遏制错案的根本》，载正义网（法律博客）：http://wangwenchang.fyfz.cn/b/742866，最后访问日期：2013 年 6 月 11 日。

〔26〕 谢鹏程：《克服司法权运行的机制障碍》，载《学习时报》2013 年 6 月 10 日，第 5 版。

唯一的裁判结果,[27]尤其是在法律规定的自由裁量范围内,法律文本的客观性与确定性完全可能因司法者价值取向的不同而发生变化。此时的法治转化为法律限定范围内的人治,[28]法官的司法理念及其价值判断决定着他对法律规范和事实证据的选择。因而法官正当价值观念的培育尤为重要,这是保证司法权力规范运行的最为直接的因素。

但是,前已述及,我国法官群体性价值观念错位的根本原因并不在于法官本身,而在于司法制度或体制设置的观念错位。在法官与政府公务人员一样接受行政管理体制的约束时,法官就会产生天然的行政情结,司法权力运作过程中真正起作用的是行政权。[29]现行司法制度中蕴含的行政化思维,将法官驯化成了政治大局观念和权力的附庸。因而,欲构建法官的正当价值体系,必须首先在司法制度的建设中切实贯彻法律至上、依法独立行使审判权的基本价值,唯有对法官切身利益产生持续影响的法官升任、法官福利等制度彰显新的价值排序,才能在普遍意义上改善法官的价值体系。法官管理体制的重新设置需要充分体现对那些到了一定位置升不上去的法官的真实尊重,使之最终能够带着这份职业荣耀与尊重离开公职,这种荣耀不能是金钱或者权力,而应当是与全社会的主流价值体系相符的某些内容;而且,在新的制度设计中,不仅要在精神层面构建正当的司法价值体系,而且要在物质保障层面认真安排法官的合法利益,如法官终身任职制度、法官福利保障制度等,只有这样,才能破解司法反贪的“运动式”局面,形成长久实效。[30]最高人民法院新近发布的《关于切实践行司法为民、大力加强公正司法、不断提高司法公信力的若干意见》中,就初步提出了对法院队伍进行分类管理、完善法官单独职务序列制度的改革建议。这与该意见中提出的推进主审法官负责制、弱化法院院长、庭长对审判的管理权限等内容,是密切相关、相辅相成的,其共同在制度上切实保障法官群体的合法权益。唯有在此基础上,才可能有效构建法官的正当价值体系。

司法制度改革必须体现新的、能够切实反映司法运行本质的价值理念,这确实是我国司法改革的重点内容。重视这一点是否就抓住了保障司法权力规范运行的关键要素?笔者认为,即使学界普遍意识到了相关制度理念、制度价值转变的重要性,也并没有抓住我国司法体制改革中最为关键的一环。纵观新中国的社会变革史,无论是成功的还是不成功的,中国社会的变革基本是自上而下展开的,推动变革程序启动的领袖人物往往是变革的关键因素。就此而言,如何推动对司法制度的顶层设计和价值构建享有决策权的那些人的价值观念的转变,将是构建正当司法价值体系的基础因素。

既然构建谁的价值体系一事已基本清晰,那么,如何构建这一价值体系的逻辑顺序也已明确。欲要构建法官的价值体系,必须先改变对法官产生约束力、控制力的各种司法制度中的价值安排,在司法制度或司法体制的改革中树立法律至上、把权力关进制度的笼子的观念,是司法权力运行规范化的关键。

---

[27]　炅晶雯:《基层法官司法知识结构成因分析及价值重构——以司法能力为视角》,载《山东审判》2009年第3期。

[28]　青葙小子:《公平正义从治人开始》,载正义网(法律博客):http://qingxiangxiaozilaw.fyfz.cn/b/747877,最后访问日期:2013年6月11日。

[29]　参见炅晶雯:《“社会问题司法化”背景下的司法价值选择及路径探索》,载《山东审判》2011年第1期。

[30]　《社评:官员价值体系亏空,钱房就来填补》,载《环球时报》2013年2月5日,第15版。

构建正当司法价值体系的第一步,应是努力说服那些掌握司法制度变革决策权的领袖人物树立法律至上的基本观念。这一要求其实已经超越了单纯的司法体制改革范围,因为能够左右司法体制改革方向的决策者事实上都是国家的政治领导人。而且,当今中国的法院作为国家管治机构的一部分,并不是一个单纯的裁判机关,它需要在整体性的管治构造中发挥一种对有关法律事务的“主动”及“联动”的作用。[31] 因而说服这些决策者还法院系统以独立审判之身,放弃对其政治管治功能的期望,实际上是动议他们作政治体制上的改革。在这个意义上,必须将司法体制改革纳入政治体制改革的步伐中去,没有政治体制上的改革作为基础,单讲司法体制改革是一种奢谈,甚至妄谈。因而,掌握司法体制改革决策权的政治领导人的法律至上、独立审判观念的树立至关重要。此外,需要强化树立独立审判观念的精英人士还包括有权制定具体法律制度的立法者、立法解释者、抽象司法规范的制定者。因为这些人是贯彻国家政治领导人之法治意识的规则制定者或执行者,他们是否具有崇高的法律信仰、坚定的法律信念,将会直接影响其所制定或执行的法律规则能否蕴含公平正义观念、能否摒弃行政化思维、能否贯彻依法独立行使审判权的基本原则。说服这些精英人士树立法律至上的基本观念,这一步骤已初见成效,相关理念已经开始部分地体现在党的十八大报告、最高人民法院的一些文件中。

构建正当司法价值体系的第二步,是在司法体制或司法制度的变革中坚决贯彻法律至上、依法独立审判的基本观念。实现这一步变革的基本路径,就是割除现有司法制度中体现行政化思维的相关内容,建立真正有利于法官依法独立行使审判权的司法制度。具体来讲,建议废止的制度包括政法委协调办案制度、审判委员会制度、判决书签发制度、法官行政职级制度以及行政性的考核制度、人大个案监督制度等,需要改善的制度包括地方人大主导法官任命制度、地方政府财政部门主管法官薪水及办案经费制度、检法并列制度等,需要新建的制度包括法官高薪、退休保障、终身任职等有助于法官独立的垂直管理制度,提高法官在制度上的独立地位以及社会中的权威地位。

构建正当司法价值体系的第三步,是在建立健全法官独立承担案件责任的基础上,树立其法律至上和依法独立行使审判权的观念。构建法官的正当价值体系,应充分借助各种手段方式,培养其“坚守法治信仰,坚持法治思维,摒弃行政思维,坚决依法办案”的信念[32],以确保法官的思维独立,并对裁判结果独立负责,坚守司法公正的底线。[33] 当然,构建法官正当价值观念的同时,也必须注意加强司法系统内部行政管理者的依法独立行使审判权意识,因为在我国现实环境下,即使在制度上能够确立法官依法独立行使审判权的法律规范,但受传统司法文化及现实体制的影响,法院院长、庭长等对法官具有行政管理权限的人是否具有崇高的法律信仰、坚定的法律信念,将会直接影响审判中的法官能否独立、公平、公正地适用法律,实现法律正义。法官依法独立行使审判权观念的培养,不仅需要制度上的支持,而且需要人员上的配合。

在中国,正当司法价值体系的构建并非只是法官个人的事情,而是整个司法体制,甚

---

〔31〕 参见龙宗智:《重建民众对司法的信任感:当前司法的难题及应对》,载《南方周末》2010年7月15日,第F31版。

〔32〕 参见贾宇:《打造司法公信力的两大基石》,载《人民法院报》2013年5月6日,第5版。

〔33〕 参见徐显明:《确立司法公信力的四个根据》,载《人民法院报》2013年5月6日,第5版。

至政治体制变革的复杂过程。单纯强调法官依法独立行使审判权观念的培养,而忽视对其享有管理和约束职能的行政领导人、司法制度中正当价值体系的构建,实践证明很难起到防范法官违纪违法行为、提升司法公信力的预期目的。必须整体上考虑法官违纪违法行为普遍化的根本原因,首先培养能够左右司法体制改革方向的国家政治领导人的法治思维,以其影响司法系统上层领导人依法行事;其次改善现行司法体制中的各种具体制度,去除其中与法官依法独立行使审判权原则相抵触的各种制度,建立有效的司法独立机制,将依靠少数领导人的法治转化为制度法治;最后才能、且才有可能要求法官提高法治意识和审判独立意识,以确保每个案件都能获得公正审理。唯有如此,才能真正扭转当前司法权力运行不规范的不利局面,逐渐实现司法权力的规范运行。

六、结语

我国司法权力运行中固有的行政化弊端已被审视多年,相应改进建议也提了很多,但实践中的司法制度变化却不多,司法权力运行的规范性逐年走低,司法公信力日趋下降。究其原因,皆在于法律至上的独立审判观念未曾真正树立,行政化思维仍是司法权力运行的主导观念。请示汇报、司法审批、审判委员会决定、政法委协调办案等制度,都摆脱不了行政化思维的主导,这些制度削弱了依法独立行使审判权观念在司法权力运行中的作用,弱化了法官在司法审判中的独立主体价值,使其难以积极、中立的姿态公平裁判案件,从而导致为数众多的冤假错案的发生。与其在因果链的末端亡羊补牢,通过冤假错案的平反来提升司法公信力,不如在制度的源头去除影响司法权力规范运行的行政化观念障碍,认真践行党的十八大报告提出的深化司法体制改革的目标,在司法权力运行机制完善的过程中,构建法律至上、依法独立行使审判权的正当司法价值。与此同时,必须强化提升法官依法独立行使审判权的法治意识,从而真正改善目前司法权力运行不规范的局面,有效提升司法公信力。

比较法研究

中国法制近代化中的欧洲中心主义法律观

——以宝道为切入点

朱明哲*

【摘　要】　在以西法东渐为特点的中国法制近代化进程中,外国法学家发挥了重要的作用。他们也带来了一种欧洲中心主义的法律观,并因此揭示出近代法史的世界史意义。先后担任北洋政府和南京国民党政府顾问的法国法学家宝道在华期间曾经针对中国法律和政治写下了一系列意见书和论文。从他留下的作品中,我们可以推知,这一外国顾问本着职业精神,竭尽所能希望对中国法律现代化作出贡献。但他追求的并不是革命式改天换地的现代化,而是以渐进的方法,更加务实地推进先进立法的实施。宝道对中国法的观察立足于他对欧洲法的知识,无论是对中国法律的评价还是改进意见,都是以欧洲法律为标准的。他的观点并未脱出20世纪初逐渐形成的法学国际共同体的窠臼。具体而言,温和的进步主义和普世主义是所有投身法律现代化潮流的法学家都无法避免的思想底色。

【关键词】　宝道;法律现代化;进步主义;外国法学家

一、导论

中西法律交流是中国法制近代化之重要因素。一种欧洲中心主义法律观通过来华欧洲法学家和留欧中国法学家的活动,在法制近代化中产生了深刻影响。而研究近代东西方法律交流难免会触及关于欧洲中心主义或西方中心主义的议题。史学界把"欧洲中心主义"作为一种观察世界的方式概括为以下三方面内容:欧洲是观察者所处的位置、观察的中心;欧洲文明高于其他文明;欧洲文明是衡量其他文明的尺度,任何非欧洲的文明中所产生的因素,都通过与它们在欧洲文明中产生的对等物对比而确定价值。[1] 那么一种欧洲中心主义的法律观,也具有以下三方面的特征:(1)欧洲法律是观察者所处的位置,即观察的起点和中心;(2)欧洲的法律优于其他法律;以及最重要的(3)欧洲法律是一切

---

* 朱明哲,中国政法大学比较法学研究院讲师,法学博士。

〔1〕 See Enrique Dussel, Javier Krauel & Virginia Tuma, Europe, Modernity, and Eurocentrism, *Nepantla Views South* 1, 2000, p. 471; Immanuel Wallerstein, Eurocentricism and Its Avatars: The Dilemma of Social Sciences, *Sociol. Bull* 46, 1997, pp. 21 – 22; Cornel West & Bill Brown, Beyond Eurocentrism and Multiculturalism, *Mod. Philol* 90, 1993, pp. 142, 145.

法律的尺度,非欧洲的法律体系中所存在的因素之优劣,都由与欧洲法律的对比而得以衡量。本文希望通过对宝道(Georges Padoux,1867～1960)及其时代的研究说明:(1)无论欧洲法学家是否对此有所意识,欧洲中心主义法律观都是他们观察和评价中国法时的思想前见;(2)欧洲中心主义法律观的内核并非一成不变,而取决于欧陆法学发展状况和法律人共同体的集体心态;(3)民国时期在我国发生影响的,是一种强调进步性和经验普遍性的欧洲中心主义法律观。

对关于中国法的美国叙事的研究显示,19世纪晚期的中国常常表现为一个没有法律,或者只有腐败、低效、野蛮的法律的国度。而这种叙事让对比中的美国法律具有了优越性、形成了一种内部的认同,并且正当化了领事裁判权。[2] 如果说上述研究表现了西方中心主义的一种形式的话,本研究或许可以展现不同于美国叙事的"欧洲中心主义"。尽管对于中国的观察者而言欧洲和美国同属西方,但对于欧洲法律人而言,欧洲作为一个整体仍然与美国有难以掩盖的差别。本文希望探求20世纪初开始自己职业生涯的这一代欧洲法律人所持的欧洲中心主义的特点,并借此揭示中国近代法史的世界史意义,也由此触及世界法史本身。

近年来,人们开始意识到从欧洲的经验中发展出的概念和理论本身都是不断发展和变动的。法史学者开始强调欧洲法史在地理范围内的流动性特征和欧洲内部规范的碎片性,并降低历史法学的影响、而侧重地方性实践。[3] 在国际法史领域,对欧洲中心主义的反思大部分还集中在该偏见所可能造成的对非欧洲法律体系之实践的"曲解"以及欧洲法律观的传播所造成的霸权等方面。[4] 就算对法律欧洲中心主义所以在19世纪末形成有所关注,研究的范式仍是说明"法学知识之形成是对现实政治的反映",换言之欧洲法律模式成为全球范围内占主导的模式是欧洲政治权力扩张的结果,并反过来为这种扩张背书。[5] 然而这种还原论的主张可能遮蔽了学说史发展本身的独立性,让人们无法了解欧洲中心主义的法律观到底是如何在学术界内部形成的,并因此遮蔽了本文所强调的法学国际共同体之成员的主体性。在这个意义上,本文的立意不同于既有对法律欧洲中心主义的研究。本文关心的是在20世纪初的法学中形成的那种欧洲中心主义有何特点,塑造它的那一个法律共同体又有何种知识背景。对此,本文主张,彼时欧洲法学两个重要发展决定了中国法制近代化中的欧洲中心主义内核:(1)由那些广泛关心外国法和国际法问题、希望寻找人类共同法的法学家组成的法律人国际共同体形成,并推动了普世主义的发展;(2)对变化的关注取代了对永恒真理的信念,并开始容纳进步主义。

对法史上一些重要人物的研究可以增进今人对法制与法律思想发展的知识。但这种知识并不直接来源于对他们所作所为的了解。通过具体的个人可以透视其所属群体的共

---

〔2〕 See Teemu Ruskola, Legal Orientalism, *Mich. Law Rev* 101, 2002, pp. 179－234. 参见李秀清:《中法西绎:〈中国丛报〉与十九世纪西方人的中国法律观》,上海人民出版社2015年版,第34～44页。

〔3〕 参见[德]托马斯·杜福:《欧洲法律史——全球化的视野》,李明倩译,载《华东政法大学学报》2014年第4期。

〔4〕 See Edward McWhinney, *The International Court of Justice and the Western Tradition of International Law*, Martinus Nijhoff Publishers, 1987, pp. 3－5.

〔5〕 See Arnulf Lorca, Eurocentrism in the History of International Law, in *The Oxford Handbook of The History of International Law*, Bardo Fassbender & Anne Peters eds., Oxford U. Press, 2012, pp. 1034, 1054.

同意识,并以此作为理解法律发展之时代背景的窗口。[6] 为了更全面地了解我国近代法史并揭示其在全球法律发展背景中的意义,有必要聚焦于一些在华工作的外国法律人,因为其人在中国身份各不相同、职业领域十分广泛,通过自己的工作媒介中西法律文化。[7] 研究这些人的目的,却是展现法学国际共同体之意识。

本文选取的切入点是乔治·帕杜,法国法学家和外交家,20世纪初在中国创下一番事业的欧洲法律人之一。[8] 时人雅赠中文译名"宝道",本文从之。将近二十年的中国政府顾问工作让宝道成为中国近代法史上一个不可忽略的人物,研究他也可以增进今人对现代中国法律起源的理解。而宝道能为我们提供的,不仅仅是一个曾经参与中国法律现代化的外国人对中国法的观察。他的论述和经历,至少在考察欧洲中心主义法律观的形成方面有两点重要意义。研究宝道将帮助今人从世界史的角度考察我国近代法史,同时也发现中国近代史对于全球法律史的意义。本文将首先介绍宝道的生平和他所处的时代,特别是其中法律人国际共同体的形成。然后,通过解读宝道对中国法的论述,指出他对中国法的观察和改革建议都是欧洲中心主义式的。最后,我们将把宝道放回他所属的国际共同体中,从世界史的视角理解他的话语中折射出的整个西方法学界在世纪之交所共享的进步主义和普世主义语言,从而指出这种独特的欧洲中心主义的内核。

二、宝道与他的时代

(一)宝道的生平

宝道是法国外交官雅克·帕杜(Jacques Padoux)之子,生于亚历山大港,幼子安德雷·帕杜[9](André Padoux)亦继承家业,投身外交事务有年,后成为法国印度研究权威。宝道1886年从巴黎名校亨利四世中学毕业后,进入巴黎法学院,即人们常说的"索邦法学院"。[10] 本科毕业后,宝道于1890年1月通过了外交与领事事务职业考试并进入外交部工作。先后在外交部商务处和外长办公室任职后,他于1892年获授领事资格,并在1893

---

[6] 大体上可以认为此种强调群体共同观念和历史背景的方法受惠于剑桥学派。See John Pocock, *Political Thought and History: Essays on Theory and Method*, Cambridge U. Press, 2009, pp. 87-88.

[7] 参见陈新宇:《礼法论争中的冈田朝太郎与赫善心——全球史视野下的晚清修律》,载《华东政法大学学报》2016年第4期。

[8] 关于宝道生平,尤其是他在北洋政府顾问任上的活动,可参见林政贤:《北洋政府时期的外籍顾问宝道》,东华大学历史学系2015年硕士学位论文。本文主要参照的是法国外交部档案所藏宝道私人档案的一般性介绍部分,档案编号:IDR PA-AP 393 Padoux (Georges)。关于宝道生平,未加引证处,皆出自此档案概要。

[9] 除1920年生于北京的安德雷外,宝道另有其他子嗣。他前往暹罗时已携妻子和两个儿子一同赴任。

[10] "索邦大学"(Université de la Sorbonne)是传统上巴黎大学的传喻。罗贝尔·德·索邦(Robert de Sorbon, 1201~1274)创建了作为巴黎高等教育基础的索邦神学院(Collège de Sorbonne),而该院原址后得名"索邦广场"(Place de la Sorbonne),并在历史上长期作为巴黎各高等教学机构管理部门所在地,因而巴黎大学又名"索邦大学"。在第三法兰西共和国时期,虽然法学院和文学院等高等教育机构都处于统一的管理部门权力之下,却彼此相互独立。1968年学潮之后的大学改革后,原有院系关停并转,只要在索邦广场仍留有办公室的大学,都可以"索邦"冠名。但在1968年以前,特别是在本文所关照的19世纪末、20世纪初,"索邦法学院"和"巴黎法学院"是一个机构的两种不同叫法。

年前往巴塞罗那出任副领事一职。1896年,他以二级领事身份出任突尼斯之法国政府的副秘书长。[11] 从此,宝道虽然名义上仍是法国的外交官,但却不再直接受命于外交部,属于所谓"不就任之外交官"(diplomate hors cadre)。1905年升任总领事后,他前往暹罗王国(今泰国)协助该国政府进行制度现代化。在1913年离任之前,他参与起草了《民法典》《商法典》《刑事诉讼法典》和《司法组织法典》。

1913年年底从暹罗离任后,已经是一级全权特使(ministre plénipotentiaire)的宝道来到中国,以财政顾问的身份任职于希望通过引入现代制度(如审计院)重建财政系统的中国政府,并一直在中国工作到1931年正式退休。他还曾受国联委托,考察中国的共产主义运动。在华期间,宝道先后担任北洋政府审计院(1914)、司法部顾问(1919),和国民党政府立法院、司法院、交通部顾问(1928)[12]。宝道还与王宠惠、戴传贤一起,担任1929年立法院组织的民法起草委员会顾问。[13] 宝道并未担任过驻华公使,目前所掌握的材料尚无法确定其离华的具体日期。当时36岁的埃斯加拉(Jean Escarra,1885~1955)在宝道举荐下,于1921年前来中国出任法律顾问。后者在著名的《中国法》一书中也提到:"我向宝道先生致以崇高的谢意,他对本书功不可没。不仅因为他在我居于北京时慷慨地给予帮助,也不仅因为他对亚洲的深刻理解,还因为他一向坚定地支持着此项研究,甚至作为其自己的事业,这种感情对我而言极其珍贵,并对此书的最终成型极为重要。"[14] 埃氏对我国商法的贡献颇多,其《中国法》也是长久以来欧美学人了解中国法律体系与法律思想的重要窗口。可见,宝道不仅本人参与民国政府的立法活动,也通过举荐人物、提携后学而深入中国法律建设。

宝道同时是一位在华外国法学家、国际化的欧洲法学家和欧洲本身法学变革的参与者。这三重身份让他可以向今人揭示我国近代法制变革的世界史意义。

(二)宝道与实践家心态

宝道是一位实务型的法学家。我们往往不经意间认为所有法学家都是理论家,忽视了他们作为实践家的一面。民国来华的外国法律专家中,和宝道一样作为"职业人"而非"教授"的实非少数,赫德(Robert Hart,1835~1911)、奥斯丁(Warren Austin,1877~1963)和松冈义正(松岡 義正,1870~1939)均属此列。一方面是理论家传统,习惯于体系性思考、对宏观问题有独到见解、经常写作而且积极向母国介绍在中国的见闻;另一方面则是实务家传统,更喜欢针对具体问题提出解决方案、政策建议多于理论探讨、不惜在作品中探讨种种政策的具体实施细节至琐碎的程度。实际上,大部分我们作为理论家来看待的法学家,本身也是实践家。比如说,在1932年,八成巴黎法学院的教授都另有至少一份职业性的工作。法学院的管理者甚至普遍认为这种联合会让法学从实践中汲取养分,实践

---

〔11〕 需要说明的是,此时突尼斯已经沦为法国的保护国。法国在国际上代表突尼斯,并且于突尼斯内政上也有最终决定权。

〔12〕 参见王健编:《西法东渐——外国人与中国法的近代变革》,中国政法大学出版社2001年版,第541页。

〔13〕 参见张生:《王宠惠与中国法律近代化》,载《比较法研究》2009年第3期。

〔14〕 Jean Escarra, *Le Droit chinois*, Vetch, 1936, p. 5.

也会因此变得更加合理。[15] 于是,此处涉及的似乎不仅仅是一个和理论家可以完全分开的群体,而是法学家这个群体实践思考的方面。问题在于作为实践家的思考并不总能系统地保存下来。这才造成了在重视文字书写的史学界,特别是在重视理论书写的思想史界,总倾向于认为法学家首先是理论家。宝道反倒因为有较多机会于学术性刊物发表文章而为我们保留了研究实践家思考的重要材料。[16]

(三)宝道所属的"法学国际共同体"

通过宝道可以了解20世纪初逐渐成熟的"法学国际共同体"。此处可以提出的一个初步而且必然是粗糙的界定是,法学国际共同体的成员或多或少会赞成以下主张:(1)存在多个国家共同面对的法律问题;(2)有可能提出适用于多个不同法律体系的一般性法律理论;以及或许是最重要的(3)他们本身意识到自己并非仅仅和自己国家的同行对话,而是同时也处于一个国际性的法学讨论之中。正是因为这种共同认识,处于这一共同体之中的法学家不同于以前主要以通过外国法改进本国法为目的的那些早期比较法学家。[17]

"法学国际共同体"雏形诞生于19世纪末。1870年普法大战结束后基本形成的欧洲民族国家版图、法国知识界的"德国危机"、欧洲各国学生学者之间的流动等社会政治背景提高了学者对其他国家法律问题的兴趣和理解程度,而殖民主义又让欧洲法学家开始关心殖民地原有的法律体系。[18] 芬兰法学家科斯肯涅米也意识到,1870年开始,一部分欧洲法学家把视野转向欧洲以外的法律体系,并以"文明世界的法律良知"自居,向全世界范围推行欧洲的法律文化。[19] 此时的象征性组织便是1873年经由比利时的国际法学家罗兰-雅克曼(Gustave Rolin-Jaequemyns,1835~1902)提议、在意大利的曼奇尼(Pasquale Stanislao Mancini,1817~1888)主持下,于比利时根特建立的"国际法研究会"(Institut de droit international)。[20] 显然,他们已经意识到自己正在参与一场关于人类共同法律制度和法律理论的讨论。

然而,除了在整个法学家队伍里占很小一部分比例的国际法学家以外,大部分的法学家最主要兴趣还是本国的法律问题。欧洲范围的法学国际共同体直到第一次世界大战前后,才因为新的人口流动、关于国际联盟问题的讨论而形成。尤其重要的是,在两战之间的氛围中,法学家创造了国际性讨论的平台。凯尔森(Hans Kelsen,1881~1973)和狄骥

---

〔15〕 *Cf.* Dominique Gros, La légitimation par le droit, *in* Marc Olivier Baruch et Vincent Duclert (éd.), *Serviteur de l'État*, La Découverte, 2010, pp. 17-37.

〔16〕 据说宝道从中国政府的顾问岗位卸任后于1935年和1940年分别于巴黎出版了两部极短的著作,一部介绍中国法律的翻译情况,另一部介绍中国共产主义运动。*Cf.* Chalanthorn Kidthang, *Georges Padoux: le Code pénal du Royaume de Siam* (1908) *et la société thaïe*, mémoire de maîtrise, Université Silpakorn, 2004, p. 53.

〔17〕 参见何勤华:《比较法的早期史》,载《比较法研究》2016年第6期。

〔18〕 *Cf.* Mingzhe Zhu, *Le droit naturel dans la doctrine civiliste de* 1880 *à* 1940, Thèse de doctorat, Sciences Po., Paris, 2015, pp. 227, c232.

〔19〕 See Martii Koskenniemi, *The Gentle Civilizer of Nations: The Rise and Fall of International Law* 1870-1960, Cambridge U. Press, 2004, p. 12.

〔20〕 See *Id.* at 39-41.

(Léon Duguit, 1859 ~ 1928)合作创办了多语出版的《法律理论国际评论》(*Revue internationale de la théorie du droit*)。虽然此前也有先例,但欧美法学家也在"一战"后更频繁地跨过重洋去其他的大洲的大学讲授课程、担任政府顾问。狄骥和德谟格(René Demogue,1872 ~ 1938)在布宜诺斯艾利斯的讲座都成了法国法学上的经典之作,如果不是因为人们相信法学研究的普遍性,这本是不可能发生的。那些和宝道一样在外国政府担任顾问的法学家当然也是共同体中的一员。1931年在里昂召开的第二次国际比较法大会展现了人们对世界共同面临的法律问题——如人类共同法——的关心〔21〕,从而突破了1900年第一次巴黎会议"通过比较法改进国内法"的局限〔22〕,也象征了20世纪30年代国际法学共同体的集体意识。在寻找各国普遍法律问题之解决的希望指引下,国际统一私法机构(UNIDROIT)于1926年成立,旨在用法国法律文化统一其他国家法律的卡皮唐协会(l' Association Henri Capitant)也在1935年建立。所以从代际划分来看,宝道正是新形成之法学国际共同体的一员。他是一个欧洲法学家,却在欧洲以外度过了他大部分的职业生涯。宝道不妨作为一个窗口,向我们展示从"美好年代"末期到第二次世界大战之间的法学国际共同体所持之心态特征。

(四)处于法学革新中的宝道

宝道在巴黎法学院求学时,正好是法国法学革新的酝酿期,而他的职业生涯恰恰覆盖了法国法学的革新期。前文提及,宝道1886年到1889年于巴黎法学院学习。而1885年到1895年则是法国法学和法学教育发展的一个转折阶段。法学教育改革始于1889年。是年,宪法列为必修课。1895年,教育部颁布了新的法学院教学大纲,民法的教学可以不必再按照法典的顺序进行。〔23〕法学院教师的竞考体系在教学改革过程中保留了下来:获得法学博士学位的人可以报名参加每两年一次的教师竞考(concours),根据每年提供的职位不同,每次通过竞考可以取得教授资格的人数也不一样,但一般在10人左右;竞考优胜者通常会先去外省乃至殖民地(如阿尔及尔)的法学院从教,虽然有例外,其中的佼佼者往往希望能最终前往巴黎法学院。然而竞考的科目在改革中发生了改变,1896年起,法学院教师开始按照私法与犯罪学、公法、法史学和政治经济学四大门类招募。一直到第二次世界大战以前,法学院的教学再没有过大的变动。正是在改革进行时的19世纪末,

---

〔21〕 *Cf.* Édouard Lambert, Le rôle d' un Congrès international de droit comparé en l' an 1931, Rapport fait par le professeur Édouard Lambert à la séance solennelle de l' Académie internationale de droit comparé, tenue à La Haye, le 1er août 1929, *Mémoires de l' Académie internationale de droit comparé* 2, 1934, pp. 461 – 480.

〔22〕 *Cf.* Adhémar Esmein, Le Droit comparé et l' enseignement du Droit, *in Congrès international de droit comparé tenu à Paris du* 31 *juillet au* 4 *août* 1900 : *procès-verbaux*, Librairie générale de droit et de jurisprudence, 1905, pp. 445 – 454 ; Raymond Saleilles, Conception et objet de la science du droit comparé, *in Congrès international de droit comparé tenu à Paris du* 31 *juillet au* 4 *août* 1900 : *procès-verbaux*, Librairie générale de droit et de jurisprudence, 1905, p. 167.

〔23〕 相比于第一帝国和第二帝国时期以"按照法典顺序"讲授为重要特征的民法课程,不按照法典的顺序讲授实在赋予了民法学家极大的自由。自此,民法课程在几乎所有的法学院都按照相同的、但不同于法典的顺序讲授:第一年讲序言和身份权,第二年讲债、各种契约、保险,第三年讲亲属和继承。

法学界出现了许多关于公法学的地位[24]、民法的教学方法[25]、比较法的意义[26]、法史学的重要性[27]等议题的讨论。而在1889年以前,则在一些法学院有过小规模的新课程引入实验,如殖民地经济学、工业与工人立法、政治经济学,还有阿尔及尔大学的穆斯林法等。但是巴黎法学院在1890年以前却不见有任何新的教学实验。所以,宝道是1890年以前的教育体系最后的几批学生之一,却又是新的法学思潮之缔造的参与者。

基于以上三点原因,研究宝道可以帮助今人从三个方面了解一种欧洲中心主义的法律观:中国法的实践在这种法律观审视下的特点、20世纪初法学国际共同体对它形成的意义、它与法学革新之思潮的关系。

三、从宝道笔下的中国法看欧洲中心主义

从宝道对中国法的观察和评论中可以看出,他确实希望能帮助中国政府实现现代法制,而且他确实对中国法有较高的评价。宝道把中国法与欧洲各国的法律进行比较,并因为中国法与欧洲法之间的相似性而肯定前者的质量。他对改进中国法的建议也是从法国法的经验中总结而来的。在这个意义上,虽然宝道身处中华,他仍选择了从欧洲法律出发的观察视角,而欧洲法也顺理成章地成了评价其他法律的尺度。

(一)作为实践家的宝道及其职业精神

法国公使玛泰尔……声明道胜银行自俄国革命后已在法国政府注册立案,归法国保护。中国政府因该行之停业而派员清理账目,应先征求法国之同意,否则法国不能承认云云。王(宠惠)答华俄道胜银行系华俄合办,中国不能承认与法国有任何之关系……中国政府派大员清理,系属当然之事,法国无干涉之权。更无事前征求同意之必要。玛使尚再争辩,王据理力驳,玛使不得要领而去。[28]

以上文字出于1918年10月的《来复报》。背景是俄国十月革命之后华俄道胜银行多数董事移至巴黎分行继续维持业务,终究力不能逮,以至于1918年9月关闭。中国政府任命王宠惠为督办、宝道为会办负责中国境内道胜银行清理工作。报道的字里行间,不难读出记者对王宠惠能据理与玛泰尔周旋并胜之的自豪。法国虽然在世界大战中元气大伤,却仍不失为世界性力量,作为所谓"列强"之一,"积贫积弱"的中国自不能与之同日而语。所以在银行清理事宜上对法国人的胜利,对于国人而言殊值庆贺。然而令人不得不质疑的是,此一外交胜利果如记者所叙,全是亮畴一人之力、而宝道于此间全无尺寸之功?

道胜银行清理案是宝道在华工作的一个缩影。他既是登记在册的法国外交官,又是

---

[24] *Cf.* Henri Barckhause, Introduction à l' étude du droit public général français, *Revue critique de législation et de jurisprudence* 23, 1894, pp. 89 - 101.

[25] *Cf.* Henri Lévy-Ullmann, Programme d' un cours d' introduction au droit civil, *Revue trimestrielle de droit civil* 2, 1903, pp. 836 - 854.

[26] *Cf.* A. Esmein, Le Droit comparé et l' enseignement du Droit, *op. cit.*

[27] *Cf.* Raymond Saleilles, Les Méthodes d' enseignement du droit et l' éducation intellectuelle de la jeunesse, *Revue internationale de l' enseignement* 43, 1902, pp. 313 - 329.

[28] 《来复报》1926年10月10日第413号,第15版。

受雇于中国政府的顾问,一边是祖国同胞,另一边却是中国政府的同事。“列强”积极向中国推荐自己的专家为顾问,固然有协助新建立之共和国实现现代化的考量,却难免也有使之与母国暗通款曲、试图干预中国部分国政之意。[29] 北洋政府高薪聘请外籍顾问,是希望借此理解欧美,或假专家意见书作为改革内政外交之依据。[30] 而各顾问看似处境相似,实际上因为身份、母国与中国的关系、所在具体部门不同,尚有微妙差别。但无论如何,既然身处局中,他们个人如何选择恰是一个令人感兴趣的题目。宝道作为民国政府的顾问,展现给我们的更多是忠于职守的职业精神。论者谓宝道“虽然是列强意图控管中国财政而安插的外籍顾问”,但“时常强调自己站在中国政府的立场论述”,而且他的意见的确能为中国着想。[31] 可见宝道作为政府顾问,颇能用自己的法学知识为中国政府出谋划策。“在其位,谋其政”的评价用在他身上并不为过。

写作专家意见书时表现出来的忠诚或许不妨看作是职业精神的产物。专家意见这种文体本身预设着一种工具理性,写作者更多地关心委托方所欲实现的目的可借由何种手段实现,而非对目的本身的追问。虽然宝道所发表的文章并不全是专家意见书,但终归难以脱此窠臼。比如他关于领事裁判权的文章,便预设了撤废领事裁判权之目的,所需要讨论的只是撤废此项制度所需要的步骤以及不同领事裁判权之间分类的细节而已。[32] 至于是否有必要追求撤废此项制度,那倒是不需要讨论的。王宠惠、王世杰、周鲠生等人当然也讨论过领事裁判权问题,废止领事裁判权对他们来说也是一个不需要讨论的目的,毕竟该制度象征着司法主权不完整、国家处于他人支配之下。但宝道的出发点显然和他们不同,他甚至可以选择像其他外国法学家那样认为领事裁判权有助于中国法制现代化。对于立志通过公法知识改造国家的中国青年而言,出发点乃是“我们居于劣等地位”。而对于宝道而言,出发点大约是“中国人自觉居于劣等地位”。[33] 其中区别是很明显的。

在讨论中国刑法改革、破产法立法、婚姻制度等问题的时候,“为中国建立好的法制”则悄然成了毋庸置疑的目的。这一目的对于中国法学家而言或许不言自明,但对于宝道而言却不尽然。他完全可以以移植法国法律为己任,而不必考虑其他的可能性。蔡枢衡认为中国法学家往往挟洋自重,考虑私利多于公益。[34] 中国学者况复如此,一个法国人能以中国法律发展作为自己的使命,不能不说是相当可贵的。

然而宝道对中国用心之诚就真的没有在一些具体的时刻超越“食君之禄、忠君之事”的层面吗?似乎亦不然。恰恰是在1931年退休而不再受顾问职羁縻后,他发表了数篇文章,阐述对中国法律的改进意见。除此之外,令人印象尤其深刻的乃是宝道在向欧美各国法学界推广中国法律方面颇为积极:

该年鉴除载有甚多意国法院之判例外,凡英法德比瑞西希……等国法院之判例亦搜

---

〔29〕 参见林政贤:《北洋政府时期的外籍顾问宝道》,东华大学历史系2015年硕士学位论文,第1页。

〔30〕 参见林政贤:《北洋政府时期的外籍顾问宝道》,东华大学历史系2015年硕士学位论文,第9页。

〔31〕 参见林政贤:《北洋政府时期的外籍顾问宝道》,东华大学历史系2015年硕士学位论文,第144~145页。

〔32〕 参见[法]宝道:《暹罗治外法权之撤废》,梁仁杰译,载王健编:《西法东渐——外国人与中国法的近代变革》,中国政法大学出版社2001年版,第274页。

〔33〕 同上注,第273页。

〔34〕 蔡枢衡:《中国法理自觉的发展》,清华大学出版社2005年版,第98~99页。

集殊多。而所载判例，均为全文，且常加以注释。中国通商口岸所为之判决，虽有关及国际公法问题者，例如依一九一八年八月五日中国法律在中国适用外国法律之判例是。然中国法院之判决，无一登载该年鉴者，实为憾事。所有南京管辖下之司法机关以中国判例供给于外国法学杂志之努力，至今又未得有丝毫结果。故中国对于本国法院具有与其他先进国法院同一解决最艰难法律问题能力之对外宣传，尚属缺如。[35]

宝道总是说，中国的立法不但不落后于世界潮流，而且往往在详细程度、科学性、体系性和时代性方面反而胜于欧洲国家的法典。刑法如是[36]，破产法亦然。[37] 更何况“中国近代法律，虽原为中国人民而设，然其中有高尚之原则存在，其原则如推广之，足裨益世界上其他各国”。[38] 当然，考虑到宝道在写作的时候刻意迎合读者预期，也在情理之中。可是这逢迎中恐怕也至少带着一些真心，毕竟中华民国立法之“先进”是时人几乎无差别地赞同的事情。那么，如此先进的立法如果不为外人所知，简直就是锦衣夜行。与此同时，泰西各国若不了解此间先进立法（且此立法之形成颇有宝道自己的功劳），也是憾事一桩。而且中国不光立法先进，法学家于个案中“解决最艰难法律问题”的能力也不逊于他国同行。如此看来，宝道对中国法的态度实在乐观。

所以，不妨推想，宝道总归是希望中国法制向“好”的方向发展。只不过人与人之间的分歧往往不在于是否要为善，而在于如何为善。宝道如何理解“好”法制实际上才是更为要紧的问题。探讨其意图并非冗余，因为只有当我们揭示宝道在主观上至少希望能帮助中国政府实现法制近代化后，才能进一步深入理解他意识中隐含的欧洲中心主义假设。上引关于领事裁判权废止和对中国判例外译的意见自然向我们展现了宝道工具性思考的一面，但也从一个侧面体现了“欧洲中心主义法律观”在形式上和实质上的特点。首先，于形式面上，宝道关于中国的立法先进的结论，是在把中国的立法与欧洲国家相似的立法对比后提出的，在这个意义上，中国立法不可能拥有一个独立于欧洲法的标准，而只能在以欧洲作为标杆的比较系统中衡量自身的价值。其次，在内容上，它又是结合于法学国际共同体的普世主义倾向中的，所以宝道才会认为存在科学性、体系性等等客观而普遍的标准，并且认为欧洲法院本身可以从中国法院对最艰难法律问题的解决中获益。这两种特点也时常在他关于如何实现优秀立法的建议中显现。

（二）难以实现的优秀立法

宝道是实务家，着力于具体解决技术性、而非理论性的问题。他同时也是一位技术官僚，看重实现目的之道，而非反省目的本身。他在探讨领事裁判权废弃之道时，提出了通过渐进主义的方法全面收回司法主权的主张，并指出，暹罗与每国单独谈判、不同时收回全部领土内治外法权、颁布新法、创设交替制度以适应过渡期需要等手段，诚为可借鉴之

---

〔35〕 ［法］宝道：《罗马比较法学及法制研究院》，载《现代司法》1936 年第 6 期。

〔36〕 参见［法］宝道：《中国刑法典之修正》，载王健编：《西法东渐——外国人与中国法的近代变革》，中国政法大学出版社 2001 年版，第 164 页。

〔37〕 参见［法］宝道：《对于破产法草案之意见》，骆允协译，载《法治周报》1934 年第 2 卷第 16 期。

〔38〕 ［法］宝道：《中国近代法律之迻译》，载王健编：《西法东渐——外国人与中国法的近代变革》，中国政法大学出版社 2001 年版，第 485 页。

务实方法。[39] 类似特点复见于宝道对《破产法》《婚姻法》和《民事诉讼法》的讨论意见中,而在他所拟少年犯人感化院意见书中则得到最集中的体现。既然设立感化院的目的"在感化教育之实施",那么所需要研究的就只是如何设计感化院而实现此目的了,其选址、规模、分部、考察、体育、智育、职业教育、德育、纪律等各项,均需要详加探讨。[40] 该文在内容上颇接近边沁论监狱改革书的意见,但宝道并非哲学家,他所关心的毋宁是怎样通过具体设计实现感化功能,而不是感化院本身的利弊。

一言以蔽之,宝道更有可能从"合目的性"角度出发思考。相比于对他的每一个意见进行白描式的研究,还不如尝试归纳和抽象出他对中国法制的整体性思考。从他给出的解决方案中我们可以推知他所见中国法律整体的问题所在。他虽然没有对自己的回答进行过多的理论化,我们却不妨通过讨论他对问题的形构而管窥背后的理论预设。

不妨从宝道最熟悉的财政方面入手,考察他1925年的一次发言和一份意见书。宝道在全国财政讨论会上曾主张,"中国财政,在拨用华府会议所议决之二五附加税、充政府无确实抵押债务之整理基金以前,实无整理财政可言",他当时认为关税会议一旦召开,不久便可落实各项计划,谁知道"为政治问题,华府所议决者迄未见诸实行",而结果便是"整理中国财政一事延缓二年有余"。[41] 言语之间,不难看出一个技术官员对政治考量导致计划无法按期执行的不耐烦情绪。尽管有如此不耐烦的情绪,他却一直主张渐进式地实现立法的目标。

1923年《宪法》第119条规定:"国家岁出之支付命令须先经审计院之核准。"该条文是对《天坛宪草》第105条的原文照抄,从宪法上规定了审计院对国家财政的事前监督。宝道和俄国人葛诺发共同草拟了一份针对此条的意见,认为:

国家遇有财政不敷或财政紧急处分之时,政府须设法应付……虽然,观察中国国政,若非大有进步,而北京政府若非恢复期政府一如宪法之所授予者,则宪法中所制定之国库统一与夫财政组织绝非一时所能径行无碍,且际此国库空虚之时期,虽有事前监督之美制及百备无忌之法度,而为时尚早,几如画饼,以北京政府行之究不如一二独立行省之富有收入者为较易也。[42]

寥寥数语之间,他对雇主所面对困难的判断已表达得直白无疑。可以追溯到民国二年的事前监督固然是"美制",单单考虑宪法上财政制度的建立,1923年《宪法》,乃至北洋政府时期的历部宪法,在文本上都可以称"百备无忌"。但问题不是怎样有一部起草得完美的宪法,而是如何让从文本上看至周至详的宪法真能"径行无碍"。两位外国专家很不客气地说,如果中国国政没有重大进步,那么看上去很美的宪法设计也不过就是画饼充饥而已。

设计良好的宪法和混乱不堪的政治实践之间的张力,不过是宝道眼中整个中国法律

---

[39] 参见[法]宝道:《暹罗治外法权之撤废》,梁仁杰译,载王健编:《西法东渐——外国人与中国法的近代变革》,中国政法大学出版社2001年版,第273页。

[40] [法]宝道:《对于少年犯人感化院组织意见书》,载《现代司法》1935年第1卷第3期。

[41] [法]宝道:《整理无抵押债务兼筹国家行政经费意见书》,载《银行杂志》1925年第2卷第23号。

[42] [法]宝道、[俄]葛诺发:《对于宪法第一百一十九条实行之意见》(1925年),见中国第二历史档案馆:《北洋政府审计院外籍顾问宝道等改革中国审计制度的建议》,载《民国档案》1994年第1期。

最严重问题的一个缩影。我们不妨理解为规范与事实之间的张力。但宝道的认识似乎有更丰富的内涵。比如《破产法》,他的评价是“规定极为详细,虽不能与以复杂著名之英美法系并驾齐驱,但较诸欧洲各国或大陆法系之破产法,则详尽多多矣”。[43] 只是这样详细备至的法典,在现实中很难发挥其制度设计之妙,盖与中国固有的交易和纠纷解决之习惯不同:“德法英三国商人视破产制度为一种法律赋予之便利,裨其债务人于无法清偿之时有自然解决之方。故彼欢迎法院之干预……但中国商人无论其为债务人或债权人,均不愿法院干预其经营事务,彼等委托人从中依习惯为之调解也。”[44] 既然在习惯上,中国商人不愿意前往象征着国家权力的法院,而是更愿意寻找调解人,那么调解所依据的规则就完全可以是当地习惯、人情乃至对长期多次博弈中最优结果之预期,却不一定是法律了。更何况法典的内容本身是西洋的舶来品,而“中国已有之商业习惯各处并非一律,其特点亦有时与现今外国商业习惯大相径庭”,“故以德国法律为主要母法之详密的破产法如本草案者,施行时,必至与许多地方上久经遵从而在商业社会占有重要地位之习惯相冲突”。[45]

由是观之,宝道并不否认现有规范的先进性,只不过先进的法律到目前为止尚未能够让法律所希望规制的人接受而已。所以他心中的问题倒和王伯琦所意识到的差不太多了:“我们立法上所采纳的,全套是西洋的最新法律制度,而在大众意识上所了解的,一般的似乎仍是固有的而且是复古的礼教制度。”[46] 有趣的是,王正好是在宝道离开中国的时候从巴黎大学毕业回国的。所以中国法律在 20 世纪初的问题,一言以蔽之,就是超前的立法和固有的社会制度之间的紧张关系。

希望颁行一套融合了较先进的法律思想的成文法,本身并不是一个值得质疑的目的。或者宝道也从来没有想要质疑中国政府希望实现的任何目的。唯民国诸法典起草过程中所体现出的恰恰是对法典的误解。因为“编纂法典之词,时致误解为依局部科学上激发之新辙……实则多数法典之编纂,其主要者如拿破仑法典之编纂,仅为‘集成’而已”。[47] 所以法典编纂首先考虑的不当是梅仲协先生所谓“集现代各国民法之精英,而弃其糟粕”,[48] 而是对斯人所既有之理念、规则、习惯,加以尊重和保留。他因而不无遗憾地说:“中国之编纂法典也,反于欧美法典之编纂,完全脱离中国遗传之法律,即由中国旧律继续沿革而发达者,从唐律以迄于民国前二年所颁之《大清律例》。”[49] 在宝道看来,同样是法典编纂,改革国家以此志业为创新,可欧洲国家却以此为传承,二者差别昭然若揭。

可见,在宝道眼中,中国法的问题乃在于设计良好的法律无法落实。究其原因,大致可以分为政局混乱、与中国素来习惯不相吻合、与中国固有价值断裂三大方面。对于实践

---

〔43〕 [法]宝道:《对于破产法草案之意见》,骆允协译,载《法治周报》1934 年第 2 卷第 16 期。

〔44〕 [法]宝道:《对于破产法草案之意见》,骆允协译,载《法治周报》1934 年第 2 卷第 16 期。

〔45〕 [法]宝道:《对于破产法草案之意见》,骆允协译,载《法治周报》1934 年第 2 卷第 16 期。

〔46〕 王伯琦:《近代法律思潮与中国固有文化》,清华大学出版社 2004 年版,第 3 页。

〔47〕 参见[法]宝道:《中国刑法典之修正》,载王健编:《西法东渐——外国人与中国法的近代变革》,中国政法大学出版社 2001 年版,第 164 页。

〔48〕 梅仲协:《民法要义》,中国政法大学出版社 1998 年版,第 2 页。

〔49〕 参见[法]宝道:《中国刑法典之修正》,载王健编:《西法东渐——外国人与中国法的近代变革》,中国政法大学出版社 2001 年版,第 165 页。

家宝道,既然有问题,便需要寻求解决方案。与他巴黎大学的校友王伯琦不同,宝道主张采取渐进式的方法改造中国社会。而从他的解答中,我们可以探问背后潜藏的法律理念。

(三)温和的欧洲中心主义

希望中国法制有所改善的宝道意识到中国的法典虽然设计良好,却无法实施,因为政府错误地理解了法典化。至于什么是正确的法典化观念,还是要在欧洲立法史上寻找。欧洲法典编纂自然有墨守成规之处,比如宝道所熟悉的《拿破仑法典》,在家父制和离婚两点上,大革命所催生之主张平等与自由的法制,短短数年间便蜕变成了保留家父制、名义上承认离婚却在实践上特别严苛的制度。[50] 夫妻在财产权方面的平等和对离婚条件较为宽松的解释,实际上是通过司法在长期实践中确定下来的。或许正是因为想到了法国的家庭法制在整个19世纪一直随着政治风潮变动,宝道才更清醒地认识到,指望通过激进的革命法制一股脑地洗掉旧式家庭(或者推而广之,洗刷一切固有的习惯和社会制度),绝对是艰难,甚至不可能的。

然而宝道关于法典化应该顺应传统的论断有两个不得不指出的面向。(1)他认为中国政府误解了法典化,原因则是西欧各国进行法典化的时候并没有采取激进的方式创造本来在习惯和风俗中所不存在的规范。所以,在他的话语中,存在一个对法典的正确理解,而它来自欧洲。任何和这个来自欧洲的理解不同的想法都只能是谬误的、而不能仅仅是另一种法典化观念。欧洲的经验提供着标准,亚洲的经验只能是经由这个标准衡量和评估的对象。如果在潜意识中便把欧洲视为观察的原点,那么任何的比较都会变成用欧洲经验对非欧洲经验的批评。(2)宝道所谓保留中国传统并非因为他认为这些传统本身有保留的价值,只是在先进立法无法立刻实现的情况下,不妨采取渐进的方法。最终取得支配地位的还非得是欧洲式的立法不可。两点合而观之,可见宝道虽然思想底色是欧洲中心主义的,但却不像在北非和西非推广法国制度的法国官员,或很多东亚革命者那样的激进。相反,因为较为务实的立场,宝道只能说是温和的欧洲中心论者。但无论道路有多曲折,欧洲始终既是奋斗的目标,又是模仿的对象。下面以他关于家庭制度改革的议论加以说明。

中国在新旧交替间颇有"毁家强国"的主张。依照是项主张,因为中国旧制家庭超越个人地位,"且易养成懒惰之习惯,而阻挫个人创业之志气",[51] 所以摧毁旧家庭组织而建立绝对的个人主义法制实是强国的当务之急。宝道本人来自婚姻家庭制度较趋向于个人主义、平等主义的法国,却主张慎重处理家庭制度变革,乃至认为"此制度固中国三千年所由生之基础""中华民族之至今不至于沦亡者,实赖于是"。[52] 所以"其废除即无害于日常生活,然因其悖于国民之习惯,故每每不能易彻底施行"。[53] 然而他对家制果然持

---

[50] 《法国民法典》起草过程中各草案内容的对比以及婚姻制度方面的演变,参见朱明哲:《民法典时刻的自然法》,载《苏州大学学报》(法学版)2016年第2期。

[51] [法]宝道:《中国亲属法之改造》,张毓昆译,载《法学季刊》1936年第1卷第1号。

[52] [法]宝道:《中国亲属法之改造》,张毓昆译,载《法学季刊》1936年第1卷第1号。

[53] [法]宝道:《中国亲属法之改造》,张毓昆译,载《法学季刊》1936年第1卷第1号。

肯定态度吗?[54] 与其断章取义,不如就宝道系争文章之整体作观。

首先,我国当时的家庭法条文不但许多来自欧洲,而且十分强调个人自由。虽然梅仲协先生谓旧中国民法十之六七取自德国,但偏偏是家庭法部分抛弃了德国成例。法典在外观上仍采德国模式,单列了亲属编,但在内容上较为接近瑞士,而瑞士的家庭法比德国更强调个人的自主。所以才有胡长清氏谓“盖在我国民法,不过以家为一定亲属间共同生活之方式,而非以其为亲属关系之基础。此与瑞士民法之所谓家,正属相同”。[55] 夫妻的法定财产制方面,亦从瑞士立法例,为联合财产制。[56]

其次,认识到强调个人自由的家庭法与重视家制的中国传统之间紧张关系的宝道实际上仍然认为应该改造社会、适应法律。他在刑法起草的过程中“屡主张在事实之上,特种法学理论,或特别法律制度,颇著成效于特定之外国者,初不能证明其必有成效于中国也”。[57] 那么他是否也认为移植而来的家庭法制难以见成效于中国?仅就字面观之,似乎宝道确有此倾向。不但因为家族主义的亲属法制度是中华民族三千年所以发达之本,也因为实际上各地风俗各异,且根深蒂固:“然中国法制统一之实现,非一朝一夕之图,蒙藏青新闭塞之风,与云桂川康瑶苗之俗,其根深,其蒂固,欲移易之,非数十年不为功。……中国地大人众,远胜全欧,而欲其完全统治于同一之家庭制度下则亦难矣。”[58]

然而宝道并非一保守派人物。在他看来,追求发达的立法本身并没有问题。有问题的只是实现的方法。换言之,有疑问之处在于是否需要在民间仍未接受个人主义之家庭制度的情况下,用暴风骤雨般席卷全国的普通法、毫无例外毫无通融地贯彻先进法制。毕竟“中国国民虽仍多赞成其固有之道德与家庭制度,然一般青年,与曾留学国外、或曾肄业于外洋文化势力所及之地者、已逐渐形成一新阶级”。[59] 组成该新阶级者,自然是极力推崇新制度的。新思想的萌芽既然已经种下,就不怕新制度在日后无法得到普遍的接受:“民众对于此问题之观念正日渐转移,而改造派之主张,亦如春草之暴发,来日方长,其势力方兴未艾也。此民意之进化,实足臻中国于富强,苟于民法中承认旧制度,则新势力之发展,亦将因之迟滞。故余意以为政府暂不宜助长任何一方面之势力,而宜听其自然发展。再过若干年,便易知民意之普遍趋向为如何矣。”[60]

所以,宝道其实并未在旧传统和新制度之间逡巡。宝道对中国如何发展法制才“好”,有很清晰的见解:先进的立法当然要发展下去,但是步骤上却应该小心一些。在他看来,发达立法自然是“好”的,但要是该发达立法能够毫无滞碍地实行于当世,那就更“好”了。用欧洲的立法来改造社会的目的自然是好的,只是手段上不妨设立一个过渡期,一方面采取渐进式立法,另一方面考虑法制上的联邦制——于大城市、内地、边远少数

[54] 谢莉主此说,参见谢莉:《〈中华民国民法亲属编〉研究》,华东政法学院 2007 年博士学位论文,第 137 页。

[55] 胡长清:《中国民法亲属论》,商务印书馆 1936 年版,第 7 页。并参见史尚宽:《亲属法论》,中国政法大学出版社 2000 年版,第 6 页。

[56] 史尚宽:《亲属法论》,中国政法大学出版社 2000 年版,第 335 页。

[57] 参见[法]宝道:《中国刑法典之修正》,载王健编:《西法东渐——外国人与中国法的近代变革》,中国政法大学出版社 2001 年版,第 165 页。

[58] [法]宝道:《中国亲属法之改造》,张毓昆译,载《法学季刊》1936 年第 1 卷第 1 号。

[59] [法]宝道:《中国亲属法之改造》,张毓昆译,载《法学季刊》1936 年第 1 卷第 1 号。

[60] [法]宝道:《中国亲属法之改造》,张毓昆译,载《法学季刊》1936 年第 1 卷第 1 号。

民族地区采取不同的制度。其实这一手段也恰恰来源于法国家庭法在19世纪逐渐演变的经验。只不过1912年到1949年,动荡的中国政局要是不允许任何一方势力耐心地过渡下去,又该如何?实务经验丰富如宝道者或许也无法回答这个问题了。

于是我们不难发现,不但宝道对中国立法之品质的判断来自对欧洲标准的符合程度,而且他关于如何落实这种优良立法的建议也完全来自欧洲的经验。在这个意义上,虽然宝道本人未必意识到,但是他却完美地体现了欧洲中心主义的法律观。当他需要评价一个国家的法律质量时,他很自然地回归到了欧洲法中,所以对欧洲法律的知识构成了他的前理解,也是他观察的立足点。而且欧洲法律本身就是标准,中国法无论优劣,都是在与欧洲法的对比中体现出来的,甚至其高明之处也只因为相对于欧洲法的高明而得到赞赏。至于传统的中国法,虽然更能得到本国人民的接受,却因为与欧洲法格格不入,本身是无价值的,更不足以为提供一种评价中国新立法的标准,最多只能因为权宜的目的保留下来,到头来还是要逐步让位于新立法。甚至在识别出中国优秀立法无法实施之后,宝道的第一个反应仍然是回到欧洲的法制史,寻找"正确"的法典化意识。所以,欧洲不但提供了法律,还提供了关于正确与错误的标准和存在问题时的解决思路。

既然知道了一个希望中国"好"的法国人如何理解这种"好",那么接下来的问题变成了,他的理解到底有何种意义。下一部分将把宝道关于中国法的论说重置于他所处时代的法学潮流中,说明他的观察实际上可以代表他所属的法学国际共同体之意识。

四、法学国际共同体与欧洲中心主义法律观

上一部分主要通过宝道本人留下的文字展现他所表现的一种温和欧洲中心论。他希望能完成自己作为顾问帮助中国建设现代法制的使命,他理解的现代性也就是欧洲的历史发展中所展现的现代性。只不过中国要完成现代化进程需要更多的耐心。下文将把宝道重置于20世纪前期的法律人共同体中,也就是把他的所想所言放回到整个欧洲学术发展的语境中,由此一方面说明他相对于共同体中其他成员的代表性,另一方面强调他所处的时代与此前法学的区别。那些和宝道一样四处旅行的欧洲法学家同时推广着欧洲法,也改变着此前的法学传统。所以20世纪初法律的全球化真正发生的时候,占上风的是关注进步、经验的扩张性欧洲中心主义。

(一)欧洲法律的推广者

此前提到,20世纪初出现了一个法学国际共同体,他们怀着寻找对各国面对之普遍法律问题一般解答的信心,参与国际性的讨论。在我国法制近代化的时刻,上述所谓"一般解答",对于这个共同体的成员来说,就蕴含在欧洲法和欧洲法学之中。换言之,宝道所属的国际共同体既以欧洲中心法律观作为共同意识,又以自己在世界范围内的实践推广和发展了这种法律观。对于宝道和其他在华外国法学家而言,中国始终是一个他者。但对于他者的认识又在某种程度上形成了自我的一部分。因为不管是有留洋经历的中国法学家,还是来华的外国顾问,活跃在20世纪早期的法学家与此前此后的同行皆大不相同。商业的发展、殖民帝国的扩张和国际交往的日渐频繁让一个超越了欧洲的、真正国际

性的法律共同体第一次得以形成。这个共同体远远不是平等和均质的。来自帝国中心的法学家前往帝国的边缘,担任政府的顾问、法典的起草者、教师的教师,传播关于法律的知识。宝道、埃斯加拉、狄骥均在此列。而来自帝国边缘的年轻人则前往巴黎、柏林、伦敦学习关于法律的知识。梅谦次郎、有贺长雄、伍廷芳、吴经熊、王伯琦便是其中的佼佼者,他们反过来又在自己的母国或更加边缘的国家扮演教师的角色。诚然,在教学的过程中,知识并非单向度地由帝国中心传播到边缘。边缘的经验和对边缘的知识同样也反过来增补身处帝国中心者的认知。但是知识的生产却垄断在中心,来自中心的法学家就是逐渐形成的国际学术界和法律共同体的"温良教化者"。[61]

可能需要解释的是,宝道作为法学国际共同体一分子的意义固然重要,但这个共同体本身也不是铁板一块。既然我们强调了,这一共同体成员一个重要信念是存在对一些各国共同面对的法律问题的一般解决方式,所以他们都是最广泛意义上的普遍主义者。但是对普遍性的理解可能有所不同,一些可能认为法律规则本身是普遍的,另一些可能认为只有抽象的法思想是普遍的。从欧洲各国在对外输出自己的法律规则及借此扩大对其他国家的政治影响力方面来看,彼此存在非常明显的竞争关系。巴黎政治大学的前身自由政治学堂(Ecole libre des sciences politiques)便和德国的外交、行政教育机构竞争外国留学生,并以此作为其存在的理由之一。[62] 长期作为法国法学的对照品,德国法学在19世纪末于全世界范围内有着巨大的影响。[63] 那么,为何民国政府最终选择了宝道作为法律顾问,并令其服务如此长的年份?以下提出三点推测。

(1)德国历史法学较强调法律的本土性,从而在欧美以外的国家比主张普世性的法国法哲学更难跨过文化障碍而落地生根。(2)法国在外交上一直奉行扩张主义,法律外交也不例外,而且法国行政权力干涉学术较多,对与主流学说相左者而言,前往海外反而更能实现抱负,所以无论是外交家还是法律理论家更容易受到鼓舞前往国外谋求发展。[64] (3)第一次世界大战并非仅仅是军事实力的较量,同时也在法学界阐释成法律理念的较量。[65] 于是,作为战败国的德国,自然在聘任政府顾问这样高度政治性的博弈中难占上风。更何况,要向其他国家输出自己的法律制度与理想,一定程度的国际主义是必要的,可建设国际社会的追求在《凡尔赛条约》缔结后彻底消失在德国法学界、特别是公法学界,德国法学界讨论更多集中在如何让德国重新成为正常国家。大部分的德国法学家"一战"后退出了国际法研究会,便从侧面说明了德国法学家在国际舞台上的弱势。[66]

---

〔61〕 See Koskenniemi, *supra* note 19.

〔62〕 *Cf.* Sébastien Laurent, *L' école libre des sciences politiques de* 1871 *à* 1914, Mémoire, L' Institut d' études politiques de Paris, Paris, 1991, p. 54.

〔63〕 See Duncan Kennedy, *Three Globalizations of Law and Legal Thought*: 1850 – 2000, *in The New Law and Economic Development*, Alvaro Santos & David Trubek eds., Cambridge U. Press, 2006, p. 19, 20; David Rabban, American Responses to German Legal Scholarship: From the Civil War to World War I, *Comp. Leg. Hist.* 1, 2013, p. 13.

〔64〕 *Cf.* Frédéric Audren et Jean-Louis Halpérin, *La culture juridique française. Entre mythes et réalités* (*XIXe-XXe siècles*), Presse CNRS, 2013, p. 197.

〔65〕 *Cf.* Maurice Hauriou, Le droit naturel et l' Allemagne, *Le correspondant*, 1918, p. 913 ; George Ripert, L' idée du droit en Allemagne et la guerre actuelle, *Revue internationale de l' enseignement*, 1915, pp. 169 – 183.

〔66〕 See Koskenniemi, *supra* note 19, at 236 – 238.

虽然如此,德国法学的吸引力独立于德国法学家存在,让诸如历史法学的洞见成了欧洲法学家的共同认识。宝道和埃斯加拉都强调了传统对于法典的重要性,便是德国法学贡献的明证。更何况在德国法学上发展成熟的"意思理论"和法律解释方法虽然在1914年以后饱受批评,但却已经在世界范围内得到广泛接受。[67]

所以,当中国政府致力于法制近代化的时候,遇到的是这一种特殊的、和法国法紧密相连的欧洲中心主义,而且这种相遇并不完全是偶然的。历史没有如果,但不妨想象,一个在历史法学中成长的顾问可能为我国带来一种不同的"欧洲中心主义"。如赫善心(Harald Gutherz,1880~1912)就从历史法学出发,支持"礼法一体"的观念。[68] 虽然其理论基础来自德国,但实质结果却是中国应当保留不同于欧洲法的传统。相比之下,我国因为法学国际共同体在彼时的特殊构造而接触到的是一种较强普遍性主张的欧洲中心主义。

上文提及,宝道主张在移植外国先进法制时也需要考虑中国固有习惯。他的同胞、经他介绍而同为中国政府顾问的埃斯加拉也有类似的主张:

中国旧有之商事惯习,所有商会组合及其他制度,必不可废;唯稍加改革,增益其职务可耳。故鄙人起草商法典,将职业规定,归入于商人一章,仍不能不参酌中国旧有之习惯。盖中国旧有习惯,商人自成阶级,其上市制度每为国家所不注意者,尤不能不思所以保存之。弃旧有之习惯,徒剿袭外国法,做纸上空谈非所以取也。修订中国商法典,能保存中国旧有之商事习惯,复参合以新商法运用之条规,庶法典一颁,自无窒碍难行之虞也。[69]

表面上看,埃斯加拉和宝道都赞成某种程度的法律多元主义,认为国法未必能够完全代替习惯。然而,他们不过表达了彼时欧洲比较法学家的共识罢了。他们眼中的中国,并不是美国的观察者所见的法律真空或仅有野蛮和腐败的法律的国家。[70] 中国有自己的传统法律,也有一套维持着社会秩序和政权稳定的习惯,自不待言。然而关键的问题尚不在于欧洲法学家是否能够认识到并欣赏法律上的不同性,而在于这种不同对他们到底意味着什么。对这一问题的回答,似乎可以从比较法学本身的发展中得到启发。

按理说比较法学的发展应当让欧洲法学家意识到,各国的规定千差万别,无法寻找一定之规。但真实情况却是法学家们相信在纷繁复杂的表象之下,因为人类理性的普遍性,各国的规定实质上殊途同归。更何况世界经济的发展要求各国执行统一的商法,比较法就是迈向法律一体化的最佳路径。[71] 需要注意的是,此说并非法国所独有,而是法学国际共同体中相当重要的一种心态。同样在东亚工作过、也指导过中国学生的美国证据法学家威格摩尔(John Wigmore,1863~1943)也接受了类似的普世主义观点,认为"比较法

[67] See Kennedy, *supra* note 63, at 26.

[68] 参见陈新宇:《礼法论争中的冈田朝太郎与赫善心——全球史视野下的晚清修律》,载《华东政法大学学报》2016年第4期。

[69] [法]爱师嘉拉:《关于修订中国商法典之报告》,载王健编:《西法东渐——外国人与中国法的近代变革》,中国政法大学出版社2001年版,第215页。

[70] See Ruskola, *supra* note 2.

[71] *Cf.* Lambert, *op. cit.*

不仅仅是法学的一个分支，而且是法学要适应意识到其成员之间连带关系之国际共同体所必须采取的方法”。[72] 那些“年轻的中国法学家”对混合法庭的排斥以及背后的民族主义思想无疑是相当令人遗憾的。[73] 就连看上去最不同于欧洲法的穆斯林法，实际上都有着所有和欧洲法律发挥着同等功能的制度，而且完全可以实现现代化[74]，那么又有什么能构成私法统一的障碍呢？更何况，宝道和埃斯加拉并未否认现代化和法律移植的意义。他们的建议仅仅是策略性的而已。换言之，宝道和埃斯加拉等来华法学家的知识背景决定，他们就算可以认识到中国存在一种不同于欧洲的法律秩序，但中国传统法制在他们眼中只能是革新和取代的对象，而不是世界法制一统的变数。宝道对于中国家庭制度改革的评论已经充分说明了他通过渐进改革最终让欧洲民法制度在中国落地生根的想法。

出生于埃及、在亚非度过大部分职业生涯的宝道似乎应该比其他的外国顾问欧洲中心主义色彩更淡，并对他者有更多的理解。然而人的思想要通过语言来表达，他可以用于表达思想的语言在一个给定的时代却是固定的。换言之，就算一个人的思想无论有多少独创性，他都必须用既有的词汇、概念、语法、用法来自我表达。当我们陈述知识的时候，边界本身已经由语言给定了。宝道也不例外。他对中国法律的论述终归只说明了他仍是20世纪初那一代法学家中的一员。这一代人建构了一个让普遍化语言可以把形成于欧洲经验的规则和学说扩张到世界各地的国际性讨论环境。他们和前辈颇有不同。前文提到他们在欧洲以外推广着欧洲法，只有在他们所处的法学更新脉络之下才可以充分理解这种扩张姿态的意义。换言之，与法学国际共同体共生的这一种欧洲中心主义，本身成长于法学的更新换代中。

（二）传统法学的革新者

从国际的视角来看，宝道不妨是其他的“温良教化者”之一，从法国国内的视角看，他则表现为一个积极的革新者，活跃在20世纪初的法国法学家在许多方面区别于他们的前辈。首先，他们不再以静态的方式理解《民法典》所确立的秩序。其次，他们的目光不再局限在欧洲内部。

第二部分曾经指出，巴黎大学在1890年以前基本没有教学上的重大改革。实际上，如果考察宝道就读于巴黎法学院时（1886～1889年）一些重要课程的教员[75]，我们当然不难看出此时巴黎法学院正处于一个较为微妙的时期。民法教师是比弗努瓦尔（Claude Bufnoir，1832～1898）、伯当（Charles Beudant，1829～1895），还有老迈年高的韦龙－迪维

---

〔72〕 John Wigmore，Les rapports du droit et de la religion dans le monde musulman moderne，*Annales de l' université de Lyon* 45，1934，pp. 90－101.

〔73〕 *Cf.* John Wigmore，L' avenir du système juridique anglo-américain，*in* Pierre Garraud（éd.），*Introduction à l' étude du droit comparé：recueil d' études en l' honneur d' Édouard Lambert*，Librairie générale de droit et de jurisprudence，1938，vol. III/II，pp. 104－108.

〔74〕 *Cf.* Wigmore，*op. cit.*

〔75〕 SIPROJURIS 网站收集整理了1804年到1950年法国法学院课程设置和教学人员的信息，虽然尚不完整，但已经足以让我们一窥这段时间主要法学院的主要课程安排。载 http://siprojuris. symogih. org/，最后访问日期：2016年6月8日。

尔热(Alexandre Véron-Duverger,1818～1892)与德芒特(Gabriel Demante,1821～1909);商法教师是布瓦泰尔(Alphonse Boistel,1836～1908);国际法(droit des gens)由雷诺(Louis Renault,1843～1918)讲授,雷诺同样是马建忠留学自由政治学堂时的国际法教师;罗马法由莱昂－卡昂(Charles Lyon-Caen,1843～1935)讲授,莱昂－卡昂是马建忠在政治学院的商法教授;国际私法教师是莱内(Armand Lainé,1841～1908);而法制史教师是拉尔诺德(Ferdinand Larnaude,1853～1942)。仅仅从教学人员的年龄上,我们已经可以看到,民法的教师年资较长,德芒特更是从1861年开始便未间断过民法教学。其他专业则有较年轻的力量担当授课任务。如果带着后见之明,我们自然会看到布瓦泰尔于1896年在巴黎法学院重新开设了法哲学,并且极大贡献于法国自然法的复兴[76],雷诺是国际法上法国学派的开创者之一[77],雷诺和莱昂－卡昂于政治学院进行了极多的教学试验,莱内不但写了经典的教科书,[78]还理论化了作为法国国际私法重要基础的反致技术[79],而拉尔诺德则在1919年巴黎和会上发挥了重要的作用。[80] 可是这一切在19岁的宝道来到先贤祠广场的时候,都是无法预料的。他所见是最重要的教学科目民法均由年资较长的教师讲授,而后来在美国人庞德(Roscoe Pound,1870～1964)口中"希望中国有几部像Planiol那样的著作"的普拉尼奥(Marcel Planiol,1853～1931)在1886年刚抵达巴黎法学院,甚至面临连续数年无课可上的窘境。

需要指出的是,就算在老资格的民法教员中,至少比弗努瓦尔和伯当绝非守旧势力的代表。只是要等到巴黎法学院变成共和派宪法学的核心阵地,而比弗努瓦尔的女婿萨莱耶(Raymond Saleilles,1855～1912)在1895年来到巴黎时,较为明显的革新才开始。而且巴黎也一直未成为创新的阵地,只是"在传统中变"罢了。所以,宝道恰好是在变革引而未发时接受的法学教育,他的老师正处于新旧交替之间。而且他和他的同龄人恰好是变革的参与者。革新的结果自然是多方面的,自然法的复兴、对法律渊源和法律解释方法的兴趣、民法的社会化、法律社会主义的出现、法国式的实证主义宪法学派、社会连带的国际法学都不妨为革新的不同侧面。宝道和他同时代的法学家正是在此时此刻以传统法学的变革者身份登上国际舞台。值得一提的是,他们的努力不但深刻改变了欧洲法学教育的组织,也为20世纪30年代初北大法学教育改革提供了模仿的对象,实现了从"闭关自守的法学"向"门户开放的法学"的转变。[81]

前文提及,宝道和其他法学国际共同体的参与者都是把欧洲法传播到世界其他角落的教师。以传统法学的革新者的姿态,他们这一代法学家也展现出一种全新的欧洲中心

[76] *Cf.* Alphonse Barthélémy Martin Boistel, *Cours de philosophie du droit: professé à la Faculté de droit de Paris*, A. Fontemoing, 1899.

[77] *Cf.* Emmanuelle Jouannet, Regards sur un siècle de doctrine française du droit international, *Annuaire français de droit international* 46, 2000, pp. 1－57.

[78] *Cf.* Armand Lainé, *Introduction au droit international privé, contenant une étude historique et critique de la théorie des statuts et des rapports de cette théorie avec la code civil*, Pichon, 1888.

[79] *Cf.* Armand Lainé, *La théorie du renvoi en droit international privé*, 1909.

[80] *Cf.* Vincent Laniol, Ferdinand Larnaude, un «cdélégué technique» à la conférence de la Paix de 1919 entre expertise et «cculture de guerre», *Relations internationales* 149, 2012, pp. 43－55.

[81] 参见杨瑞:《北京大学法科的缘起与流变》,载《近代史研究》2015年第3期。

主义。此前,对外部世界漠不关心的欧洲中心主义在1900年巴黎比较法学大会的发起人萨莱耶对比较法的认识中自我表达:在欧洲各发展程度相似的国家之间寻找对类似社会问题的不同解决方式,从中选择较为优秀者,用以改善国内法。[82] 所以在老一辈欧洲法学家的叙事中,欧洲中心主义是不言而喻的,因为他们只关心欧洲国家的法律,其他国家的法律在此处是缺位的。而在宝道身上所表现出来的是另一种惯看大千世界中五彩缤纷的法律后,仍抱有普世主义信念的欧洲中心主义。它则体现在1931年的里昂大会发起人朗贝尔(Édouard Lambert,1866~1947)"通过比较法实现人类共同法"的主张中。[83] 新的欧洲中心论表现出三方面特点。(1)这是一种自我觉醒的欧洲中心论。以宝道为代表的这一代法学家意识到他们需要回答的问题并不是他们本国的问题,而是其他国家的问题,但他们仍认为欧洲国家是标准、是尺度。而且他们也意识到欧洲是值得追求的理想。(2)这是一种考虑到地域的欧洲中心论。过去抽象对"人性"和"事物本质"的抽象思考[84],如今让位于不同地域的经验,尽管这些经验往往倾向于重新确定一个早就存在于罗马法上的见解。(3)这是一种获得了时间感的欧洲中心主义。人类所面对的情势一直处于变化之中,过去的经验可以作为现在的参照。而既然事情是会变化的,那么便不妨令它往更好的方向发展。好的标准却往往是欧洲提供的。如果一个国家目前的情况尚不适合采取一套纯然欧洲式的法典,那只是因为其民智未开罢了,假以时日,总归是有让欧洲引入的法典畅行无碍的一天。[85]

以上三个特点让20世纪初的欧洲中心法律观具有了进步主义的内核,表现出强烈的扩张性,并在实践中主要以各国法律均质化的主张出现。法律人国际共同体的知识背景与进步主义思潮在法学中长达半世纪的发展是分不开的。"立法者改动三个词,所有的法学文献都会成为废纸",[86]基尔希曼(Julius von Kirchmann,1802~1884)在柏林法学家大会上如是说。不久之后,1848年的革命浪潮席卷全欧。今人只道这是对法学的嘲讽,完全忽略了它象征一种新的时间观和历史观在法学中出现。既然立法者可以随心所欲地改动法律,那么就没有什么是永恒而不可改变的了。一切皆流,一切皆变。流变的方向,显然是用现代的取代过去的。到了20世纪,这种想法已经潜移默化成为许多法学家的共识,而且通过人员的流动传播到不同的国家。比如,留法的王伯琦便认为社会进步是一个线性的过程,而且此过程唯一的模式就是从家庭本位到个人自由,再到给予社会其应有的重视。[87] 所以,用个人本位的成文法摧枯拉朽般毁灭过去落后的传统实在是必然的结

---

[82] *Cf.* Saleilles,«Conception et objet de la science du droit comparé » . . . *op. cit.*

[83] *Cf.* Lambert,*op. cit.* ; Christophe Jamin,Le vieux rêve de Saleilles et Lambert revisité. À propos du centenaire du Congrès international de droit comparé de Paris,*Revue internationale de droit comparé* 52,2000,pp. 733–751.

[84] 其集大成者于此时莫过于伯当的著作,*Cf.* Charles Beudant, *Le droit individuel et l' État: introduction à l' étude du droit*,A. Rousseau,1891。

[85] 如德谟格就在1927年于布宜诺斯艾利斯演讲时说:"构成世界法律一体化实现的真正阻力,仅仅是物理条件、国家经济情况这样的物质状况,或者人民不开化、道德水准低下这样的社会事实而已。" René Demogue,*L' unification internationale du droit privé: leçons faites à la Faculté de Buenos-Ayres*,Rousseau,1927,p. 128.

[86] [德]冯·基尔希曼:《作为科学的法学的无价值性》,赵阳译,载《比较法研究》2004年第1期。

[87] 参见朱明哲:《论王伯琦对法国学说的拣选与阐释》,载《清华法学》2015年第2期。

果。虽然在落实现代化的路径上宝道没有王氏那么激进,但其实背后的进步主义意识却是一般无二。

与此同时,法学国际共同体的形成和他们在世界各地的经历,也促进了进步主义法律思想的发展。因为当他们把外国的法律实践作为经验纳入欧洲生产的进步标准中时,他们更相信任何与欧洲不一致的地方都是发展程度不够所致,而中国、日本、土耳其等国法律近代化的经验恰恰说明,把欧洲法律移植到完全不同的文化中是可以成功的。如此一来,来自欧洲经验的进步主义观念就通过世界其他角落的经验一再自我证明,不断强化。

重视进步与重视经验,此时表现为一体之两面。过去的经验可以为今天面对的问题提供参照,所以法国与瑞士、比利时勘界的实践以及俄国欲于黑海设海军而与欧洲各国修约的经验都是中国政府可以参考的国际法策略样本。[88] 且暹罗与各国分别谈判废撤领事裁判权之经验也为中国实现相同目的提供借鉴。宝道作为外交顾问为中国政府设计的方案,恰好体现了另一位外交高手马建忠所概括的实干家核心素质:"因时递变之源流,与夫随时达变之才识。"[89]

申言之,马建忠与宝道两位都曾在欧亚大陆的两端生活过的实务家,所看重的皆为"相时致变之实学"。[90] 令人唏嘘不已的是,至少从目前所见马建忠在法期间档案来看,作为最早的两位赴法学习行政外交事务的学生之一,他在法学习很有心得,其才学未见得就不及宝道,回国后却未克重用。然而从两者所关注的重点看,身处世纪之交的外交实务家所分享的思维特征,当不难辨别。那么回到宝道对中国法问题解决之道的评论,可以发现恰恰是从欧洲的法典化经验看,急于用设计精细的法典彻底改变传统社会中的规则有违"因时递变"之训,反倒是先一定程度上保留旧俗从长远看更有利于法制现代化的实现。

人类社会和社会中的法都应该不断地进步,但进步的标准来自欧洲法,甚至进步的途经也来自和欧洲法相关的经验。欧洲中心主义的法律观把一种欧洲式的现代性和现代化普遍化为全世界统一的历史趋势。这种欧洲中心主义简单地用欧洲内部的经验来理解现代性。现代性意味着有一系列关键历史时刻标志的解放进程:15世纪的意大利文艺复兴、16世纪到18世纪的德国宗教改革、17世纪的英格兰议会,一直到18世纪的法国。[91] 宝道和他同时代的法律人抛弃了传统自然法信仰的永恒性,却转而坚信进步过程的永恒性。换言之,基于欧洲内部政治经验的现代化进程如今成了一个必然的过程,其他的文化只能参与其中,而不能质疑其内容。前面的讨论说明宝道至少在主观上希望能为中国法制的现代化作出贡献,只不过他和那些经历了欧洲法学革新的同行一样,以一种欧洲中心主义的视角把握"现代",那么他所能做的只不过是尽其所能让中国成为现代化进程中的一部分。所以,宝道一本善意,希望中国用欧洲的方式实现欧洲的发达程度就变成完全可以理解,甚至不可避免的一种选择了。

---

〔88〕 参见[法]宝道:《条约之拘束力》,钟建闳译,载《法律周刊》1923年第8期。
〔89〕 马建忠:《巴黎复友人书》,载《马建忠文集》,王梦珂点校,中华书局2013年版,第37页。
〔90〕 马建忠:《巴黎复友人书》,载《马建忠文集》,王梦珂点校,中华书局2013年版,第37页。
〔91〕 See Duval et al. , *supra* note 1, at 466.

19 世纪末的法学依赖坚守欧洲文化特殊性的“文明话语”：一个不处于欧洲的国家是否能够接受欧洲的法律、是否能够接受国际法而成为国际社会的一员，主要看它是否是“文明国家”。所以阿根廷、爱沙尼亚、日本的法学家极力论证他们的祖国已经达到了欧洲国家设立的文明标准。[92] 20 世纪初的法学则不同，“进步”取代了“文明”成了普世的标准。不同于消极地以文明标准排除其他国家的 19 世纪法学，20 世纪法学强调的是进步的可能性，从而积极地促进所有的地理单位都向欧洲所确立的进步标准靠拢。渐进地、温和地，但同时也是扩张性的西方中心主义在宝道这一代法学家的工作中成型。第二次世界大战以后的国际秩序所继承的便是以此为思想内核的法学体系。全球化浪潮中流行的“发展”和“贸易”等语言，也只是 20 世纪初西方中心主义的进一步发展。

五、结论

行文至此，我们发现，当我国在法制近代化的过程中遇到一个法学国际共同体带来的欧洲中心法律观时，这种法律观本身也国际化了。也就是说，欧洲法学的变革动力不仅来自内部，也来自和欧洲外国家接触的经验。同时，我们也至少能区分出两种不同的欧洲中心主义法律观。一种是本文通过宝道的人生、文本、语境所希望揭示的，另一种则只在对照中不时出现。不妨用下面的一个表格总结它们的区别。

两种欧洲中心主义		
	欧洲中心主义法律观 I	欧洲中心主义法律观 II
为何欧洲是观察的起点？	在其他国家担任教师和顾问的法学家是在欧洲接受的法律教育	只有其他欧洲国家的法律才是值得关心和研究的
为何欧洲法律优于其他法律？	欧洲法律所包含的原则、技术、复杂程度较高	欧洲国家发展程度相当，面对相同法律问题
为何欧洲法律是评价其他的尺度？	存在所有国家共同面对的难题，欧洲法因为较为先进，应该得到普遍化	欧洲法体现了永恒不变的正义观念
谁持有这种观念？	认为自己参与关于一般法律理论之国际讨论的法学家，包括了在世界其他国家工作和研究的欧洲法学家，也包括了他们的外国学生	主要关心某个国家国内法、只希望用另一个国家的立法改进本国法的法学家
标志性活动	1931 年里昂国际比较法大会	1900 年巴黎国际比较法大会

20 世纪初，虽然货物和货币无法在各个国家之间顺利地流通，人和知识在世界范围内旅行却已经很常见了。当欧洲法学家带着法学知识来到欧亚大陆的东端时，东西方不可避免地相遇了。所以当我们研究国际性的法律共同体的成员时，完全可以把握机会处理这种相遇，而试图从本身已经超越了某国法史的“比较法史”迈向“跨国法史”，乃至“全

〔92〕 See Lorca, *supra* note 5, at 138.

球法史"。全球法史的视角必然蕴含了"把欧洲地方化"的过程。查克拉博迪希望通过摆脱欧洲中心主义,让我们抛弃现代性发源于欧洲的观点。[93] 全球视角还可以说明,欧洲并非进步、现代性和文明的唯一参照系,而只是诸多不同可能性之一。在西方遇见东方的时候,法学家并没有发现一片无主地,或者用欧洲人更熟悉的术语,*terra nullius*。东方也并非一片法律真空,这里有着一套不同的法律体系。

然而是否要满足于指出某某人是欧洲中心论者、某某观点因为欧洲中心论而扭曲了现实?是否有一种通过研究欧洲中心主义而迈向全球史的思路?简言之,是否有可能借由辨别人们通过把欧洲作为参照系所实现的结果,来理解法律的世界史?我们所研究的这些个体,正如本研究所关心的宝道,无论身处何方,仍然把欧洲作为想象的中心。所以19世纪末到第二次世界大战之间的岁月里,东西方之间的法律交流其实是单向的。对于中国、土耳其、日本等国家而言,欧洲的影响就在那儿。中国可以作的选择不过是接受还是不接受而已,对方却不会因为此间的反应而做出任何改变。我们当然可以一再强调学说移植的实践者本身的主体性在移植过程中的重要地位,行动者——网络理论也为更复杂的实证分析提供了工具。只不过在这里要强调的并不是移植过来的法律和法学中间有多少本土化的成分,而是无论本土化程度有多高,欧洲始终是唯一的标准。

通过全球法史的视角,我们关注的是作为多种法制可能性之一的欧洲中心法律观如何变得普世,而且特别关注的是学说内部的知识生产更新过程。在华多年的宝道为我们提供了一个切入点。坦诚地说,宝道确实要比大部分的欧洲法学家要更能同情地理解中国法。即便如此,中国立法的科学性、进步性、现代性仍然是通过和欧洲法律对比而得以衡量的。他知道法国法未必贯彻了"自由"和"平等"的启蒙理想,中国法也未必需要马上把启蒙理想落实到全国,但启蒙运动所阐发的价值仍是唯一有意义的理想,等待实现。在这个意义上,宝道为我们展示的是20世纪初法学国际共同体的共识。认为保留领事裁判权和混合法庭对中国来说是好事的威格摩尔和为了废弃领事裁判权而留洋的中国年轻法学家看上去针尖对麦芒,其实却在深层次上有着根本的共识:欧洲意义上的现代法制是每个国家都应追求的。王伯琦主张用先进的立法一扫落后的传统,看上去也和吴经熊主张的东西合流说水火不容,然而吴氏又何尝不在用泰西先进法哲学为自己的主张背书?甚至连宝道和由他推荐来华的埃斯加拉的论证途径也颇微妙:正因为《法国民法典》的起草过程中充分考虑了习惯和传统,所以中国起草法典时不考虑传统是错误的。本来基于西欧一个有限区域的实践,在他们的话语中普遍化,成了普世性的标准。

欧洲中心论深深地嵌刻在当时的法学语言中。无论一个法学家具体身在何方,他都无法不用包裹了欧洲中心论的语言言说。在承认了这一点的基础上,我们才可以去讨论人们用这种欧洲中心论的语言到底做了什么。显然,宝道、马建忠、吴经熊、埃斯加拉、史尚宽、王世杰和王伯琦等人所做都各不相同。欧洲中心论不仅有一部历史,更有一部世界史(Eurocentricity has not only a history, but a world history)。由此我们才触及了欧洲中心论的世界史。而20世纪初的世界法史,不妨是一部欧洲中心论的世界史。

---

〔93〕 See Dipesh Chakrabarty, *Provincializing Europe: Postcolonial Thought and Historical Difference*, Princeton U. Press, 2007, pp. 7 - 11.

法国法社会学的发展与转型

——兼议中国语境下的法学研究范式之争

杨　帆*

【摘　要】 法国的法社会学研究在“二战”之后得到了极大的发展，并以其鲜明的特点在国际法社会学领域占有重要位置。与中国学界相对熟知的美国“法与社会”运动相比，一方面，法国法社会学研究的理论范式与研究方法都呈现出了复杂多元的特征；另一方面，它也表现出了一定的趋同化发展路径，尤其是更为关注“法律与政治的关系”这一研究主题。在梳理和分析这些特点的基础上，我们主张，作为法律外部视角的法社会学学科发展是具有高度语境性的，它与法学的距离往往取决于一个国家特定时期法制体系的完善程度和法学学科的闭合程度。相较于美国传统，法国的法社会学研究与中国社会的土壤更为接近。对其学科特点的研究可以为我国学界近年来热议的法学研究范式之争以及法社会学的学科定位等问题带来有益的参考。

【关键词】 法国法社会学；法律形式主义；多元化；关于法律的政治社会学；法律外部视角

一、导言

法国是法社会学最重要的发源地之一。在社会学经典作家涂尔干（Émile Durkheim）的代表作《社会分工论》中，法律就作为标识社会类型与社会结构的重要维度而存在。法律一直是社会学研究的重要主题；而社会学也通常被视作法学研究的重要方法。[1] 随着后世社会学、法学在法国的不断发展演进，以及二者间的不断互动，作为交叉学科的法社会学在法国（其外延包括整个法语学术界）发展出一条相对独特的学术脉络，在理论范式、田野方法以及问题意识等方面都有一定的特殊性。

---

* 杨帆，吉林大学法学院/理论法学研究中心讲师、国家“2011 计划”司法文明协同创新中心成员，社会科学、哲学双博士。朱明哲博士审阅全稿并提出中肯意见，一位匿名审稿专家也对本文提出了非常重要的修改意见，作者在此一并表示感谢。

〔1〕 狄骥（Léon Duguit）曾主张法国社会学在创立初期有两个最重要的亲缘学科，一个是政治经济学，另一个就是法学。参见 Léon Duguit, Le droit constitutionnel et la sociologie, *Revue Internationale de l'enseignement* 28, 1889, pp. 484 – 505。

中文学界对于法国法社会学的关注度并不高,尤其缺少整体性的把握与梳理。[2] 在一般的印象中,以法国为代表的欧陆法社会学似乎更注重于理论建构,而与侧重经验分析(尤其是定量分析)的美国"法律与社会"运动(Law and Society Movement)传统相区隔。[3] 实际上这几乎是整个非法语学界对法国法社会学的共同认识。出现这种整体印象的原因可能跟一些法国社会理论家,比如涂尔干、列维－施特劳斯(Claude Lévi-Strauss)、布迪厄(Pierre Bourdieu)、福柯(Michel Foucault)等,在世界范围内的卓越影响力有很大关系。"法国理论"(French Theory)是近代西方人文社会学科的重要流派。非欧陆学界的研究者们习惯于将它与英美社会科学的经验主义相区分,并运用这些社会理论家的理论框架去阐释经验研究中获取的资料。以至于最近20年来,布迪厄、福柯等人的著作一直高居英语世界社会科学引用率的前列。[4] 另一方面,这种单一而模糊的印象似乎也与大多数非法国学者只能通过翻译后的二手资料来了解法国的法社会学发展有关。

在阅读和梳理大量一手资料的基础上,本文希望可以对法国的法社会学在晚近的发展进行概括式的总结,目的是使前述单一而模糊的印象变得复杂而清晰,希望可以为中文读者勾勒出一个多元化的法国法社会学传统,并分析其发展趋势与特点,在提高中国法社会学学科知识增量的同时,也为今天中文学界的一些焦点问题提供一个思考参照。中国法学界近年来的核心议题之一就在法学认识论与方法论方面,其突出表现就是所谓"社科法学"与"法教义学"之间的争论。前者认为法学并不是一个完全自给自足的学科,它需要借鉴其他学科的方法论,从"外部"视角来研究法律现象;后者则强调法律学科的相对封闭性,对任何法律现象的研究都应该从法律原则和规范出发,从一种"内部"的视角来重点审视"合法性"(Legality)问题。[5] 事实上,这一争论也一直是近代以来全世界法理学界最核心的议题之一,只是在不同的时空背景下其表现形式不同罢了。我们主张这种学术争议是具有高度语境属性的,它根植于不同国家、不同时代的学术传统、文化传统和政治发展进程之中。对于其他国家相对应的学科史进行类型研究与比较,有助于我们获知不同的参考坐标,让我们可以更清晰地思考中国语境下法学范式问题的普遍意义与独特性。

与之前单一化的整体印象不同,本文的一个基本主张即是法国法社会学在战后的发展呈现出了一个日益多元化的格局,这种多元化既体现在理论范式与渊源角度,也体现在

---

〔2〕 笔者通过对中国知网(CNKI. NET)进行模糊检索,发现在中文学术界专门对法国法社会学进行介绍及研究的学术文章几乎没有。与其相关的,仅有在1986年,《国外社会科学》杂志译介了一篇法国学者的短文,简要介绍了一下以法国为代表的欧洲法社会学学科的特点,参见R. 托马西:《法社会学(Lasociologie du droit)》,江小平译,载《国外社会科学》1986年第7期。

〔3〕 刘思达:《全球视野中的中国法社会学》,载传送网:http://chuansong. me/n/759554251378,最后访问日期:2016年10月24日。

〔4〕 David L. Swartz, In memoriam: Pierre Bourdieu 1930 – 2002, in David L. Swartz & Vera L. Zolberg eds., *After Bourdieu: Influence, Critique, Elaboration*, Springer, 2005, p. 17.

〔5〕 关于这场争议的大体评述参见尤陈俊:《不在场的在场:社科法学和法教义学之争的背后》,载《光明日报》2014年8月13日,第16版;孙光宁、焦宝乾:《法治中国背景下的法律方法论研究——2014年中国法律方法论研究学术报告》,载《山东大学学报》(哲学社会科学版)2015年第3期。

田野与方法方面，甚至还包括研究者身份的多元化。与此同时，我们也主张一些法国法社会学发展的趋向性特点，比如法社会学研究在战后的法国最初主要在于法学领域获得重视，而后逐渐向法学外部的社会科学靠拢，今天已经成为了法国社会科学的最重要分支之一，而其在法学学科的影响力则日渐式微；另外，今天越来越多的法国法社会学研究开始从不同角度聚焦于政治性的“国家与法律的关系”问题。这些学科特点和发展趋势背后的原因正是本文尝试说明的。总之，基于这一系列的问题意识，本文在结构上除了运用学科思想史研究中常见的以时间为线索进行总结和梳理的方法以外，还将重点采取“问题—特征导向型”的方法进行分析与评述。

二、法社会学学术场域的演进及其与法学的互动

以韦伯（Max Weber）、涂尔干、埃利希（Eugen Ehrlich）等学者的研究为标志，法社会学发端于20世纪初的欧洲大陆，并在“二战”之后获得了世界影响力。在法国，法社会学的发展也经历了三个不同阶段。在这一过程中，法国法社会学的学术场域一直在发生结构转变，它与法学学科之间的关系演进是促成这一转变的最重要原因。作为一门“交叉学科”，法社会学在其发展中也催生并凸显了不同学科方法论、认识论之间的张力。尽管与美国学术传统相比，法国的“交叉学科”往往显得融合度比较高，但是在现代社会学科分化的背景下，从法学和社会学的不同角度来看待法社会学的视野与目标依然有非常大的差距。尤其是，法国的法社会学与法学、社会学三者之间的关系在近一个世纪的发展过程中经历了明显的转向，其背后原因非常值得探讨与借鉴。

（一）“二战”之前：经典时代的社会学与法学

与绝大多数西方国家的情况类似，“二战”之前的法兰西第三共和国（1870～1940）是法国现代人文社会科学孕育和形成时期。法学和社会学学科都在彼时经历了从萌芽到逐渐成熟的过程。作为交叉学科的法社会学也首先发端于社会学大家们关于法律的思想中。当时法国社科学术界占据统治地位的是涂尔干及其继承者所创立的“社会学年鉴学派”，他们以《社会学年鉴》（*L'Année Sociologique*）期刊作为阵地，使得法国社会科学的影响力遍布世界。公法学大家狄骥受到涂尔干的影响，曾提出过“社会连带法学”的概念；作为法社会学的先驱，古尔维奇（Georges Gurvitch）在20世纪40年代也曾在其著作中对“国家的法律”与“社会的法律”进行了区分[6]，并且影响了其后庞德（Roscoe Pound）等美国学者的法社会学理论。但是他们的思想并没有在当时的法国法律界产生太大的影响，尤其是没有影响法学家和法律实践者，也没有在制度层面发挥显著的作用。[7] 总的来说，在“二战”之前，社会学与法学之间的学科互动有所萌芽，但并不十分显著。

与社会学的发展相对，“二战”之前，特别是20世纪20年代和30年代，被称为法国法

---

〔6〕 Georges Gurvitch, *Éléments de sociologie juridique*, Aubier, 1940.

〔7〕 关于古尔维奇等人的法社会学思想在当时的孤立状态，可以参见 J. - G. Belley, *Georges Gurvitch et les professionnels de la pensée juridique*, Droit et Société, 1986, pp. 353 - 371。

学学科的“经典时代”(L'ère classique)。以凯尔森(Hans Kelsen)、哈特(H. L. A. Hart)等学者的开创性研究为肇始,整个 20 世纪见证了西方主流法学逐渐“形式化”(Formalization)发展的过程。但是不同于德国法教义学和英美分析法学的演进轨迹,法国法学学科的发展颇具自身特色,它与早期的“法律注释学派”(École de l'exégèse)和后期的“法学学说”(La doctrine)理论密切相连,并且与社会科学保持了一种相对开放的关系。因为卢梭(Jean-Jacques Rousseau)、孟德斯鸠(Montesquieu)、涂尔干等早期大师的影响,法国一直有着较为综合式的人文社会科学传统;并且,以“德雷福斯事件”(Dreyfus Affair)为标志,法国知识分子的“入世”情怀也非常突出,学科壁垒一直不是特别明显。在这样的背景下,狄骥、惹尼(François Gény)、卡皮当(Henri Capitant)、朗贝尔(Édouard Lambert)等一代法学大师都在当时参与了关于法学定位与体系化的大讨论,从而奠定了法国法学学科的结构框架。这些法学经典大师们虽然多数主张法学应当是一门技艺,而非政治社会思想,但是几乎都反对完全的法律系统自治化,同时也都不接受法学成为其他社会科学附庸的观点。他们主张一种介于二者之间的包容型道路。〔8〕而对于如何实现这种法学内部视角与外部视角的互融,他们也都无一例外地强调法学学说在其中的中介作用。

在这些法学家所建立的经典理论框架中,一方面,法学学说强调对法律的分析应该超越文本解释,与各种社会科学研究相贯通;另一方面,它也把自己区别于左派的法律批判主义视角,主张其研究目的不止于批判,而仍然是建构一种法律规范性。也就是说,法学学说作为一个综合体,应该起到整合法律思想、法律规范和外部社会利益三者的作用。即便如此,它仍然被认为是一种“不那么精确的‘硬科学’”。〔9〕法学学说广泛借鉴和参考社会科学的研究成果,但是它也主张要保留其自主性,不但要独立于国家、政党等力量,而且也不应受社会科学的支配。正如惹尼早在 19 世纪末就提出的著名观点:法官在司法裁判中应当把“社会生活的事实面”纳入考量,但是不能受其支配,更不能为特定社会利益集团代言。〔10〕在这种法国式的经典法学理论看来,应该是法学学说来定义和选取社会科学的研究事实,而不是反过来由社会需要来决定法律。因此有学者甚至认为,在经典时代,社会科学对于法学学说的作用仅仅是一种人道主义的立场,而并非认知层面的必要。〔11〕但无论如何,我们依然可以看到,“二战”之前确立的法国经典法学学术传统为社会科学的介入留下了相对较为宽裕的空间,为战后法国法社会学的勃兴打下了基础。

(二)战后初期:法学与社会学的“最恰当”结合

正是由于具备了相对开放的法律学说传统,在战后初期百废待兴的历史条件下,法国

〔8〕 Mauricio Garcia-Villegas, Comparative Sociology of Law: Legal Fields, Legal Scholarships, and Social Sciences in Europe and the United States, *Law and Social Inquiry* 31, 2006, p. 354.

〔9〕 Philippe Jestaz & Christophe Jamin, *La Doctrine*, Dalloz, 2004, p. 174.

〔10〕 François Gény, *Méthode d'interprétation et sources en droit privé positif*, A. Chevalier-Marescq, 1899, p. 189.

〔11〕 François de la Rochefoucauld, *Maximes*, Bordas, 1992. 转引自:Mauricio Garcia-Villegas, Comparative Sociology of Law: Legal Fields, Legal Scholarships, and Social Sciences in Europe and the United States, *Law and Social Inquiry* 31, 2006, p. 356。

的法学研究就顺理成章地吸纳了社会学的视野与方法，来寻找和巩固法律的正当性基础，从而促成了战后法国法社会学的勃兴。这一时期，法社会学研究在法国真正变得制度化并对国家政治法律产生了影响力。而这一过程的重要推动者正是两位著名的法学家——雷维－布鲁尔（Henri Lévy-Bruhl）与卡尔博尼埃（Jean Carbonnier）。他们二人也多年担任巴黎大学法律系的领导工作。雷维－布鲁尔的主要身份是法学家和历史学家，他在巴黎大学创立了司法与犯罪社会学研究所（Laboratoire de sociologie criminelle et juridique），这是法国法社会学的第一个正式研究机构。在其之后，司法与犯罪社会学研究所在卡尔博尼埃的主持下影响力逐渐扩大，卡尔博尼埃也成为了战后法国法社会学"勃兴时代"（1950～1970年代）的领军人物。1968年法国高等教育改革之后，同样是在卡尔博尼埃的主持下，司法与犯罪社会学研究所变更为巴黎第二大学（Université Panthéon-Assas）的"法律社会学研究所"[12]，至今仍是少数保留在法学院系统内的法社会学研究机构之一。

除了研究平台以外，法社会学对于学院派法学研究的影响与渗透还重点表现在战后初期法国大学法学院的课程设置中。法国的高等教育分为普通的大学（Univercité）与精英制的"大学校"（Grandes écoles）两类。传统上，法学教育仅存在于大学当中，"大学校"中一般不设立法学院，也较少开展专门的法学研究。从战后一直到20世纪70年代初，法国大学的法学学科结构基本上是跟其他社会科学结合在一起组成的"大法学"模式——大学的法学院（Facultés de droit）大量开设社会学、经济学、政治学等课程，甚至设立这些专业。[13] 这种学科格局使得法学专业保持了相对开放的视野，法律职业共同体的封闭性在彼时也还没有完全形成。法学院毕业的法律职业人不但因为其法律专业素养，而且由于其广博的知识和高尚的道德感召力而占据了当时"社会精英"群体的重要部分。在此背景下，1948年，雷维－布鲁尔在法国高等实践学院（EPHE，一所"大学校"）首次开设了法社会学的课程；随后，1957年，卡尔博尼埃教授的法社会学也成为了巴黎大学法学院的核心课程。

此一时期，法国法社会学兴起的最大动力来自学界与政府司法部门的合作。政府与法学学术界都认为可以通过法社会学的实证方法来调和立法、司法实践与现实社会需求之间的不同步，让法律实践更多地回应社会诉求，以增强其正当性基础。在此框架之下，法社会学以经验研究为依托，深刻地参与到了各种立法与司法改革的议题之中，包括：司法制度改革、婚姻制度改革、少数族裔权利保障立法等战后法国法制重建的重要议题。[14] 此一时期的法社会学研究也是相对开放的，卡尔博尼埃不但组织巴黎大学的法学家们开展法社会学实证研究，更延揽了一批社会学学者参与其中，包括戈迈耶（Jacques Commaille）和班库（Alain Bancaud）等，他们后来又成为这一领域新的领军人物。期间的1964年，法学家卡尔博尼埃被任命为《社会学年鉴》期刊的主编。以这个由涂尔干创立的

---

〔12〕 巴黎第二大学主要由之前的巴黎大学法律系分立出来，并以私法研究见长。时任系主任的卡尔博尼埃既是一位私法学家也是一位法社会学家，这样的重叠身份在当时的法国大学法学院教授中很普遍。

〔13〕 Mauricio Garcia-Villegas, Comparative Sociology of Law: Legal Fields, Legal Scholarships, and Social Sciences in Europe and the United States, *Law and Social Inquiry* 31, 2006, p. 358.

〔14〕 S. Andrini & A.-J. Arnaud, *Jean Carbonnier, Renato Treves et la sociologie du droit: Archéologie d'une discipline: entretiens et pieèces*, L. G. D. J., 1995, p. 34.

刊物为阵地,一大批法社会学研究者迅速在学界崭露头角,法社会学成为了法国社会科学的重要门类。在1969年的一本著作中,卡尔博尼埃专门强调要用"法社会学"(Sociologie du droit 或者 Sociologie Juridique)这样一个学术名词来标识法国的传统,而区别于美国的"法与社会"或者"法律现实主义"等提法。[15] 与此同时,他也推动出版了一些有影响力的教材与书籍,有力促进了法社会学的学科化进程。

受到20世纪60年代末期开始的席卷西方世界的左翼社会思潮的影响,在70年代,与前述法社会学研究在法国同时展开的还有与大洋彼岸的美国类似的"法律批判运动"(Le mouvement critique du droit)。这项运动由格雷扎(Jean-Jacques Gleizal)、杜加德(Philippe Dujardin)等学者发起,代表人物还包括波兰扎(Nikos Poulantzas)、米耶(Michel Miaille)等人。值得一提的是,他们中的绝大多数学者都在巴黎以外的大学法学院供职,比如里昂、马赛、蒙彼利埃等,这也与巴黎主流的、卡尔博尼埃领导的"应用导向的法社会学研究"形成了区隔。他们受到了"新马克思主义"等当时主流政治思潮的影响,旨在建立一个"反封闭体系化"的、"具有法国特色"法律批判理论,他们不但反对法律形式主义学说,也反对卡尔博尼埃式的工具主义法社会学。[16] 这些研究有很强的左翼意识形态批判色彩,主张法律应当成为实现社会主义制度的工具。这一运动也产生了一个制度化的成果:1985年,在法国,国家科学研究中心(CNRS)和位于圣埃蒂安的让·莫奈大学(Université Jean Monnet)联合成立了"批判法学研究中心"(Centre de recherches critiques sur le droit)。经过几十年发展,这一中心目前有圣埃蒂安和里昂两个分站,在批判法学研究领域有一定的影响力。但总的来说,"批判法学运动"在法国的规模并不大,却为后续更大范围的法社会学研究奠定了基础。

"勃兴时代"的法国法社会学研究曾一度被认为是将法学和社会学结合得最好的研究,它不同于美国战后"法律与社会"运动的纯粹"外部批判视角",而是将法学的规范性与社会学的实证性相结合,"恰如其分地处在了法学与社会学的'中间点'上"。[17] 不过,卡尔博尼埃等法学家在当时对待社会科学的态度一方面显示了其开放性特征,另一方面也带有明显的工具主义色彩。[18] 他们主张法律的规范性要优先于社会的规范性,这一点与大多数社会学学者的看法正好相左。这也为后一波法律形式主义运动到来后,法社会学与主流法学研究的分离埋下了伏笔。

(三)20世纪70年代中期以后:作为"外部视角"的法社会学

在经历了60年代、70年代的勃兴之后,卡尔博尼埃在法国法社会学界的领导地位逐渐让位于阿尔诺(André-Jean Arnaud)和戈迈耶两位新生代学者。法社会学在法国的研究

〔15〕 Jean Carbonnier, *Pour une sociologie du droit sans rigueur*, L. G. D. J., 1969.

〔16〕 Martine Kaluszynski, Sous les pavés, le droit /Le movement critique du droit: ou quand le droit retrouve la politique, *Droit et Société* 76, 2011, pp. 523-541.

〔17〕 语出意大利著名学者特雷维(Renato Trevès),转引自 Francine Soubiran-Paillet, Juristes et sociologues français d'après-guerre: une rencontre sans lendemain, *Genèses* 41, 2000, p. 133。

〔18〕 Jacques Commaille, Droit et politique, in D. Alland & S. Rials eds., *Dictionnaire de la culture juridique*, PUF, 2003.

重心也逐渐发生了转向——从大学的法学学科逐渐向社会学及大学以外的精英高等教育领域移动。其原因就在于70年代中期以后,在法国大学的法学院内部,紧接着战后法社会学的勃兴时代而到来的又一次法律形式主义运动。这一波运动甚至比经典时代的法律学说运动走得更为深远——伴随着法国第五共和法律体系的逐步健全和世界范围内法律形式主义运动的兴起,法国的大学法学学科逐渐与其他学科相分离,形成了相对封闭的学说系统,法社会学被排除在了主流的学院派法学研究之外。

就在第五共和建立的1958年,社会学脱离了"大法学",在法国的学术体系中首次获得独立学科的地位。而在1968年高教改革之后,一些专门的政治学院(Sciences Po)纷纷成立,政治科学(Sciences Politiques)与法学(尤其是公法学)逐渐分离。这些政治学院很快代替了传统大学法学院培养政治社会精英的功能。而作为回应,大学法学院的公法教育则变得更为"法律科学化"和形式主义,以区别于政治学院中"政治科学化"的公法学。[19] 从20世纪70年代开始,法国律师学院的入学考试就完全由各大学的法学院组织进行,且主要面向本学院的毕业生。[20] 如此一来,其他高等教育机构毕业的学生基本失去了从事律师职业的机会。这一考试的内容也逐渐变得纯粹化,法律规范及其适用成为了最重点考察的对象。

在这一系列进程的推动下,法律形式主义在当代法国学院派法学研究中占据了统治地位。它相对于其他学科有着明显的"符号壁垒",主张法学研究应当从法条和案例出发,以逻辑分析为主要方式推导问题,并应尽量避免法律规范以外因素对法律系统的干扰。伴随着这种法学学说系统的逐渐闭合,在卡尔博尼埃之后的法国主流法学界,法社会学的影响力逐渐式微,让位于以法律规范为基础的法学研究。在今天,只有极少数的大学学院派法学家对社会科学持开放态度。多数法学家主张法律规范相对于社会规范具有优先性,而社会学家则越来越不能认同这一点。[21] 大学法学院内的法社会学课程也越来越少,直至取消。

这种趋势可以说是法学学科化发展和法制规范体系逐渐完整的必然结果。但这并不意味着法社会学研究的整体衰落。恰恰相反,在与大学法学教育渐行渐远之后,法社会学研究逐渐在精英制的"大学校"和法国国家科学研究中心主导的各种跨学科研究(这种科研形式已经成为了法国科研体制的主流)中找到了自己的舞台。这些精英制的高等教育研究机构虽不设立法学院,但一些以法社会学或者批判法学为主要内容的研究机构在70年代以后纷纷在这些平台框架下成立,它们继承并发展了法国的法社会学研究。相较于普及化的大学法学教育,这些新的法社会学研究平台与精英话语结合更为紧密,在另外一个层面对法国的法律系统发挥着不可忽视的影响力。

首先,从70年代中后期开始,在阿尔诺、戈迈耶等人的牵线下,法国的法社会学研究者们(包括批判法学研究者们)开始逐渐串联起来,形成了一个日渐清晰的学术共同体。除了少数早期跟随卡尔博尼埃做研究的和批判法学运动的法学家们,这一共同体主要由

---

〔19〕 Jacques Chevallier, La fin des Écoles?, *Revue du droit publique* 113, 1997, pp. 679 – 700.

〔20〕 施鹏鹏:《法国律师制度评述》,载《当代法学》2010年第6期。

〔21〕 André-Jean Arnaud, *Le droit trahi par la sociologie. Une pratique de l' histoire*, L. G. D. J., 1998.

以戈迈耶为代表的新生代社会学学者组成。1979年,他们成立了一个松散的组织——“法律规范学与社会学连线”(CSNM)。该组织定期举办年会,从而将学术影响扩大到了整个法语世界,成为了推动法社会学发展的关键力量。与此同时,在法国国家科学研究中心和司法部的联合资助下,戈迈耶在巴黎郊区创立了“沃克雷松跨学科研究中心”(CRIV)。这一中心现在的身份是巴黎萨克雷高等师范学校(E. N. S. Paris-Saclay)的“政治社会科学研究所”(ISP),经过多年的发展依然是今天法语世界最重要的法社会学研究机构。

1985年,“法律规范学与法律社会学连线”组织了第一次全球性的学术会议,邀请了41个国家几百位的学者参与其中。这次会议催生了法语世界最重要的法社会学研究期刊——《法律与社会》(*Droit et Société*)——的诞生。这本期刊的发刊词如此阐释他们的学术宗旨:“我们的立场是批判的、非派系的,并且仅仅服膺于智识的指引。因此,我们将沿着一条非教义化的路径前行。”[22]这一期刊的创立标着法国法社会学的“外部批判视角”的特点转向。《法律与社会》期刊目前依然由高龄的戈迈耶作为主编,其编辑部就在巴黎萨克雷高师的政治社会科学研究所内,依然有很多新生代的法社会学学者活跃在其周围。

在此次国际大会两年之后,以CRIV为基地,戈迈耶又组织了一次类似规模的“欧洲批判法律研究大会”。1988年,这些行动者合作出版了法文版的《法律社会学与理论百科全书》(*Dictionnaire encyclopédique de théorie et de sociologie du droit*),其中最关键的纲领性词条“法社会学”就由戈迈耶亲自来撰写,该书至今也已经再版过十余次。1989年,在阿尔诺的主导下,在西班牙的奥尼亚蒂(Oñati)成立了“法社会学国际学院”(International Institute for the Sociology of Law)。这一机构独立于美国主导的国际社会学学会的法社会学委员会(RCSL),具有鲜明的欧陆色彩,作为当今世界法社会学研究的重要机构发挥着巨大的影响力。与此同时,“法律规范学与社会学连线”也升级成立了“法国法律与社会协会”(Association Française Droit et Société),并组织了“欧洲法律与社会网络”(RED&S)。以《法律与社会》期刊、“协会”和“网络”为平台,他们组织各种学术活动,开展合作,出版了系列出版物[23],极大地推动了法国法社会学的发展。这一系列事件都具有里程碑的意义,奠定了今天法国乃至欧洲法社会学的基本格局。

除了以上制度性组织和平台,还有一些机构也成为了广义上的法律社会学学术场域的重要组成部分,比如1982年成立的“法国法律与文化协会”(l'Association française *Droit et Cultures*)。它以巴黎第十大学的“法律与文化中心”(Centre Droit et Cultures de l'Université Paris X-Nanterre)为依托,出版有重要的期刊《法律与文化》(*Droit et Cultures*)。还包括20世纪90年代初成立的“法国法律人类学协会”(Association française d'anthropologie du droit)和“刑事制度与法律社会学研究中心”(CESDIP)。前者主要组织人类学家与法学家等进行法律人类学、法律文化等相关研究;而后者在推动犯罪社会学研

---

〔22〕 A.-J. Arnaud & J. Commaille & J.-F. Perrin, Nouvelle preface, *Droit et Société*, *Revue internationale de theorie du droit et de sociologie juridique* 1, 1985, p. 12.

〔23〕 这些出版物主要指《法与社会》系列丛书,详细的出版目录可以参见 http://ds.hypotheses.org/collection-droit-et-societe,最后访问日期:2017年7月12日。

究方面做出了卓越贡献。20世纪90年代后期以后,法国法社会学研究的制度性平台基本固定了下来。除了2002年创立的"法国司法与法律社会学协会"以外,鲜少有新的研究组织出现。

法国法社会学的学术场域在此一阶段能够得到迅速发展并获得国际影响力,除了核心行动者的努力以外,组织建制化(比如各种协会与学术团体的成立)在其中扮演了关键角色。今天,在法国高等教育机构的社会学系(很多也被称为"社会科学系")和少数法学院中,法社会学都是重要课程之一。不过与战后初兴时代不同,如今社会学领域中的法社会学学者的数量要远多于法学学科中的相应学者数量。法社会学在与主流的大学法学教育研究保持一定距离之后,在社会学领域却变得越来越重要。[24] 在阿尔诺和戈迈耶之后,也涌现出一批更年轻的法社会学学者,他们首要的身份几乎都是"社会学家"(Sociologue),比如迪穆兰(Laurence Dumoulin)、拉斯克姆(Pierre Lascoumes)、狄德理(Claude Didry)等。跟前辈相比,他们的研究领域更为分散和多元,与其他国家的同行交流更为密切,视野也更为精细化和国际化。

三、多元化的理论范式与研究方法

(一)与美国"法与社会"运动的总体比较

在战后世界的法社会学领域,美国的"法与社会"运动是最具有国际影响力的学术流派,也是被中国学者最为了解和重视的域外研究。在对法国法社会学的理论范式、田野方法等进行特点研究之前,非常有必要将其与美国的传统进行概括式比较,以凸显其在国际学术界的独特位置。

二者的区别首先体现在理论范式资源方面。根据刘思达的总结,美国"法与社会"运动主要有两种主流研究范式——前期的"差距研究"范式和后期的"权力/不平等"范式。"差距研究"主要关注和揭示"书本中的法律"(Law in the books)与"行动中的法律"(Law in action)之间的差异,并主张一种"法律工具主义"(Legal Instrumentalism)的立场;"权力/不平等"范式则聚焦于法律实践中的权力冲突与权利不平等现象,是一种偏向批判主义的研究进路。[25] 又根据科特威尔(Roger Cotterrell)的《法社会学导论》和瓦茨(John Harrison Watts)、罗伯森(Cliff Roberson)共同撰写的《法与社会导论》等美国主流教科书的划分,美国的法社会学研究范式大体可以分为"冲突范式"与"共识范式"。前者认为法律在功能上是统治阶层维护自身身份地位的武器,是社会冲突与斗争的工具;后者则把社会视作是功能性的有机体,强调理想型法律的作用是维持社会整合性的中立性架构。[26]

---

〔24〕 Mauricio Garcia-Villegas, Aude Lejeune, La sociologie du droit en France : De deux sociologies à la création d'un projet pluridisciplinaire ?, *Revue interdisciplinaire d'études juridiques* 66, 2011, pp. 1-39.

〔25〕 刘思达:《美国"法律与社会运动"的兴起与批判——兼议中国社科法学的未来走向》,载《交大法学》2016年第1期。

〔26〕 [英]罗杰·科特威尔:《法社会学导论》(第2版),彭小龙译,中国政法大学出版社2015年版;John Harrison Watts & Cliff Roberson, *Law and Society, an Introduction*, CRC Press of Taylor & Francis Group, 2014, pp. 18-20; Matthew Lippman, *Law and Society*, SAGE Publications, 2014, pp. 19-21.

"冲突范式"相较于"共识范式"在美国的"法与社会"研究中占据更主流的地位,它甚至也是"法律批判运动""差距研究""权力/不平等研究""女性主义法学"等美国主流研究路径所共享的一种假设前提。[27]

与美国的情况不同,在经历过更为复杂历史洗礼的战后欧洲大陆,诞生了各种不同流派的社会理论和政治思想,涌现了众多对人类社会进行深刻反思的大师。前文提及的"法国理论"只是一个集合名词,它表征了战后在法国出现的一系列风格迥异的政治社会哲学。这样一个"百家争鸣"的思想土壤为法国的法社会学研究提供了更为丰富的理论范式资源。所以与美国"法与社会"运动主流倾向于"冲突范式"的进路不同,法国的法社会学研究面对着更为复杂和多元的理论冲击,诸如"功能主义""场域理论""结构主义""解构主义""现象学""系统论""符号学"等理论都曾对其产生过不同程度的影响。[28]因此,以法国为代表的欧洲法社会学研究相较于美国传统总是在理论构建上显得更为多元和"精致"。[29]

其次,在问题意识与研究方法方面,二者也有明显的差异。在法国,以及德国、意大利等传统欧陆国家,人文社会科学的发展与美国为代表的英语世界有着很大的差别。简单来说就是前者没有经历特别强烈的"分科化"与"科学化"的洗礼,比较强调综合式的、问题导向的思维与研究路径[30];而后者则更强调分科精细化与研究方法的科学化。[31] 社会学与人类学在美国基本已经发展成为两个距离很远的学科——前者更强调实证研究的科学量化,凸显"可测量的社会"属性;而后者则更多地属于人文学科范畴,强调诠释(Interpreting)的重要性。美国的"法与社会"研究与它的政治科学、社会学等学科类似,在近几十年的发展中已经经历了非常明显的"科学化转向",研究方法上强调采用更具"科学色彩"的量化统计学方法。但是在法国的学术传统中,从涂尔干、莫斯(Marcel Mauss)等开创这一学术领域开始,社会学与人类学就是黏连在一起的学科,只是它们的问题意识偶尔会彼此区隔。[32] 因此,在广义的法国法社会学研究中,质性研究方法(比如人类学的参与式观察方法)与定量研究方法一直是并驾齐驱、分工协作的关系。

相较于美国的传统,质性研究方法不但在法国法社会学中扮演了更为重要的角色,其所带来的问题意识也在一定范围内与美国有所区隔。法国的这种质性研究一直有着很强的"哲学—人类学"情结,即多数知名人类学家都有哲学背景与关怀,并以解决一个哲学

---

[27] Charles E. Reasons & Robert M. Rich, eds., *The Sociology of Law: A Conflict Perspective*, Butterworth & Co, (Canada) Ltd., 1978.

[28] 何珊君、朱作德:《法社会学研究范式的系统性梳理及各自特征的研究》,载《河海大学学报》(哲学社会科学版)2014年第2期。

[29] 刘思达:《全球视野中的中国法社会学》,载传送网:http://chuansong.me/n/759554251378,最后访问日期:2017年8月14日。

[30] 例如,法国的国家科学研究中心与德国的"马普所"(Max Planck Institute)等研究平台都大量采取问题导向性的研究机构设置。

[31] "Science"一词只有在英语的语境中才有严格的"自然科学"的含义,而在法语、德语的语境中,它专指一种"学问",所以法语等语言中才有"La science humaine"(人文学科)这样的说法。

[32] [美]马塞尔·莫斯:《社会学与人类学》,佘碧平译,上海译文出版社2014年版。

问题作为自己人类学经验研究的终极目的。[33] 因此在法国的法社会学研究中，不但有非常多的质性研究方法应用其中，研究者们也都倾向从一个截然不同的“外部视角”来重新诠释很多法哲学领域的根本问题，例如“现代法学的科学性根基在于什么”“法律推理与日常生活中的推理有怎样的关系”等。而这些问题意识在美国的“法与社会”研究中则是极为少见的。由于篇幅限制，笔者在接下来将重点整理一些比较体现前述法国学术特色的侧面，以管窥法国法社会学理论范式与研究方法的多元化。

（二）“场域”理论与法律职业研究

布迪厄提出的“场域”（Champs）、“惯习”（Habitus）等概念都是战后社会科学界最有影响力的学术范式之一，曾被各种研究所反复引用。在法国法社会学界，它的影响更不容小觑。《法律与社会》期刊曾经登载过 20 余篇讨论布迪厄对法社会学影响的文章，其中包括三期“布迪厄专号”——1996 年的第 32 期、2004 年的第 56/57 期，以及 2015 年的创刊 30 周年专刊。他的“场域”概念指“一些分享共同利益和共同游戏规则的行动者相互影响、相互作用的空间”。[34] 它是一个虚拟的闭合空间，具有一定的自主性。因此，人们的行业分工、知识积累等都促成并依附于一定的“场域”。一个场域的结构是由其内行动者之间的互动和权力关系所决定的。尤其是，场域内的“正当性”（Légitimaté）观念的产生，依赖于其中各个行动者相互竞争、互动而催生的主流意识形态。通过互动形成的彼此认可的主流行为方式则被称为“惯习”。因此，法律自然而然地就形成了一个专门的、相对固定“场域”，其中包含了各个法律行动者、机构、物质平台，以及他们之间的互动与竞合。布迪厄由此主张，法律场域是一个学者、法官和立法者们互相竞争在法律规范中的符号象征权力（Pouvoir Symbolique）的社会场域，其中的权力结构一旦以法律的形式固定下来，就产生了法律的象征性权力。[35]

“场域”理论对法律职业等法社会学议题的研究产生了重要的影响。20 世纪 90 年代开始，出现了一系列在此理论范式之下的法律职业研究，代表性的有：班库开展的关于法官职业的研究[36]，卡尔皮（Lucien Karpik）关于律师职业的研究。[37] 德扎雷（Yves Dezalay）也结合“场域”理论对国际法律服务市场和跨国政治—法律机构进行了长期的考察。他在 90 年代的经验田野遍及各种大型律师事务所和跨国机构，并深刻地影响了英语

---

〔33〕 作为法国当代最著名的人类学家之一的拉图尔（Bruno Latour）就曾专门撰文向英语读者介绍这种法国的“哲学—人类学”传统，see Bruno Latour, *Another Way to Compose the Common World* “*The Ontological Turn in French Philosophical Anthropology*”, Conference Paper at an Executive Session of the AAA Annual Meeting, Chicago, November 23, 2013, http://www. bruno-latour. fr/sites/default/files/132-AAA-CHICAGO-PHIl-ANTH-2013. pdf (2017/6/20)。

〔34〕 Pierre Bourdieu, Quelques propriétés des champs, *Questions de sociologie*, Minuit, 1992, pp. 113 – 120.

〔35〕 [法]皮埃尔·布迪厄：《法律的力量——迈向司法场域的社会学》，强世功译，载《北大法律评论》1999 年第 2 期。

〔36〕 Alain Bancaud, *La haute magistrature judiciaire entre politique et sacerdoce, ou*, Le culte des vertus moyennes, L. G. D. J., 1993.

〔37〕 Lucien Karpik, *Les avocats. Entre l'État, le public et le marché* (*XIII*^e^-*XX*^e^ *siècle*), Gallimard, 1995.

学界的法律职业研究。[38] 此外,奥克多(Frederic Ocqueteau)不仅仅是一位布迪厄理论的重要阐释者,发表了多篇从法社会学视角解释布迪厄思想的论文,他还利用场域理论作为分析框架,对20世纪90年代法国政府公权力与私人企业在公共安全领域的竞争与互动进行了深入而细致的分析。[39]

近年来,"场域"理论范式在法社会学领域受到一些挑战,也有了一些新的发展。对于布迪厄所强调的法律场域是一种相对固定的垄断力量的观点,有学者主张这一定程度上低估了社会行动者们可以随时变更法律的能力。[40] 今天的法国法律社会学学者们更多地把"法律场域"视作一个动态的竞争过程,并且更多聚焦于规范性的法律与日常生活中的法律实践之间的动态关系。比如,作为布迪厄的学生的勒奴瓦(Rémy Lenoir)就把研究目光投向了家庭法律场域,所不同的是她更关注家庭法律规范与道德规范之间的持续互动与相互影响。[41]

(三)法律作为权力冲突与控制的工具

第二种法国法社会学研究常用的理论范式可以被称为"权力—冲突范式"。它较类似于美国"法与社会"运动中的"冲突范式"。只是受到福柯"权力—话语"理论的影响,它更强调法律作为微观权力控制机制而存在的属性。此种范式站在法律批判主义的立场,认为法律的本质并不像自然法理论家们所宣称的那样是具有正义规范性的,而是工具性的,它往往是利益集团斗争的结果。

法社会学学者拉斯克姆深受福柯的影响,他的研究主要聚焦于刑法和环境法领域。通过考察法国环境法和刑法的立法运行机制,他向人们展示了这样一幅图景——法律的规范性渊源与实践功能往往是相分离的。他主张刑事立法的首要属性是工具性,是为了特定的主体的实践目的而实施的。他更进一步强调,法律仅仅是不同主体不停地斗争与互动的结果。现代刑事立法虽然结合了很多最新的立法技术,但是这却更加加深了法律的工具化属性,使得规范性进一步远离。但是即便如此,他也仍然主张这种斗争与互动的最佳途径就是现代民主政治程序。[42]

与拉斯克姆类似,卡贝勒(Wanda Capeller)也在经验研究的基础上提出了自己的"刑事控制"的法社会学理论。她把视野投入到相对威权的社会,通过对军政府时期的巴西进行田野调查,主张:在一个威权的体制下,刑事法律通常会彻底地工具化,不再是各种力量互动博弈的场域,而仅仅是权力控制社会的一种机制。在卡贝勒的描述中,通常这一过程都伴随着立法权的不断削弱和行政权的不断加强,而实现这一过程的最佳"动机借口"

---

〔38〕 Y. Dezalay & B. Garth, Merchants of Law as Moral Entrepreneurs: Constructing International Justice out of the Competition for Transnational Business Dispute, *Law and Society Review* 29, 1995, pp. 27 – 64.

〔39〕 Frédéric Ocqueteau, *Les défis de la sécurité privée. Protection et surveillance dans la France d'aujourd'hui.* L'Harmattan, 1997.

〔40〕 Violaine Roussel, Le droit et ses formes. Éléments de discussion de la sociologie du droit de Pierre Bourdieu, *Droit et Société* 56/57, 2004, pp. 41 – 55.

〔41〕 Rémi Lenoir, *Généalogie de la morale familiale*, Seuil, 2003.

〔42〕 P. Lascoumes & G. J. Martin, Des droits épars au code de l'environnement, *Droit et Société* 30/31, 1995, pp. 323 – 348.

就是"维护国家安全"。[43] 除此之外,她的法社会学研究还涉及边缘人群、少数族裔、代议制理论、跨国刑事合作以及拉丁美洲的人权发展等议题。这些研究都有很强的"福柯主义"的烙印,都主张法律作为权力控制的工具而存在,具有很强的批判性。

(四)生活与工作中的法律

"生活中的法律"与"工作中的法律"是近些年来法国法社会学界比较受关注的田野题材。这些研究一般不以特定的理论范式作为先入为主的前提,而是以日常生活场所与工作场所中的法律实践作为研究对象,通过细致的经验研究(以参与式观察方法为主),对法与社会的结构性问题做出反思。相比较而言,在此之前的多数法社会学研究都更关注"法庭中的法律"等制度化的法律实践。这系列的研究也与美国"法与社会"运动中的"安赫斯特学派"(Amherst School)[44] 产生了较多的呼应与互动。

早在20世纪80年代,邦托(Louis Pinto)就以参与式观察的方法对法国的《消费者保护法》在日常生活中的应用进行了研究。他的研究聚焦于消费者表达诉求的各种途径,以此来分析普通人对于法律的日常感知。在那个法国消费者权益保护法律体系不甚完善的时代,这一研究展示了普通百姓如何通过自己的方式和传统的力量,与各种部门打交道,进而通过非形式化的"活法"(Living Law)来解决问题的过程。[45]

在此之后,更多的法国法社会学研究把目光投向了"工作场所中的法律"、工人与企业的法律关系等与劳动法律日常实践相关的领域。法国一直以来非常兴盛的工人运动传统也为这一法社会学的研究趋势提供了绝佳的田野。狄德理是这一领域的开创和领军人物。在一项研究中,他选取了三组不同的工人们面对集体解雇的个案,并试图理解每一个工人集体维权个案背后的行动逻辑。他发现每一种法律动员的情形都是高度情境化的,其中最重要的三个影响因素分别是:工人们团结的程度、经济或者法律专家介入的程度,以及工人们的斗争意愿。[46] 狄德理的同事佩利斯(Jérôme Pélisse)的研究聚焦于20世纪90年代末"削减工时"改革背景下工人们的法律意识变化。其研究方法则是更为微观的"话语分析"方法——通过观察和总结工人们在日常工作中提及法律概念时所使用词汇,来反映观念的变化。[47] 这种视角后来也与"批判话语分析"(Critical Discourse Analysis)相结合,成为法社会学、法人类学的重要研究方法。

在前人基础之上,威勒(Jean-Marc Weller)将"工作中的法律实践"研究进一步推向了微观化。他利用"厚描"(Thick Description)的方法,聚焦于地方基层公务员如何执行法律

---

[43] Wanda de Lemos Capeller, *L'engrenage de la répression. Stratégies sécuritaires et politiques criminelles*, L. G. D. J., 1995.

[44] "安赫斯特学派"是美国"法与社会"运动中比较偏向欧陆风格的一派研究。它反对美国主流学术传统中的工具主义和自由主义框架,倡导将研究视野投向"日常生活中的法律"。

[45] Louis Pinto, Du 'pépin' au litige de consummation, *Actes de la Recherche en Sciences Sociales* 76/77, 1989, pp. 65 – 81.

[46] Claude Didry & Luc Tessier, La cause de l'emploi. Les usages du droit dans la contestation de plans sociaux, *Travail et emploi* 69, 1996, pp. 23 – 36.

[47] Jérôme Pélisse, A-t-on conscience du droit? Autour des Legal Consciousness Studies, *Genèses* 59, 2005, pp. 114 – 130.

(比如如何发放补贴),以及农民如何利用法律来维护自己的权益。他深入挖掘了一个“农民丢牛”的案例,并以此展开进行了法律人类学研究。他主张,即便是在非常基层且具体的问题上,法律发挥作用的过程也必然是一个法律重新被解释和生产的过程;对于法律的服从绝对不仅仅是一个简单的观念问题,它涉及不同人群对法律的不同理解和执行力。[48] 威勒的研究也体现了法国法社会学的另一个特点与发展趋势:相对于美国传统,人类学和质性研究的方法在法国应用更为广泛。

(五)法人类学与质性研究方法

如前所述,在广义的法国法社会学研究中,人类学的研究路径(主要指质性研究和参与式观察的方法)扮演了非常重要的角色。除了上述佩利斯、威乐等人的研究以外,特别值得一提的还有德维诺(Laurent Thévenot)、博尔坦斯基(Luc Boltanski)以及拉图尔(Bruno Latour)的法人类学研究。这些学者的共同点是在此之前都没有法律背景,但他们的问题意识却都指向了法哲学领域的经典命题。

德维诺的研究聚焦于法律推理,他通过一些生动的例子把日常生活中的决断与正式的法律判决进行对比研究。他主张:即便是在不断“系统化”的现代社会,法律推理也不仅仅依靠一种学科化的技艺理性,很多传统社会的正义证成方式依然在正式法律决断中发挥着作用。[49] 这一研究有力地挑战了法学界主流的法律形式主义与法律科学化的观点。博尔坦斯基则把目光投向一些公共司法事件(例如,法国历史上著名的“德雷福斯”事件)。通过解剖这些事件,他认为每一次对于公共案件的讨论都是一次审视社会秩序与道德标准的好契机。研究围绕这些公共司法案件所展开的讨论,可以让我们感知不同时空背景下社会意识形态中的“正当性”(Légitimaté)观念如何被形塑。[50]

拉图尔的研究则更具创新性与影响力。他是当代法国又一位极具国际影响的学者,是“行动者网络理论”(ANT)的创始人之一。大多数情况下,他自称是一位人类学家,但是他的学术影响却遍及哲学认识论、科学社会学、政治学、历史学等多个学科。在21世纪初,拉图尔又将自己的学术触角扩展到法学。他以自己的人类学方法对法国的最高行政法院(Conseil d'État)进行了调查,并出版了《法律的生产:对最高行政法院的人类学研究》一书。他形容自己的研究方法就像是“一只在墙上的苍蝇”,深入到不为人知的法国最高行政法院内部,看顾问委员们(Conseillers)如何整理和运用法律文档、如何讨论、如何作出判决的过程。通过参与式观察和思考,他对法律的“客观性”问题进行了对比讨论,认为“合法律性”(Légalité)是一个相对纯粹的“科学”问题,一般会与其他社会事实保持一定距离。法律的“客观性”区别于科学的“客体性”,但是也仅仅是现代社会所营造的

---

〔48〕 Jean-Marc Weller, La disparition des bœufs du père Verdon. Travail administratif ordinaire et statut de la qualification, *Droit et Société* 67, 2007, pp. 713 - 755.

〔49〕 Laurent Thévenot, L'action à bon droit: jugements ordinaires et jugements de droit, *L'action au pluriel. Sociologie des régimes d'engagement*, La Découverte, 2006, pp. 157 - 181.

〔50〕 Luc Boltanski & Elisabeth Claverie & Nicolas Offenstadt & Stéphane van Damme, eds., *Affaires, scandales et grandes causes: de Socrate à Pinochet*, Stock, 2007.

“客观真实世界”的一环。[51] 对法律的研究事实上只是拉图尔宏大的学术野心的一部分，就像之前他对“实验室如何生产科学”等问题的研究一样，他的最终目的是想通过人类学的参与式观察搞清：在现代西方社会的意识形态中，“真实”“科学”“客观”等概念是如何被生产出来的。尽管拉图尔几乎没有在意自己的研究能否在法社会学中占有一席之地，但是他的影响力却爆炸式地显现，不但有无数的引用和各种语言的译本，而且很快就有其他学者模仿他的进路对法国的宪法法院进行了研究。[52]

四、在政治与法律之间的法社会学研究

(一)政治化的法社会学研究及其背景

法国战后的法社会学研究呈现出了非常多元化的理论范式与方法论视野，但是与美国的“法与社会”运动相比，它又有一些趋同化的特点。其中最突出的一点就是更多的法国法社会学研究倾向于以政治化的视角来审视法律的问题。越来越多的学者关心“政治司法化”“司法与国家权力的关系”“法律援助中的国家角色”“律师的公共政治身份”等问题。“国家权力”主题在法国法社会学研究中一直扮演了重要角色，这主要跟大陆法系的传统有关，也跟法国历史上相对强大的中央集权传统有关。

正如著名的比较法学家达玛什卡(Mirjan R. Damaka)所指出的，这一问题背后的核心在于不同的政治与法系传统下国家权力与法律系统的不同关系。在《司法和国家权力的多种面孔》一书中，达玛什卡构建了两种类型化的司法与国家权力关系模式，一种是“对抗制”司法，另一种则被称为“纠问制”司法。前者对应“回应型国家”的权力结构，后者则与“能动型国家”的政治组织形式相联系。前者认为司法官在纠纷解决的过程中应当尽可能中立，其作用仅仅是作为程序控制的机制；而后者则主张司法是一种国家权力行使的方式，它承载了国家权力的特定意识形态。[53] 虽然达玛什卡更多的是从比较法的角度抽象出了两种理想化的司法模型，但是其现实关怀也非常明显。在当今世界的司法实践中，英美法系的司法更接近“对抗制”模式，而大陆法系的司法则一定程度上是由“纠问制”类型发展而来。除了类型比较的进路，以法国为代表的大陆法系国家司法系统总与国家权力有着千丝万缕的联系，这一点既可以从大陆法国家法律职业与政治权力的关系角度得到佐证，[54] 也可以从大革命以后的法国司法体制沿革历史中找到充分的说明，[55] 甚至可以从对法学学术场域的比较分析中得到清楚的呈现。[56]

---

[51] Bruno Latour, *La Fabrique du droit, Une ethnographie du Conseil d' État*, La Découverte, 2004, pp. 207 - 260.

[52] Dominique Schnapper, *Une sociologue au Conseil Constitutionnel*, Gallimard, 2010.

[53] [美]米尔伊安·R. 达玛什卡：《司法和国家权力的多种面孔——比较视野中的法律程序》，郑戈译，中国政法大学出版社2015年版，第235~312页。

[54] Van Caenegem, R. C., Judges, Legislators and Professors, Chapter in *European Legal History*. Cambridge University, 1987.

[55] 参见[法]皮埃尔·特鲁仕：《法国司法制度》，丁伟译，北京大学出版社2012年版。

[56] Mauricio Garcia-Villegas, Champ juridique et sciences sociales en France aux Etats-Unis, *Année Sociologique*, Presses Universitaires de France, 59, 2009, pp. 29 - 62.

在此背景下,晚近以来(尤其是当法社会学研究逐渐脱离主流学院派法学研究以来)的法国法社会学研究也衍生出一个非常重要的理论主题——"政治司法化"(或者"政治法律化",法语表述为 Judiciarisation 或者 Juridicisation)。[57] 狭义上它主要指通过司法途径解决政治问题的方式与过程;而广义上它泛指政治与法律领域的彼此互动。从全世界的发展趋势来看,"政治与法律间的互动"是晚近西方社会(尤其是欧陆各国)公共领域的热点问题,也有非常多的学术研究围绕其展开。今天法国的法社会学学者在此领域表现最为突出,他们的研究倾向于把法律放置在国家政治结构中去加以理解,以区别于法学家们的纯粹内部视角。近年来,一些社会学学者聚拢在戈迈耶的周围,他们认为自己的研究有别于美国式的"法与社会"范式,而是一种具有法国和欧陆特色的"关于法律的政治社会学"(Une Sociologie politique du droit)。在他们的努力下,这一称谓也逐渐成为了当今法国法社会学研究最醒目的标识。

(二)研究概览

这种研究趋势兴起于20世纪90年代初期戈迈耶、特里(Irène Théry)等人对于"家庭法律规范""法律与媒体关系"等问题的研究,并于20世纪90年代末进入高潮。当时法国发生了多起牵涉政治问题的司法丑闻,一些法官与政客之间不为人知的关系被媒体曝光,进而严重冲击了人们对于司法中立性的信任,纯粹的法学内部视角的正义研究也受到越来越多的质疑。于是,作为外部视角的政治法社会学的研究路径逐渐扩大影响力。戈迈耶与迪穆兰于2000年左右共同组稿了多篇研究司法与政治关系的重要论文,并以《政治司法化》(*La juridicisation du politique*)为题进行了出版。[58] 他们的研究强调法律的政治倾向性与维度,并力图在正义规范性的角度对法律实践做出评价,这对主流法学家所主张的法律本身即是一种中立性的正义架构的命题构成了挑战,同时也吸引了不少政治学、历史学与社会学学者跟进参与到这一研究领域。2007年,戈迈耶又与人合著了《司法的政治功能》(*La fonction politique de la justice*)一书[59],对这一主题进行了进一步的总结。

受这种趋势的影响,在历史社会学领域,法律与政治的关系也随之成为了热门主题。班库与卡尔皮等人对于法律职业的研究一方面受到布迪厄"场域"理论的影响,另一方面,他们也很法国式地在探讨法律职业与政治权力的关系。前者的研究着眼于法国历史上法官与政治精英的密切关系:一方面,法官在职责上需要扮演着社会力量在面对政治权力时的整合者的角色;另一方面,他又不得不在更多的实践领域向权力做出妥协和让步。尤其是在一些重要历史时刻(比如第二次世界大战期间),法国的法官总是被贴上"向权

[57] 这两个词在法语中也经常被混同使用,但其意思也有些微小差别。Juridicization 指的是在政治实践中越来越多地将法律作为工具加以运用;Judicialization 则指越来越多地通过法庭诉讼解决政治问题的过程。词义辨析参见:Jérôme Pélisse, Judiciarisation ou juridicisation ?: Usages et réappropriations du droit dans les conflits du travail, *Politix* 86, 2009。

[58] Jacques Commaille & Laurence Dumoulin & Cécile Robert, *La juridicisation du politique*, *Leçons scientifiques*, L. G. D. J., 2000.

[59] Jacques Commaille & Martine Kaluszynsk, *La fonction politique de la justice*, PACTE/La Découvertei, 2007.

力靠拢”的标签。[60] 后者对于律师职业的历史社会学研究则提出了另一个几乎相反的论调：与美国不同，法国的律师同样处在国家权力、社会大众与经济利益的三者纠葛之中。但是从大革命一直到“二战”的历史经验都说明，他们大多具有较强的自由主义政治倾向和道德感，更多地选择跟社会大众站在一起。[61] 卡尔皮也以此一定程度上反驳了美国法社会学中主流的“经济理性”范式对法律职业研究的垄断。他们两个的研究也从另外一个侧面说明，在达玛什卡所谓“能动型国家”的司法传统下（比如法国），同属法律职业共同体的法官与律师往往扮演了不同的政治角色，这与“对抗制”司法模式下的美国法律职业传统形成了鲜明对比。

除了法律职业的历史社会学研究外，法律作为政治斗争的武器的属性也得到了重视。布雷维（Laure Blévis）与阿格里科连斯基（Éric Agrikoliansky）分别对一个法国著名的非政府组织——“人权联盟”（Ligue des Droits de l' Homme）——进行了历史档案研究。这一创立于19世纪末的组织曾长期活跃于法国和作为法国殖民地的阿尔及利亚，曾组织过多次著名的人道主义抗争运动，而法律一直都是他们抗争过程中的重要手段与工具。[62] 著名历史学家、政治理论家罗桑瓦龙（Pierre Rosanvallon）也利用历史档案对对外殖民扩张时期的法国公法制度进行了研究。他主张，由于缺失公法体制外部有效的合法性授权，当时法国的“公民共和主义”政体是有着先天的合法性缺陷的，并因此造成了扩张过程中政治执行力的衰落。[63] 更多的研究此处无法一一列举，它们共同的特征在于考察了历史上法律与政治体制之间的互动关系，并从政治正义性的角度对法律体制进行了评价，这区别于把法律作为一个独立系统进行研究的传统法学进路。

受福柯思想的影响，一些法国的法社会学学者在研究法律与政治关系的过程中更强调法律作为权力的载体的特性。福柯认为法律是一种话语形式，其背后是无处不在的、具有生产能力的微观权力。权力通过法律话语达到其目标，这一过程也就是福柯所谓“治理术”（governmentality）实现的过程。[64] 科斯塔－拉斯科（Jacqueline Costa-Lascoux）是一位兼具法学家与社会学家身份的学者。受福柯的影响，她的研究聚焦于法国少数移民的教育、身份认同等问题，并重点考察了法律在其中扮演的角色。通过对公民身份、“边缘身份”、人权话语、公民教育等一系列问题的探讨，她主张法律是一系列生产社会认同和区分身份的社会制度，而不仅仅是一种宏观政治权威的简单再现。[65] 除此之外，权力互

---

〔60〕 Alain Bancaud，Une constance mobile. La haute magistrature，*Actes de la Recherche en Sciences Sociales* 76/77，1989，pp. 30 – 48.

〔61〕 Lucien Karpik，*Les avocats. Entre l'État，le public et le marché*（*XIIIe-XXe siècle*），Gallimard，1995.

〔62〕 Laure Blévis，De la cause du droit à la cause anticoloniale. Les interventions de la Ligue des Droits de l' Homme en faveur des ' indigènes ' algériens pendant l' entre-deux guerres，*Politix* 62，2003，pp. 39 – 64；Éric Agrikoliansky，Usages choisis du droit. Le service juridique de la LDH entre politique et raison humanitaire，*Sociétés contemporaines* 52，2003，pp. 61 – 84.

〔63〕 ［法］皮埃尔·罗桑瓦龙：《公民的加冕礼——法国普选史》，吕一民译，上海人民出版社2005年版。

〔64〕 关于福柯思想对法社会学的影响，英文详细论述参见：Alan Hunt & Gary Wickham，*Foucault and Law：Towards a Sociology of Law as Governance*，Pluto Press，1992。法文论述参见 P. Lascoumes，Foucault et les sciences humaines，un rapport de biais：L'exemple de la sociologie du droit，*Criminologie* 26，1993，pp. 35 – 50。

〔65〕 Jacqueline Costa-Lascoux & Dominique Chagnollaud，*Education civique，juridique et sociale. La citoyenneté en actes*，Bréal，2000.

动视角下的法与政治关系研究还触及了以下各种主题:东欧国家的司法改革、[66] 宗教世俗化规范的运作(比如穆斯林头巾问题)、[67] 司法行政管理中的新技术运用及其影响、[68] 法国及魁北克的性别立法比较、[69] 少数族裔权反歧视立法的创新与演进,[70] 等等。这些具有鲜明法国特色的法社会学研究一方面聚焦于政治环境中法律的工具化地位,另一方面也强调了权力的多面性,法律是各种微观权力运作中的一个关键环节。

2009年,戈迈耶与杜朗(Patrice Duran)一起主持召开了一次以"关于法律的政治社会学"为主题的大型学术会议,目的是对该范式下的法社会学研究进行总结与展望。会议的重要成果被著名的《社会学年鉴》期刊连续两期以专号的形式推出。他们有的以政治视角探讨了"合法律性"(Légalité)概念在当代社会中的功能与不足;[71] 有的以案例分析的方式研究了主观权利(Droits subjectifs)概念的政治维度,主张权利的政治建构主义属性;[72] 有的则结合布迪厄的场域理论,以比较的方式分析了美国和法国在"法学—社会科学"结构关系方面的不同。[73] 这些研究拓展了"关于法律的政治社会学"范式的学术视野,也让这种具有高度法国特色的法社会学路径进一步获得了国际影响力。2013年,76岁高龄的戈迈耶教授因其在法社会学领域的卓越贡献被法国政府授予"荣誉骑士勋章"(Chevalier de la Légion d'Honneur),褒奖词评价他领导创立了"关于法律的政治社会学"研究范式,"开辟了法社会学研究的法国特色领域,为世界领域的法社会学研究做出了卓越贡献"。[74]

(三)反思与比较

如前所述,法国的法社会学研究之所以以突出的"政治关怀"为特征,其原因就在于法国迥异于英美国家的"法律—政治"关系结构。法国式的"关于法律的政治社会学"研究除了带有鲜明的批判色彩以外,也都或多或少主张一定的"政治规范性"(La

---

[66] T. Delpeuch & M. Vassileva, Quelle portée des réformes judiciaires en Bulgarie? Comment les acteurs domestiques s'arrangent des prescriptions internationals, dans Jacques Commaille & Martine Kaluszynski, eds., *La fonction politique de la justice*, La Découverte, 2007, pp. 69–93.

[67] Claire de Galembert, Le voile en procès, *Droit et Société* 66, 2008, pp. 11–31.

[68] Laurence Dumoulin & Christian Licoppe, La visioconférence dans la justice pénale: retour sur la fabrique d'une politique publique, *Les cahiers de la justice* 2, 2011, pp. 29–52.

[69] Anne Revillard, Quelle politique pour les femmes? Une comparaison France-Québec, *Revue internationale de politique comparée* 15, 2009, pp. 687–704.

[70] Vincent Chappe, Le cadrage juridique, une ressource politique? La création de la Halde comme solution au problème de l'effectivité des normes anti-discrimination (1998–2005), *Politix* 94, 2011, pp. 107–30.

[71] Jacques Commaille & Laurence Dumoulin, Heurs et malheurs de la légalité dans les sociétés contemporaines. Une sociologie politique de la «judiciarisation», *Année Sociologique*, Presses Universitaires de France, 59, 2009, pp. 63–107.

[72] Catherine Colliot-Thélène, Pour une politique des droits subjectifs: La lutte pour les droits comme lutte politique, *Année Sociologique*, Presses Universitaires de France, 59, 2009, pp. 231–58.

[73] Mauricio Garcia-Villegas, Champ juridique et sciences sociales en France et aux Etats-Unis, *Année Sociologique*, Presses Universitaires de France, 59, 2009, pp. 29–62.

[74] http://www.isp.cnrs.fr/? COMMAILLE-Jacques, last visited at 2017/6/15.

normativité politique)。[75] 只是这种规范性主张与传统法学研究所强调的法律规范为基础有所不同,它主要是在应然的层面,以宏大政治理论作为框架,强调一种政治、社会领域的正义规范向度。同时,其经验研究的路径也区别于政治哲学、大陆法哲学等对于"规范"(Norm)问题的探讨。[76] 与英美国家的政治社会结构不同,在法国式"中央集权"(或者用达玛什卡的话说是"能动型国家")的传统下,法律系统一直受到政治系统的"激扰"。因此,要评价法律的正义性问题,就不能忽视政治领域的规范正义性问题。"关于法律的政治社会学"正是在这样一个结构格局中找到了自身的学术价值,锻造了法国特色的法社会学研究风格。

我们也不难看出,相较于美国式的"法与社会"研究,法国的"关于法律的政治社会学"似乎与中国政治社会的土壤更为接近。与英美源远流长的自由主义政治传统相比,中国的"政治—法律"关系结构更接近于达玛什卡所谓"能动型国家"的传统,并且历史上中国就是法国式大陆法系法律移植的主要目的地。在这样的结构背景下,中国的法社会学研究自然无法忽视"政治与法律的关系"这一核心问题。参照法国式的法社会学研究风格,中国的此种法社会学研究也应当以主张一定的正义规范性为己任,目的是从外部进路为法律系统提供一个正义性的基础。事实上,当今中国法社会学领域的许多优秀研究都已经与这种法国范式不谋而合,例如刘忠教授对于"党管政法"思想的组织史研究、[77] 强世功教授对于当代中国法治话语兴起的历史考察,[78] 等等。只是这些研究与法国的"关于法律的政治社会学"尚未形成彼此呼应的局面。希望本文可以一定程度上弥补这一缺失,开启未来中法两国法社会学之间的结构性对话。

五、评述与总结:法社会学的范式定位

在对法国法社会学学科的发展进行梳理与评析之后,让我们回到前文提及的中国法学界近年来热议的"社科法学"与"法教义学"之争问题,也即法律的外部视角与内部视角的范式张力与定位问题。通过对法国学术传统的爬梳与研究,我们发现,这一问题是有高度的语境性的。也就是说,在一个国家,法社会学研究处于怎样的学术场域、与其他学科有怎样的关系,一定程度上取决于该国的学术传统、文化传统、政治传统,以及这些传统在不同发展阶段的相互作用。

一般来说,在一个国家法律体制建设的初期,法学研究多聚焦于价值、社会正当性等主题,此时往往是法社会学等外部研究方法与自然法学等思想一起发挥重要影响力的时期,战后法国法社会学的迅速发展以及整个欧陆自然法思想的再次复兴都能说明这一点;

---

〔75〕 Jacques Commaille & Patrice Duran, Pour une sociologie politique du droit: Présentation, *L'Année sociologique* 59, 2009, pp. 11 – 28.

〔76〕 关于欧陆法社会学对于正义规范性问题的研究,系统梳理参见 Reza Banakar, *Can Legal Sociology Account for the Normativity of Law?*, in Baier, Matthias and Åström, Karsten, eds., *Social and Legal Norms* (Ashgate: 2012); U. of Westminster School of Law, Research Paper No. 13 – 03. Available at SSRN: https://ssrn.com/abstract = 2229241,最后访问日期:2017 年 7 月 12 日。

〔77〕 刘忠:《"党管政法"思想的组织史生成(1949 ~ 1958)》,载《法学家》2013 年第 2 期。

〔78〕 强世功:《惩罚与法治:当代法治的兴起(1976 ~ 1981)》,法律出版社 2009 年版。

而当一个国家的法律体系逐渐完善,法律规范的解释与适用等问题就会占据法学研究的核心,法学系统趋向闭合,作为外部视角的法社会学就会逐渐退出主流法学学科,而在一个外部批判的视角发挥影响力,法国法社会学在70年代以后的发展转向就是最好例证。当然,这一过程并不是单向的,当政治社会结构发生重大变革(比如经历了大规模的战争),既有的法律制度被摧毁或者不被信任,它就无法从自身规范中寻找到正当性的基础,法律外部视角的回归也就成为必然。

此外,按照历史法学派的观点,一个国家历史上的思想文化传统也会一定程度上决定该国法律系统的结构特征。在包括法国在内的西方世界,基督教传统与法律有着千丝万缕的联系,神学研究也对法学研究产生过深远影响。[79] 以宗教文本研究、教义解释为基本形式的神学研究传统与罗马法复兴以后的注释法学研究相结合,催生了"法解释学""法教义学"等一系列以法律规范为基础的西方主流形式主义法学研究范式,并为法学筑起了较高的"符号壁垒",使其一直区别于近代化以来的其他社会科学范式。但是与英美国家不同,以法国为代表的当代欧陆社会科学却有着更为"整体化"的特征,诞生了诸如涂尔干、韦伯、布迪厄、哈贝马斯(Jürgen Habermas)、福柯、卢曼(Niklas Luhmann)等一代又一代"综合式"的思想大师。他们对于法律这种社会现象一直抱持有高度敏感,都把法律看作其具有规范性的宏大社会理论中的关键一环,这也使得欧陆社会科学对于法律系统始终保持着较强的渗透力和批判精神,而无论"正统"法学家们是否愿意看到这种外部渗透。如本文之前所描述的,法国的法社会学就处在这两种不同传统的互动与博弈之间,形成了今天的学科格局。

中国的学术文化传统、今天的政治社会发展与法治实践进程等都异于法国,更迥异于英美国家,所以法社会学在今日中国的学科地位也当与其他国家的情况有所区隔,但同时也要在比较基础上对相关的研究范式进行学习和借鉴。一方面,我国历史上并没有与宗教神学及法解释学高度关联的形式主义法学传统,反而是受到马克思主义的"法律工具说"影响较大,因此法律的外部视角在我国学界的历史土壤相对比较深厚;另一方面,我国当今的政治社会结构也处在急剧变革时期,社会主义法治建设还不尽完善,寻找法律规范的正当性基础是每一步"社会—法制"变革都亟待解决的问题。因此,法社会学首先应当在我国现阶段的法学界、社会学界都占据重要的位置,这是由我国现阶段的社会发展实践和思想文化传统所决定的。

此外,虽说法学与法社会学逐渐分化是一个国家法制体系不断完善之后的一种必然,但它也会带来法律的正当性(Legitimacy)与合法性(Legality)相分离的弊端。法学研究的应然性与社会的实然性彼此忽视,会削弱现代社会法律的正当性基础,造成某种"合法化危机"(Legitimation Crisis),这是当今西方法学研究面临的最重要挑战之一。[80] 因此,我们也主张在当今中国的学术语境下,应将法学的规范视角与社会学的实然视角相结合,以此来克服可能的法律"合法性危机",并丰富我国法社会学的理论意义。换句话说,法社会学的研究不能仅仅屈从于当代英美社会学的主流认识论,不能仅仅作为社会学的一

〔79〕 徐爱国:《基督教教义与现代法律制度》,载《求是学刊》2011年第5期。

〔80〕 [美]尤尔根·哈贝马斯:《在事实与规范之间》,童世骏译,三联书店2003年版,第53~79页。

支,在“是什么”“为什么”的角度对法学研究发挥自己的“微弱”影响力,而是需要借鉴与自身体制更具亲缘性的法国及欧陆法社会学的学术成果(尤其是“关于法律的政治社会学”研究范式),提出相应的应然性主张,在规范层面与法学的内部视角展开对话,[81]如此才能向世界贡献中国法社会学研究的独到价值。

---

〔81〕 季卫东教授等中国学者主张“议论的法社会学”研究范式,以此为进路把法社会学的重心从结构功能解释转移到价值内涵分析,“以便真正深入到规范的领域进行实证分析”。参见季卫东:《法律议论的社会科学研究新范式》,载《中国法学》2015 年第 6 期;杨帆:《法社会学理论范式的拓展:从“冲突/共识”模式到“议论的法社会学”》,载《北大法律评论》第 18 卷第 1 辑。

网络法治

网络交易标价错误的经济分析

张伟强*

【摘　要】 错标低价的交易能够导致社会损失。禁止走出错误，会激励买方利用卖方错误占便宜，卖方过度预防，加剧社会损失；允许走出错误，则有助于为买卖双方提供正确激励，优化行为，最小化社会损失。后者又有“合同未成立”与“重大误解”两种法律技术选择。对于未确认发货的交易，“合同未成立”是比“重大误解”成本更小化的法律方案；而对于已确认发货的，否认构成“重大误解”，将错就错，让损失留在原地，则通常是成本更小化的选择。以上方案，有助于达成错价交易损失、预防成本及司法成本三者之和，也就是社会总成本的最小化。其不仅后果上有效率，法律技术上可行，且不违背公平原则，甚至比其他方案更为公平。

【关键词】 标价错误；经济分析；效率；重大误解；公平

原价10,000元的电脑，网上价格错标为1000元，诸多买家下单，随后卖方要取消订单，买方拒绝，这是典型的“网络购物标价错误”纠纷。此类纠纷时有发生，走上法庭的案件也不在少数。但目前为止，理论与实务上对其定性与处理皆存争议，法律教义容忍不同解释，构成疑难案件。判决有的禁止取消订单，有的允许取消订单。于后者，有的以“重大误解”为由，有的主张“合同未成立”。订单取消后，还要面临如何处理买方信赖损失的问题。部分典型案例见下表：

案例	法院或案号	合同是否成立	重大误解	责任
亚马逊长虹彩电错价案	(2014)京三中民终字第09383号	格式条款无效，合同成立	未涉及	履行利益
1号店金条错价案	(2014)浦民一(民)初字第9048号	格式条款有效，合同未成立	未涉及	缔约过失
“东方安艺”冰箱错价案	(2014)浦民一(民)初字第15666号	告知已发货，合同成立	构成	支持自愿补偿
当当网图书错价案[1]	北京二中院	格式条款有效，未发货订单合同未成立；确认发货订单合同成立	不构成	合同成立部分履行利益

* 张伟强，山东大学(威海)法学院讲师，法学博士。

[1] 《电商以标错价为由拒发货，法院判需继续履行》，载中国法院网：http://www.chinacourt.org/article/detail/2013/11/id/1142594.Shtml，最后访问日期：2016年12月30日。

本文运用法经济学工具,对相关问题做后果面向的分析。第一步,我们会分析错价交易的经济逻辑,讨论其社会损失。第二步,研究如何处理错价交易,有助于为行为人提供正确激励,优化行为,最小化社会损失。到底是禁止还是允许走出错误?前两步分析是事实层面的后果分析,基本未涉及法律规则。这并不是说法律规则不重要,而是相信"法律的生命不是逻辑,而是经验"。[2] 只有先理解社会事实,才能更好地理解和适用法律。[3] 更何况,于此,法律本身有不同解释。第三步,在确认允许走出错误更有效率后,对比分析"重大误解"与"合同未成立"这两种法律技术方案,做成本最小化的选择。第四步,研究法律技术上可行的,后果上有效率地处理信赖损失的方案。第五步,讨论上述后果上有效率的法律方案是否违背公平原则。发现有效率的恰好通常是真正公平的,公平根植于效率,尽管偶尔有违直觉。面对疑难案件,经济分析方法拥有强悍的解释与决策能力。最后,极为重要的是,我们认为,本文的上述分析步骤还可以提炼成运用经济分析解决疑难案件的某种通用模式,尽管并非唯一。

一、错价交易的社会成本

一项自愿的交易,通常使双方都能获益,至少不会有人受损,进而增进社会福利,构成帕累托改进。[4] 这是自由市场的正当性基础,也是合同制度的功能所在。价格错误的交易很可能无法达成此种目的,它违背了"自愿"原则,给一方带来了损失,且这一损失通常会超过另一方的获益,进而形成社会损失(成本)。若电商低于10,000元就不会出售电脑,意味着该电脑在他那里至少值10,000元;若买家多于1000元就不会买这台电脑,意味着电脑对于他的价值最多1000元。如此,这一错价交易把电脑从对其评价为10,000元的卖家转移到评价仅为1000元的买家手里,就带来了9000元的损失。这一损失不但是卖家的损失,也是社会净损失,是资源错配的损失。这就是无效率的"价值减损型交易",[5]应予以减少。

当然,一定条件下,捡便宜的买家能够以比错价更高的价格再将电脑转卖。不过转卖价格尽管高于错价(1000元),但一般不能达到正常价格(10,000元)。若价格为10,000元,第三方买家更倾向于直接从商家那里购买,而不是要二手货。这意味着转卖通常只能减少而不是消除错价交易带来的资源错配损失。同时转卖行为还会产生额外的交易成本,尽管它要小于转卖所减少的错配损失,但却仍构成社会净损失。需要注意的是,转卖并非总是可能。有的商品或服务可能不适合转卖。即使可以转卖,但转卖人(捡便宜的买家)寻找新的买家的成本通常要比电商高;不但如此,转卖人与第三方买家之间也更容易围绕商品产生信任问题。这都会推高交易成本,阻碍转卖交易的达成。其实,理论上最

---

〔2〕 [美]霍姆斯:《普通法》,冉昊、姚中秋译,中国政法大学出版社2006年版,第1页。

〔3〕 熊秉元:《正义的效益》,东方出版社2016年版,第132页。

〔4〕 [德]舍费尔、奥特:《民法的经济分析》,江清云、杜涛译,法律出版社2009年版,第22页。

〔5〕 Eric Rasmusen and Ian Ayres, Mutual and Unilateral Mistake in Contract Law, *Journal of Legal Studies* 22, 1993, p. 314.

佳的转卖相对人很可能是原来的卖家。首先双方事先已有联系，不用花费额外的搜寻成本；其次双方对商品品质也一般不会有分歧，这两者都有助于降低交易成本。但对于不适合转卖或因交易成本过高未能转卖的，资源错配损失就无法减少或避免。

当然，买家也许愿意花多于1000元，甚至是10,000元的价格来买这台电脑，随着买家愿意支付的价格的升高，资源错配损失逐渐降低。当买家也愿意为电脑支付10,000元时，错价交易虽然让卖家损失了9000元，但买家也获得了9000元；此时资源错配损失为零。若买家事实上愿意支付更高的价格购买电脑，那这一错价交易在资源配置上甚至是有改进的，于社会是有净收益的。当然，在财富分配上，还是卖家吃亏，买家占便宜。尽管可能存在此种无资源错配损失，甚至还有配置收益的错价交易；但现实中，我们却难以识别，也更不可能据此构建交易制度。买家对电脑的真实评价通常只能通过支付行为显现出来；除此之外，我们很难确定。自由交易正是通过"价高者得"原则来识别对资源评价最高，也就是最能有效率利用的一方，从而实现资源有效配置，改进社会福利水平。[6] 再加上，真正对电脑评价不低于卖家的买家，总能低成本通过正常交易获得电脑满足需求，只是未能捡便宜而已。因此，我们可以合理地忽略，可能真实存在的买家对商品的评价不小于甚至超过卖家的错价交易。

还需特别注意的是，即使买家对电脑的评价也是10,000元，资源错配损失为0，错价交易仍会导致社会净损失。认知心理学揭示了"损失规避"现象，"他们对损失的不快，比得到同样收益的愉快来得更大——大体说来，损失带来的不快是其两倍"。[7] 相比于收益，人们更厌恶损失。因此，上述错价交易中，即使无资源错配损失，但卖家因损失9000元而遭受的伤害，通常要远大于买家因捡了9000元的便宜而获得的收益。卖家效用损失超过买家效用增加的部分就构成了社会净损失。

除了买家转卖外，我们可以通过取消交易来矫正资源错配，也就是恢复到交易前的状态。取消交易，无论通过诉讼还是双方自愿协商，均会产生成本，前者是司法费用，后者是谈判成本。当然，两者可统称为恢复原状、矫正错误的交易费用。同时，买家失去了原本可以捡到的便宜，也会有一个效用损失。最后，错价交易本身所耗费的交易费用也构成不可挽回的社会成本。

概括地说，一项错价交易若不能被取消，其社会损失可分为资源错配损失、卖家效用减损超过买家效用增加部分及交易成本三种。若允许且能够取消，其社会损失主要是错价交易本身的交易成本及取消交易的成本（也是一种交易成本）。

错价交易可以说是交易中的事故，会带来事故损失。事先更加谨慎，如反复核对价格，有助于降低事故概率，减少事故损失，但其代价是更多的事故预防成本。依据汉德公式，只有事故的预防成本小于事故的预期损失时，预防这一事故才是合算和可取的。[8] 如果一项事故的预防成本是100元，而事故的预期社会损失只有90元，这一预防就不是减少而是增加了社会总成本。放任这一事故发生才是合算和有效率的。预防不足自然不

[6] ［美］理查德·波斯纳：《正义/司法的经济学》，苏力译，中国政法大学出版社2002年版，第67～68页。
[7] ［美］凯斯·R.桑斯坦主编：《行为法律经济学》，涂永前等译，北京大学出版社2006年版，第7页。
[8] ［美］罗伯特·考特、托马斯·尤伦：《法和经济学》，史晋川等译，格致出版社2010年版，第326页。

好,过度预防同样是没有效率的。最佳预防应该是,所追加的最后一块钱的预防投入恰好能够避免一块钱的事故预期损失。此时,达成了剩余事故损失与预防成本两者之和的最小化。考虑到任何干预制度本身也有运作管理成本。理想目标就是,事故损失、预防成本及制度管理成本三者之和,也就是社会总成本的最小化。[9] 应对网络错价交易的政策,应该致力于为交易相关方提供恰当的激励,实现社会总成本的最小化。

错价交易发生后,如何处理?从实质性后果而非法律技术看,应对方案可以分为不允许走出错误与允许走出错误两种。不允许走出错误,意味着卖家必须履行交易;或者“违约”,但要赔偿履行利益,确保买方获得的赔偿同卖方履行时一样。允许卖家走出错误,意味着卖家可以取消交易,不赔或至多赔偿买家因合理信赖而产生的损失。

二、“禁止”还是“允许”走出错误

法院面对错价交易,要决定是否允许遭受不利益的一方走出错误。“禁止走出错误”乍听上去似乎不那么正确,但的确构成对策选项之一。事实上,它也被有的法院所采纳,要求卖家履行交货义务或赔偿履行利益损失。从法律技术上说,这意味着法院认为买家下单,或收到卖方“已收到订单”的通知,合同即成立和生效;卖家类似“确认发货合同始成立”这样的格式条款不被认可。当然,若允许走出错误更有助于最小化社会损失,那不允许走出错误的方案就应该被放弃。

我们先来看两种裁判方案的静态个案后果。禁止走出错误意味着强制执行错价交易。如前文所述,这首先意味着资源错配损失、卖家效用减损超过买家效用增加部分及交易成本。此外,根据判决,卖家必须继续发货给买家,若拒绝,还需法院强制交货或赔偿履行利益。基于网络交易的特性,错价纠纷发生时,通常尚未发货,继续发货意味着交易成本的追加,如快递成本。而法院强制执行,无论强制交货还是赔偿相当于履行利益的损失,也都需支出司法成本。

与之相反,允许走出错误,卖家取消交易,不赔或最多仅需赔偿买家因合理信赖而产生的损失。此类裁判方案首先能够避免资源错配损失,这一损失通常是一项错价交易的主要损失。其次,尽管买方因捡便宜而不得也会有效用损失,但这通常要少于卖方因避免丧失原有财产而获得的收益。再次,允许取消交易,意味着卖家无需再行交货,也由此避免了需额外追加的交易成本。最后,若判决不给予信赖损失赔偿,或依照电商平台不发货情况下的赔偿标准确定数额,还有助于避免或节省强制执行费用,至少会降低法官裁判成本。当然,取消交易本身也意味着成本,但在网络交易下,尤其是错误基本上在发货前就被发现的情况下,这一成本是很低的,通常也就是发封电子邮件及退款的成本。

如此,从静态个案后果看,允许走出错误是比禁止走出错误,损失更小化的裁判方案。但静态分析并非司法决策的决定性依据,只是进一步分析的起点。对既定案件的裁决会影响人们未来的行为,从而导致动态的总体社会后果。“任何情况下,法官都不允许只考

---

[9] Guido Calabresi, *The Costs of Accidents: A Legal and Economic Analysis*, New Haven, Yale University Press, 1970, p. 340.

虑当事人的要求和利益。法官还必须以服务于全体利益的方式解决表面的纯私人争端。因为法院判决不仅仅解决原告和被告之间的私人纷争,它还对法律共同体的将来行为产生影响,法律共同体的成员依照法律做出行为和决策。"[10]司法的功能有两个维度,一个是解决已发纠纷,另一个是有效预防和应对未来可能发生的纠纷。前者服务于后者。司法是面向未来的,处理过去是为了更好地应对未来。具体到错价交易案件,就需进一步分析司法决策对相关行为人的激励;考察人们会如何回应,各方互动达致怎样的均衡;最终对均衡结果进行评价。

禁止走出错误,保护买家的履行利益,意味着买家能够合法可靠地捡便宜。这会激励买方投入更多的资源搜寻错价交易机会,从而扩大错价交易规模。只要预期收益超过成本,他们就会继续在搜寻上追加投入。直到追加的最后一块钱投入所带来的"捡漏"收益等于一块钱时为止,此时,实现了"捡漏净收益的最大化"。网购世界,早已形成近乎职业化的捡便宜群体"白菜群"。[11] 他们发现便宜,就大量下单,且会通过聊天工具分享扩散信息。若他们的目标是正常的特惠商品,这仍然是自愿的交易,没有问题。但若是错价商品,那就会升级错价交易的规模与损失,此时的"捡漏"就是在消耗资源制造社会损失。此时"捡漏者"本人的收益仍然会超过支出,否则他们就不会"捡漏"了。于此,出现了私人利益同社会利益的背离,私人利益最大化的行为不但无助于社会福利,反而会加剧损失,背离社会最优。[12] 事实上"白菜群"的确区分了正常优惠商品与错价商品,前者被称为"白菜",后者被称为"漏"。后者是最受他们青睐的目标,并摸索出了捡漏守则。如时间规则:深夜捡漏,此时网上修改价格,更容易出现错误;对象守则:目标首先不是淘宝小店,而是京东、天猫等大电商平台,维权对他们更有威慑力,容易成功。[13] 可见"捡漏者"也在进行理性的成本收益分析,以实现"捡漏"收益最大化。如此,禁止走出错误就给买方提供了错误激励,加剧了社会损失。

对卖家而言,禁止走出错误,意味着它要承担错价交易的全部风险。为了应对风险,减少损失,卖家事先会追加更多的投入来预防标价错误。于此,卖家的总成本包括预防成本和错价损失两部分。寻求利益最大化的卖家将持续追加预防开支,直到最后一块钱的投入恰好能够避免一块钱的错价交易损失为止。此时,实现了卖家总成本的最小化,但这并非社会总成本的最小化,个人最佳与社会最佳的不一致再次出现。原因在于,卖家在权衡预防成本与错价损失时,考虑的是错价交易给他自身带来的损失,而非社会净损失。考虑到错价交易中,卖家有所失,但买家有所得,尽管后者小于前者,但扣除后者的社会净损失却必然小于卖家的损失。若允许且能够取消错价交易,恢复交易前的状态,那社会净损失就只是交易本身耗费的成本及取消交易所花的成本。这一社会净损失通常要小于不取

---

〔10〕[德]舍费尔、奥特:《民法的经济分析》,江清云、杜涛译,法律出版社2009年版,第14页。

〔11〕卢宝厉:《"白菜群"出没淘宝网,专找标错价商品下单》,载Do News网:http://www.donews.com/net/201203/1129615.shtm,最后访问日期:2016年12月30日。

〔12〕[美]斯蒂文·沙维尔:《法律经济分析的基础理论》,赵海怡等译,中国人民大学出版社2013年版,第355页。

〔13〕《网络现专业"捡漏"族,监视价格差错疯狂下单》,载中国网:http://finance.china.com.cn/roll/20130318/1334898.shtml,最后访问日期:2016年12月30日。

消交易的社会净损失或卖方损失。而这一更小的社会净损失才是采取社会最佳预防所应考量的错价交易损失。也就是社会最佳预防要达成的是预防成本与错价交易的社会净损失之和的最小化,这才是社会总成本的最小化。但在禁止走出错误的情况下,理性的卖家所权衡的是自身错价损失与预防成本,而非这一更小的社会净损失与预防成本。如此一来,达成卖家自身总成本最小化的预防,就会背离社会总成本最小化的过度预防。如前所述,禁止走出错误还会错误地激励买家花费更多资源搜寻错价交易机会,这会大大提高错价交易的规模与卖家损失。为了应对增加的风险与损失,寻求自我利益最大化的卖家自然会在预防上投入更多资源,这就导致双方围绕错价交易在攻防上展开军备竞赛。一方多花钱希望捡便宜,另一方多花钱希望避免损失。也就是说,双方军备竞赛,耗费资源,目的是寻求对社会既有财富的再分配,而非新财富的创造,这意味着巨大的浪费与社会福利损失。

与之相反,若允许走出错误,交易被取消后,卖家不用赔偿或至多赔偿买家的信赖损失。如此,买家不能再利用错价交易捡漏,其过度搜寻的动机将不复存在,这显然是好的激励。当然,若其因此受有损失,且无法获得赔偿,那很可能矫枉过正,变得过于谨慎,同样不是社会最优。由于网购环境下,取消错价交易的信赖损失通常很小[14],这一错误激励的影响将极其有限。若还能够获得赔偿,它甚至就完全不存在了。允许走出错误不会给买方带来错误激励或仅带来很小的可忽略的错误激励,更有助于实现买方行为的社会最优。

不仅如此,卖家面临的激励也被改变。可以被取消和矫正的情况下,错价交易的社会净损失,就是错价交易本身耗费的交易费用以及为取消错价交易所花费的成本。卖家的支出自然由其自己承担,复杂的是买家所付出的费用。理论上,买家为错价交易所支出的费用,可以信赖损失的名义转由卖家承担。但实践中,首先这一损失不好计算;其次由于错价交易通常会在发货前被发现和纠正,买方的损失一般很小。如此,除非卖方主动赔偿,否则买方可能也不太愿意花费额外诉讼成本来强制卖方承担。即使起诉,买方的诉讼花费也不可能全部转由卖方承担。实践中,通常是电商平台依据事先确定的交易规则,要求卖家依据交易额的百分比予以限额赔偿。这样一来,在允许走出错误的情况下,卖方承担的错价损失,就有可能低于错价交易的全部社会净损失。如此,虽不再有过度预防的错误激励,却可能会导致其预防不足。但这也仅仅是可能。考虑到买方的信赖损失通常很小;没有诉讼的情况下,纠错成本也微乎其微;再加上网络交易平台规定的赔偿,即使卖方负担仍小于社会净损失,其误差也十分有限,卖方最终承担的损失与错价交易的净损失将十分接近。这显然不同于禁止走出错误时卖方负担严重背离(大于)社会净损失的情况。如此,也就不会产生严重的激励偏差(不足)。更何况,卖家还面临其他的激励因素。

即使免除法律责任,无需赔偿;卖家也仍然有动力去预防错价。毕竟,取消错价交易会给消费者带来不好的体验,损害卖家声誉,这也是一种必然由卖家承担的实质性成本。而且网络环境中,信息传播的成本极低,速度和范围却大大提升,从而使声誉惩罚很可能比法律责任更具威慑力。声誉损失可能远大于履行错价交易的成本。这就是部分大电商

---

〔14〕 网络错价交易中,消费者信赖损失一般很小的问题,本文第四部分会有详细论证。

有时宁愿承担巨额损失,也坚持按错价履约,而非取消交易的原因。当然,前提是,他们得有能力负担按错价交货的巨大损失。小电商多是承担不起的,这也是为什么通常只有大电商才会这么做;但声誉机制仍会促使他们事先进行预防。如此,就更不需要担心,允许走出错误,会导致卖家因法律责任降低而对错价预防投入不足的问题。现实中之所以仍然存在大量标价错误,原因在于这些错误是不可能以合理成本避免的,并非卖家预防不足。正如一位亚马逊高管所言:"尽管我们尽了最大努力,错误还是会再次发生。"〔15〕即使存在为吸引眼球,故意"错标"价格,而后又取消订单的行为,也应该很少见。法律不惩罚,声誉惩罚也会起作用,这实在算不上好的营销,甚至属于"欺诈"之道。至于低标高结的"价格欺诈"就是另一个问题了。

综上所述,禁止走出错误会给买卖双方带来严重的错误激励,导致买方的过度搜寻和卖家的过度预防,恶性循环以致军备竞赛,严重背离社会最佳,造成巨大社会损失。而允许走出错误则有助于避免错误激励,促使双方行为接近社会最优,从而趋近社会总成本的最小化。如此,无论静态个案后果,还是更具决定性的动态总体后果,允许走出错误都是损失更小化的错价交易应对方案,也是法官应该选择的。

允许卖家走出错误,从法律技术上看,又有两个方案。其一,允许卖家基于"重大误解"撤销合同,这意味着至少买方收到下单成功的通知时,合同即成立生效。其二,允许卖家以"合同尚未成立"为由取消订单,这意味着法律确认类似"确认发货合同始成立"的格式条款有效。依据我国大陆现行法律,从责任的角度讲,这两个策略的结果都一样,那就是有过失的卖家要承担缔约过失责任,赔偿买家的损失。当然也有人主张,即使无过失,卖家也要赔偿买家的信赖损失。哪一种方案更好呢?

三、"重大误解"抑或"合同未成立"

我国大陆《民法通则》与《合同法》均使用了"重大误解"这一概念。学理解释认为,此"误解"既包括表意人非故意的表示与意思不一致,也就是错误;亦包括相对人对意思表示内容的错误理解。〔16〕于此,我们是在"错误"的含义上,使用"误解"概念。重大误解有两个要件,一个是"误解",另一个是"重大"。〔17〕适用重大误解,首先要求证明和确认"标价错误"是人为的输入错误或计算机系统错误,而非故意的"毁诺"行为。此一证明和确认,并非一目了然。鉴于网络促销的经常性与多样性,不能简单地通过标价背离正常价格甚至成本的事实与幅度来判断是否存在错误。事实上这也是"当当网图书错价案"中法院的观点。即使卖家证明成功,也需花费相当成本。不仅如此,卖家还需使法官确认这一"误解"是"重大"的。而"重大"显然更是一个裁量性标准。与确定明晰的规则相比,模

---

〔15〕 *A 36-inch TV just $99? Judge sees the big picture*,载 http://www.seattlepi.com/news/article/A-36-inch-TV-just-99-Judge-sees-the-big-picture-1106253.php,最后访问日期:2016年12月30日。

〔16〕 韩世远:《合同法总论》(第3版),法律出版社2011年版,第196页。

〔17〕 韩世远:《合同法总论》(第3版),法律出版社2011年版,第197页。

糊的裁量性标准意味着更高的当事人证明成本和法官裁量成本。[18] 通常这也意味着更高的错判概率。

网络交易的特性还会进一步放大法官的裁量难度。如将价值50元的商品错标为5元,结果一万名买家下单。就每一单交易(也是一个单独诉讼)而言,卖家仅损失45元,实在算不上重大。但若考虑到一万单交易,卖家的损失就十分巨大,甚至会导致一个中型网店破产。法官如何裁判呢?一单交易,另一个诉讼,独立考量,似乎不应认可重大误解;但所有案件照此办理,后果很严重。而考量所有案件的总后果,在单个诉讼中确认重大误解,这似乎是依据与“本案”无关的“案外”事实作出裁判。其合法性与正当性何在,法官又该如何书写判决理由?

同时,证明与裁量难度,会导致司法确定性和可预测性的降低。而确定性与可预测性的不足,很可能导致纠纷当事人更难以和解,更容易走向法庭,进入审判。[19] 也就是纠纷解决成本会升高,司法负担会加重。另一途径,通过确认“合同未成立”来救济错误是否更好呢?

适用“合同未成立”,以确认卖家类似“确认发货合同始成立”的格式条款合法有效为前提。依据现行法,首先,需判断这一内容是否有失公平,是否属于免除己方责任,加重对方责任,或排除对方主要权利。其次,要判断此项特殊约定条款是否“以合理方式”向对方展示。尽管解决这两个问题也需要法官进行裁量,但却与“重大误解”的裁量有着显著差别。对于重大误解而言,法官需要在每一起错价交易案件中,根据不同情形,判断是否存在“误解”及其是否“重大”。一起案件的裁量尽管可能对其他案件提供某些指引,但却无法一劳永逸地替代。而对于“确认发货合同始成立”条款的有效性裁量则不同。首先,一旦确定该条款内容没有违背公平原则,合法有效,那所有类似内容(具体表述上可能不同)均合法有效。此后,法官无需裁量,可径行认可此类内容的公平性与合法性。更重要的是当事人也不会再就此产生争议。其次,司法解释和案例一旦区分出“合理的展示方式”要件,那所有电商均会模仿。如此,法官再遇到这一问题,只需卡要件即可,基本不用裁量。可见,“确认发货合同始成立”是否合法有效,对这一问题的裁量,具有一劳永逸的特征,无需重复进行。这一问题的肯定式解决,还意味着司法的高确定性和可预测性;如此能够为潜在的行为人提供明确可靠的指引,从而有助于纠纷的预防和自行和解。由此可见,相比于“重大误解”,“合同未成立”的方案是司法成本更低的选择。

具体到“确认发货合同始成立”条款有效性问题的实质性裁量本身。回答当然也是肯定的。最根本和决定性的原因,在于这是允许走出错价交易的更小成本方案。直接原因则是,我们有充分理由支持这一裁量结果。首先,这一条款没有违背公平原则,没有不当限制卖方责任或排除买方主要权利。对此的反对,主要有两种。其一,买家下单时,有可能同时将款项打入卖家账户或第三方账户,此时若仍认为合同未成立,显得对买方不公

---

〔18〕 Russell B. Korobkin, Behavioral Analysis and Legal Form: Rules versus Standards Revisited, *Oregon Law Review* 79, 2000, p. 32.

〔19〕 [美]斯蒂文·沙维尔:《法律经济分析的基础理论》,赵海怡等译,中国人民大学出版社2013年版,第404页。

平,且与价金给付系在契约成立之后的常理不符。[20] 其二,判断合同是否成立,要看是否符合法定的要约与承诺构成要件,而非依据后果好坏倒推合同成立与否。

我们先讨论第一项反对。很多情况下,买家都可以选择货到付款。即使事先付款,也几乎不会给买方带来多少额外负担,从而谈不上有失公平。更重要的是,合同的成立取决于双方是否达成合意而非价款支付。[21] 价款支付可能构成事后履行合同义务,也可能是合同成立的必要而非充分条件,甚至可能与合同是否成立根本无关。其并非必然发生在合同成立后。相反,钱款打入对方账户即可令对方受合同约束,此种做法才真正有失公平,容易导致强迫交易。为了便利交易,卖家账户或与之相关的第三方账户,均向潜在买家开放。买家随时甚至可能错误地向相关账户打款,卖家或第三方并不会对买家的支付进行事先审查,以决定接受还是拒绝相关价款进入。事先审查的成本太高,也没有必要,若为错误或最终交易未达成,只需退款即可。若规定,钱款打入,合同即成立,则卖家可通过打款行为进行强迫交易。这不但有违公平和意思自治,还会迫使卖方改变现行支付模式,大大提高交易成本。

第二项反对是典型的法教义学推理,于此又可分为两种具体情形。若卖家在网络上刊登的商品信息足够详细确定,满足要约的构成要件,那其就构成要约,而买家下单即构成承诺,由此合同成立。[22] 或者认为,买家的下单满足法定要件,构成要约;卖家回复收到订单则构成承诺,从而合同成立。然而民法有关要约的规定本身就是任意性而非强行性的。[23] 在没有特殊约定的情况下,当事人及法官依据法定要件来判断要约是否存在,以及合同是否达成。但依据合同自由原则,当事人双方完全可以就合同的成立方式或者要约与承诺的构成做出特殊约定。也就是说,网络交易双方完全可以约定:下单是要约,发货通知是承诺。如此,第二项反对,即使从教义分析的角度亦不成立,更不用说后果。

综上所述,我们认为"确认发货合同始成立"条款不违背公平和意思自治要求,没有免除己方责任或排除对方权利。尽管如此,但其似乎对合同成立方式做出了不同一般的特别约定。其合法有效似乎还需以"合理方式"向对方展示。

是否以"合理方式"提请对方注意,也是一个裁量性问题。以本文讨论的这一格式条款为例,有的案件,针对同样的展示,两审法院作出了截然相反的判断:一审认为未以"合理方式"提请对方注意,二审则认为满足"合理方式"要求。[24] 但如上文所述,这并不会给法官工作带来多大麻烦,即使一开始的部分案件中,法官裁量认为没有满足"合理方式"要求,但只要通过几个甚至一个判决确立起"合理方式"的特征,以后所有商家为了降低风险都会努力遵循这一要求。这样,在之后的案件中,这一问题就会变得简单确定,不再需要裁量。

不仅如此,随着网购的流行和普及,"确认发货合同始成立"还应该被确认为一般网购领域的新的商业习惯。迅速确认新的交易习惯,可能背离了人们熟悉的线下交易模式,

[20] 参见台湾台南地方法院98年度诉字第1009号民事判决。

[21] 吴瑾瑜:《论网站标价错误之法律效力》,载《月旦法学杂志》第187期。

[22] 参见台湾台北地方法院2004年度消简字第18号民事判决。

[23] 王泽鉴:《债法原理》,北京大学出版社2013年版,第175页。

[24] 参见上海(2012)徐民一(民)初字第1204号判决与(2012)沪一中民一(民)终字第1696号判决。

产生转型成本,但只要改变带来的收益超过转型本身的代价,改变就是值得的[25],新规则就应该被确立,与时间长短没有必然联系。商业习惯的内在特征,就是推定相关交易方均知悉,未被约定排除即适用。从司法角度看,也就是法官会直接推定交易各方均知道相关习惯或规则,且同意将其纳入合同条款,除非特别约定排除。这一新商业习惯或法官推定,在成本收益上应该是合算的。其收益主要包括因此节省的司法成本和给潜在行为人提供正确激励的收益;成本则是错误损失。确认这一交易习惯,即使有的电商没有规定或特别提示此类条款,法官也推定双方知悉,判决合同未成立。如此,法官无需再做裁量处理,有助于大大节省司法成本,提高司法确定性和可预测性。同时,这一规则或推定也有助于降低新进入电商者的经营成本与风险。而网购"达人"们能够以很低的成本知道和适应这一网络交易习惯,几次甚至一次网购体验即可知晓,推定错误的概率应该较小。更重要的是,即使买家确实不知,推定错了,错判损失也十分有限。"合同未成立"通常不会给这一买家带来多大伤害,无非就是没能"捡便宜"而已,且以后他肯定就知道规则了。由此,承认这一网络交易习惯,法官做"一刀切"的肯定式推定,收益要大于成本,从而是有效率的和可取的。

与之相反,否定式推定的成本则很高,商家通常希望将该规则纳入合同,这就是为什么当下诸多电商格式合同中都包含这一条款的原因。若仅因提示不够充分或遗漏,就推定这一条款无效或不存在,其错误概率将远大于肯定式推定。更重要的是,错误损失十分严重。新进入电商者的成本和风险会大大增加,他们或者花费更多成本完善格式合同,或者因不够小心而面临大的错价交易损失风险。当然,最终这些新增加的成本,至少有一部分会以价格的方式转由消费者负担。于买方,会有一个"捡便宜"的收益,但这一收益通常小于卖方损失。且无论从道德还是后果看,利用别人错误"捡便宜"都不值得鼓励。[26]如前所述,认可买家"捡便宜"会导致过度搜寻的错误激励,进一步放大错价交易损失。可见,相比于否定式推定,前述肯定式推定的错误概率和错误损失均小得多,进而也应成为我们的选择。这就意味着,无论电商是否规定并提请注意"确认发货合同始成立",法官均应判决"合同未成立",允许卖家走出错误,实现社会损失的最小化。也因为如此,我们认为,《电子商务法(草案)》第28条,有关"电子商务经营主体发布的商品或者服务信息符合要约条件的,当事人选择该商品或者服务并提交订单,合同成立"的规定是错误的。

相比于"重大误解","合同未成立"是成本更小的裁判方案。另外,还有一点值得一提。超低错价往往吸引众多买家下单,带来共同诉讼。采用"合同未成立"方案后,结果高度确定,理性的买家一般不会再发起诉讼,这无形中避免了共同诉讼。可以说是实体方案附带解决了程序难题。当然,"合同未成立"方案只能适用于未确认发货的案件;好在绝大多数错价交易都会在发货前被发现。对于少数已发货的案件,就只剩下"重大误解"可用。是否以此撤销合同呢?从法律上说,没有理由阻止卖家以"重大误解"为由提起撤销之诉。但我们主张,在裁量权范围内,法官应该从严认定"重大误解"的构成,也就是不

[25] 桑本谦:《法理学主题的经济学重述》,载《法商研究》2011年第2期。

[26] Melvin A. Eisenberg, Mistake in Contract Law, *California Law Review* 91, 2003, p. 1586.

轻易确认“重大误解”，不鼓励和支持卖家发起此类诉讼。

从收到订单到发货，会有一个时间间隔。在发货前，卖家通常能以较低的成本发现价格错误，进而通过“合同未成立”获得保护。绝大多数错价纠纷都是未发货的即为有力证明。未能及时发现而发货，很可能意味着卖家过分疏忽大意。对于这种能以很小成本避免，因自身不负责任的疏忽才造成的损失，法律没有给予救济的多大必要。[27] 这样，有助于激励人们进行自我保护，而不是寻求成本高昂的法律保护。毕竟，法院认定“重大误解”是有难度的，成本也是不小的。不仅如此，在已发货的情形中，商品价值一般都不大；或者即使有的价值较大，但错误发货数量也极其有限。涉及商品价值越大，下单与发货的间隔一般越长，卖家也会越谨慎，因此越不可能因未发现错误而发货。同样，订单数量的异动也容易引起卖家注意，因此更不可能出现错误被发现前已大量发货的情况。如此，在已发货的情形下，即使不允许撤销合同，卖家的损失也极其有限和可控。

此时不提供救济，不会给卖家带来错误激励，甚至可能还会有好的激励，促使卖家发货前适度注意及时发现错误，进而减少此类纠纷。由于这类情况极少，也基本不会给买家带来过度搜寻的错误激励。此时，救济的唯一功能就是恢复卖家那十分有限的且因自身过分疏忽才产生的错价交易损失。若考虑到买家的收益，此种错价交易的社会净损失相比于卖家损失还要更小，而救济的成本却不容忽视。首先，确认“重大误解”的诉讼成本。其次，这意味着卖家可以拦截快递，或者要求买方退还商品；即使这类成本都由卖家承担，也仍构成了社会净损失。最后，若买家拒绝，法院还需强制执行，进而产生更多的司法成本。相反，若不认可“重大误解”，这些成本通常都能避免，卖家很可能会自认倒霉不再起诉了。此时，结果就是，极少数错价交易中，卖方承担损失，买方捡了便宜。由于基本不存在激励损失，甚至还有激励收益；唯一的损失就是卖家损失减买家收益后剩余的社会损失。基于前述分析，这一损失很可能远小于救济会产生的成本。如此，“不认可重大误解”就是损失最小化的司法选择。

损失并不必然意味着救济，只有当救济的收益超过成本时，救济才是有效率的、应该进行的。否则，将错就错，让损失留在原地，就是更好的选择；这样不会产生新的成本，也就是不要再为撒了的牛奶付出眼泪。[28] 尤其提供救济不会带来激励收益时，更容易存在这种可能。事实上，这也是法官判案首先应该着眼未来预防而非既发纠纷解决的原因所在。现实中，有好多损失，法律并不提供救济，最常见的如火车晚点的损失。

综上所述，对于已发货的网络错价交易，我们主张法官应该严格限制“重大误解”的适用，将损失留在原地。对于未发货的，则主张适用“合同未成立”，这是允许卖家走出错误的成本更低的司法方案。当然，这一方案的有效实行，还需要一个简单明确的赔偿方案。即使“合同未成立”很确定，但若赔偿有争议不明确，仍可能会损伤司法的确定性和可预测性，导致诉讼增加。

---

〔27〕［美］理查德·波斯纳：《法律的经济分析》，蒋兆康译，法律出版社2012年版，第148页。

〔28〕Andrew Kull, Mistake, Frustration, and the Windfall Principle of Contract Remedies, *Hastings L. J.* 43, 1991, p. 1.

四、"赔"还是"不赔"

确认"合同未成立",取消订单后,卖家是否及如何赔偿买家损失呢?此时,涉及的是买家的信赖利益损失,属于错价交易社会净损失的一部分。这一信赖损失主要包括,合理相信标价为真而进行交易的花费,以及因此错过其他交易机会的损失。就网络交易而言,买家的交易花费通常相当有限。点击下单、在线交流所需费用很低,所耗时间一般也很短,成本很小且难以量化。这里的时间仅指确定交易对象后所花的时间,不包括搜寻交易对象的时间,毕竟即使该卖家不存在,买家仍然要进行搜索。在订单很快被取消或买方知道下单成功不代表合同成立的情况下,也基本不会有准备履约的花费。当然,若存在支付行为,会有利息损失;但若支付数额不大,或即使大额,时间却很短,利息也较少;这部分计算起来相对简单。这里错过其他交易机会的损失,可以用正常价格减同一时间错价之外的最低价格来衡量。但只有当买者的确愿意支付这一错价外的最低价格进行购买时,才可以说存在错失机会的成本,对此买者通常很难证明。此外,考虑到电商的打折促销是不定期经常举行的,买方很可能并没有彻底丧失这一次优价格的交易机会,只是需要多等待一些时间或多在网上搜索一下而已。如此,买方的交易机会损失即使存在,一般也很有限,且难以证明。这应该也是法院在处理此类案件时,基本没有确认错失交易机会损失的原因。〔29〕总的来说,网络错价交易取消后,买方的信赖损失一般十分有限且不容易证明和估算。这意味着,法院可能要花很高的成本处理数额很小的损失,若再没有明显的激励收益,就很可能是得不偿失的。

目前,法院确认"合同未成立"后,一般会判决卖方承担缔约过失责任,赔偿买方信赖损失。至于损失计算,则可能是"按照社会一般公平观念所能普遍接受的赔偿标准,酌情确定被告应赔偿的数额"〔30〕;事实上也就是由法官"裁量"和"估算"。也有的法院选择了只认可比较明确的利息损失。〔31〕尽管如此,但无论从后果还是法律技术上看,赔偿并不具有必然的正当性。而不赔偿也未必就是不正当和没有法律依据的。

后果层面。法律要求行为人承担特定损失,首要目的在于激励其事先采取合理措施预防这一可能的损失。〔32〕据前文分析,即使没有法律责任,对声誉的考量,也会激励卖方积极采取措施减少标价错误事故。电商在预防错价方面,只可能有激励过度,而不会有激励不足。仍然存在的错价,一般都是不能以合理成本避免的,应该发生的错误,或者应该称为意外。如此,要求卖方承担信赖损失,并不会带来激励收益,而不要求赔偿,也不会有什么激励损失。赔或不赔,都不会带来卖方行为的改进。对于买方而言,由于信赖利益通常很小,就算不能获得赔偿,也没有多大损失。而即使法律支持,买方也很可能不愿意为这十分有限的赔偿去花费时间和金钱进行诉讼。在已发生的诉讼中,买方都是为了获取履行利益,而非信赖利益。

---

〔29〕(2012)沪一中民一(民)终字第1696号判决。

〔30〕(2014)浦民一(民)初字第9378号判决。

〔31〕(2012)沪一中民一(民)终字第1696号判决。

〔32〕Melvin A. Eisenberg, Mistake in Contract Law, *California Law Review* 91, 2003, p. 1579.

排除激励后果,法律处理损失的另一考量,就是看,让谁承担已形成的损失带来的伤害会更小。也就是看"谁是风险承担成本最低者"。[33] 同样的损失落在不同人身上,会有不同的伤害。同样损失一万块钱,对富人的伤害显然要小于对穷人的伤害,这就是法律为什么会倾向于保护弱者。天上掉石头,一定要有人挨砸,砸谁好呢? 谁更抗砸就应该让谁挨砸。于此,通常会认为应该由卖方承担,毕竟买方是消费者,相比而言"通常"是弱者。但仅仅是"通常",后面我们还会回到这个话题。况且即便如此,由于这里的信赖损失一般十分有限,买方负担,也不会受多大伤害。如前所述,他们很可能都不愿意发起诉讼求偿。

如此,无论从激励效应还是既存损失承担看,赔与不赔基本上没有多少区别。只是两者的司法成本会有所不同。选择不赔的方案,意味着法官只需确认"合同未成立"即可。选择赔,则还需进一步弄清"损失有多少",会导致更多的司法成本。当然,由于信赖利益很小,即使赔,买方也通常不会起诉。如此,无论赔或不赔,进入诉讼的纠纷都不会太多,那么两者在司法成本上的差别,总的来说也不会太大。只是赔的选项下,一旦发生诉讼,法官会遭遇界定损失的难题和成本。但是,如果法官在损失计算上经常错误高估,则很可能会给买方带来坏的激励,导致诉讼泛滥,成本剧增。既然将信赖损失从买方转移到卖方不会有什么收益,而转移本身却需要支付额外成本,那更可取的就是让损失留在原地。由此,我们更倾向于不赔的方案;如果赔,也只应考量明确的损失(如利息),从而减少法官裁量难度和成本。

法律技术层面,"赔"也不拥有必然的正当性。既有判决均以"缔约过失"为由让卖方承担损失,但"错误未必出于过错"。[34] 依据汉德公式,只有预防成本小于错误的预期损失(也就是错误概率乘以错误损失)时,预防和避免错误才是值得的,没有预防和避免错误才构成过失。[35] 如前所述,卖方通常有足够的激励预防错价。如此,仍然发生的错价,基本上都是不能以合理成本预防的,应该发生的错误,或者说是意外才更准确。此时,卖方对错误的发生就不存在过错,严格说来,也就不能让他承担"缔约过失"责任。我国《合同法》第58条规定:"合同无效或者被撤销后,因该合同取得的财产,应当予以返还;不能返还或者没有必要返还的,应当折价补偿。有过错的一方应当赔偿对方因此所受到的损失,双方都有过错的,应当各自承担相应的责任。"

还有一种观点主张,对意思表示因错误而撤销的,应适用信赖责任,其成立不以行为人的过错为前提,只要求相对人的损失是基于合理信赖。[36] 即使错误人没有过错,也应该赔偿相对人的合理信赖损失,否则对无过错的相对人不公平。"毕竟,错误行为的实施者是错误人,而非相对人。"[37] 然而,不要忘记,即使买方信赖合理,没有过措;但此时的卖方也没有过错,甚至不应该说错误是由他造成的;只有当他能以合理成本避免时,这么说才有意义;否则就只是意外。过失责任意味着让有过失,也就是能以合理成本事先预防的

---

〔33〕 [德]舍费尔、奥特:《民法的经济分析》,江清云、杜涛译,法律出版社2009年版,第399页。

〔34〕 朱庆育:《民法总论》,北京大学出版社2016年版,第277页。

〔35〕 [美]理查德·波斯纳:《法律的经济分析》,蒋兆康译,法律出版社2012年版,第240页。

〔36〕 朱广新:《意思表示错误之撤销与相对人的信赖保护》,载《法律科学》2006年第4期。

〔37〕 朱庆育:《民法总论》,北京大学出版社2016年版,第278页。

行为人承担损失。其正当性依据,在于为行为人提供恰当激励,改进行为,实现对事故的有效率预防。

信赖责任不以行为人过失为前提,但要求信赖必须是合理的。所谓合理信赖,也就是说相对人不能以合理的成本知晓这是错误或者避免信赖。[38] 而错价交易中,当买方能区分出这是“漏”(标价错误)而非“白菜”(正常优惠)时,就不能再说他的信赖是合理的。此刻,买方是成本更低的避免错价交易损失的那一方。如此,信赖责任所处理的,实际上是与过错无关的,双方都不能以合理成本预防的损失或错误。既然双方都不能以合理成本预防,为什么还要把损失从相对人转移给行为人负担呢?毕竟这么做不会有任何激励收益,却需额外耗费司法成本。其正当性依据就剩下既存损失分配的经济学,就是通过将损失分配给更有能力承担或保险的那一方,以实现社会损失或伤害的最小化。[39] 也就是说,适用信赖责任,意味着我们判断行为人是比相对人成本更低的信赖损失的承担者,移转而非让损失留在原地是有收益的。然而,前面已分析过,网络错价交易案中,将信赖损失由买方转移给卖方,基本没有这样的效果。如此,也就没有充分的理由适用信赖责任。

当然,并非法律不要求赔偿,商家就绝对不赔偿。法律不是交易治理的唯一机制,更不是任何领域都最有效。[40] 出于声誉考量,有时部分卖家会自愿给予一定赔偿。许多电商平台也要求卖家按一定标准赔偿,且会先行赔付。当当网就明确规定,因标错价格不能发货的,买方投诉的,当当网有权按订单金额的50%最低10元最高500元赔付顾客,最终损失由卖家承担。[41] 有的电商平台虽没有针对错价的赔偿规定,但也会参照处理延迟发货的类似规定予以处理。这种赔付做法是用固定标准替代成本很高的对损失的具体测算,同时,也是在以一种固定的模式分配信赖损失。分配模式以一套有关信赖损失的事实假定为依据。以当当网标准为例,其假定即使交易额超过1000元,买方合理信赖损失也一般不会超过500元,即使超过也不会太多,所以卖家分担500元后,买方也不会再有多少损失。20元以上1000元以内的交易,更是假定信赖损失一般要小于500元;按交易金额的50%来决定卖方分担部分,即使多了,也不会多出多少;而就算不够,剩余部分,买方负担,也不会有多少。20元以内的交易,其假定信赖损失就10元左右,无论多少,卖方一律负担10元。这一假定的合理性是可以通过计量方法予以测算和验证的。基于前面对信赖损失的定性分析,我们认为这一假定应该离事实不远,从而应该是有效率的。

无论以固定数额替代具体测算,还是以固定模式替代具体分配裁量,都是以牺牲精确为代价,绕开损失计算与分配的裁量难题,避免裁量成本。只要所节省的成本超过了误差损失,此种不太精确的、“一刀切”的固定模式就是可取的。“任何的精确性,只有当其在其设立的激励中带来某种显著效益的时候,才可以被证明是正当的。”[42] 同时,这也可以

[38] [美]罗伯特·考特、托马斯·尤伦:《法和经济学》,史晋川等译,格致出版社2010年版,第251页。

[39] [德]舍费尔、奥特:《民法的经济分析》,江清云、杜涛译,法律出版社2009年版,第391页。

[40] 有关非法律合作机制与声誉机制的论述可参见[美]罗伯特·C.埃里克森:《无需法律的秩序——邻人如何解决纠纷》,苏力译,中国政法大学出版社2003年版;[美]埃里克·A.波斯纳:《法律与社会规范》,沈明译,中国政法大学出版社2004年版。

[41] 参见《当当网入驻商家先行赔付标准及流程》。

[42] [美]理查德·A.爱波斯坦:《简约法律的力量》,刘星译,中国政法大学出版社2004年版,第136页。

看作双方事先就错价交易可能导致的信赖损失如何计算与分担所做的约定。双方自愿约定的事项通常是能同时改善双方利益的,有效率的。除非有特殊理由,法院应予认可。

概括来说,对于网络错价交易,在确认"合同未成立"后,我们倾向于不支持信赖损失赔偿,或仅支持容易证明和计算的明确的损失。若卖家或电商平台事先就此有约(规)定,则法院应该也只需按约定判。这么做后果上是有效率的,法律技术上也是可行的。

五、有违背公平吗

未发货的错价交易,确认合同未成立,一般不予赔偿或仅支持明确规定的赔偿;已发货的,一般不认可重大误解,保护履行结果。这一套后果上有效率的司法方案,是否符合公平原则呢?其有违保护消费者,保护"弱势群体"原则,可能是出于公平观念的受到的最常见的批评。但真的如此吗?

现代民法通常将消费者界定为弱势群体,给予优先保护。然而,从事实层面看,商家并不必然比消费者富有。真正的原因应该是,商家掌握更多的交易与商品信息,通常能够以更小的成本对交易风险进行预防或保险,更有能力承担相应的损失。然而,依据前文分析,具体到网络错价交易领域,这一前提却不复存在。预防层面,商家有足够激励预防错价,仍然存在的错价基本上是不能以合理成本预防的。有时部分消费者反倒能够以合理成本避免,他们能识别出错价也就是"漏"。损失承担层面,取消交易,对于买方通常也就是没有捡到便宜,即使再让他承担全部或部分信赖损失,伤害一般也没有多少。反过来,若强制卖方履行交易,就算单独一笔交易的损失能够承受;但考虑到网络交易的规模与放大效应,总损失可能相当严重,甚至会造成破产。于此情形,仍然将消费者界定为弱势群体,优先保护,真的公平吗?民法意义上的强与弱,所关联的应该是预防或承担损失的能力,而不是单纯的卖或买的角色;这样才会带来好的效果,才真正公平。同样,也不应该简单地依据富有或贫穷划分。尽管同样条件下,富者抗风险能力更强;但就某些类型的风险而言,富者未必能以更小成本进行预防和承担。优先保护弱势群体,真正的原因在于,其他条件一样,强者通常比弱者具有更强的抗风险能力,将不利后果分配给强者而不是弱者,带来的伤害要更小一些,其背后隐含的同样是成本最小化的经济逻辑。现实中,我们简单地将消费者认定为弱势群体,原因是这样做通常暗含了上述经济逻辑。但网络错价交易显然构成了特殊和例外,此时只有回到经济逻辑本身,才能获得有效率的和公平的解决方案。

不仅如此,不允许走出错误,错价交易中的买方固然捡到了便宜,但卖方会有一个更大的损失。在此规则下,卖方的经营成本和风险会更高,其中至少有一部分会通过价格转移到消费者身上。如此一来,尽管幸运的消费者在错价交易中捡了便宜,但所有消费者在大多数正常交易中都必须支付更高的价格。最终的结果是,卖方和买方的处境都变坏了。或者至多是,少部分善于搜寻的"白菜党"或纯粹撞大运的人占便宜了,但卖方和其他大多数消费者都吃亏了。这究竟是对谁公平呢?

若买卖双方事先坐下来,就如何处理未来的错价交易进行协商。一个方案是,买方可以利用卖方错误捡便宜,但同时要在正常交易中支付更高价格。另一个方案是,买方不可以利用卖方错误捡便宜,同时在正常交易中享受较低价格。我们相信双方会一致同意令双方处境更好的第二个方案。同时,假定所有消费者事先不知道,他们未来是少数有天分的“白菜党”,还是少数会走“狗屎运”人,抑或属于普通的大多数。就两个方案进行选择。一个是少数有心或幸运的人占便宜,大多数人受损,且后者损失超过前者收益;另一个是少数有心或幸运的人不能占便宜,大多数人因此免受更大损失。我们相信,在这“无知之幕”背后,他们同样会一致同意第二种方案。[43] 大家于“无知之幕”背后同意的方案,显然应该是公平的。[44] 这也恰是效率所支持的方案,也就是将风险分配给能以更小损失承担的一方。在此方案下,买方看似因在错价交易中承担风险“吃了亏”;其实,已在事先通过享受更低的价格获得了更好的补偿。许多在市场中经历的“输”,事先都能得到完全的补偿,因而也会事先被同意。[45] 现实中,买方都是在捡便宜而不能的事后抱怨不公平;但从事先来看,禁止他们捡便宜没有什么不公平的。法律公平与否,更重要的是事先而非事后。[46]

还有一种可能的批评,是反对前述方案中诸多“一刀切”式的处理方法。其主张,卖方层面,应该区分能以合理成本避免的和不能以合理成本避免的错价,只有后者才允许走出错误。买方层面,则应该区分善意的信赖与恶意的“捡漏”;前者要赔,后者不赔。其认为只有这样,才能在具体个案中达成公平。的确,“一刀切”也就是“批量”处理方式,必然伴有误差损失;但却也大大节省了法律运作成本。“个案”处理方式,逐案具体分析,虽然有助于提高精确性,实现更高程度的个案正义,却也需要耗费更多的成本。[47] 正义需求的满足,超过一定限度后,其收益也是边际递减的,而成本则是边际递增的。对正义的追求不能无视成本。[48] 若正义改进带来的收益不足以弥补其额外成本,这一改进就是得不偿失的,甚至是一种“不义”。“个案”处理替代“批量”处理,固然带来了个案中正义的改进,但同时也会耗费额外成本。若这一正义改进给相关当事人带来的收益有限,而额外成本给成本承担人带来的损失却很大,这就不仅仅是无效率的,而且也很难说是公平的。公平与否,不能只看台前不看幕后;不能只看眼下,不管将来;不能只看是否有人受益,不看是否有人受损。单纯的公平分析,容易将关注局限在明显的人和因素上,从而忽略了重要的幕后的人和隐含的变量。[49] 而看似简单的经济分析,实则更能够全面地分析相关变量。如此,符合成本收益原则的“批量”处理方式,不仅是有效率的,也是公平的。这就是以简约应对复杂。

---

〔43〕 Melvin A. Eisenberg, Mistake in Contract Law, *California Law Review* 91, 2003, p. 1591.

〔44〕 [美]罗尔斯:《正义论》,何怀宏等译,中国社会科学出版社 1988 年版,第 135 页。

〔45〕 [美]理查德·波斯纳:《正义/司法的经济学》,苏力译,中国政法大学出版社 2002 年版,第 93 页。

〔46〕 [美]路易斯·卡普洛、斯蒂文·沙维尔:《公平与福利》,冯玉军、涂永前译,法律出版社 2007 年版,第 487 页。

〔47〕 Louis Kaplow, A Model of the Optimal Complexity of Legal Rules, *Journal of Law, Economics & Organization* 11, 1995, pp. 150 – 163.

〔48〕 熊秉元:《正义的成本》,东方出版社 2014 年版,第 255 页。

〔49〕 [美]路易斯·卡普洛、斯蒂文·沙维尔:《公平与福利》,冯玉军、涂永前译,法律出版社 2007 年版,第 503 页。

如上,这套有效率的方案,不但没有违背公平,很可能还更加公平,甚至效率才是公平原则背后的理性基石。但为何乍看上去,有时后果分析,仍会冲撞我们有关公平的道德直觉?首先,有效启示的认知模式,人们倾向于根据眼前的显著的因素做出直观推断,而不是进行成本更高的理性思考。〔50〕这通常是有效率的和"理性的",毕竟,先得过了今天才可能有明天,眼前的明显的事实通常对利益构成现实的紧迫的影响。同时,这也避免了全面深入理性思考的高成本。但也不可避免地会伴随忽略隐藏的重要变量的风险,从而犯下目光短浅或见木不见林的错误。这一机制是进化权衡成本收益的结果,总结起来是有效率的,尽管有时会犯错误。其次,公平观念或教义,是对常规案件的有效率处理模式的内化与简写。〔51〕其有助于我们对反复出现的常规状况做出正确的无需思考的直觉性判断,从而节省决策成本。但遇到新的或特殊状况时,就会失效和出错,也就出现效率同公平直觉的冲突,网络错价交易就是这样一种例外。可见,无论法律教义还是公平观念,本身就是某种"批量"处理模式。

六、结论

综上所述,对于未确认发货的网络错价交易,无论静态个案后果,还是动态总体后果,允许卖方取消订单都是成本更小化的处理方案。尤其动态上,有助于为买卖双方提供正确激励,优化双方行为,达成最佳预防,最小化社会损失。法律技术上,则应该一律选择"合同未成立"方案。相对于"重大误解",这一方案更有助于为双方当事人提供正确激励,减少诉讼;同时降低法官裁量成本,是成本最小化的裁判方案。取消订单后,对于买方十分有限的信赖损失,无论从激励效应还是既存损失分配看,赔与不赔基本上没有多少区别。如此为了节省司法成本,最小化社会损失,我们主张不赔或只赔明确的容易计算的损失。若电商或平台事先对赔偿有规定,这一规定可以说是买卖双方事先就错价交易可能导致的信赖损失如何计算与分担所做的约定。双方自愿的约定通常能同时改善双方利益的,是有效率的。法院应该强力支持,这也有助于最小化司法成本和网络交易自我治理。对于已发货的错价交易,提供救济不会带来动态的激励收益,甚至还有激励损失,静态损失分配收益也极为有限。如此,为了避免额外的司法成本,最小化社会损失;我们主张,将错就错,让损失留在原地,也就是严格限制以"重大误解"为由撤销合同。以上方案,有助于趋近错价交易损失、预防成本及司法成本三者之和,也就是社会总成本的最小化。不仅在后果上是有效率的,在法律技术上也是可行的,而且不违背公平原则,甚至比其他方案更为公平,尽管乍看上去有违直觉。

于此,我们还可以提炼出用于疑难案件的,基于后果导向和经济分析的通用裁判方法。面对法律所容忍的多种实质性处理方案,首先利用经济分析,预测和评估不同方案的动态后果,优先选择能够提供正确激励,优化行为,最小化社会损失的方案。若激励效果

〔50〕［美］理查德·波斯纳:《法律理论的前沿》,武欣、凌斌译,中国政法大学出版社2003年版,第265页。

〔51〕［美］路易斯·卡普洛、斯蒂文·沙维尔:《公平与福利》,冯玉军、涂永前译,法律出版社2007年版,第12～13页。

没有差别，则考察静态个案后果，也就是既存损失分配效应，同样应选择损失最小化的方案。实质性处理方案确定后，考察不同法律操作方案的司法成本，选择能以最小成本达成目标的技术性方案。从损失处理角度讲，首先要看损失处理的动态激励后果，选择能带来激励收益的处理方案，也就是把损失分配给能以更低成本事先预防或保险的一方。若不存在激励收益，则看个案中的静态分配后果，考察如何分配带来的伤害最小，也就是要把损失分配给抗风险能力更强的一方或者双方分担损失。若既无激励收益，又无分配收益或极其有限，则让损失留在原地，以避免分配和移转成本，就是社会损失最小化的选择。

面对疑难案件，上述经济分析方法很可能远比教义分析和公平观念更有价值，更能帮助法官做出实质性司法决策。事实上，教义和公平观念，都是对特定时空下通常有效率的处理方案的简写或内化。“教义是思维已经简化的速记，除非碰到特殊情境，否则无需每次都检验这些教义。”[52] 这有助于以降低的成本对常规案件做出正确的、有效率的处理，其正当性基石仍然是经济逻辑。

---

〔52〕 熊秉元：《正义的效益》，东方出版社2016年版，第194页。

网络舆论对法制改革顶层设计的策略重构

陆宇峰*

【摘　要】 法制改革转向顶层设计模式，带来了网络公众参与热情与言说空间的内在张力。在两个舆论场从对立走向融合的表象之下，民间社会通过进度压缩、目标扩展、议题重置、理念更新四种方式，从时间、事物、社会、价值四个维度策略重构法制改革的顶层设计。作为网络法律舆论的新形式，策略重构使民间社会得以充分利用言说空间，隐蔽调整顶层设计的效力范围和效力位阶，但可能造成官民各自放大成功预期、忽略潜在分歧，增加预期失落时的对立风险。以顶层设计模式深化法制改革，应当保持话语的开放性、文本的可讨论性、过程的可观察性、效果的可检验性，超越策略重构，进一步扩大公众参与。

【关键词】 法制改革；顶层设计；网络公共领域；法律舆论

一、法制改革模式转型背景下的网络舆论

为了克服“摸着石头过河”的系统性、前瞻性、方向性隐患[1]，2014 年正式启动的法制“深改”转向“顶层设计”模式，这是网络法律舆论研究最应重视的当下背景。一方面，十八届三、四中全会的两个《决定》，表明了党中央通过顶层设计深化法制改革，尤其是扭转司法改革困顿状态的决心，极大激发了网络公众的法治预期和参与热情。[2] 在此背景下，网络法律舆论尽管仍然由具体事件所引发，但往往超越当事各方的是非曲直，诉诸法制深改的顶层设计。另一方面，围绕司法改革这一核心主题，党中央不仅通过两个《决定》勾勒了总体框架，而且由“深改组”持续出台相关指导意见、实施方案和试点安排，以顶层设计方式牢牢掌握了改革主动权，发出了“保持战略定力”“排除外界干扰”的明确信号。[3] 在此背景下，面对法制深改的顶层设计，网络公众的参与热情与言说空间之间又形成了一种内在张力，这从根本上决定了网络法律舆论的发展现状。

由于未能充分考量法制改革模式转型的潜在影响，既有研究限于两个舆论场“对立/

---

* 陆宇峰，华东政法大学副研究员，科学研究院院长助理。

〔1〕“当年我们‘摸着石头’搞改革，是因为对一些重大问题还没看清看透，而今天亟待推进的多项改革，我们党对其目标和路径都已明确。”人民日报评论员：《那么一股子劲不能松——凝聚全面深化改革的力量之二》，载《人民日报》2013 年 11 月 11 日。另参见竺乾威：《辩证看待顶层设计与摸着石头过河的关系》，载《北京日报》2013 年 1 月 7 日；范清宇：《浅谈加强顶层设计与摸着石头过河相结合》，载《中国行政管理》2014 年第 9 期；罗峰：《顶层设计和摸着石头过河》，载《学习时报》2013 年 10 月 14 日。

〔2〕参见徐昕：《司法改革的顶层设计及其推进策略》，载《上海大学学报》（社会科学版）2014 年第 6 期。

〔3〕参见董振华：《不断开创全面深化改革新局面》，载《光明日报》2015 年 9 月 22 日。

融合”的二元观察图式，难以准确描述网络法律舆论的发展现状。[4] 近年来，依托迅速崛起的 Web 2.0 网络公共领域，民间舆论确实一度与主流舆论形成对立态势。[5] 但随着法制改革转向顶层设计模式，以及配合顶层设计而相应强化的网络规训，这种对立态势自 2014 年起已趋缓和。[6] 具言之：

第一，顶层设计勾勒了法治中国的蓝图，明确了全面推进依法治国的目标、原则、路径和任务，促成了网络公众从“法治理想呐喊者”向“改革现实观望者”的角色转变；废除劳教众望所归，司法改革寻求体制突破，“最高人民法院力推司法公开，重审疑案和平反错案，民众的关切得以释放”[7]……这些明显的进步，有效缓解了民间社会的法治焦虑，安抚了网络舆论的急迫情绪。

第二，经由顶层设计的改革措施层出不穷，除了解决立案难痼疾、惩治司法掮客行为、防止领导干部干预司法，以及规范减刑、假释、保外就医程序等早已进入网络公共领域的议题之外，从司法员额制、法官检察官遴选（惩戒）委员会、主审法官主任检察官办案责任制，到司法机关人财物省级统管、跨行政区划法院设立、最高人民法院巡回法庭试点……内部人视角的专业议程设置对民间社会的参与能力构成了挑战。与此同时，地方试点改革缺乏公开性、改革对象特别是基层司法人员意见反馈不充分等问题，也制约了网络讨论的展开。[8]

第三，配合顶层设计保持战略定力的需要：(1) 网络法律方面，以 2012 年全国人大常委会《关于加强网络信息保护的决定》为起点，以 2015 年网信办《互联网用户账号名称管理规定》为标志，“网络实名制”全面普及；依据 2013 年“两高”关于网络诽谤等犯罪的司法解释，以及 2014 年网信办《即时通信工具公众信息服务发展管理暂行规定》，“清网行动”延续并扩大到音视频网站和微信。(2) 网络意识形态方面，社会主义核心价值观与“普世价值”的区别成为宣传重点[9]，建设相关“网上传播阵地”的任务也正式部署[10]；

[4] 参见杨礼雕：《社会热点事件舆论场的博弈与融合》，载《甘肃社会科学》2015 年第 4 期；姚广宜、吴柯：《涉法事件的微传播舆论场：多元意志的冲突与碰撞——以“李某某案”为例》，载《当代传播》2014 年第 5 期；人民网舆情监测室：《2014 年：两个舆论场共识度明显提高》，载《光明日报》2015 年 1 月 6 日。

[5] 参见陆宇峰：《以社会治理创新迎接法制改革转型》，载《法学》2014 年第 9 期。

[6] “司法舆情在 2014 年度未能进入 20 件热点舆情”，参见祝华新等：《2014 年中国互联网舆情分析报告》，载李培林等主编：《社会蓝皮书：2015 年中国社会形势分析与预测》，社会科学文献出版社 2015 年版，第 228 页。此外，以微博为典型代表的民间舆论场活跃度明显下降，数据参见中国互联网络信息中心（CNNIC）：《第 35 次中国互联网发展状况统计报告》，第 57 页，2015 年 1 月发布。

[7] 祝华新等：《2014 年中国互联网舆情分析报告》，载李培林等主编：《社会蓝皮书：2015 年中国社会形势分析与预测》，社会科学文献出版社 2015 年版，第 228 页。

[8] 参见胡献：《司法改革要避免神秘主义》，载《中国青年报》2015 年 3 月 19 日。

[9] 参见韩震：《中西方核心价值观有什么不同》，载《求是》2014 年第 2 期；姜胜洪：《不甘寂寞的西方“普世价值”观》，载《中国社会科学报》2014 年 3 月 24 日；蔡大祥：《社会主义核心价值观与“普世价值”》，载《红河日报》2014 年 10 月 24 日。这些文章被光明网、求是理论网、人民论坛网等转载。

[10] 参见《关于培育和践行社会主义核心价值观的意见》（中办发〔2013〕24 号）。2014 年 1 月，各级党委纷纷出台实施意见；2014 年 2 月起，《人民日报》评论员五论“弘扬社会主义核心价值观”；各地随即展开多种形式的宣传教育活动，并注重将树立和践行社会主义核心价值观与“净化网络环境”结合起来。

数量激增的政务新媒体积极打造“两微一端”,开展移动化、立体化的“正能量”宣传[11];科研机构、高等院校加强网络纪律管理,科教身份的网络意见领袖活跃度大幅下降。(3)网络技术方面,监管部门与网络平台的公私合作超越删帖、禁言、封号等人工形式,向智能化方向发展(如新浪微博的智能反垃圾系统、智能排序系统);基于大数据、云计算的舆情监测成为热门产业,政府通过购买服务等方式不断提升收集、追踪、评估、预判网络舆情的能力,“全景敞视主义”体系日益成型[12];“澎湃新闻”“财新网”等善于报道敏感问题的新型主流媒体异军突起,利用信息渠道优势主导“打虎”等网络舆情,“网络反腐”等体制外集体行动出现“断崖式降温”。[13]

多种因素的共同作用,自“深改元年”起终结了两个舆论场的尖锐对立。一个重要舆情分析机构随即断言:“今年以来,主流舆论场和民间舆论场进一步加强融合,网络舆论共识度与政府认可度双双快速上升。”[14]这幅戏剧化的图景仍然是基于“对立/融合”二元图式的观察结果,存在过度简化之嫌。更深入的观察表明,由于法制改革的顶层设计模式带来了网络公众参与热情与言说空间的内在张力,两个舆论场仅仅在话语层面发生融合、形成“话语共识”,亦即共同使用顶层设计的论证资源和修辞方式;而在运作层面,民间舆论场的网络讨论超越具体法律事件,试图通过非对抗性但高度选择性的理解、解释和回应,对决策者经由主流舆论场正式发布和权威论证的顶层设计加以结构和语意的双重再生产,进而推动顶层设计朝着更符合公众意愿的方向进一步调整。

这种网络公共领域的法律舆论新形式,可以称为“策略重构”。就其“策略”性质而言,策略重构属于韦伯所谓“目的理性”范畴,旨在以最小代价促成符合自身利益的政策调整,既区别于不计后果的“价值理性”行动,也区别于不加反思的“传统”行动。就其“重构”性质而言,策略重构属于“渐进改良”范畴,致力于在承认顶层设计文本有效性和话语权威性的前提下,实现其语意的“变异”、结构的重新“选择”和体系的“再稳定化”[15],既不追求顶层设计的“突变”,又不接受顶层设计的“停滞”。受目的理性和改良主义的支配,网络公众以策略性的言语行为表达调整法制改革顶层设计的意愿,尽管不使用可能对达成目标起反作用的激进话语,但也不放弃“对周围环境和他人客体行动的期待”[16],这

[11] 截至2014年11月底,我国政务微博认证账号达到27.7万个,累计覆盖人数达43.9亿人。参见上海交通大学舆情研究实验室:《2014年网络舆情研究报告》,载《新闻记者》2015年第2期。

[12] 参见[法]米歇尔·福柯:《规训与惩罚》,刘北成、杨远婴译,生活·读书·新知三联书店2003年版,第219~255页。

[13] 马长山:《网络反腐的“体制外”运行及其风险控制》,载《法商研究》2014年第6期。

[14] 人民网舆情监测室:《2014年:两个舆论场共识度明显提高》,载《光明日报》2015年1月6日。

[15] 本文使用“策略重构”概念,除了借鉴韦伯的行动理论之外,也借鉴了卢曼的法律演化理论。卢曼吸收达尔文的思想,将法律演化描述为法律系统“变异”“选择”“再稳定化”的渐进过程。通过“策略重构”推动法律发展的做法,出现在19世纪的“概念法学”阶段,此时法典的文本效力和话语权威已获公认,且因其理性法、自然法渊源而不具可变更性,唯有通过法学家的解释加以意义和结构再生产,并获得司法实践的采纳,才能使之适应社会变迁。19世纪末,随着社会发展的进一步加速,这种做法受到利益法学、自由法学、现实主义法学的反思,并逐渐被大规模的社会立法和法官造法替代。参见[德]尼可拉斯·卢曼:《社会中的法》,国立编译馆主译、李君韬译,台北,国立编译馆、五南图书出版有限公司2009年版,第300~310页。

[16] 参见[德]马克斯·韦伯:《社会学的基本概念》,顾忠华译,广西师范大学出版社2010年版,第31~35页。

就扬弃了"对立/融合"的区分，构成既有研究的观察"盲点"。

如何理解网络舆论策略重构顶层设计的现象？就法制深改的前景而言，策略重构的意义和局限何在？法制深改转向顶层设计模式的现实，以及由此产生的排除外部干扰的客观需要，是否支持超越策略重构这一网络舆论形式的局限性？本文拟以近期四起公共舆情事件为例，揭示策略重构型网络舆论的普遍存在，评估策略重构之于法制深改前景的正反两方面影响，并深入论证顶层设计的改革模式内在地要求超越策略重构，进一步扩大公众参与。

二、策略重构型网络舆论的典型方式

2014 年度的四起法律舆情事件颇具代表性，分别例证了网络公众从时间、事物、社会、价值四个维度，策略重构法制改革顶层设计的四种典型方式：进度压缩、目标扩展、议题重置、理念更新。

（一）"进度压缩"式重构——以"余杭联合通告事件"为例

"进度压缩"式重构，系从"时间"维度重构法制改革的顶层设计[17]，以期调整顶层设计的"时间效力"。网络公众基于对顶层设计的倾向性理解，凸显特定深改目标的优先性，进而将这一未来的事实性目标"调换"成当下的规范性要求，以"余杭联合通告事件"的网络舆论为代表。

2014 年 5 月 11 日，杭州市余杭区政府官方微博公布了一份由区公安分局、检察院、法院、司法局联合发布的通告，要求此前抗议当地建设垃圾焚烧厂并与警方发生严重冲突的人员"主动投案自首"。一度聚焦抗议活动的网络舆论立即爆发新的质疑，认为联合通告存在严重的"司法地方化"问题，违反三中全会关于"维护宪法法律权威""依法独立公正行使审判权检察权"的决定，以及潜藏其后的"司法去地方化"目标。与以往就事论事的对抗性舆论不同，借助"余杭联合通报事件"，网络公众对法制改革的顶层设计展开了策略重构。[18]

首先，网络公众指涉三中全会顶层设计的背景，构筑法律层面的安全言说空间和技术层面的自由表达空间。地方公、检、法、司的联合行动，不仅在 1983 年以降的历次"严打"运动中屡见不鲜，而且在 2008 年"金融危机"以后的"能动司法""社会管理创新"浪潮中重获政治正确性；地方政府迫于"社会治安综合治理一票否决制"的压力，亦将联合行动视为应对社会矛盾多发态势的必要之举。在"服务大局"这一更高理念的支配下，联合行动的政治正确性与行政必要性相互强化，政治正确/政治正当、行政必要/行政合法的差异

〔17〕 本文将顶层设计视为一种意义系统，借助社会系统理论的"社会/时间/事物"三分法进行分析。这一理论认为，任何社会系统都采用"意义"的形式，以解决排除什么、继续遵循什么、重新确认什么的问题，而意义从社会、时间、事物三个维度，"安排什么人在系统里何时可以（以及不可以）期待什么"。参见 Georg Kneer / Armin Nassehi：《卢曼社会系统理论导引》，鲁贵显译，台北，巨流图书 1998 年版，第 154～155 页。

〔18〕 值得一提的是，网络舆论焦点从余杭民众抗议集体事件迅速转向联合通报事件，本身可能就是规避审查的策略。晚近研究表明，较之批评政府和政策的网络言论，与"群体性事件"相关的网络言论更易被审查过滤。See Gary King, Jennifer Pan and Margaret E. Roberts, How Censorship in China Allows Government Criticism but Silences Collective Expression, *American Political Science Review*, 2013, pp. 1－18.

则被淡化。因此，除了"重庆打黑"被正式否定后的短暂时期，联合行动模式近年来并未获得足够的可批判空间，以至于进一步呈现常态化趋势。[19] 只有当网络公众抓住三中全会召开和四中全会临近的时机，使"服务大局"的天平从"维护稳定"向"依法治国"倾斜[20]，联合行动的行政必要性才失去了政治正确性的支撑，暴露出行政合法性和政治正当性困境；只有当网络舆论指出，三中全会关于法治中国建设的决定以"司法去地方化"为基本目标，余杭才失去了通过技术手段"危机公关"的余地，被迫承受"违背顶层设计"的公众批评。[21]

其次，网络公众在使用顶层设计话语的同时，基于自身立场对顶层设计进行了特殊的意义解读。相对直观的问题是，主流舆论全面理解了司法去地方化的字面含义和引申含义：司法去地方化，既是因为司法回归"中央事权"有助于"更好坚持党的领导，更好发挥我国司法制度的特色"，也是因为排除"地方保护主义的干扰"有助于"依法独立公正行使审判权检察权"，"更好促进社会公平正义"[22]；民间舆论的理解则倾向性地局限于引申含义，或者说局限于"加快建设公正高效权威的社会主义司法制度"之中的"公正"元素。更深层的问题是，"全面推进依法治国"，并不表明"维护稳定"必然从"服务大局"的内涵中消隐；如何解读依法治国，取决于将"依法"还是"治国"视为重点，取决于将法治视为国家权力的运行原则，还是国家治理的技术手段。决策者有理由将维护稳定与依法治国统一起来，将依法与治国统一起来，重视法治的技术意涵；网络公众的预设性理解，则包含着法治优先于稳定的价值判断。[23]

最后，基于对法制改革顶层设计的特殊解读，网络公众实际上发出了调整顶层设计时间效力的呼声。在三中全会决定中，司法去地方化只是一系列顶层设计方案的远期目标；学界内部对于这套"司法中央化"方案能否达成这一远期目标，及其可能存在的结构性障碍和副作用，甚至至今争议不断。[24] 但网络公众对此视若不见，他们通过倾向性的解读凸显了司法去地方化的目标优先性，进而提出了压缩顶层设计日程表的主张，将这一未来的事实性目标"调换"成当下的规范性要求。这种要求不仅拒绝以深层的原因合理化表面的问题，而且主张各种司法地方化模式一则应该在更短时间内成为事实上的"不能"，二则应该在当下确立规范上的"不应"——顶层设计立即"生效"。

（二）"目标扩展"式重构——以"取消律师年检运动"为例

"目标扩展"式重构，系从"事物"维度重构法制改革的顶层设计，以期调整顶层设计

---

〔19〕 参见鲁篱、凌潇：《论法院的非司法化社会治理》，载《现代法学》2014年第1期。

〔20〕 "法治中国建设本身就是大局"，参见胡新桥、刘志月：《服务法治中国建设大局》，载《法制日报》2013年3月16日。

〔21〕 即便是支持余杭"秋后算账"的声音，也回避了"联合通报"的"司法地方化"质疑。参见单仁平：《赞杭州市依法对打砸者"秋后算账"》，载《环球时报》2014年5月13日。

〔22〕 人民日报评论员：《加快深化司法体制改革——五论学习贯彻习近平同志在中央政法工作会议重要讲话》，载《人民日报》2014年1月22日；孟建柱：《深化司法体制改革》，载《人民日报》2013年11月25日。

〔23〕 这种理解也并非没有现实依据。学者对"维稳政治法治化转型"的观察，参见魏治勋、百利寅：《从"维稳政治"到"法治中国"》，载《新视野》2014年第4期。

〔24〕 参见陈卫东：《司法"去地方化"——司法体制改革的逻辑、挑战及其应对》，载《环球法律评论》2014年第1期；李少文：《论司法中央化改革的困境》，载《探索与争鸣》2014年第7期。

的“对事效力”。网络公众通过对顶层设计的体系解释和关联类比扩展法制改革的事项范围,将其他领域的改革安排“拟制”到法制领域,以“取消律师年检运动”的网络舆论为代表。

早在2007年,即有50多名律师上书司法部,建议取消律师年检。2014年全国“两会”前夕,这个老话题再度成为网络热点:2月19日起,多名律师微博倡议废止律师年检;律师冉彤向司法部申请公开取消年检的进展;《中国律师行业管理体制批判》等论文广泛流传;来自12个省份的60名律师还向国务院、司法部、全国人大寄出联署建议信。这些言论和行动迅速得到大量网络声援,形成了一场同样旨在策略重构顶层设计的“取消律师年检运动”。

首先,为了尽可能争取同行和公众,这场运动策略性地放弃了高举三中全会“保障律师执业权利”旗帜的选择,没有直接诉诸在法制领域的顶层设计。在行业内部,不惜发动网络舆论呼吁取消年检的,毕竟只是极少数代理敏感案件的律师,他们指责律协不符合《律师法》的“自律性行业组织”定位,与司法行政部门一道利用年检干涉律师执业;另一些律师尽管质疑律协强制收取会费的合法性,[25]批评司法部更改考核主体涉嫌违法扩权,[26]但并不担心因年检不合格造成执业困难;其他律师出于经济压力和事务负担的考虑,也希望搭废除年检的“便车”,但都不愿冒犯司法行政部门和律协,更不可能以执业权利保障为由进行网络抗议。在公众中间,则长期存在轻视和敌视律师的情绪,前者认为官司输赢取决于公检法,律师的辩护只是“走过场”;后者认为律师靠“勾兑”法官等不正当方式牟利,或者靠为“坏人”辩护为生;当一些律师受新诉讼法扩大赋权的鼓舞,在法庭和网络上“叫板”公权,这些社会情绪又以一种复杂的方式,与主流媒体的警惕态度相互强化。在此现实情况下,直接主张律师执业权利可能引起不必要的争议,不仅难以获得广泛支持,而且容易招致舆论反弹。

其次,通过将律师事务所视同于“企业”,这场运动策略性地借“废除企业年检”的东风,诉诸经济和行政领域的顶层设计。2014年2月18日国务院印发的《注册资本登记制度改革方案》,以及次日国家工商总局“停止企业年检”的决定,成为了运动的导火索。尽管律所既不属于方案涉及的27个特殊行业,依据1990年司法部《关于律师事务所不应进行工商登记的通知》亦不属于企业,但律师们坚称“律所与企业一样是‘市场主体’,这没有任何争议”,并基于此一前提强调,不废除律师年检是“部门利益作怪”,抗拒三中全会精神。[27]

这种观点将律师职业的经济属性绝对化,选择性地无视其社会和法治属性。即便律

---

〔25〕 2001年、2002年,河南李苏滨、李午汜两位律师先后状告洛阳市司法局,法院判决洛阳市司法局未能提供省级以上政府批准收取律师年检注册费的依据,其年检注册收费行为违法。此案之后,不少律师认为,律协会费实际上就是2002年曾因被法院裁定违法而取消的“司法注册费”。

〔26〕 2008年修订的《律师法》明确了律所的年度考核主体地位,司法部2010年出台的《律师事务所年度检查考核办法》却将考核主体变成了律协和司法局,被认为违反宪法和立法法的相关规定,涉嫌私自扩权。

〔27〕 有律师对此提供了三条论据:一是市场化改革后的律所符合自主经营、自负盈亏的市场主体特征,“其经营好坏自有市场决定”;二是税务部门实际承认律所的市场主体地位,“在税务登记时,税务部门都会将律师事务所纳入私企”;三是人事部门实际否认律所的事业单位身份,“在任何地方,人事局都不会给律所进行事业单位登记”。参见王婷婷:《取消律师年检呼声再起》,载《方圆律政》2014年3月。

所与企业一样拥有市场主体地位,也并不意味着律所应当被视同于普通企业,适用取消企业年检的改革措施。经典法律社会学指出,律师与委托人不是纯粹的利益关系而是"信任"关系,必须区分律师"职业"与"营业",以免法律被经济需要裹挟;[28]我国学者也认为,律师作为"自由职业"的根本价值在于服务公众,因此虽然构成市场经济的一部分,但获得收入不是其首要目的;[29]根据我国《律师法》,律师不仅承担着"维护法律正确实施"等无法加诸普通企业的任务,而且除了"经营"活动之外,还须履行法律援助等义务。学理和法律赋予律师职业的复杂属性,虽然不足以证成年检制度的合理性,但至少说明取消年检的"市场主体"论证并非"没有任何争议"。律师们选择这种论证路径的真实原因,在于较之"保障律师执业权利","使市场在资源配置中起决定性作用""简政放权,深化行政审批制度改革"等顶层设计构成共识度更高的论据。

最后,这场运动的实质,是少数律师抓住市场和行政体制的最新深改动向,策略性地提出了扩大法制深改的诉求。此前,鉴于在理论上和法律上,司法行政部门和律协被定位成律师的保护者,而公检法作为司法场域中的公权一方,又与代表私权的律师形成制度性对称结构,因此各地贯彻三中全会"完善律师执业权利保障机制"的方案,都主要面向公检法机关。[30] 经过这场运动,市场、行政、法制三个领域的深改决策被加以关联类比和体系解释,"发挥市场决定性作用"和"简政放权"等深改原则被"拟制"到律师行业监管制度改革的事项上,这就向司法行政部门和律协提出了新的要求,以目标扩展方式重构了法制深改的顶层设计。2014年7月,黑龙江省人民政府发布《关于工商登记制度改革有关事项的通知》,做出取消律师年检的改革决定,这一制度出现局部松动。

(三)"议题重置"式重构——以"郭美美报道风波"为例

"议题重置"式重构,系从"社会"维度重构法制改革的顶层设计,以期调整顶层设计的"对人效力"。通常情况下,网络公众并不否定既有的法制深改议题,而是在公共讨论的过程中通过"变焦",将顶层设计原本的议题指向予以"拨转",以"郭美美报道风波"的网络舆论为代表。

2014年8月3日深夜,新华网发布揭开网络红人郭美美"谜团"的4000字电讯,[31]多家主流媒体迅速跟进,同时推出"郭美美大起底"系列报道。这些报道不仅涉及郭开设赌场和炒作虚假新闻的"犯罪事实",而且包括其19岁被"包养"、私生活混乱等细节,其母经营洗浴服务和亲属曾受刑责的"身世"也被曝光,郭还通过电视直播悔罪,并向因她"炫富"而深陷信任危机的中国红十字会道歉。郭随即受到网络"围观",但主流媒体也被批

---

[28] See Dalcott Parsons, The Professions and Social Structure, *Social Forces* 17, 1939, pp. 457 - 467.

[29] 参见季卫东:《法治秩序的建构》,中国政法大学出版社1999年版,第235页。

[30] 2013年11月,上海市检察院出台《上海检察机关依法保障律师执业权利的十条意见》;2014年1月,福建省高院、司法厅出台《关于构建法官与律师良性互动关系共同促进司法公正的若干意见》;2014年4月,四川省公安厅、司法厅出台《关于保障律师在公安机关侦查阶段依法行使辩护权的若干规定(试行)》。

[31] 参见邹伟:《从炫富到涉赌,她为何堕入犯罪深渊?——郭美美涉嫌赌博犯罪被刑拘的背后》,载新华网:http://www.bj.xinhuanet.com/bjyw/2014-08/04/c_1111916273.htm,最后访问日期:2015年12月20日。

评超越法律界限和违背新闻伦理,遭遇舆论的强烈“反冲”。[32] 在这场风波中,网络公众层层递进地拨转了法制深改的原有议题指向,重构了关于新闻(网络)法治的顶层设计。

一阶层次上,网络公众并未区分两个舆论场,就提出了“超越法律界限”的两点质疑。一是侵犯人格权和隐私:面向亿万观众“起底”嫌疑人私生活,属于“变相游街”;痛斥其“无耻”“丑态百出”,构成人身侮辱;曝光其亲属的无关“前科”,侵犯第三人隐私。[33] 二是“未审先判”:在侦查期间报道嫌疑人的“犯罪事实”,并让她身着囚服在看守所内荧屏“认罪”,违反《刑事诉讼法》“不得强迫任何人证实自己有罪”“未经人民法院依法判决,对任何人不得确定有罪”等规定。[34] 主流媒体为此依据权利平衡的法理逐项反驳:曝光郭美美隐私是必要的,否则难以挽救公益慈善;曝光其家庭信息也是必要的,否则难以挽回红会声誉;未审先判不成立,媒体并无判决之权,而报道保障了公众知情权。[35]

二阶层次上,作为对“超越法律界限”质疑的补充,网络公众继续提出“违背新闻伦理”的三点质疑,将议题焦点转向主流媒体。一是迎合公众窥私欲,有道德丑化之嫌;二是聚焦商人“包养”等“八卦”,却错失对红会是否与其违法合作等严肃问题,有转移视线之嫌;三是所有报道信源同一、时间统一、使用“通稿”,有受到操纵之嫌。[36] 这就对前述反驳意见给予了再反驳:鉴于我国主流媒体的特殊背景和影响力,公共利益与私人权利、公众知情权与个人隐私权、新闻自由权与公平审判权的西式平衡理论,能否简单套用?

三阶层次上,基于“舆论审判/媒体审判”的区分,网络公众重新设置了新闻(网络)法治顶层设计的核心议题。与曾经饱受舆论审判指责的药家鑫、李天一案不同,郭美美案报道被网络公众明确诟病为媒体审判。[37] 舆论审判遵循“媒体报道—公众声讨—领导介入—法院审判”的演进逻辑[38],而在媒体审判模式下,权力介入被认为先于报道,或者说报道本身就意味着权力介入。2013 年以来,类似报道多次引发争议,潜藏着两个舆论场围绕顶层设计的理解分歧:对于主流媒体来说,这类报道符合“让人民监督权力,让权力在阳光下运行”的顶层设计理念,展示了国家依法公开处理社会关注问题的法治姿态;但对于网络公众来说,这些报道偏离了审判独立的顶层设计,主流媒体被认为掌握着“准公共权力”,可能干扰法律体系的正常运转。[39] 一个具有中国特殊性的法治新议题在此浮

---

〔32〕 参见王家全、李怀岩:《对内传播议程设置应警惕“反冲—外溢”效应——“起底郭美美”引发的对内对外融合传播思考》,载《对外传播》2014 年第 10 期。

〔33〕 学理分析,参见慕明春:《从自我炫耀性传播到媒介侵权性传播——基于郭美美事件相关报道的病理分析》,载《当代传播》2014 年第 6 期。

〔34〕 参见赵男:《从“起底郭美美”事件看媒体伦理失范现象》,载《新闻世界》2014 年第 12 期。

〔35〕 参见王德华:《官媒曝光郭美美不存在“未审先判”》,载环球网:http://opinion. huanqiu. com/opinion_china/2014 - 08/5097946. html,最后访问日期:2015 年 12 月 20 日。

〔36〕 参见朱学东:《郭美美报道与媒体的节操》,载腾讯网:http://cul. qq. com/a/20140807/025319. htm,最后访问日期:2015 年 12 月 20 日。

〔37〕 这当然不是说,舆论审判无害于司法公正。See Benjamin Liebman and Tim Wu, China's Network Justice, *Chicago Journal of International Law* 8, 2005, p. 286. 更激烈的批评,参见刘练军:《民粹主义司法》,载《法律科学》2013 年第 1 期。

〔38〕 参见张冠楠:《媒介审判下的司法困境》,载《法学》2011 年第 5 期;晚近的个案研究,参见马长山:《媒体介入司法之“危险”与“忠诚”争议的背后——重拾张金柱案》,载《社会科学研究》2014 年第 3 期。

〔39〕 类似的观点,参见卞建林、焦洪昌等:《传媒与司法》,中国人民公安大学出版社 2006 年版,第 27 页。

现:较之民间舆论,主流媒体的案件报道是否应当受到更严格的法律限制?

顶层设计的议题指向由此被拨转。三中全会决定在新闻(网络)法治领域的议题焦点,本是网络谣言等主要存在于民间舆论场的问题,要求“健全……网络违法犯罪防范和打击等工作联动机制,健全网络突发事件处置机制,形成正面引导和依法管理相结合的网络舆论工作格局”。在贯彻这一决定展开清网行动的过程中,主流媒体承担着法治宣传的任务,通过相关报道教育公众“网络不是法外之地”。但对郭美美报道的质疑,却明确将新闻法治议题变焦到主流媒体:主流媒体不应被定位成法治的宣谕者,它们本身就需要被纳入法治的轨道。一个多月后,四中全会决定将规范网络行为的切入点从“防范和打击违法犯罪”调整为“加强和完善立法”,“规范媒体对案件的报道”也被写进新的顶层设计。[40]

(四)“理念更新”式重构——以“死磕律师之争”为例

“理念更新”式重构,系从“价值”维度重构法制改革的顶层设计。与前三种方式试图直接调整效力范围不同,理念更新式重构试图通过改变顶层设计的价值序列,间接调整特定深改决策的效力位阶。网络公众并不诉诸顶层设计之外的法治理念,而是通过将其边缘理念“发挥”成核心理念,影响法制深改的未来走向,以“死磕律师之争”的网络舆论为代表。

从2012年“小河案”起,死磕律师即已引发网络和学界讨论,[41]但主流媒体的态度相对中立。[42] 2014年,随着主流媒体转向批判姿态,讨论迅速升级。4月9日,“求是网”官方微博推荐博文《解读“死磕派”律师》,《环球时报》《人民法院报》随后相继刊文,指出死磕律师不仅追名逐利,而且以违法方式谋取名利;不仅损害行业团结,而且形成了垄断业务的类黑社会组织;不仅不尊重司法权威,而且“政治上自我高估”“以质疑、修正现有法律体系为使命”。[43] 作为回应,自4月11日起,律师杨学林发表网文《论死磕律师》,[44]陈光武发表博文《客观评价死磕律师,凝聚法治建设正能量》,斯伟江发表博文《围剿死磕

---

〔40〕 围绕《侵权行为法》是否应当特别规定“新闻(媒体)侵权”,民法学界曾出现“肯定说”与“否定说”之争,立法机关最终采纳了后者。参见张新宝:《新闻(媒体)侵权否认说》,载《中国法学》2008年第6期。

〔41〕 关于“小河案”,参见陆宇峰:《网络公共领域的法律舆论:意义与限度——以“微博上的小河案”为例》,载《社会科学研究》2014年第1期。学界对死磕律师现象的争论,参见王凤涛:《“磕出”中国法治进步?——死磕派律师的制度角色与中国司法的策略选择》,载《时代法学》2014年第6期;蒋华林:《“磕出”一个法治中国——以死磕派律师的价值辨正为中心兼与王凤涛博士商榷》,载《时代法学》2015年第3期。

〔42〕 2014年之前,主流媒体承认死磕律师为弱势群体提供免费法律帮助、为平反冤案错案而努力,揭示了一些政策弊病、纠正了一些违法行为,也提醒个别死磕律师注意把握网络言论倾向性、保护委托人利益、维护法律职业团结、引导群众理性表达诉求、遵守庭审纪律。参见梁言:《“磕”出一个法治中国?》,载《检察日报》2013年4月24日;吴庆宝:《死磕律师更要维护法治社会》,载《环球时报》2013年7月24日。

〔43〕 参见单仁平:《“死磕派”律师不可政治上自我高估》,载《环球时报》2014年5月8日;郭敬波:《莫寄望一“磕”成名》,载《人民法院报》2014年5月18日。

〔44〕 参见杨学林:《论死磕律师》,载 http://www.21ccom.net/articles/zgyj/fzyj/article_20140411104224.html,最后访问日期:2015年12月20日。

派:螺丝钉们的勇气》,《民主与法制》发表专题报道四篇……“死磕律师之争”拉开帷幕。[45] 在这场四阶段的争论中,死磕律师展开了自我辩护和自我反思,并借助冤错案件平反的契机,以更新法治理念的方式,策略重构了律师职业的顶层设计。

第一个阶段,死磕律师从三个方面展开自我辩护,澄清各方对其执业活动的误解。一是否定“政治化”批评,说明“我为我的当事人竭力干活,就是我最大的政治”;二是澄清“组织化”质疑,指出死磕是“方法”“精神”“辩护风格”,而不是“派别”;三是论证死磕律师的法治作用,从保障当事人诉讼权利、遏制司法腐败和公权违法、纠正冤假错案,直到确保法律正确实施、促进法律制度完善和“落实十八大依法治国方略”。

第二个阶段,死磕律师从五个方面展开自我反思,争取各方对其执业行为的理解。一是政治尺度的自我反思,声明死磕律师“不是政治活动家、不是意见领袖”,也不“从宏观上涉及公民的自由平等问题”;二是死磕前提的自我反思,强调死磕须“办案机关明显且严重违法”“当事人已经死磕且强烈要求律师死磕”“不死磕已经别无法律通道”;三是死磕原则的自我反思,坚持“只磕公权不磕私权”“只磕程序不磕实体”;四是死磕方式的自我反思,承诺不轻易采用静坐、绝食、申请游行示威等方式,以免被政治势力利用;五是死磕言行的自我反思,承认死磕律师是法治进程中的新生事物,未来应“谨言慎行”。

第三个阶段,随着两起轰动全国的冤错案件被平反,死磕律师的法治功能获得重新认识。“念斌投毒案”,律师张燕生“死磕”8 年,多名死磕律师参与辩护。[46] 8 月 22 日,该案终审宣告念斌无罪,主流媒体次日发表社评,指出死磕律师在该案中推动了司法建设和程序正义。[47] “呼格吉勒图案”暴露了公检法缺乏制约的司法体制弊端,当年的律师亦被指责“形式辩护”,引起网络热议死磕律师“把权力关进制度笼子”的积极作用。11 月 25 日,主流媒体再发社评,承认律师是法律为公检法安排的“对立面”,在辩护中“较真”是其天职。[48]

第四个阶段,死磕律师之争的影响继续发酵,“发挥律师法治功能”这一原本相对边缘的顶层设计理念被深化,“保障律师执业权利”这一原本相对低等的深改措施被提升效力位阶。通过面向全社会提出律师如何对待法律、法官、法治三大问题,死磕律师引导公共领域走向新的共识:政治的需要、稳定的压力和体制的现状,都不足以成为破坏法律、漠视程序的正当理由;在司法场域中,为抗衡公权,律师的地位不低于司法人员;国家的法治进步,不能仅靠法律系统的自我完善,而是必须与执业权利受到保障的律师群体的外部监督结合起来。

这场争论之前,三中全会决定已经提出“完善律师执业权利保障”,但与“完善违法违规执业惩戒”“加强职业道德建设”目标并置,律师被认可的作用也只是“依法维护公民和法人合法权益”。这一顶层设计隐含着对律师职业的负面评价,构成主流媒体转向批判

〔45〕 参见李蒙:《死磕是一种派别还是一种方法》《死磕派律师是怎么来的》《死磕什么》,王长河、吴思:《跟谁死磕》,载《民主与法制》2014 年第 17 期。

〔46〕 参见韩雨亭:《念斌案背后的拉锯战》,载《南都周刊》2013 年第 28 期。

〔47〕 参见环球时报社:《从念斌终判无罪看“死磕”与“死磕派”》,载《环球时报》2014 年 8 月 23 日。

〔48〕 参见环球时报社:《律师据法力争是法律的制度性安排》,载《环球时报》2014 年 11 月 25 日。

的深层背景。[49] 这场争论之后,四中全会《决定》进一步提高了律师职业的法治地位:重点惩治的问题,不再是律师与公检法的对立,而恰是司法掮客行为和利益输送;队伍建设的主要手段,也不再是违法违规惩戒和职业道德建设,而是加强律所思想政治建设和党的建设;《决定》还做出了吸收律师参加政府法律顾问队伍、代理涉诉涉法信访、开展普法宣传教育、发展法律服务业等重要部署,肯定了律师能够为全面推进依法治国发挥更大的作用。[50]

三、策略重构之于法制深改的意义与局限

跳出"对立/融合"的二元观察范式,揭示网络公众策略重构法制改革顶层设计的现象,有助于重新审视"两个舆论场进一步融合"的判断,准确把握网络法律舆论的发展现状。然而,一旦将策略重构现象与法制深改的前景联系起来考虑,单纯的事实描述可能就不够了,其意义与局限更值得深思。

一方面,策略重构已经成为网络法律舆论的普遍形式,标志着网络公共领域的重大变化,足以对法制深改的前景产生影响。仅从2014年的情况看,上文列举的事件亦非孤证:就"进度压缩"而言,"追责张氏叔侄冤案"是另一个例子,网络公众借此表达了加速落实"冤假错案终身追究制"的诉求;就"目标扩展"而言,围绕"黄海波吸毒"和"建三江律师"事件,网络公众类比"废除劳教"的改革决定,要求废除收容教育制度和"法制教育基地";就"议题重置"而言,在北京律协禁止律师发布辩护词之后,网络公众同样拨转了议题指向,追问公检法机关和主流媒体公布案件信息的法律限制;就"理念更新"而言,"制度反腐之争"深化了人权司法保障的理念,"周永康案"引发的舆论则将领导干部干预司法问题上升到政法体制改革层面。需要追问的是,这个紧跟顶层设计、自我克制的网络公共领域,能否充分发挥反思功能[51],有效推进法制深改?

另一方面,忽视对策略重构现象的深入讨论,可能放任"话语共识"掩盖两个舆论场的潜在分歧,导致高估法治建设合力形成的态势,错估法治建设合力形成的方式。顶层设计的出台虽然缓和了官民意见对立,但并未消除双方固有的视角差异:对于传递决策者意图的主流舆论场来说,法制深改的核心目标在于"国家治理体系和国家治

[49] 三中全会之后,律协和司法行政部门的多项举措被认为主要指向死磕律师。2014年3月19日,北京律协执业纪律与执业调处委员会发布第9号规范执业指引,禁止律师在判决生效前利用微博、微信公开辩护词;5月23日,司法部出台《关于进一步加强律师职业道德建设的意见》(司发〔2014〕8号),指出"有的律师不严格依法履责,逾越法律底线,不守执业纪律,干扰办案秩序,肆意炒作案件";6月25日,全国律协印发《律师职业道德基本准则》(律发〔2014〕3号),要求律师"尊重司法权威,遵守诉讼纪律和法庭纪律,与司法人员建立良性互动关系"。在此期间,全国律协《律师执业行为规范》和《律师协会会员违规行为处分规则》的修订草案也进入征求意见阶段,大量增加了对律师网上行为的约束。

[50] 四中全会之后,中央政法委提出"发挥好律师队伍在全面推进依法治国中的积极作用"。参见孟建柱:《在全面推进依法治国中更好地肩负起实践者推动者的责任——学习贯彻党的十八届四中全会精神》,载《求是》2014年第23期。

[51] 参见陆宇峰:《中国网络公共领域:功能、异化与规制》,载《现代法学》2014年第4期。

理能力的现代化";[52]"全面推进依法治国"被视为实现这一目标的合理性路径,有助于打破"利益固化的樊篱",建立"更完备、更稳定、更管用的制度体系"。对于民间舆论场来说,支持法制深改的根本目的,则在于落实宪法法律规定的公民权利,扩大民间社会的自由空间,抵御公权的恣意行动和违法干预;"全面推进依法治国"被视为达成这一目的的正当性支撑,有助于降低争取公民权利和社会自由的成本。需要追问的是,策略重构的舆论形式能否充分呈现分歧、推动对话,为法制深改创造达成共识的真正机会?

初步评估的结论是:从网络公共领域的功能维持、两个舆论场的分歧弥合、顶层设计的调整优化三个角度看,策略重构都对推进法制深改具有积极意义。首先,尽管由于法制改革转向顶层设计模式,肩负舆论引导重任的主流媒体话语权力明显扩大,Web 2.0 技术环境下迅速崛起的民间舆论场从进攻转向防御;但与此同时,由于主流媒体无法仅仅凭借其官方背景垄断解释权,民间舆论只要巧妙诉诸顶层设计的话语和文本,就仍然可以以退为进、再辟言路,在不公开对抗的前提下委婉表达不同意见。其次,尽管话语共识遮蔽了两个舆论场的固有视角差异,侵蚀了民间舆论场的自主性,使其公共意见带有"欢呼"色彩;但策略重构隐含着"商谈"性质,可能以特定法律事件为契机重新开启官民对话和双向反思,具有通过实践检验和理由交换弥合官民分歧的潜能。[53] 最后,与网络流行语、网络恶搞类似,[54]策略重构体现了富有中国特色的"民间智慧",是网络公众面向现实的"政治机会结构"长期"学习"的结果,[55]客观上也使公共舆论较能规避审查过滤、实现有效传播、发挥动员作用,甚至通过温和的建言获得决策者一定程度的回应或认可,促成法制改革顶层设计的实际调整。

然而,策略重构的所有积极意义,均因其四项基本特点而严重受限:

第一,各种策略重构方式都从顶层设计的话语中汲取论证资源,希望借助顶层设计话语保护和争取言说空间,尽可能避免挑战姿态。这就造成顶层设计话语被置于免受公共反思的特殊地位,不仅可能制约决策者保持问题敏感度、充分接收话语刺激、获取源于其他话语体系的智识资源,从而摆脱因话语封闭和意义固化导致的路径依赖,[56]提升理论创新能力和制度设计的想象力,其本身也可能走向异化或符号化。法制深改的顶层设计正在创造和使用中国特色社会主义的法治话语,这种法治话语致力于"总结和运用党领

[52] 参见马一德:《法治助推国家治理体系和治理能力现代化》,载《党建》2014 年第 6 期;莫纪宏:《全面推进依法治国是实现国家治理体系和治理能力现代化的重要保证》,载《当代世界》2014 年第 12 期,该文被人民网转载;泮伟江:《法治是国家治理能力现代化的必由之路》,载《光明日报》2014 年 11 月 25 日。

[53] 哈贝马斯曾论及受到"宣传"操纵、"随时准备欢呼"的公共领域,以及基于"交往理性"开展"商谈"的自由公共领域,认为后者才真正具有达成共识的潜能。参见[德]哈贝马斯:《公共领域的结构转型》,曹卫东等译,学林出版社 2004 年版,第 251 页;[德]哈贝马斯:《在事实与规范之间——关于法律和民主法治国的商谈理论》,童世骏译,生活·读书·新知三联书店 2011 年版,第 444 ~ 473 页。

[54] 对"戏仿"这种网络恶搞行为的讽刺效果、批判作用、宪法意义(表达自由)的分析,参见季卫东:《网络化社会的戏仿与公平竞争——关于著作权制度设计的比较分析》,载《中国法学》2006 年第 3 期。

[55] 政治学家认为政治机会结构深刻地影响着社会集体行动的策略选择。麦克亚当总结了这一结构的四个维度:政体的相对开放或封闭、构成政体基石的精英组合是否稳定、民众在精英中有无同盟、国家镇压的能力与倾向。参见朱海忠:《西方"政治机会结构"理论述评》,载《国外社会科学》2011 年第 6 期。

[56] 对西方社会"话语领域的封闭"的批判,参见[美]赫伯特·马尔库塞:《单向度的人——发达工业社会意识形态研究》,刘继译,上海译文出版社 2014 年版,第 72 ~ 101 页。

导人民实行法治的成功经验”,展现中国法治建设的“道路自信、理论自信、制度自信”,进而“在世界层面上争夺法治话语权”。[57] 但正如学者所指出的,当代中国的法治话语体系尚在构建过程之中,需要保持开放性的话语姿态,向域外开放、向实践开放、向未来开放。[58] 更重要的是,西方法治实践的曲折历程早已揭示出,从公法上的“绝对主权”到私法上的“私有财产神圣不可侵犯”“契约自由”,任何享有免受反思特权的特殊法治话语,都可能在社会发展过程中逐渐失去与普遍法治理念的内在关联,甚至因片面化、绝对化、扩大化而沦为反法治话语或者空洞的口号。

第二,各种策略重构方式都站在民间社会的自身立场,对顶层设计的文本进行高度选择性的解释,回避对顶层设计“原意”的理解。这就造成网络公众难以与决策者“视域融合”,可能妨碍民间社会反思自身前见、取向于“同情的理解”。按照哲学解释学的观点,解释者自身的当下视域与文本的历史视域存在紧张关系,只有借助反复的互动调适,才能逐渐克服解释者的前见、消除此种紧张关系,经由视域融合真正理解文本的意义。[59] 民间社会回避触及顶层设计文本的“决策者原意”,拒绝公开呈现自身立场与决策者立场的深层差异,这种做法暂时带来了一种表面上的相安无事,但官民双方对于法制改革的实际分歧却不断累积。社会沟通理论将“误解”也视为一种理解,认为现代社会的繁荣发展建立在差异而非共识的基础上,一定程度的观念分歧以及由此产生的社会冲突正是社会进步的源泉[60],但掩盖日益积累的分歧可能导致冲突的能量无法及时释放,以至于一旦爆发就超出可容忍的秩序限度,严重危及社会团结。

第三,各种策略重构方式都将顶层设计预设为静态的方案而非动态的过程,致力于“不动声色”地影响顶层设计,促使顶层设计暗中调整。这就造成顶层设计是否以及如何调整游离于观察视野之外,可能不利于正反两方面改革经验的理性总结,以及广大法制工作者和公众对深改进程、深改方向的明确认知。社会演化理论表明,在前现代社会中,作为集体意识的产物和“机械团结”的纽带[61],法律、宗教、伦理、政治的诸多原则被视为亘古不变,社会依靠精英阶层对这些永恒原则进行小心翼翼的义理解释和内涵扩展,在不触动其传统权威的同时实现缓慢的变迁[62];但在现代社会中,社会整合根本无需诉诸传统的正当性,通过解释方式微调各种原则也远远不能适应社会生活的高速变迁,直面社会新需要的决断才是现代政治的基本色调,不断改革才是现代国家治理的基本观念和现代政治正当性的基本来源。与此同时,至少就关系全局的重大改革决策而言,现代政治精英由于不得不依赖科层制体系的配合和民意的支持,也必须避免基层部门和公众的模糊认知。这就要求正视决策的可变性,承认顶层设计无法一步到位,在客观评估改革效果的基础上持续、公开、严谨地做出调整。

---

[57] 朱振:《中国特色社会主义法治话语体系的自觉建构》,载《法制与社会发展》2013年第1期。

[58] 参见顾培东:《当代中国法治话语体系的构建》,载《法学研究》2012年第3期。

[59] 参见高鸿钧:《伽达默尔的解释学与中国法律解释》,载《政法论坛》2015年第2期。

[60] See Niklas Luhmann, *Social Systems*, Stanford University Press, 1995, p. 143.

[61] 参见[法]埃米尔·涂尔干:《社会分工论》,渠东译,生活·读书·新知三联书店2013年版,第67~92页。

[62] 法律演化史上的例证,参见[德]尼可拉斯·卢曼:《社会中的法》,国立编译馆主译、李君韬译,台北,国立编译馆、五南图书出版股份有限公司2009年版,第280~288页。

第四,各种策略重构方式都止步于顶层设计的效力问题,明示或暗示相关机构违背顶层设计的精神,似乎没有按照顶层设计落实法制改革决策是其发生错误的唯一原因。这就不仅造成顶层设计的实质内容和决策程序无法被纳入讨论,而且造成所有问题被一概归咎于执行者的态度和能力,严重低估法制深改的困难和风险。有学者已经注意到,法制深改的顶层设计试图突破“体制性捆绑”的障碍,触动了既有的实践习惯、观念结构和利益格局,需要通过科学设置双向激励机制解决由此产生的动机和意愿问题,有效防止既得利益群体扭曲改革目标的风险。[63] 但社会分化理论表明,最根本的改革风险还在于现代社会“功能分化”导致的系统间协调困难:政治、法律、经济、教育、传媒、科学诸功能系统既各自自主运作又彼此耦合共振,持续形成离心力量、相互释放负外部性,这极大地增加了社会复杂性;面对高度复杂的现代社会结构,任何由政治系统单独主导的改革都同时面临调整失灵和副作用蔓延的双重风险。[64]

“谁的行为如果是策略性的,那么,他就必然会伤害到交往行为的真诚性条件。”[65] 与初步评估的结论相反,自限于策略重构的民间舆论场,既无法充分发挥网络公共领域的反思功能,也无力弥合官民之间的深层分歧,更谈不上推动顶层设计的持续调整。作为一种存在严重局限的舆论形式,至少在法制深改问题上,策略重构只能暂时维持皆大欢喜的局面,却可能进一步强化官方与民间共识度提升的表象,造成二者各自放大成功预期,不断增加预期失落时的对立风险。

四、超越策略重构作为顶层设计的内在要求

上文已经指出,就法制深改的前景而言,策略重构存在严重局限。然而,仅仅这一单向度的论断,并不构成超越策略重构的必要性论证。这是因为,如果为了保持战略定力、防止外部干扰,顶层设计的改革模式只能容纳相对有限的公共意见,那么策略重构就并非需要否定的舆论形式,反而可能构成法治建设新局面下网络公众的理性选择。但这一预设并不符合事实。基于以下五方面的原因,保持话语的开放性、文本的可变性、过程的可观察性、效果的可检验性,本是顶层设计模式的题中之义;超越策略重构,拓展公共言说空间,进一步扩大网络公众的参与,使法制深改全方位地面向民间社会,实为顶层设计模式的内在要求。

第一,转向顶层设计模式的法制深改仍然属于“改革”而非“革命”范畴,构成中国三十五年法治建设的正常延续,因此既不试图“粉碎一切规则与传统”,也不诉诸仅仅接受无条件“恭顺”的权威。[66] 四中全会《决定》表明,法制深改建立在“中国特色社会主义法

[63] 参见马长山:《新一轮司法改革的可能与限度》,载《政法论坛》2015 年第 5 期。

[64] 现代社会的功能分化,See Niklas Luhmann, *Social Systems*, Stanford University Press, 1995, pp. 412 – 416;现代社会复杂性和“偶联性”的扩展,See Niklas Luhmann, *Observations on Modernity*, Stanford University Press, 1998, pp. 44 – 62。也可参见陆宇峰:《“自创生”系统论法学:一种理解现代法律的新思路》,载《政法论坛》2014 年第 4 期。

[65] [德]哈贝马斯:《后形而上学思想》,曹卫东、付德根译,译林出版社 2001 年版,第 117 页。

[66] [德]马克斯·韦伯:《社会学的基本概念》,顾中华译,广西师范大学出版社 2010 年版,第 264 页。

律体系已经形成,法治政府建设稳步推进,司法体制不断完善,全社会法治观念明显增强"的基础上,旨在解决立法、司法、执法、守法环节违背"社会主义法治原则"的问题,并非一场可能造成实质性历史转折的"革命"。[67] 相应地,顶层设计者是改革的领导力量而非卡里斯玛型的革命"领袖",致力于在相对稳定的环境下落实已具基本共识的法治理想,并不引领或创造某种不可预知的未来,无需大众对其超凡魅力的"内在认同";恰恰相反,作为"后革命时代"的重大改革决策,顶层设计需要一种"外在认同",形成于公众基于自身利益的理性审视和公开论证。[68]

第二,法制改革的模式变化,不仅绝非决策者排斥公众监督、避免公众争论的意图所致,反而本身就构成对既有网络法律舆论的正面回应。正是由于各地各部门主导的法制改革特别是司法改革近年来出现了裹足不前的疲态,有案不立、审案不公、错案不究、执行不力、辩护困难、以言代法等司法乱象不断受到网络公众的质疑,削弱了民间社会对于法治建设的信心,顶层设计模式才应运而生。从这个角度正本清源,顶层设计的"顶层"应当理解为相对于部门和地方的权力结构顶层,而不是相对于公民和公众的社会结构顶层;顶层设计的"设计"固然具有全局性、系统性、协同性的比较优势,但其核心优势仍然在于"顶层"而不是"设计";顶层设计者被寄望于提供坚强的政治领导和组织领导,突破权力体系内部利益固化的樊篱,协调各方、推动执行,而不是拿出一套一劳永逸、无需再议的完美"设计"。[69] 因此,在理解和执行顶层设计的问题上需要"统一思想",在创制和完善顶层设计的问题上需要"解放思想",不应搞反。

第三,高屋建瓴且面向未来的顶层设计往往带有理想色彩,"上达天听"无可回避"下接地气"的问题。这些问题不可能仅仅依靠组织化、专业化的方式,通过系统中心的强制命令和系统内部的闭门摸索得到合理解决,而是必须借助系统边缘和系统外部的力量,特别是公共领域业余、自发的社会力量。[70] 当前的"顶层设计 + 试点改革"模式要实现预期的互补效果,也应当引入公共舆论这一外部要素。[71] 试点改革在理论上固然可能暴露顶层设计存在的可行性问题,但由于试点改革本是顶层设计者经过必要性论证的安排,涉及对下级实施者改革能力和改革决心的双重考验,因此几乎从一开始就注定能够取得"成功"[72];这些"成功"经验还可能随即被复制和推广,应用到未曾试点且条件迥异的其

〔67〕 对"革命"性质和特征的界定,参见[美]伯尔曼:《法律与革命——西方法律传统的形成》,贺卫方等译,中国大百科全书出版社1993年版,第104、119页。

〔68〕 对"内在认同"与"外在认同"的区分,参见[德]马克斯·韦伯:《支配社会学》,康乐、简惠美译,广西师范大学出版社2010年版,第262~264页。

〔69〕 具体到司法改革,学界的基本判断是:"任何司法改革都不可能存在'一揽子'改进方案……指导司法改革的理论也必然需要不断地进行调适和修正。"杨建军:《司法改革的理论论争及其启迪》,载《法商研究》2015年第2期。

〔70〕 See Gunther Teubner, *Constitutional Fragments: Societal Constitutionalism and Globalization*, Oxford University Press, 2012, p. 23.

〔71〕 有学者已经指出我国在法律体系构建过程中存在的类似问题。尽管我国法律体系的构建也强调国家计划与地方试验的结合,但所有的试验都由政府主导,不是社会推动的自发实验。参见钱大军:《当代中国法律体系构建模式之探究》,载《法商研究》2015年第2期。

〔72〕 这是试点改革与各地自发的法治试验的根本不同之处。参见周尚君:《地方法治试验的动力机制与制度前景》,载《中国法学》2014年第2期。

他地方,进一步失去“摸着石头过河”的“实验”精神和“试错”意涵,使顶层设计与试点改革成为一个相互证成的封闭循环。[73] 只有系统外部的公共舆论能够“激扰”这一封闭循环[74],基于广大“受众”实实在在的“服务体验”,反复检验试点方案的成本收益、试点结果与顶层设计目标的契合度、推广试点经验的可能性和限度,以及更为根本的——顶层设计本身的合理性和正当性。

第四,较之部门和地方的法制改革部署,顶层设计被熟视无睹的一项鲜明特征即在于其极高的关注度和公开性,这项特征为开放民间讨论创造了绝佳条件。公检法等部门的改革部署强调操作性,充斥着技术细节,专业化程度和进入门槛较高;地方党政的改革部署辐射面小,变动性大,落实前景不明,且经常处于半公开状态。相比之下,顶层设计突出方向性和原则性,着重精神和理念;使用政治语言或相对简单的专业语言,较少认知障碍;从宏观着眼,关系到全局的安排和全民的利益;连续性和稳定性强,不至于朝令夕改;拥有组织保障的最高权威,动员效果和执行力度较好……这些特点使之更容易吸引广泛关注。与此同时,顶层设计方案经由执政党的中央全会审议通过,既是面向组织内部的核心任务安排,又是面向全体民众的执政纲领宣示,客观上要求最大限度地公开;党中央掌握着各地各部门无可比拟的宣传资源,建立了覆盖全国城乡基层的群众联系,也足以保证顶层设计的最大限度公开。这种极高的关注度和公开性是顶层设计独特的优势,使之可能成为在重大改革议题上展现和推进社会主义民主的契机,进而充分调动民间社会支持和配合法治国家建设的热情。

第五,顶层设计模式也存在一项毋庸讳言的劣势,即容易造成法制深改的风险完全集中到最高决策层,这同样要求通过扩大公众参与缓解压力。尽管改革在抽象意义上构成“时代的主旋律”,是“解决发展中的问题的关键”,但任何具体的改革都可能遗留旧问题或者引发新问题,难以避免目标落空或负外部性过大的风险。法制改革闯入“深水区”,既刺激了整个社会法治预期的迅速提升,又触及了积弊多年的司法传统和政法体制,尤其应当考虑风险分配问题。当决策权分散在地方或部门手中时,法制改革的风险尚可以通过自上而下的干预、调整、问责加以吸收,中央的权威并不受到严重减损;一旦开启顶层设计模式、直接行使决策权,改革风险就可能失去转移的余地和释放的空间,将执政党最终暴露在无可回避的问责压力之下,侵蚀其公信力基础和合法性根基。因此,面对深改进程中出现的问题,拒绝公开检视顶层设计方案本身,仅仅隐蔽展开细节性的调整,或者将之归咎于理解执行偏差,可能贻误重新统一认识、及时进行补救的时机,放任风险不断积累、酿成更大危机;承认顶层设计的人定性和可变性,在按照实事求是原则引入变更程序的同时,通过扩大公众参与落实共同决策、共享成果的理念,则不仅可能卸除“只许成功不许失败”的决策压力,而且可以将改革风险分担到国家与社会两个肩膀上,提升顶层设计者

---

〔73〕 这一封闭循环还可能否定“地方基于现实需要所进行的有益尝试和试点外的改革经验”。吸收这些尝试和经验的建议,参见徐昕等:《中国司法改革年度报告(2014)》,载《政法论坛》2015 年第 3 期。

〔74〕 “激扰”(irritation)是自创生系统论的术语,用以说明环境对运作封闭的系统发生影响的独特方式。环境并非直接“刺激”和“干预”系统,迫使系统做出一一对应的“回应”;而是通过制造“噪声”的方式“激扰”系统,系统则立足自身的固有运作有选择地做出“自我调整”。参见 Georg Kneer、Armin Nassehi:《卢曼社会系统理论导引》,鲁贵显译,台北,巨流图书 1998 年版,第 90 页注释 14。

的风险承受能力。[75]

归根结底,法制深改固然应当保持战略定力,保证顶层设计不受非法治目标和既得利益的外部干扰[76],但顶层设计模式要扬长避短、发挥优势,就既不能满足于两个舆论场的话语共识,也不能局限于民间社会的策略式参与,而是应当通过多方的共同努力,超越策略重构、进一步扩大公众参与。为此,一是顶层设计者应当探索建立甄别、收集、讨论重要公共意见的常态化机制,完善试点单位的深改信息公开制度并纳入深改成效评价体系,创设修订、修正顶层设计的特殊程序并纳入党内法规[77];二是监管机构应当重视在网络公共领域中落实公民基本权利,积极营造宽松的公共舆论氛围,扩大决策者、实施者以及两个舆论场良性互动的空间,善于依靠民主制度维护国家利益和社会秩序[78];三是司法机关应当依据宪法精神审慎开展互联网治理,打消公众不必要的言论顾虑,避免禁锢"思想市场"的发育,造成过度的"寒蝉效应"[79];四是宣传部门应当着力提升主流媒体代表党政坦率沟通、真诚对话的能力,与公众共同面向法制深改的实际进程和顶层设计本身,从而超越自上而下的单向宣传过程和自下而上的单向重构过程,使二者经由"官民互信"的重建逐渐耦合为平等、有效的双向商谈过程。

五、结语

随着互联网技术尤其是Web 2.0技术的发展,民间社会突破传播媒介的限制,获得了独立表达意见、自主形成舆论的公共空间,主流媒体因此丧失支配性的话语权力,网络公共领域的二元分化不可逆转地展开。这是一个被学者形象地称为"技术赋权"的过程,不仅向社会赋权,落实公民言论、出版、结社自由和知情、参与、批评、建议、监督权,促进"宪法实施";而且向国家赋权,"创造机会让改革派领导人与公民社会形成隐性联盟",提升"国家能力"。[80] 与此同时,正如国有经济与民营经济的分化带来了商品市场的繁荣,主流舆论与民间舆论的分化也带来了思想市场的繁荣;正如国企垄断造成商品市场的失灵,公共领域"去分化"也必然造成思想市场的失灵。从这双重意义上讲,网络舆论监管的目标不应是消除对立,而应是巩固分化;不应是引导融合,而应是鼓励多元。

既有的网络舆情研究之所以自限于"对立/融合"的二元观察图式,根本原因就在于误识了网络舆论的监管目标。出于对"对立"的过度忧虑和对"融合"的热切期待,研究者

〔75〕 参见陆宇峰:《风险社会的民主理论》,载《清华法治论衡》2009年第1期。

〔76〕 就全面推进依法治国的目标而言,保持战略定力就是保持"对法治的信心,或者说法治定力"。陈金钊:《全面推进依法治国所展现的战略定力》,载《法学论坛》2015年第1期。

〔77〕 也有学者提出由全国人民代表大会制定《改革促进法》,规范"顶层设计、地方先行先试和公众积极参与的关系"。参见李洪雷:《深化改革与依法行政关系之再认识》,载《法商研究》2014年第2期。

〔78〕 参见孙平:《诽谤罪与言论规制"调试期"》,载《环球法律评论》2014年第3期。

〔79〕 "我们的社会需要的不是'寒蝉'缺席,而是将寒蝉效应维持在一个最佳程度",[美]卡斯·R.桑斯坦:《谣言》,张楠迪扬译,中信出版社2010年版,第124页;另参见李大勇:《谣言、言论自由与法律规制》,载《法学》2014年第1期。

〔80〕 郑永年:《技术赋权:中国互联网、国家与社会》,邱道隆译,东方出版社2014年版,第18页。

满足于两个舆论场的话语共识表象,匆忙得出了“网络舆论生态步入正轨”的结论[81],却无视网络公众仍然对参与法治建设充满热情,仍然通过策略重构的舆论新形式,积极回应和建言法制深改的顶层设计。

但策略重构毕竟迎合并强化了消除对立、支持融合的监管逻辑,既不利于网络公共领域的健康发展,又不符合法制深改顶层设计的内在要求。超越策略重构、进一步扩大公众参与,不仅关系到顶层设计能否获得民间社会的实际认同,依靠民间社会的自愿配合和依法监督克服实施阻力;也关系到顶层设计能否跳出“技术统治论”的陷阱[82],真正与“摸着石头过河”相结合,通过吸收民间社会的合理意见而不断完善;还关系到顶层设计能否借助社会主义民主的创造性实践分散决策风险、化解问责压力,抵御复杂社会重大改革必然面对的高度不确定性。

[81] 人民网舆情监测室:《2014 年:两个舆论场共识度明显提高》,载《光明日报》2015 年 1 月 6 日。

[82] 技术统治论及其对参与制民主的反动,参见[美]丹尼尔·贝尔:《后工业社会的来临——对社会预测的一项探索》,高铦等译,新华出版社 1997 年版,第 397 ~ 401 页;对技术统治论的批判,参见[德]哈贝马斯:《作为“意识形态”的技术与科学》,李黎、郭官义译,学林出版社 1999 年版,第 97 ~ 117 页。

年会简况

中国法学会法理学研究会
2017 年学术年会简况

2017 年 12 月 3 日，中国法学会法理学研究会 2017 年学术年会“信息时代的法律与法治”开幕式在厦门大学隆重召开。本次会议由中国法学会法理学研究会主办，厦门大学法学院承办，主题是“信息时代的法律与法治”，中国法学会会长王乐泉出席并讲话。中国法学会党组成员、副会长兼秘书长鲍绍坤，最高人民检察院副检察长、中国法学会副会长、中国法学会法理学研究会会长徐显明，福建省委常委、政法委书记王洪祥，厦门大学校长张荣，中国社会科学院法学研究所所长、学部委员、中国法学会副会长、法理学研究会常务副会长李林，厦门市委常委、政法委书记、厦门市法学会会长李伟华，福建省政法委委务会议成员、省法学会专职副会长何晓清，以及法理学研究会顾问、副会长、常务理事、会员，有关部门负责人、高等院校专家学者和法律实务部门的有关同志近三百人参加了本次会议。

开幕式由徐显明主持。中国法学会会长王乐泉代表中国法学会作了重要讲话，他对本次年会的隆重召开表示热烈祝贺，对法学界的一线研究者表示衷心的问候，对法理学研究会、厦门大学及其法学院对本次年会的筹备表示感谢。王乐泉结合习近平总书记在十九大报告中提出的新时代国家治理和社会建设的“八个明确”中的三点，谈了他对法学研究、尤其是法理学研究的看法和建议。他倡导与会嘉宾，要积极学习贯彻十九大报告和十九大精神；要坚持党的领导，牢固树立四个意识；要增强道路自信、理论自信、制度自信、文化自信；要加强法治体系的研究，包括立法体系、执法体系、法治监督体系等。特别是在信息时代下，要加强对网络安全隐患和潜在风险的预判，加强对信息网络发展和信息网络安全制度的研究。

厦门大学校长张荣在致辞中指出，在全面小康社会到来前夕召开的 2017 年中国法理学年会是一场法理学盛会。在新的历史时代背景下，十九大对我国法学教育研究提出了新任务。报告提出“坚持法治国家、法治政府、法治社会一体建设”，我国法学教育研究必须回应这一新时代的要求，努力提高学生的法律思维。中国特色社会主义进入新时代，人民对民主、法治等提出更高要求。习近平总书记在报告中提出我们要充分发挥高校优势，为全面依法治国培养更多优秀人才。厦门大学是一所有情怀、有担当的学校，作为我国最重要的法律研究学院之一，厦门大学将继续秉持顶天立地、服务大众的理念，为我国法治建设的完善做出应有的贡献，致力于建设一流法学学科，加强校际间的交流与协作。互联网法治新课题是法治建设的重要议题之一，厦门大学法学院以“信息时代的法律与法治”为主题，体现了时代感、使命感。

福建省委常委、政法委书记王洪祥指出，习近平总书记曾在厦门工作 18 年，为厦门市做出了巨大贡献,与厦门结下了深厚感情。党在十九大报告中阐述了网络安全和信息化是相辅相成的,安全与发展应同步推进。这为本次大会主题提供了重要指导。本次年会主题定为"信息时代的法律与法治",具有重要的现实意义。王洪祥高度评价了中国法学会法理学研究会对中国法治实践做出的突出贡献。在新的时期,法理学研究会的首要任务应该是学习研究十九大精神,在落实十九大精神上下工夫。

在开幕式结束后,徐显明向全体参会人员作了关于学习贯彻十九大精神的报告会。在报告会上,徐显明同志联系中国法治建设、法学研究和法理学研究,从十九大的主题、十九大的成果、如何看待五年来取得的历史成就、怎样准确把握习近平新时代中国特色社会主义思想的核心内涵、如何理解新时代五个方面谈了他的体会。

之后大会进入主旨发言阶段。大会主旨发言分为两个主题,分别是"法治发展与法学经典命题"和"大数据时代的法治",分别由中国法学会法理学研究会副会长、浙江大学光华法学院葛洪义教授,中国法学会法理学研究会副会长、西南政法大学校长付子堂教授主持。上海师范大学法学院刘作翔教授、中国政法大学法学院舒国滢教授、厦门大学法学院院长宋方青教授、南京大学法学院陈坤副教授、阿里巴巴综合政策研究室主任朱卫国先生、复旦大学法学院孙笑侠教授、武汉大学法学院汪习根教授、中国人民大学法学院冯玉军教授、华东政法大学科学研究院陆宇峰副教授就法治与改革、法学上的修辞、"司法机关"的中国语义、数字经济与法治变革、大数据时代与司法等议题做了专题发言。

12 月 3 日下午,大会进入分组讨论阶段。本次会议共设置三个单元,进行了十二组的讨论。与会代表分别围绕"网络时代法的一般理论""大数据时代背景下法律运作""法律方法、法律解释与法律论证""司法理论与司法制度""网络行为的法律规制""地方性立法的理论与方法""人工智能的法律控制""权利问题研究""法治中国视野下的法治理论""法学经典文献研究""传统法律文化研究""信息时代的法学教育与法律职业"等专题展开讨论。

分组讨论的第一单元包括四个专题,分别为"网络时代法的一般理论""大数据时代背景下法律运作""法律方法、法律解释与法律论证"以及"司法理论与司法制度"。

专题一"网络时代法的一般理论"由山东大学法学院齐延平教授主持。国家行政学院法学部教授魏宏作了题为"网络主权与人权问题"的报告。报告人指出,网络主权在社会领域是否需要国家管理存在争议,随之即来的是网络人权的问题,然后其分别从国内法和国际法对网络主权、网络治权和网络人权的范畴进行了梳理。网络主权具有非理性,很可能导致无政府主义,多数人的非理性可能侵犯少数人的人权,因此强调政府的网络治权对于国家安全、公共秩序、人权保障具有重要意义。报告者进而论证,治权是由主权派生而来的,因此治权不能代替主权,但是治权的主体应该多元化。主权离不开治权,治权不能侵犯人权,因此要平衡网络主权、网络治权和网络人权三者之间的关系。网络人权具体包含知情权、表达权、隐私权等,需要得到切实保障。最后,报告者得出结论,国家是否要对网络进行管理,答案是肯定的,但是要保障人民的诉权,即救济权。

南京师范大学法学院教授庞正作了题为"场域抑或主体:网络社群的理论定位"的报告。庞正教授指出,法治政府、法治社会是法治国家的两翼,其中法治社会形成的前提是社会组织,在网络时代下,互联网信息技术的发展催生了新的社会群体,即网络社群。在此基础上,报告人提出问题,网络社群到底是一个场域还是主体?随之,其对网络社群的概念进行了定义。进而,庞正论证网络社群不能简单套用布尔迪厄理论中场域范畴:1.场域理论,网络社群不符合具体资格;2.网络社群是旨在追逐认同感;3.场域理论降调等级制,而网络社群呈现扁平化结构,不具备明显的控制者和领导者;4.网络社群具有稳定性。网络社群归根结底是一种社会群体,是人们实现自我社会化需求的组织形态,具有运作方式的自治性、群体边界的开放性、交往结构的扁平化、对网络技术的生存依赖性等组织特征,因而构成了一种以互联网为生存基础的新型社会主体。最后,他得出结论,网络社群既不是社会组织也不是场域。

东南大学法学院教授张洪涛作了题为“网络化时代法学研究方法为何要网络化?”的报告。报告人指出,自然科学和社会科学的研究方法有还原论方法和复杂性研究方法,社会科学的还原方法:分解式与化合式,但法学研究不适合用化合式的研究方法。进而,报告者论证,法学还原方法的分解式从向度划分有形而上的价值分析方法、形而中的规范分析方法,形而下的社会分析方法,还可以从还原维度进行划分为个体主义和整体主义的研究方法。但是这种存在结构性缺陷的碎片化的法学还原方法论难以满足法律实践,尤其是在网络化时代法律实践的需要。最后,在实际层面,规范与事实并不能分开,只能用分解式的研究方法,因此在网络化时代法学研究方法必须网络化。换言之,有效应对网络化时代的网络化的法律实践,需要一种网络化的法学研究方法以及必然带来的网络化的法学知识和网络化的法理学。

甘肃政法学院法学院教授魏清沂作了以“商业主权下社交媒体的言论自由与隐私”为题的报告。报告首先从写作背景谈起,报告人指出关于商业主权下社交媒体的言论自由与隐私这一论题是在读了胡凌《探寻网络法的政治经济起源》一书后结合当前我国社会化媒体的发展所引起的思考。《探寻网络法的政治经济起源》一书揭示了资本力量在目前中国互联网社会化媒体背景下对公共领域的侵蚀和对私人空间的渗透,其潜藏在社会化媒体的“暗角”主导了从 Web1.0 至 3.0 的架构变迁。报告通过探讨网络空间中的公共讨论、信任脆弱以及隐私异化等一系列问题,旨在提醒公众在关注社会化媒体的架构发展的同时需要时刻警惕资本运作的力量。此外,报告人认为这其中也涉及一个互联网规则的深层问题:谁应该掌握互联网规则的主导权?在商业主权世界中,公民是否能实现独立自主并参与规则的制定?最后,报告人提出在商业资本运作下,公共讨论会偏向一定的方向,国家和政府该如何去规制,更主要的是民众如何参与到规则制定?留下疑问同时也引人深思。

甘肃政法学院张峰老师作了题为“信息时代下的国家文化安全问题研究”的报告。报告首先谈及随着信息技术的快速发展,信息时代如约而至。在信息时代下,文化的交流和传播更加便利和快捷。与此同时,国家文化安全问题也成为人们高度关注的问题。接着,报告人分别对信息化、国家安全的内涵进行阐述,对信息时代下的国家文化安全进行分析。报告人指出目前文化安全所遇到的挑战主要来自三方面:民族国家文化带来的威胁,西方文化输出对国家文化的威胁以及消极文化的侵蚀。最后,报告人也针对信息时代下的国家文化对策进行了探讨,提出自己的见解和建议,主要包括:推进信息化建设、加强政府宏观调控以及维护中国文化地位和推进文化创新。

重庆邮电大学法学院副教授夏燕作了以“网络社交自治规则探究”为题的报告。报告按照介绍写作背景、论文内容以及问题与思考的顺序展开。首先,报告人介绍了写作背景。报告指出在互联网时代,网络社区自治规则日益引发人们的关注和重视。基于网络秩序维护与管理的动力,网络平台积极发挥其技术能力构建社区自治规则,对当前网络立法和政府监管有着补充作用,为平台治理奠定良好规则基础,彰显网络民主价值,具有积极意义。其次,报告人介绍了论文内容,内容包括:研究意义、自治规则的“面相”、自治规则的属性、自治规则的积极作用、当前的隐患及其克服。报告人以“新浪微博”规则考察为基础以点带面来探究网络社交自治规则。在介绍其积极作用的同时报告人也发现了在网络社区自治规则中蕴含着一些隐患,并提出三个问题加以论证,这三个问题分别是:网络社区自治规则中判定意见的性质是什么?网络自治规则能否与司法制度衔接?网络平台作为私权利如何在行使公权力时保持中立。此外,报告人还提出一个假设:当前理念是以促进网络平台发展为中心,未来则将以用户自治为中心。最后,报告指出,提高网络社区自治规则构建的科学性,预防网络平台滥用权力带来的风险,是构建未来网络社区自治规则值得努力的方向。同时,报告人向其他老师分享了关于这个问题的深入思考和自己存在的一些困惑。

紧接着,河北工业大学文法学院讲师李燕涛作了题为“信息时代法治思维形成的公共理性之维”的报告。报告人以现代社会中法治面对网络发展、信息时代推进的状况下所产生的一些新的问题为基础展开思考、提出问题并展开研究。报告人基于以上问题在论文中作出了共五部分的阐述:其一,法治思维在信息时代的法治实践。当法治遭遇信息时代挑战时,网络话语权分化不利于共识、公共理性的形成,网络中意见和情感的表达太过直接、多态乃至对立对法治思维形成产生挑战。其二,法治思维的规范要求和政治逻辑。主要讨论了法治思维分别和政治思维、法律思维、法治的关系。其三,信息时代法治思维形成的网络社会基础。其从虚拟社会空间和现实社会空间两方面展开讨论。其四,信息时代法治思维中公共理性的缺失。该部分以“公共理性是什么”为起点阐述其定义、作用,并通过“网络符号”方面的分析讨论其缺失原因。其五,对公共理性的合理限制。最后,他总结出四个方面,即在网络公共理性和法治思维的形成过程中应当重视网络社会中的自治与他治、公共事件的透明和规范化发布、网络事件的法律和政治化应对方式的协调、在网络公共参与中培育公民精神。

专题二“大数据时代背景下法律运作”由西南政法大学郭忠教授担任主持人。山西大学商务学院曹艳琼老师作了题为“云计算对审判中心地位确立的助推作用”的报告。首先,曹老师指出科技对于法有一定的反作用,云计算对于审判中心的确立也可能具有反作用。而审判中心地位难以确立主要是侦查中心、问卷笔录中心的问题。曹老师认为应引入信息技术从而对公检法三者之间的关系进行微调。曹老师还提出,一方面我们要引入云计算,在刑事诉讼过程中进行无纸化的操作,将材料导入云计算平台,促进信息对称,弱化侦查中心,强化审判中心。另一方面对于庭审纸质化中出庭作证问题,我们要学会利用云计算中的同步视频技术解决证人出庭难的问题。当然,网络安全问题需要做进一步的考虑,从而保证云计算的安全进行。

同济大学法学院教授蒋晓伟作了以“司法的‘大数据’化与司法改革”为题的报告。

蒋教授认为信息时代、大数据时代目前尚未到来,它们的到来需要公众的共同参与,但现今我国公众的参与度还不高。蒋教授该次发言主要有三个要点。第一,大数据时代司法会有什么变化?司法大量的信息取之于民间,会促进司法社会化。第二,司法大数据化的弊端很严重,尚无法克服。首先是国家机密、个人隐私的泄露;其次是对于大数据的依赖,易降低司法能动性;大数据的弱势群体无法参与。第三,司法大数据中过程的操作。首先是标准化的建设,全国范围内没有一个统一的标准化,大数据无法实现,需要立法先行,先建立大数据的标准。其次是注重司法大数据化的人才培养;再者是司法人员传统的思维模式会被新的人机合一的思维模式替代,对该种思辨能力的研究需要提上日程。

东北财经大学法学院王子正教授作了题为"大数据背景下的公民'被遗忘权'"的报告。王教授认为在现代互联网状况下,甚至是未知的情况下好多信息已被统计。2015年北京海淀区审理的首例"被遗忘权"案件,使"被遗忘权"进入研究者的视野。王教授同时指出,反观任某诉百度一案,两审法院对我国立法尚未确立的被遗忘权采取了相对包容的态度,从人格权的角度从发,可以看作是现在解决该类问题的现实化做法,为以后审理该类案件中权利的滥用提供了范围。法理学中,我们是否该引入"被遗忘权",学界大多肯定其内容,但对该称呼有所争议,王教授的观点是该权利不仅是纯粹的个人隐私问题,其内容和保护范围都应有所区别。另外我国对于互联网的监管,长期以来以保护公共利益为主,但随着互联网对私人利益的扩充,国家的监管也需要扩充到私益领域。

中南大学法学院彭中礼教授作了以"司法判决大数据视野下的指导性案例"为题的报告。彭教授该发言主要是针对大数据实践的思考,他指出通过大数据分析,过去的5年共有373份的指导性案例真正被采用,利用Spss分析,发现指导性案例的采用与年份关系不大,而与案由、案件类型的律师代理、提供主体等其他问题相关。实践中很多法官明确拒绝使用指导性案例,更多的问题是"应当参照"难以界定。还有当事人提供了指导性案例,法官置之不理。也有些当事人以指导性案例作为证据提交,在质证过程中无相应的程序规定。这说明民众对指导性案例的适用还存在很多偏差。彭教授认为需要反思的问题有以下几个方面:首先是如何理解指导性案例的法律定位与价值取向?其次是如何从程序上确保指导性案例的合理"入场"和充分"在场"?再者如何从法律方法上保证指导性案例的合理适用?是否应根据指导性案例中的裁判要点进行判决?但合乎规定的是只有案件相似的情况才可以裁判要点为推理的起点。最后,还应当指出的是,实证分析虽然只是对适用指导性案例的司法现象的一种描述,但是通过对上述现象的观察,可以发现,我国民众和各级法院在适用指导性案例过程当中所呈现的各种现象,背后还存在有更为深厚的成因。任何一项制度要想获得良好的有效运行,不仅仅需要外在的制度设计完善,而且也需要有深蕴的理念基础作为支撑。

大连理工大学法学院赵大千老师作了题为"互联网对工作场域法律秩序的挑战"的报告。赵老师认为,互联网的发展对工作场域带来了很多的变化,最大的变化是加深了劳动者之间的分隔和区别,精英劳动者有了更多的话语权;体力劳动者,特别是O2O的服务者,与工作单位间和被服务者之间究竟是劳动关系还是劳务关系,界限存在一定的模糊。赵老师认为他们的工作模式有以下三种:中介制、会员制、员工制,而最后一种模式较少。互联网是新的东西,我们是需要建立新的法律还是对已有的法律进行改变值得思考。同时,赵老师又从社会学角度进行了阐述,她认为传统的工作场域法律制度建立在大工业时代的标准化基础上,这构成了我们现在的劳动法律,即劳动者依附于工作单位,内部非常统一,劳动者工作生活的分界明显,主要有以下三个特征:各国的劳动法律地域性明显;环境决定论,劳动者劳动权的实现程度与企业的目标、文化、经济等息息相关;进步主义占主导,经济发展是主要的目标。赵老师同时指出在互联网条件下,互联网对传统场域秩序造成了冲击,主要有以下特点:首先是全球化,使得原本的地域化法律趋向于全球统一的劳动法律;其次是个人性,减弱了劳动者与工作单位间依附性;最后是时空条件发生了根本性的变化,工作场域多变。总而言之,互联网条件下工作场域法律秩序开始去标准化。

专题三“法律方法、法律解释与法律论证”由华东政法大学科学研究院陈金钊教授主持。陈教授在开场为大家介绍了办案学习法律的重要性,比如办案陪审团现象,没有法律专业知识的人可以参与司法审判,专业知识在司法实务上遇到了问题。专家在个案中运用不同理论可能得到不同的结论,法律充满了不确定性。康德认识论只能认识现象,不能认识物质,法律充满主观、个人的判断,法律不可认识的问题在康德的认识论上得以解决,但我们不能采用康德的法哲学。另外,陈教授讲述了怎么寻找法律的根据:王阳明心学的借鉴。

华东政法大学科学研究院讲师戴津伟作了题为“目的解释方法的滥用及其规制研究”的报告。戴老师以张明楷教授的观点论证。目的解释方法在司法裁判中呈现不断扩张的态势,法官经常借助正当目的引入常理与政策等法外因素,展开价值权衡与判断,目的成为一种“万能”的价值通道。法官不时诉诸抽象立法目的规避具体法条的运用,或者以正当目的名义突破法条规定,法外司法。方法的滥用往往源于理念的偏差,司法实务界往往将“客观目的”简单理解为依据当前社会形势需要自由重构之目的,忽视目的是法秩序体系所内含的“客观”价值宗旨,加之片面的法律工具主义倾向、政策的过度导向作用和社会效果等因素推波助澜,目的解释时常呈现出运用失当情形。要规范目的解释方法的应用,必须紧扣法内目的,尊重立法原意,真正将规范目的视为内在于法律的价值宗旨,而非披着法律目的外衣的社会需求或政策导向,并基于法秩序体系的制约作用(重视体系性目的),综合运用各类解释方法,对目的解释予以有效制约。

烟台大学法学院副教授程朝阳作了题为“法律语言模糊性的价值分析”的报告。程教授认为由于语言的局限性,法律不可避免存在模糊性。与法律语言的明确性相对应,模糊性有其存在价值。首先,模糊性表达可以避免因记忆不准确产生的错误。其次,因为法律语言的模糊性,宽泛的分类让法律的分类变得更丰富。我们通过对模糊性的本质和特征进行分析,便产生了一个疑问:精确性的价值在什么地方什么时候都比模糊性更有价值吗?程教授认为,精确性和模糊性都会导致专断的效果,针对不同的案件,对司法实践有不同的要求,但是,法律语言的精确性得出法律精确的要求对某些案件不公平。相对地,模糊性的一些现象留下相互协商的空间,法律活动存在不完整性,不完整性具有价值从而使得法律有点不可预测。立法的不完整性促进可变性,从法经济学角度,法律语言模糊性的价值,对精确性得以起到补充的作用。

中国政法大学比教法学研究院讲师孙海波以“指导性案例隐性适用的背后”为题作了报告。孙老师认为在适用案例的司法实践中,需要关注隐性适用背后的现象,隐性适用的现象十分普遍并日益成为一种主流。唯有深入挖掘其背后的潜在理由,才能真正理解这一特殊的实践活动形式。孙老师提出了三个问题:首先,指导性案例的效力性问题。指导性案例哪一部分具有指导性。其次,法官依靠“基于实用考量的动机”和“借用案例的逻辑”,巧妙地在裁判过程中将案例遮蔽,从而规避了运用案例的说理负担,逃避了责任。这种以实用目的为导向的案例适用活动在本质上是工具主义的,不仅有违案例指导制度的初衷,同时也与形式公正和法治背道而驰。指导性案例自身的特质决定其只能以一种看得见的方式被适用,而实现从隐性适用向明示适用的转变必然是一项系统而复杂的工程,需要在观念和制度方法上的双重努力,通过法官、检察官、律师、法学学者之间不断的沟通和对话,从而达成关于明示适用案例的共识,最终真正实现法官在实践中想用、敢用和会用指导性案例。孙老师对以上的问题给出了肯定的回答。首先,在司法实践中要用到指导性案例,借用案例的方式,能够给司法实践带来好处、利益,提高裁判结论的可接受性。其次,在行动方式上,法官通过偷用案例,以隐蔽方式默示适用指导性案例,就是依托案例、搁置案例和抛弃案例。法官把指导性案例当作工具性的东西,那么就和最高法院的目的不符,在司法实践中,把案例适用的过程遮蔽化违背了司法虚势理论。孙老师提倡从默示适用转为明示适用,反对逐渐明示适用,但是承认隐性适用的长期存在。他建议建立避免规避案例的制度,法官在适用指导性案例,需要说出用不用的理由,通过制度性设计去约束法官。指导性案例应该被适用而且应该以明示的方法适用。

海南大学法学院副教授张静焕作了题为“法律论证的基本问题”的报告。张教授认为,法律的自足性和封闭性被打破以后,由于传统法律真理论的式微,为了避免司法能动性所可能形成的专断和专横,只有借助外部证成,才能另辟蹊径实现理想中的法治。当需要外部证成的时候,已经是在创造。法律论证逻辑上能不能重构为逻辑很有效的论证,基于一定的规则。法官创造性地运用法律,必须经过充分而系统的外部证成,对法律解释、漏洞补充、利益衡量等方法所确认的作为法律推理大前提的法律的正当性与可接受性做一说明。外部证成的逻辑有效性和内部证成一样,逻辑有效性指的是形式的有效性,形式化理性重构之后,两种证成的逻辑标准一样,只是前提(理由,依据)不同。外部证成依据的是法律规则和法律规定之外的理由,依据的是司法者在个案中对法律的研读、推演;内部证成的依据是法律规则和法律规定。在思维规则的支撑和约束下,外部法律证成可以重构为逻辑有效的论证。但外部法律证成的最终依据,只能是司法者在个案中对法治理念或法律原则的解读与推演。

河南师范大学法学院教授袁勇作了以“规范冲突概念的比较分析——以规范冲突的判断为中心”为题的报告。袁教授认为,为了保障法律体系的融贯性与一致性,其中的规范冲突应当被消除。然而,规范冲突是什么?迄今有五类规范冲突概念可用于判断规范冲突。袁老师用“应当、禁止、准许、无须、任意”五个词语为我们举出了法律规范逻辑中的五分法。规范效果不兼容论指出规范冲突即规范效果不兼容,但未论及其原因。共同遵从不能论虽然仅界定强令规范冲突但却厘定其原因是遵从陈述相矛盾。比如,我们遵守禁止性规定,会违反必须;遵守必须,又违反禁止。这就是共同遵从不能论。其次,袁教授指出,共同遵从论有其缺点:就是只能适用强制性规范。功能相克互斥论尽管可解释所有规范冲突,但功能冲突非规范本体冲突。共同实现不能论厘定规范冲突的共性是规范不能共同实现,但未阐明必须与无须规范、禁止与准许规范冲突的意义。规范相互否定论则厘清它们的语义、态度与效力在动态规范体系中相互否定;参考此论,必须与准许规范、禁止与无须规范相冲突的基点是其行为模式相互否定。根据前列要点,通过判断规范的内容或语义、态度、效力、行为模式等因素的兼容性,可以判断各类规范冲突。

西北政法大学刑事法学院教授邱昭继的报告题目是"通过法律实现人的解放——马克思法律观的再解读"。邱教授认为,马克思的学说是关于人的解放的学说。如何通过法律实现人的解放是马克思毕生关注的一个问题。在马克思的学说中,实现人的解放是法律的本质性要求,法律也是实现人的解放的一种方式,人的解放的实现离不开法律。马克思秉承的是二元的自然法观念。邱教授认为,马克思法律观的两个维度:解放和压迫。首先,良法致力于实现人的解放,恶法却成为压迫人的工具。解放与压迫是法律具有的两种不同的功能。在早期资本主义时期,法律实现了资产阶级的政治解放。邱教授认为,法律植根于一种生产方式唯物主义的法律观,这可以归根于自然法观念,法律有解放的功能,就是人的解放,人的解放推翻一切使人受侮辱、受压迫的社会关系,人的解放是人的自由、平等价值的实现。其次,法律的压迫功能。邱教授提出,比如土地从保障人民成为奴役人民的工具。资产阶级由于自身的利益局限,不可能实现人类的解放,这种重任落在无产阶级身上。工人阶级要实现自身的解放,必须联合起来向资产阶级争取权利。法律没有注重法的解放的作用,法律的解放作用和压迫作用都需要受到重视。

厦门大学法学院教授徐国栋的报告题目是"罗马人创立的双重多数制及其对后世的影响"。首先,报告人介绍了美国的选举人制度。选举人代表本州,选举人的投票有地域票性质。可以保护少数州的利益。有的州人数少,选举人票保护人数少的州和人数多的州享有同等的投票权。其次,欧盟的投票中也体现了双重多数决。欧盟的双重多数决包括成员国的多数和人口的多数。这样,成员国的多数可以防止大国操纵和控制欧盟,人口的多数也可以防止众多小国联合起来阻止一项政策的通过。徐教授从罗马法的角度介绍了双重多数决。提出了双重多数决在罗马法的蓝本:库里亚大会。库里亚选区可以对比为美国的州选区;库里亚代表类比为美国选区代表。库里亚选区不是没有缺点:库里亚选区的数量为30个州,投票可能陷入僵局。徐教授介绍了双重多数决对中国的意义:中国如果采取双重多数决,可以为省内个人公决,省内多数人的意见形成了省的意见:省代表把省内的意见作为自己的意见,每个省的省代表都为一票,省代表的多数意见形成统一的最终的决定。徐教授建议明确双重多数决的定义。

在与谈人点评环节,南京航空航天大学法学院李栗燕教授认为,做这种交叉学科,研究方法需要成熟,比如网络安全学和法学,用了交叉学科的方法,可能会忽略自己的方法。交叉学科在规范分析方法、分析实证主义在这一块特别有用。李教授认为法律不是意识形态的问题,是要法律学者认真研究。利用不同学科的方法,其他学科和法学学科的交叉,应该达到辐射性的效应,交叉学科的学习方法得到更大的一个升华。

专题四"司法理论与司法制度"由南京师范大学法学院龚廷泰教授主持。中国社会科学院国际法研究所副研究员田夫作了题为"从强制型到权威型:中国司法理论的范式转变——以法理学教材为主线"的主题发言。田老师论述了1949年以来,我国司法经历的某种范式性转变。田老师认为法理学教材中的法律适用理论为这种转变奠定了最一般的理论基础,进而可以将中国司法理论的转变概括为从强制型司法到权威型司法的转变。中国司法转型的理论基础,在法理学或者法理学教材之中。强制型司法的母体是1940年代和1950年代苏联的法律适用理论,中国法理学在继承这一母体的基础上,形成了强制型司法,它具有强制性、工具性和阶级性。在1987年前是司法没有权威性特征,从1980年代下半期到1990年代中期,强制型司法逐渐演变为权威型司法。权威型司法具有权威性、目的性和专业性。

广东财经大学法学院房文翠教授的发言主题是"审判权运行视角下的法院司法责任制改革研究"。房老师认为司法责任制是司法改革核心,其发展经历了问责制、负责制、办案责任制和法院责任制四阶段。其中,法院司法责任制是审判权运行系统的一个构成要素,是审判权运行机制的必要组成部分,它与审判权运行诸要素紧密相连。司法责任制改革应当从审判权运行系统维度,强化审判权主体、权力运行机制、职业信任文化和理性追责标准等方面建设。

青岛科技大学法学院赵玉增教授以"新一轮司法改革核心问题透视"为题进行了主题发言。赵教授将2013年启动的第三次司法改革,大致概括为司法改革的理论指导、省级统管、员额制、司法管辖、司法职权配置、司法责任制六个问题,并将这六个问题总结为司法改革的理论指导、司法管理体制改革研究、司法运行机制改革研究三个方面。关于司法改革的理论指导方面,赵教授认为要"加强顶层设计和摸着石头过河相结合",新一轮司法改革既需要中央的注重顶层设计,也需要地方的"摸着石头过河",两者结合更有利于司法改革的现实推进。并提出"理论是实践的先导,实践则需要皈依理论以找回自己的灵魂和正确方向",新一轮司法改革需要改革实践与理论指导的良性互动,离不开实务界与学术界的良性互动。关于司法管理体制改革研究方面,赵教授认为其中包含了"省级统管""员额制改革"和"司法管辖"三个核心问题。其中,"省级统管"涉及"人、财、物"三个方面,核心是人的统管。改革前,法院、检察院对人的管理是块式管理,省级统管后变成条式管理。由于司法的"地方化"成因复杂等原因,省级统管并不能如学术界普遍认为的那样成为解决司法地方化的灵丹妙药,其可能滋生新的地方保护主义——省级地方保护主义,同时也可能加剧省以下地方法院、检察院对省级法院、检察院的依赖,加剧上下级法院间的"行政化"。关于员额制改革,赵教授认为目前员额制改革已经基本完成,但是员额制改革带来的问题正在或已经出现,特别是在后员额制时代,一些新的问题也会随之而来,可以说,员额制后的运行实施将成为实务界和学界共同关注的问题。关于司法管辖,赵教授认为我们需要思考的是:如果跨行政区划管辖行政案件可行,那么民事案件、刑事案件是否也可行,如果可行,岂不是在未改变法院设置的情况下,实现了案件的异地管辖?这与跨行政区划设置法院、检察院甚至有异曲同工之妙。在司法运行机制改革研究方面,赵教授认为其中主要包含了"司法职权设置"和"司法责任制"两个问题。其中,司法职权配置是司法运行机制的核心内容,其总体上涉及三个层次方面的问题。而优化司法职权配置的目的是规范司法行为,维护司法公正。这既涉及公检法司各自的职权设置,又涉及它们在相互分工基础上的相互配合,还涉及公检法司各自的内部职权划分,所有这些需要在改革实践中不断探索、改进和完善,以便能够找到适合中国国情的司法职权配置。关于司法责任制,赵教授提出法官、检察官对办案质量的"终身负责"与司法责任"终身追责”不是一个问题，对案件质量终身负责，并不必然地推导出终身追责，这样的“紧箍咒”不利于法官居中裁判，反而会束缚法官依法裁判。

沈阳师范大学法学院讲师崔丽以“‘好法官’的角色期待及其养成——以‘我最喜爱的好法官’评选为样本分析”为主题进行了发言。崔老师以“我最喜爱的好法官”评选为样本分析“好法官”的角色期待及其养成，主要包括以下四个方面：第一，关于“好法官”的界定方面，崔老师认为在该样本中提到政治素质过硬、法治信仰坚定、办案成绩突出、司法作风优良、社会公众认可五个主要方面；第二，根据样本的定量分析，可以得出其基本规律——女性更容易成为“好法官”、经验比学历更占优势、基层法院更容易产生“好法官”以及民事领域更容易产生“好法官”；第三，对于“好法官”角色的反思与追问方面，崔老师以明代无极县令郭允礼制官箴碑中内容作为引言，认为“好法官”应当是中立的裁判者，在审判程序和实体审查中保持中立，同时，也应当是法律的代言人和社会工程师；第四，关于“好法官”角色培育与养成方面，崔老师认为“好法官”培育及其养成与胜任力理论具有契合性，而在胜任力理论视角下，“好法官”的培育和养成，应当注重“冰山上的部分”，从制度建设层面明确“好法官”养成的外部条件，明确其考核的条件和标准。

最高人民法院应用法学研究所助理研究员高尚的发言题目为“论司法判例在德国的适用空间及功能”。高老师以德国为研究样本，回答了在成文法国家的法律论证框架中到底需不需要判例，以及为什么需要、什么时候需要，即判例在成文法国家的适用空间问题。高老师认为演绎推理是一个逻辑上闭合但内容上开放的论证框架，在内外部证成两个环节中都需要判例发挥作用，从某种程度上讲，判例的适用过程其实就是“基于类比的演绎过程”，演绎与类比是不可分割、相互联系的两种推理方法。建立案例制度虽然不是推动法律适用标准统一的唯一有效途径，但是是非常重要的途径，相对于抽象、稳定的法律条文，案例本身就具有较强的适应性，既可以将抽象的法条具体化，帮助人们理解和适用法律，也可以通过个案创造裁判规则，弥补现有法律漏洞。而通过案例制度实现司法统一，主要体现为两个层面：一方面通过类型化，为法律解释提供帮助，完善内部证成的逻辑推理结构，为法官解释、理解法律提供参照；另一方面，通过对法律原则的运用予以规范以及时对“类似案件应当类似审判”的实质正义追求，为法官和社会公众验证判决结果的正当性提供参照，从而实现法的一致性与安定性的价值追求。

沈阳师范大学法学院讲师佟金玲作了题为“论诉讼经济视角下民事案件繁简分流制度的重构”的发言。佟老师主要从五个方面论述了诉讼经济视角下民事案件繁简分流制度重构。第一，佟老师认为当前的繁简分流制度存在“繁简”的判断标准不统一、“分流”的渠道不畅通、程序的启动主体不明确等问题。第二，佟老师提出我国繁简分流制度现有问题存在的根源是，价值取向单一和过分关注效率。第三，佟老师认为我国繁简分流制度价值取向单一的症结在于诉讼目的模糊、节约社会资源和司法获得认同感。第四，佟老师提出完善繁简分流制度的基本思路——节约诉讼成本、缩短诉讼周期、合理安排诉讼程序、保证当事人权益、最大化诉讼目的。第五，关于我国繁简分流制度的具体设计，佟老师概括出三点——根据案件性质确定“繁简”判断标准、根据案件特点设置多元“分流”渠道、赋予当事人重复的选择权。

青海民族大学法学院淡乐蓉教授作了题为“青海藏区民间调解研究——以藏传佛教

寺院僧侣参与人身伤亡案件的调解为例”的发言。青海藏区民间调解法律问题研究,以藏传佛教寺院僧人参与人身伤亡案件调解为例引发一些思考。淡老师主要从三方面来阐述,一是藏传佛教中寺院和僧人参与藏区社会纠纷解决的历史及其文化溯源;二是青海藏区藏传佛教寺院和僧侣参与人身伤亡案件调解的现象和现状分析;三是对青海藏区民间调解中藏传佛教寺院和僧侣参与人身伤亡案件的调解的法律规制。在青海藏区,藏传佛教寺院占全省宗教活动场所的32.4%,僧侣占全省宗教人员的91.3%,信仰藏传佛教的群众占全省信教群众总数的54.8%。在日常社会生活中,无论生老病死,还是生活、生产以及纠纷事件等的处理,他们一般都会延请藏传佛教寺院及其僧人进行宗教调解和参与相关事件处理过程,致使其对藏区民众的社会生活和行为产生一定的思想观念和行为指导的作用和功能。宗教专家是通过符号劳动产出对宗教教义的理解和诠释的宗教产品,使利益关系转变为非利益关系,使之蒙上一层超功利性的伪装。藏传佛教建立起林立的僧团组织和教派,实际上也是使之更多获取社会经济资本和社会资本的力量的集合。藏传佛教在社会调整和社会纠纷解决中具有不可抹煞的功能和作用,但其狭隘的地方神灵体系和对世俗权力以及物质利益的强烈追求和占有,致使其无法实现宗教的超脱性和神圣性。我国必须通过某些方式加强对藏传佛教寺院内部的管理、依法严厉禁止宗教干预司法等假借宗教符号实施的符号暴力。

第二单元由四个专题组成,分别为专题一“网络行为的法律规制”、专题二“地方性立法的理论与方法”、专题三“人工智能的法律控制”、专题四“权利问题研究”。

专题一“网络行为的法律规制”由华东政法大学《法学》编辑部编辑王申教授主持。天津商业大学法学院邹晓玫教授作了题为“网络服务提供者之法律地位”的主题发言。报告人指出,信息技术的深度社会化发展,使网络服务提供者(ISP)由默默无闻的幕后技术支持者,转化为网络社会举足轻重的结构性构建力量。ISP凭借自身的技术优势成为网络社会的技术构建者和社会认同形塑者。进而,报告者论证,网络服务提供者(ISP)在网络社会中扮演三种角色:技术、规范和认同的建构者,因此不能忽视ISP从单纯的技术支持者到基于技术特征的二元化的法律地位变化。但是不能简单用二元化划分,ISP采用功能主义研究进路,应该从信息加工深度、利益驱动强度、社会关系干预程度加以划分,重构ISP的法律地位,明确ISP的法律规制思路。最后,报告者得出结论,网络社会应该遵循技术规范、促进软法共治、确立“辅助原则”规范网络立法为维护ISP法律地位稳定提供规范保障。

西华师范大学法学院唐芬副教授以“信息时代共享经济模式下的法治政府建设”为题作了主题发言。报告人指出,在当今信息时代“以人为本、共享融合”的价值理念下,共享经济模式如共享单车、共享雨伞、共享充电器等发展迅速,但是这些共享经济模式在发展中出现了各种社会问题,因此有必要进行行政监管。面对共享单车这类典型的共享经济模式在管理方面出现的问题,全国陆续出台相应的行政监管措施。但是各地出台的行政管理措施依然是粗放式的,当面临具体的违法行为时,执法部门出现管理困境。进而,报告者提出了当前共享单车一系列法律难题,比如相对人对于红头文件的司法审查问题,共享单车市场准入混乱问题,乱停乱放的处理对象问题。最后,报告者提出要解决上述问题,第一,要树立服务理念,明确正当程序和比例原则;第二,谁行为谁处罚,从技术上解决乱停乱放的对象问题;第三,明确法律责任,例如未满12岁的未成年人用车的责任解决。

重庆邮电大学法学院教授韩冰作了题为“网络表达权的保护与规制”的主题发言。报告指出,互联网独特的表达载体和全新的表达空间造就了网络表达权的新特征以及价值上的新特点。基于此,报告以网络表达权为切入点,探究网络表达权的保护与规制。报告先浅谈了网络表达权的概念与特征,指出网络表达权的实质就是言论自由。接着,通过与传统的表达权相对比,概括出网络表达权的价值:1. 促进民主的价值更为凸显,有利于保障公民参与权,推动政府决策的民主化,有利于保障公民的监督权,加强对公权力的监督,有利于培育公民的民主意识;2. 促进文化发展的价值得以彰显;3. 促进社会和谐的价值明显增强。随后,报告人谈到我国网络表达权保护与规制的现状,其中比较突出的问题是:立法偏重安全秩序,关注互联网特性不够;要求网络服务提供者全面主动审查网络信息内容,将会大大增加“私人审查”侵犯公民言论自由等权利的风险。最后报告人指出,互联网的特性决定了在对网络表达权进行合理规制的同时还需要注重发挥行业自律和技术因素的作用,而任何技术手段要具有正当性且必须接受宪法考量。

山西大学商务学院讲师庾晋鹏作了题为“论公民网络信息权的法律保护”的发言。报告的主要内容是关于公民网络信息权的法律保护。首先,报告人介绍了文章的结构:1. 公民网络信息权的概念和特征;2. 公民网络信息权遭到侵犯的现状分析;3. 国外对于公民网络信息权保护的立法状况;4. 完善公民网络信息权保护法律制度的建议。其次,报告人阐释了公民网络信息权的概念与特征:公民网络信息权的主体仅限于自然人,客体则是公民的网络信息,客观表现为数字化的人格权和财产权,并且往往具有可识别性和时效性。报告还分析了公民网络信息权遭到侵犯的现状,信息受到侵犯所带来的后果,公民网络信息受到侵犯的问题总结以及信息受到侵犯的原因所在。最后,报告还提出了应当根据我国的国情,顺应时代要求,借鉴外国经验,完善相关法律法规,加快公民网络信息权保护体系的构建,以此来切实保障公民网络信息权益不受侵犯。

山东工商学院法学院教授王秀哲以“‘侵犯公民个人信息罪’司法解释的局限性及破解”为题作了主题发言。报告主要针对两高联合发布的《关于办理侵犯公民个人信息刑事案件适用法律若干问题的解释》展开研究。她首先讨论了当前法律实证、法律规范和立法方面对个人信息保护做出的工作,其中着重提到《刑法修正案(七)》和《刑法修正案(九)》中对个人信息保护的完善和尚且存在的不足,从而使《刑法》走在了个人信息保护的最前线。然后,她针对这一分析,提出当前在中国的法律实证层面还没有“个人信息权”这一权利概念,从而使个人信息保护存在障碍。王教授在发言中主要从三个方面提出了对司法解释的质疑:其一,《解释》对公民个人信息的界定和重新分类存在不妥;其二,其对于公民个人信息保护采取空白罪状式的规定,但其可依托的法律法规上的规定过于碎片化;其三,对定罪量刑的“数量”和“严重后果”的规定在分析判断上存在难度。同时,她也针对问题提供了三种解决思路:其一,关于侵犯个人信息入罪不全依托于立法解决,还可以借助行业自律等方式解决;其二,借助民法方式保护个人信息;其三,借助判例方式推动个人信息保护。

专题二“地方性立法的理论与方法”的主持人是贵州大学法学院宁立标教授。山东大学法学院教授汪全胜作了题为“人大主导的联合起草法案模式析论”的报告。报告指出,人大主导立法是我国现阶段对人大立法提出的新要求、新目标,为实现这样的目标,必须加大人大主导法案起草的力度。人大主导法案起草包括两大方面:一是人大自主起草;二是人大主导的联合起草。人大主导的联合起草就是人大组织起草小组,吸收对口政府部门、政府法制部门、专家学者等人员参加,这样既发挥人大的主导作用,还可以有效防范"部门利益"对人大立法的渗透,同时还可以降低立法成本、提高立法质量与效率,应推广适用人大主导的联合起草模式。但这种模式的适用也需要具备一定的条件如人大工作机构设置完善、立法人员的素质具备、立法资源配备齐全等。我国人大应在制度设计、机构设置、立法能力建设等方面进一步提高,通过在法案起草的立法源头上,逐步实现人大主导立法的目标。

郑州大学法学院副教授李建新作了题为"公众参与地方立法的局限"的报告。公众参与地方立法不一定能够促进立法质量的提高,从逻辑上,参与主体的增加与立法质量的提升并非存在必然的联系。从立法主体的角度看,两类立法活动主体,体制内的专家(官员)与体制外的公众具有不尽相同的理性特点,前者长于目的——工具导向的理性思维,后者在价值理性方面具有优势。如果要实现立法的公益目标,使立法兼具正当性与合理性,就需要根据两类立法主体各自的理性特点进行互补式合作,这样才能最终发挥公众参与的效能和作用。李老师主要提出了四个问题:1. 地方立法的公益目标:正义与合理。2. 地方立法参与主体:专家与公众。3. 地方立法公益目标的确认:协商与演绎。4. 地方立法公益目标的达成:合作与互补。

中南财经政法大学法学院杜朴博士作了题为"我国立法后评估中公众参与的'虚置'"的报告。报告认为,作为检验立法实效、提升立法质量、促进法律体系完善的立法后评估制度已逐渐得到认可并在全国范围内进行了一些实践。然而,相较于立法后评估制度受到的优待,公众参与却在评估实践中屡屡被虚置;公众只是碎片化的参与,远没有达到制度化参与的程度。现阶段开展的立法后评估,实质是在法治实施环境下由立法机关主导,评估专家及公众等多方主体参与的博弈。但是,评估的过程并未遵循"相互制约、共同推进"的实践逻辑,公众只是一种被动型或者功能型的参与,无法发挥其积极性、主体性的作用。鉴于此,实现立法后评估中公众参与的有效性和制度化,必须明确现阶段公众参与的状况及评估实践中存在的问题,通过透析公众有限参与的制度根源,进而为构建相应参与路径做准备。杜老师提出了以下几个问题:1. 立法后评估实践的整体分析。2. 立法后评估中公众"虚置"的具体表现。3. 立法后评估中公众"虚置"的制度根源。

河北政法职业学院副教授张东华以"河北省设区的市立法现状之静态实证分析"为题作了报告。报告指出,通过用近一年的时间跟踪、查阅各设区的市人大网站信息和对设区的市立法文本分析,归纳总结设区的市立法的成就和不足。成就包括:准备工作审慎、充分;立法有序推进,成果丰硕;部分法规彰显地方特色;注意发扬民主。不足有:立法不是齐头并进;立法质量有待进一步提高,比如法规不精细、针对性不强、重复率高、可操作性差等;因循多,创新少;涉嫌越权立法。张老师主要提出以下几个问题:1. 网上信息采集情况。2. 设区的市立法文本分析。3. 河北省设区的市立法成就分析。4. 河北省设区的市立法不足分析。得出了结论:通过调研,我们发现了河北省设区的市立法中存在一些问题。而且,这些优、缺点都具有普遍性,即其他省、市立法也或多或少呈现出这些特点。如果这些问题得不到解决，设区的市的立法权很可能流于形式。发现问题不可怕，因为只有发现问题才能解决问题，只有解决了问题社会才能进步；在社会进步过程中会出现新的问题，需要我们再去解决。办法总比问题多，就是在这样的循环往复中，社会螺旋式上升，无限接近我们的理想社会。

河海大学法学院王春业教授的报告题目是“论设区的市地方立法中‘法律责任’的设定权”。报告认为，设区的市地方立法中的法律责任主要涉及对违法行为的行政法律责任，特别是对行政相对人不履行义务的行政处罚和行政强制等内容。当下，法律对设区的市地方立法的法律责任设定进行了严格限制，要求必须依照上位法的要求来设定，这种限制已经严重影响了地方立法的有效实施，影响了地方立法在地方治理中作用以及地方立法的积极性。为此，必须对《行政处罚法》《行政强制法》和《立法法》相关内容进行修改，适当扩大设区的市地方立法中法律责任的设定权。王教授主要提出了以下几点：1. 设区的市地方立法中法律责任所具有内容的文本梳理。2. 设区的地方立法中法律责任设定遭遇的法律瓶颈。3. 扩大设区的市地方立法中法律责任设定权的趋势。4. 扩大设区的市地方立法中法律责任设定权的具体建议。关于扩大设区的市地方立法法律责任的设定权问题，一些人担心，这样做，会不会影响国家法制的统一，会不会对公民的权利造成较大损害。

专题三“人工智能的法律控制”的主持人是上海师范大学法政学院蒋传光教授。扬州大学法学院教授张清作了题为“‘人工智能 + 法律’发展运动的两个面向”的主题发言。张教授首先指出国务院已经发布文件“新一代人工智能发展规划”，人工智能发展纳入国家战略；其次，沙特阿拉巴授予一位机器人公民的身份。通过这两件事，张教授认为人工智能的法律化和法律的人工智能化是主要的两个问题。在人工智能法律规制的理论构造问题中有三个方面，首先是人工智能三定律，第一定律：人工智能机器人不得伤害人，也不得见人受到伤害而袖手旁观；第二定律：人工智能机器人应服从人的一切命令，但不得违反第一定律；第三定律：人工智能机器人应保护自身的安全，但不得违反第一、第二定律。其次是法律吸纳风险理论。最后是法律责任理论。人工智能机器人的法律责任是否当然包括现有的民事责任、行政责任、刑事责任、违宪责任和国家赔偿责任？张教授认为现今在人工智能法律规制方面，联合国、美国、欧盟及我国都进行了相关的立法探索，人工智能机器人应享有相应的权利，其次应进行人工智能机器人类型化立法技术管控化，然后是全区链备案制的法律责任规制，最后是投保强制责任险。

华中科技大学法学院副教授李蕾作了题为“人工智能对话法学思维与实践”的主题发言。李教授指出人文社会学科具有思辨性、创造性，这是人工智能无法替代的，但人脑容量有限与人工智能无法比拟。在审判领域存在同案不同判的问题，非理性因素对裁判的干扰可利用人工智能避免。同时李教授也提到了人工智能在法学实践中可能遇到的问题，首先是是否会挑战法律的权威。目前的人工智能尚未上升到自由意志和自我认知的程度，还是比较低级的程度。但目前人工智能的程度是否会造成法学界人士的懒惰，还有随之而来的新的专业和新的团体的产生。李教授还同时指出人工智能模拟法学思维的尝试。演绎推理的方式现在已经可被人工智能运用。但这是个封闭的体系，可能陷入法律概念学和法典万能化的错误。其次是利用人工智能进行归纳推理，还有法庭上的抗辩思维,这一点是很难输入的。人工智能应用于法律的缺陷是过于封闭的逻辑无法应对新的问题。

上海交通大学凯原法学院博士后张绍欣以“从法律人类学视角论智能机器人与人类的关系”为主题进行了发言。他从法理学、法哲学的角度入手而非交叉学科入手研究,认为可用法律拟制思维来处理人工智能问题。张博士以对Person的考据入手,尝试将其翻译为“位格”。罗马法上的“位格减等”制度反思到现代,现代反而有一种“位格加等”的现象,例如将虚拟的不存在人格的法人提升至拟制人格的程度。他认为根据人类中心主义的自然推导,得出机器人被称为“人造位格”,认为他的位格是低于自然人的。人工智能是通过“位格加等”的原则被提升到相当于自然人的地位。

专题四“权利问题研究”由中央民族大学法学院教授张俊杰主持。天津大学法学院副教授田野以“论个人信息的不知情权——以基因不知情权为例”作了报告。他认为,首先,关于个人基因信息的伦理考量。第一,基因检测结果的伦理性是存疑的;第二,可能会误导过激或保守的行为;第三,考虑到某些疾病的不可治愈性,知情到底是好是坏难以基因信息的向本人披露可能带来的焦虑与压力。在一德国判例中,医生告知遗传病概率导致妻子抑郁症,丈夫因此起诉要求损害赔偿;而国内关于基因歧视也已有真实案例,那么就今天问题的切入,基因信息的知情打破当事人的生活安宁,侵犯了固有的不知情权,这一论点在现实中是有实际支撑的。那么,什么是不知情权?就是个人有权选择是否被告知自身基因信息的权利;这不是“无知”的权利,而是表达“如果有某种可能性,请不要告诉我”的意愿。不知情权具有正当性,体现在四个方面,一是技术层面的考虑;二是个人自决这一理念的至高价值;三是最佳利益原则,比如获取或不获取基因信息,哪方对孩子是最好的;四是关乎私人领域的保护和生活安宁。关于不知情权,在世界立法是有迹可循的,这里不过多阐述。最后,不知情权与其他权利的冲突与协调问题。例如,与个人生命健康权、与配偶的生育权、与家庭成员的生命健康权等的关系,以及如何处理的问题。

聊城大学法学院讲师隋燕飞作了题为“《儿童权利公约》在网络时代的实施:机遇、挑战与回应”的报告。首先,介绍公约框架下的儿童权利类型与内容。《儿童权利公约》1989年在联大通过,是有史以来批准加入最积极和广泛的公约之一(除了美国,大多数国家都是公约国)。公约中规定了儿童的四项基本权利:生存权、发展权、受保护权、参与权。儿童是最容易受到伤害的群体,生存权保障其生命不受非法剥夺,且享有一定生活水准权。发展权中突出受教育权和获取信息的权利。以及免予遭受(性)剥削的权利(参照公约34条相关规定)。然后,儿童权利保护在新时代下的机遇和挑战,互联网近30年快速发展,对儿童的各方面影响很大。即时通讯工具的普及丰富了获取信息的方式,保障儿童发展权的实现,远程教育促进了平等权的实现;便捷的网络促进了儿童的表达和参与权。公安机关利用网络平台救助被拐卖儿童和失踪儿童,更好保护了儿童的安全。但相对的,问题也在不断涌现,可以分为内容类、接触类、商业类三类问题。色情制品、网络欺凌等现象呈现出新特点:一是实施方式多样化,成本的降低导致犯罪规模增大、呈现由点向面扩张的趋势,加大了监管规制的难度;二是这种对儿童的侵犯呈现复合性,导致法律适用的复杂性;三是违法犯罪准备和实施手段比较隐蔽,加大了侦破难度,挑战传统非技术警力;四是呈现出跨国性,单个国家越来越不足以应对大型的跨国儿童犯罪。总体而言,新时期对儿童的保护存在滞后性,儿童基本权利保护现状并不乐观。最后,我国关于儿童权利保护的问题也广泛存在,例如色情制品问题;利用网络诱拐儿童的案件繁多等。我国立法对儿童保护是有滞后性的。

北京交通大学经济学院博士后李可书的报告主题是“网络环境下个人信息保护的问题研究”。李博士介绍道他从事的是法经济学结合律师实务研究,从实践中发现问题的角度,理论性不强,希望大家提出批评建议。他认为人肉搜索这一现象由来已久,从阿里巴巴员工将买家数据出卖的事件可以反映出,个人信息泄露问题是非常严重的。这一题目的意义在于,目前情况下法律在互联网时代个人信息保护问题及如何改进。问题诸如立法特别滞后,实施起来抽象复杂,对互联网技术的有限了解和与时俱进的缺乏。法律治理与技术手段治理是矛盾的。论文内容涉及三方面:第一,个人信息定义和分类,个人信息保护的必要性和意义。对个人信息的定义学界是具有共识的。论文对个人信息的形成过程进行研究,总结出几个影响因素。一是计算机技术和网络发展使传统的局限性信息具有了强大的传播力;二是大数据预测商业模式和用户习惯带来经济效益,展现了个人信息巨大的潜在的利用价值。个人信息被泄露的威胁,在未来极端化的情形下甚至会带来公众威胁,影响社会安全。第二,个人信息保护的基本原则和具体行动指南。总结出六个原则:收集限制原则、资料内容准确性原则、目的明确化原则、利用限制原则、适当安全保护原则,最后一个是公开原则。第三部分是关于立法的研究,国内立法梳理,国际动态(被遗忘权),立法建议等。

吉林大学法学院副教授刘小平作了题为“土地使用权的理论重构:基于马克思‘重建个人所有制’命题”的报告。刘老师的问题是,土地使用权究竟是什么样的权利?能解决这个问题也就解决了很多实际问题。土地使用权是随时需要国家去确认的,还是个人的合法财产权利?建筑是不值钱的,房价的差别主要在地价上,如果土地需要随时确认,《宪法》第3条对个人财产的保护就打了折扣。今天主要从两部分介绍:批判分析部分:制度设置上,我国目前实行复杂地权,体现两种取向:一是工具取向,公有制效率极低问题需要解决;二是权利取向,表现为历次修宪对公民权利的扩张,以土地从征用到征收的转变为例可以看出,权利取向越来越明显。用益物权(民法上)表现,是与现实契合的,但关注个人对土地排他性支配的权利,就权利取向上是有不足的。排他性作为用益物权具有的属性,可以对抗他人和国家,但用益物权终究是派生从属的权利,不能对抗所有权。用益物权作为核心概念只是经济层面上的。所有权虽然有被虚化的趋势,但二者冲突时所有权始终凌驾其上。当前制度在权利取向上的不足之处有待解决。重新解释部分:首先要批评土地私有方案。尽管可以很好地保护个人财产权,但是是非现实的,且不是唯一可行的做法。马克思关于重建个人所有制命题,不仅是对生活资料的所有制,更是对生产资料的私有。这是更能够得到融洽体现的,与我国传统的财产权观念不谋而合。我们的最终目标是,在公有制前提下同样能形成强有力的对抗国家的个人土地财产权。

最后,主持人张俊杰教授总结道:感谢权利问题研究的分会场的各位,今天谈到的权利类型,开辟了以后作为理论研究的视角。权利的发展离不开科技的支撑。最根本的社会分类是工具的分类;今天科技的发展状况,使社会分层更细化,打开更多可探讨的空间。一个权利的存在总是和利益相关联,那么哪些利益能够上升到权利的层面?怎么对土地权以后衍生的权利进行把握和衡量才能让人信服？依法立法的提法是不是新？法是国情决定的,我们和世界上是特殊和一般的关系。我们和大的全球化的平台的关系怎么去处理？提出这些思考供学者们参考。我们今天就到此结束。

至此,第一单元与第二单元共八个专题的分组讨论正式结束。

12月4日上午,大会的分组讨论继续进行。第三单元由四个专题组成,分别为专题一“法治中国视野下的法治理论”、专题二“法学经典文献研究”、专题三“传统法律文化研究”、专题四“信息时代的法学教育与法律职业”。

专题一“法治中国视野下的法治理论”由上海师范大学法政学院刘作翔教授担任主持人。西南政法大学行政法学院文正邦教授作出了题为“‘一带一路’——区域法治建设的广阔天地”的发言。他首先称赞习总书记提出的“一带一路”伟大倡议构想具有重大而深远的意义。其后,他就我国“一带一路”建设中的法制保障提出了三个观点:其一,习近平同志提出的“一带一路”倡议在世界范围内获得了广泛的响应。“一带一路”倡议构想涉及沿线的66个国家,有100多个国家或组织参与或积极响应,其涉及范围极其广阔,功能和作用几乎辐射到全世界。因此,我们要对“一带一路”的重要性有充分的认识。其二,“一带一路”的重要性不言而喻,但要顺利实施仍需要加强法治保障。“一带一路”的实际建设过程中涉及一系列区域治理问题,为了顺利实现“五通”“五路”的既定目标,我们更需要认识到在过程中加强法治建设的必要性、重要性乃至紧迫性,防止可能出现的腐败等问题。其三,“一带一路”中的法治建设尤其需要重视区域化法治建设。由于“一带一路”伟大工程的实施涉及众多的区域问题,因此法学界、尤其是法理学界更需要通过对区域法治建设的研究促进“一带一路”的发展。

南京大学法学院教授周安平作了题为“依法治国与法治的概念辨析——对当下认识误区的厘清”的报告。报告人指出,改革开放以来,我国法治建设进入新的阶段,但长期以来依法治国和法治的概念存在混淆,我国传统主流观点要么是从依法治国的角度解释法治,要么是从法治的角度解释依法治国。进而,报告者论证两者之间的区别,首先,从两者概念的语词展开分析,依法治国是一个工具性概念,与以德治国具有相类似的语境,而法治是一个价值性概念,法治是依法治国的目标。其次,从“治”与“被治”的主体关系辨析,依法治国省略了主语,从执政者的角度来说,依法治国可以等同于商鞅时期的法治,从公民的角度,依法治国强调人与人之间的平等,被治的人具有人性之恶,而法治重在治理权力之恶。再次,强调两者与人治以及德治的关系,人治与法治相对应,人治强调统治者至上,法治强调法律至上,人治与依法治国相融合。法治具有普遍性、规范性,而德治容易成为利益集团对道德的解释,因此依法治国必然要求法治为主,德治为辅。最后,报告者指出,依宪治国是介于依法治国与法治的中间概念,依宪治国内在包含约束国家权力的意思,因此与依法治国相区别,但其又不同于法治的概念,而是从依法治国到法治必须经过的阶段。

华东政法大学科学研究院教授刘风景作了题为“基于‘正反合’定律的良法重述”的报告。报告人指出,对良法的理解,黑格尔正反合定律是重要的理解进路。因此,良法内在包含了真、善、美三个重要维度,“真”就是良法必须体现人民意志,实现公平正义,保障公民自由;“善”就要求良法本身具备德性价值;“美”就是良法必须形式优美,逻辑清晰,和谐统一。进而,报告者论证,良法的对立物是劣法,劣法体现了假恶丑三个维度。假法违反客观规律,恶法本身德性缺失,丑法形式丑陋,法律条文相互打架。因此,要立良法,必须去伪存真,法律必须反映客观规律;避恶求善,法律必须体现人民意志;弃丑逐美,法律必须逻辑严谨,通俗易懂。最后,报告者得出结论,在立法过程中采取各种措施努力消除劣法,改进立法质量,可以达致更高水平的良法。立良法,行善治。良法只有转化为善治,才是真实意义上的良法。

大连海事大学法学院副教授王勇以“论法治评估功能局限与实践定位”为题作了报告。报告人指出,随着我国法治建设的推进,我国法治建设取得瞩目成就,虽然目前我们已经有法可依,但法治评估成为我国法理学研究中亟待解决的问题。法治评估具有法治规划设计和绩效检测的功能,我国法治评估实践的兴起,包含法治发展模式从规模扩张型向质量约束型转变的可能性。形式法治和实质法治的类型化区分,以及中国法治的内在特征,为法治进行量化评估带来了困难。进而,报告者论证,从法治评估功能的角度,存在两点疑问,一是法治是否能成为评估对象;二是评估是否为有效评估。然后论述我国法治评估存在以下三个问题:一是存在政府主导倾向,具备官方背景;二是立法主义指标评估取向;三是形式化倾向严重,实质法治难以评估。最后,报告者得出结论,法治评估研究要反思一些基础性认识,在合理界定定量与定性分析的基础上,正确对待法治评估自身的局限性,从而对我国法治评估做出合理的功能定位。

南京师范大学法学院副教授汤善鹏的报告题目是“论设区的市地方立法权的范围”。报告认为,《立法法》首次规定了设区的市在“城乡建设与管理”“历史文化保护”和“环境保护”三个方面的地方立法权,但对于立法权限的具体规定仍存在很大的模糊性,如果不进一步对该问题进行研究说明,会对当代的法治建设造成很大风险。因此,需要在以下四个方面考量:①立法者的立法语境不能过于超出日常语境。②通过立法草案等文件充分考虑立法者的立法意图。③《立法法》之后其他法律和中央政策做出的补充。④学术界对相关立法文件的讨论。随后,汤善鹏分别运用语义解释、体系解释和目的解释的方法论证了“城乡建设和管理”的范围,排除了此处“城乡建设管理”对国家基本保障、基本公共服务事项的包含以保证公共服务的均等化、排除可能出现的省内不平等。但对于其是否包含经济管理内容,汤善鹏认为可以区别对待。一般情况下,“城乡建设与管理”不应包含经济管理的内容以防止出现不平等竞争和地方保护主义,但不涉及不正当竞争和流通性较弱的部分,则可以赋予相关的立法权限以促进城市建设和法治建设。

东北财经大学法学院副教授丁轶以“国家主义的两重维度”为题作了报告。首先,报告指出国家主义若进行划分,在理论上可以划分为两个维度,一是价值论国家主义,二是方法论国家主义。进而,分别对价值论国家主义和方法论国家主义的具体内涵进行简单阐述。在价值论维度上,集体主义主要体现为个体服从国家,权力至上强调实质性权力手段保障目的实现,国家理性是指国家是全能智慧的集合,个人可以完全信任国家,这三点构成了国家主义的核心特征,而国家法制主义则是价值论国家主义在现实中的主要体现;另外,报告人进行研究分析并归纳抽象得出:在方法论维度上,国家主义主张国家自主性、治理性、能动型国家视角和实践性国家观等研究思路。价值论国家主义是报告人自觉作为法律人,试图对转型中国法治实践中的具体过程、机制、逻辑和技术进行经验研究并希望为中国的法律发展提出一些建设性建议。最后,谈及对于两种国家主义该如何评价的问题。报告指出由于价值论国家主义是一种强国家主义,有必要在肯定国家法制主义之历史合理性的基础上引入价值论个人主义,实现后者对于前者的有效节制与矫正,相比之下,方法论国家主义属于一种弱国家主义,具有较大的合理性和可接受性,可以为人们有效认识转型中国的法治实践和重新挖掘政法法学的理论蕴意,提供必要的方法论支持。此外,报告人还从时间维度和空间维度来分析方法论国家主义的价值和意义。

湘潭大学法学院教授张义清作了题为“我国法律实施条款设定的合宪性思考——以《监督法》第47条为例”的报告。报告指出,我国现行《监督法》实施办法的实际制定主体与《监督法》第47条的授权范围不尽一致,由此衍生出相关法律实施办法的属性与效力认知分歧,也由此引发此类法律实施条例设定的合宪性考量。随后,报告人对论文纲要进行介绍:一、事实与规范:《监督法》第47条授权范围及其实施状况。二、认知分歧:超越法条界限的《实施办法》属性与效力。三、解释与局促:《监督法》第47条立法意图及其困境管窥。四、理论与逻辑:法律实施条例合宪性论证的模式比较。五、从治标到治本:我国法律实施条款设定的合宪性理路。其中,报告人对《监督法》实施中的配套行为以安徽省人大代表修订的《各级人大常委会监督条例》和云南省人大常委会修订的由原省人大制定的《监督条例》为例进行分析。最后,报告认为,补充法律实施条例设定的合宪性推定规则要件,确定合宪性审查的基准和解释技术,既是推进我国合宪性审查工作的制度需求,也是构建我国实施性立法秩序的治本之策。

南京工业大学法律与行政学院教授刘小冰作了题为“中国立法语言的变迁机理——以治安管理处罚立法为分析对象”的报告。报告主要由三个部分组成:写作目的,主要内容以及总结。首先,报告人简单介绍了写作此篇论文的初衷以及选择《治安管理处罚条例》与《治安管理处罚法》为研究的原因主要是其最为贴近社会生活且便于统计,所以对研究中国立法语言的变迁最具有样本作用。紧接着,介绍了论文的主要内容,报告指出:一、立法语言变迁的类型包括消失的法律语言,增加的法律语言以及调整的法律语言。立法语言是制定法律过程中使用的语言文字表意系统,其增加、消失或调整虽然是法律表面的浅层次的变化,但探究背后的变迁机理可透视变迁中的经济、政治、文化的发展道路。二、立法语言变迁的动因,从宏观角度来看有三个方面:制度改革、规范法要求和对法治文明文本的吸收。综合来看,制度变革是立法语言变迁的根本动因;立法语言的规范化表达是立法语言变迁的内生动因;法治文明的深刻影响是立法语言变迁的外在动因。三、立法语言变迁的趋势:随着法治的发展,立法语言变迁正呈现出规范化、专业化、法治化的基本趋势。最后,报告人指出立法语言变迁虽然是总体趋势,但是也需要高度警惕。

南开大学法学院副教授王彬作了题为“案例指导制度下的法律论证”的报告。针对当前指导性案例适用带来的困惑、法官更倾向于适用司法解释而非指导性案例的现状,王老师在发言中就指导性案例如何运用提出了方向、理论基础和问题研究。首先,王老师提出图尔敏论证图式,其内部证成和外部证成相结合的形式同样适用于指导性案例的证成,从特定案件探究其法律意义。随后,王老师分别从同案判断的内部论证和外部论证过程出发,提出在实际司法过程中采取整体上的参照,但整体性参照不等同于整体援引,在援引上只适合采用实质援引,摘取裁判要点,做出实质权衡而非终局性的判断。最后,在这一法律论证过程中以裁判要点作为认识起点,以事实比对作为关键环节,以实质理由的确定和权衡作为决定要素,从而做出强而有力的法律论证。

专题二“法学经典文献研究”的主持人是上海海洋大学阎云峰教授。昆明理工大学法学院副教授周国兴作了题为“民意、法律方法与法律的确定性”的主题发言。报告认为,目前讨论民意与司法关系有两个路径:司法克制与司法能动性,司法民主化与司法职业化。这两种方式主要在理论层面探讨,而在实践中探讨得不多,报告人的研究侧重于实践这方面。报告人认为民意与司法的关系中有三个问题需要考量:公共权力是否滥用;公民权利如何保障;公共道德、社会民生的问题。在司法与民意的冲突中有很多的问题,包括官民的冲突,权贵的身份,以及一些道德难题、冤假错案的纠正、法律适用的问题等。我们应关注司法的社会效果,民意在司法过程中的影响从社会维度来考量,尊重形式维度和实质维度。至于怎样理性回应民意?报告人认为应从裁判的形式正义和实质正义方面来回应,民意作为辅助性理由。为什么民意不认同法院的裁判?老百姓是从朴素正义观出发的,不同于法律人;老百姓所理解的确定性与法律人也不同;很多判决符合法律要求,但老百姓不满意。因此如何把专业性的法律语言转化为老百姓可理解的语言,这是一个法律方法的过程。法院的裁判如何回应民意?报告人的观点是加强裁判文书的说理。首先不确定的疑难案件需要说理,利用法律逻辑、法律修辞等进行理性论证;其次从认定案件事实、适用何种法律规范、法外因素的考量三个方面需要说理。不能因为说理越多,错的越多就不说理。

吉林大学法学院讲师杨帆作了题为“法国法社会学的发展与转型”的报告。首先,杨老师通过对周老师的发言及其讨论,引出了自己对民意和司法的一些思考。他认为借助系统的法律教育有可能会帮助法律专业的学生形成法律职业者的实质正义观。同时,杨老师通过欧洲法律职业的形成从而对律师和民意之间的冲突也进行了阐明。其次,杨老师提出了两个主要的问题,即法国的法社会学研究有怎样的特点以及法国的法社会学与法学研究的关系如何?能给中国今天的法学研究范式之争带来了什么启示,杨老师也给出了相应的说明。再次,杨老师从四个方面具体阐述了自己的内容。第一,法社会学的学术场域:机构、刊物与行动者,杨老师从勃兴时代(1950~1970)立法导向的法社会学研究、“法律批判运动”、1970年代末以后三个方面的内容进行了展开。第二,多元化的理论范式与田野布局,在这一方面,杨老师介绍了对“场域”理论与法律职业研究、法律作为权利冲突与控制的工具、生活与工作中的法律以及法人类学与质性研究方法。第三,政治化的法社会学研究。第四,法社会学的学科定位与转向。杨老师也对这四个方面的内容进行了具体的说明。最后,杨老师做出了自己的总结,即法社会学学科的语境属性以及中国法社会学的学科定位。他认为法社会学会发挥更加重要的作用。

专题三“传统法律文化研究”由《河北法学》主编冯兆惠担任主持人。重庆邮电大学网络空间安全与信息法学院副教授费小兵作了题为“以本性法及其原则为中心的信息法哲学——基于道的视域”的发言。费老师的发言围绕人工智能和生命之间的区别。费老师指出,科学没有证据证明人类拥有灵魂,但是同样也无法解释为什么几百亿电子信号会出现人的“心理感觉”。人工智能只要能插上电源、按照二进制就可以运算,而人之所以区别人工智能,是因为人具有意识及其感觉,这是人工智能不能拥有的。更准确地说,

"圆觉"是生命区别于人工智能的根本。所谓"圆觉",是指没有逻辑思考下的行动,也指纯粹良知。例如,当一个普通人看到一个婴儿从高空坠落,很多人的下意识是去伸手相接,这就是善的圆觉。圆觉包含0信息,但是0不代表绝对的无,而是包含一切的可能性。可把纯粹良知及其判断出的善恶,定义为超然于人定法的本性法。《黄帝内经》所给出的启示是,要首先保证信息表达的自由性,因为自由的信息碎片总量能够反映事物的真实性,并与网络空间的安全原则相协调。网络信息社会的不确定性、复杂性,决定了立法的滞后性,因此应该恢复中华法系的"律例结合"的形式,给法官更大的自由量裁权,让优秀判例成为立法的一部分。

西北政法大学刑事法学院教授王国龙作了题为"规则文化建设与转型社会治理"的发言。王教授首先阐明,法治文化存在十个不同的要素,但是其根本落脚点在于规则,或者说规则文化。规则文化对于法治建设具有重要意义,因为法治文化的必要前提是在规则建设下实现良法自治。尽管中央目前的指示是司法公正引领社会公正,但是二者是截然不同的形态,司法公正包括程序公正、裁判公正等,但是社会公正却是多维度的,其内容十分丰富,因此导致了司法公正引领的困境,犹如蚂蚁拉大象。所谓规则,必须具有三个特点:明确可指引性;遵守的人可以获得预期效果;违反规则会受到惩罚。而规则文化,可以带动法治文化整体建设;同时,规则文化是社会转型的基本依据,是法治文化的核心内容,具有形式性而不含有对抗性与撕裂性;追求善治的依托,规则适用主体具有权威性,其面向具有合理性。规则文化的建设,需要增强全民法治观念。凭借规则文化明确权利观念,防止权利泛滥,区分法律方面的权利与社会、道德方面的权利。最后,把规则文化作为社会法治化的关键性评价指标。

吉林大学法学院李拥军教授以"'比'的思维传统与当代中国的司法适用技术"为题进行了发言。李教授指出,无论是古今中外成文法、不成文法国家,其法律中都蕴含着类比思维。所谓的"类比推理""类比解释"均是以"比"为基础。李教授认为,中国人善于形象思维而非演绎推理。例如,古代文献中,存在着大量比喻:"为政以德,譬如北辰,居其所而众星拱之""治大国若烹小鲜",以及孟子与梁惠王的故事,均运用形象的比喻阐明自己的观点。传统的立法者、法官,大量使用类比思维,周朝、秦朝、唐朝、明清均存在"比"的思维,这其中既包括条文的类比,也包括案例的类比。李教授举例,曾经在古代法官审判两兄弟财产纷争的案件中,法官首先引入鸟兽在类似情况下的行为,以此推及到人,指出两兄弟难道还不如鸟兽明事理为由,从而要求两兄弟和解。这种现象存在的背后必然具有相关的必要性。传统法律文化中有"比"的需要,因为古代往往是绝对法定刑,而且没有"罪"的概念,只有"刑"的概念。法条的有限与具体生活的无限可能,要求法官利用相似性,通过类比来适用法律。李教授认为,古代中国法律体系具有"判例法"的特点,但是在晚清法制改革中,封建官员因为封建君主专制思想的影响,为了在发展经济的同时保证皇权的绝对权力,选择了日本、德国为代表的成文法制度。尽管如此,中国判例法的思想传统与类比的传统思维难以被抑制,因此常常出现二者相辅相成的状态。在当代,以法国、德国为代表的司法实践中,表面是成文法在发挥作用,而在背后实则是判例法的指导运作。最后,李教授指出,在"二战"后的世界范围内,民法典的作用越来越小,判例的作用不断上升,因此不能忽视指导性案例的影响和作用,在成文法无法触及的部分,需要判例来填补空缺。

贵州民族大学法学院周相卿教授作了题为“涟江上游流域布依族习惯法田野调查与研究”的发言。周教授在发言中首先感谢厦门大学法学院承办的法理学年会开设了法律文化的专题研讨,使自己有机会将所做的实证研究分享给更多人。周教授致力于少数民族的习惯法研究,目前已经完成苗族相关习惯法研究并发表出版,接下来是对布依族和侗族的调查。黔南涟江流域是布依族比较集中的聚居地之一,周教授通过珍贵的旧照片,讲述了近十年来自己对涟江上游流域的布依族习惯法的调查。布依族的习惯法虽不成文,但是具有很高的强制性,在1990年之前,除国家公权力管理之外,布依族的习惯法对维护、控制当地的秩序起着巨大的作用。周教授指出,对于国家公权力难以触及但是民间有管理需要的部分,需要习惯法加以管理。在布依族的习惯法中,存在很多神、鬼方面的迷信因素,例如周教授举例,每年的3月3日,布依族人民会在自己的“神迹”附近杀牛祭祀,并宣誓自己会遵守相关规范的约束。同时,一些特殊的桥、树,在当地也被视为“神”,从而进行祭祀或审判活动。布依族习惯法对民间财产性处罚制度、婚姻、公民调解方面均起到了重要作用。

中南财经政法大学法学院副教授龚春霞以“水权与地权关系的历史流变及反思”为主题进行了发言。龚老师在发言一开始指出,大量调研表明,水、土问题处于水乳交融状态,二者的权利、纠纷通常伴随出现,例如城镇化建设中,城市建设、房屋建设、社区建设中,土地规划必须要考虑到水资源供应问题,例如供水是否能承担社区人口以及未来的增长态势。相对地,水污染问题也势必会导致土地问题。就历史角度,二者关系变化呈现出以下态势:最初,水权完全依附于地权,拥有土地使用权就拥有水权,例如罗马法的水法便是依赖于地法而存在,美国也存在类似情况;随着不断发展,水资源的稀缺性不断增加,例如全球每天有6000名儿童死于和水有关的疾病。同时,水资源的独特性和生态意义、战略意义,使其开始独立于地权:英国、美国、法国在立法方面规定水的所有权属于国家或者州所有,同时水的获取需要行政申请。水的多价值作用十分巨大,例如航运、工业等。在另一个层面上,当今社会要求的绿色发展,使水资源也承载了公共责任意义。重构水权和地权关系的法理基础在于三个方面:权利客体相互融合,土地使用影响水资源,水资源的流动依附于土地等;水权主体的复合性和地权主体问题的复杂性;水权实践和地权实践的差异与冲突,仅解决其中一方面的矛盾不能消除所有问题。除此之外,土地相关法律和水相关法律呈现割裂状态,未将二者结合管理。龚老师在上述论述的基础上,提出三个解决方式:改变目前水法和地法的割裂状态;国家公权力部门管理的一体化;加强水土执法部门的合作。

大连海事大学法学院副教授张婧飞的发言主题是“农村邻避型环境群体性事件发生机理及防治路经研究”。就农村邻避型环境群体事件一题,张老师从国外类似案例讲起,例如在英国、美国曾多次出现民众反对在自家后院或附近建造垃圾场、飞机场、核电站等邻避设施从而引起的邻避冲突。张老师将农村群体性事件分为邻避型(风险型)和污染型两种,而课题将着重研究前一种群体性事件。张教授针对农村邻避型环境群体事件总结为三个特点:1. 冲突焦点具有主观性和不确定性,因为邻避设施对环境的作用呈现不确定状态,既有可能造成污染,也有可能不会,人们对此的主观认识不同,因此妥协的难度大。2.农民多为承担风险的群体,环境危害的风险更多分配到农民头上,呈现从上而下聚集的状态,从而侵害农民权益,特别是大量污染企业转移到农村,对土地造成损害,使其生产力下降,农产品质量下降。3.多使用暴力进行非理性抗争,尤其是农村集体行动的组织者、组织结构十分松散,场面容易失控。张老师指出,厦门的PX项目是解决此类情况相对成功的案例。解决农村邻避型环境群体性事件的路径包括以下几种:与农民进行风险沟通,对农民展开科普工作,使其了解项目的具体工作原理与相关影响后果;通过沟通,掌握了解农民的担忧,通过科学论证打消其不必要的担忧,同时对可能的危害进行提前预警;对相关农民进行适当程度的补偿,例如在项目落户之时同时建设医院、学校等公益事业单位;保障公民参与,进行协商对话式交流,而不仅仅是政府一方进行通知和行政命令,构建"参与—回应"型社会治理模式。

专题四"信息时代的法学教育与法律职业"由湖北民族学院法学院教授司马俊莲担任主持人。广东财经大学法学院副教授刘薇作了题为"'人工智能+法学'复合专业培养新模式探索"的报告。刘薇老师提出卓越法律人才培养,除了理论功底,还应该趁着人工智能的发展,调整课程内容,文本分析、逻辑推理要与人工智能相结合。法律人在学好法律的同时,还要超越法律,这种超越是复合型知识背景的超越。在分项统计和分析方面,充分利用智能软件,帮助我们有效、快捷提供裁判文书网等不能提供的数据。刘薇老师提出法律人要关注数据分析、关注数据建模、关注法学模式的变革;在课程培养模式上增加技术内容,增加有关数据分析、数据建模这样的智能性、技术性的模块,让法学院的学生习得数据分析的能力;可以开设创新性课程,探索人工智能法学的课题。在实践过程中,面对人工智能,如果只做理论的探讨的话,我们对于AI可能还不能真正了解,对人工智能的评价会有偏差。所以我们可以尝试在大学课程设计中加入人工智能的元素,通过各种技术建立线上讨论小组、线上实习等活动、模块,提高学生的综合能力。

南京航空航天大学人文与社会科学学院教授李栗燕以"网络时代法治人才培养的革新向度"为题作了报告。报告指出,题目的初衷主要基于十九大报告的思考与解读。主要分两个层面,全民基础性教育和专业人才培养。人才培养机制的创新,需要对法治人才新的解读,即更加广泛、全面性的定义。第一是网络时代对法治人才的新呼唤,现如今"互联网+"概念已深入人心,新倡导的是"法治+",对知识和技术背景的要求提出新的诉求,这是全社会都应该去关注的问题。十九大报告对法治人才培养的指向,我们面临的问题多元而复杂,需要思考两个核心向度:人才培养的基础性和从单一到复合型人才培养的专业性。我们的法学教育要走什么样的教育模式呢?李教授认为,首先,法治要很好地承担起通识教育的责任。网络强国战略要求复合的专业性,传统法的角度就不是复合型的培养;加之本土法治的政治性话语和专业性知识都比较缺乏。公共课思修不讲法,法律教育的话语很薄弱;立法人才的缺乏,近年来各地方常用的外包手段带来的纠葛和问题实际上很多,立法专门人才的培养迫在眉睫。最后在完善路径上,基础性教育首先要改进,法律知识从思修中独立出来由法学专业的师资进行教授;交叉学科发展有一定的必要性,持开放的态度;长效的法律学习机制,高校对在职人员的培育;法治教育纳入全民教育当中。专业人才培养上,要注重单一向复合的发展,尽管各高校的培养存在差异,但努力的方向是一致的。其次要重视法律教育与实践部门的协同培养平台的建立,使法律教育的消费者也成为法律教育的生产者。

山西大学法学院教授史凤林的报告题目是“论高素质法治人才培养的规律”。史凤林教授做了一个法社会学调研,求证学历和司法腐败的关系、工资收入和司法腐败的关系、个性心理特征与司法腐败的关系。第一个命题被推翻,第二个和第三个命题被证成。在分析的过程中,史凤林教授发现:现代法律人才只注重提高法律知识,严重欠缺法律伦理教育与实践内容;高校里面缺乏实践方向的专家,实务专家受教育考核方式的束缚。史凤林教授在讲话时对规律的定义做了解释。史凤林教授认为法律规律,一定是客观的,不以人的意识为转移的;一定是代表了法学存在和发展的趋势;规律既是稳定的规律,还是运行的机制。史凤林教授提出了高素质法治人才培养应当遵循的四个规律,分别是:一、遵循德法兼修的法治人才培养的规律;二、遵循法学知识教育与法律实践历练相结合的规律;三、遵循法学学科体系、法治文明、法律院校特色同步建设的规律;四、法律思维培养、法学方法规训、法治精神培育和法律人格塑造协同完善规律。

上海对外经贸大学 WTO 研究教育(贸易谈判)学院讲师杨立民作了题为“律师执业人工智能化的限度及其影响”的报告。杨老师认为人工智能在法律行业中的功能主要表现在辅助性功能与主导性功能两个方面,而现如今的主要讨论在于人工智能在我们现在的实际应用中是否能实现从产品属性向类人类属性的转变。杨老师认为人工智能会对当代的法律行业带来影响和冲击,但不会替代法律工作者。其依据主要包含了以下三个方面:第一,人类思维不可全然概念化;第二,人工智能无法超出人类认知范围,其是以人类的认知为基础的;第三,人工智能的运算模式无法完全应对现实社会案件的多样性,无法做到应对不同案件和当事人的精细化服务。杨老师也提出,人工智能对于法律行业的影响,主要体现在以下几个方面:第一,对法律行业造成结构性的影响,人工智能会使法律服务透明化和程序化;第二,对法律服务市场的分化和重塑;第三,解决法律服务资源的欠缺性问题;第四,扩展和深入参与法律服务市场。最后,杨老师还探讨了人工智能运用于法律行业可能出现的问题:第一,数据公开问题,人工智能只能帮助公开一些程序性、法律性的文书和数据,一些非法律性的影响因素无法公开;第二,数据共享问题,由于系统不同,对于数据的判断和分析也不同,如何做到数据共享,放弃防火墙是之后法律行业将面对的问题;第三,责任承担问题,假若人工智能参与法律行业后出现问题,责任承担主体是谁;第四,职业泛化问题,人工智能是否也需要参与考试和检测,如何参与。

广东财经大学法学院教授孙占利以“信息时代的法律变革与信息网络法的渐成”为题作了报告。孙老师针对信息时代的法律演进与信息网络法的渐成这个问题,进行了四个方面论述。第一部分,孙老师认为网络是与物理世界的融合度极高的独特社会关系,其调整方法具有的特殊性,其所衍生出来的特定社会关系,需要特定法律进行规制(具象),因此,网络空间要如何规范,就不应成为法律的真空,社会关系所呈现的多层次和多维度,也使得出台针对信息网络空间的特定法律是有必要的。第二部分,孙老师认为信息网络与网络的概念是完全不同的,信息网络所包含的是互联网、通信网、广电网和物联网“四网联合”的信息网络。我国的政府文件、立法与司法解释也广泛使用“信息网络”一词。第三部分,孙老师认为从事信息网络法律这方面的研究难点在于技术。首先,孙老师提出,站在学术交流的角度应当进行基本概念的探究和交流,了解和熟悉信息网络行业的技术术语;其次,应当熟悉其相关的技术条例——技术原理,例如国家电信条例的附录。第四部分,孙老师提出了关于未来的发展方向问题。孙老师认为未来的发展问题并不是遥远的,而是迫在眉睫的。第一,关于人工智能替代人类工作的维度方面,学界的普遍观点是人工智能能够替代人类重复性和基础性的工作,而孙老师认为并不仅如此,以前的人工智能只能进行范式学习,而不能案例研习,但现如今已经出现能够进行经验学习和具有情感的人工智能。人与人工智能的分野在于思维,人工智能是在模仿人类的思维方式和思维维度,人工智能在这方面暂时无法替代人类,但是未来人工智能可能会创造自己的思维,现如今也已经出现了能够自行创造语言进行交流的机器人。第二,关于信息网络法律的研究方向。孙老师提出了结合“云、物、移、大、智”——云计算、物联网、移动互联网、大数据、智慧城市几个方面,与法律研究紧密结合。第三,关于信息网络法律的研究方法方面。孙老师提出了概念研究,并强调分类与分工的重要性。最后,孙老师以“当汽车代替马车,马车夫消失了,但司机更多了”结束和总结了本次交流。

经过十二组紧张而又充实的讨论以后,大会进了闭幕式阶段。中国法学会法理学研究会副会长刘作翔教授主持了闭幕式。刘教授宣布本次闭幕会的流程,分为三项进行,依次是徐显明教授致辞,宋方青院长致辞以及喻明峰院长致辞。

最高人民检察院副检察长、中国法学会副会长、法理学研究会会长徐显明在闭幕式上作了精彩演讲。

厦门大学法学院宋方青院长作为本次中国法理学年会的承办方代表作了精彩致辞。

湖南师范大学法学院院长助理喻明峰教授作为下一届年会主办方在闭幕式上进行了发言。喻教授表示很高兴有这个机会在厦门大学与各位朋友相聚相识,此次参加会议,其实是带着任务和忐忑求学的心态来的,希望湖南省能承办2018年中国法理学年会。湖南省一直都没有举办过这样的全国性学术会议,为了能有机会承办这样的学术盛宴,湖南省投以高度的重视并且一直在努力地争取。湖南省无论是自然风光还是人文景观都值得称赞,是一个山清水秀、人杰地灵的古都。长沙地区有千年的岳麓书院、有震惊世界的长沙马王堆、有一代伟人毛泽东同志用激扬文字亲笔题名的橘子洲头,湖南境内自然风光也闻名遐迩,有美丽的张家界和凤凰古城,还有南岳等一大批自然风景,所以喻教授衷心希望湖南省能有机会承办这样一场学术的盛宴,希望各位专家学者能莅临指导工作,希望明年在长沙召开的全国法理学年会能像今年一样给大家留下美好深刻的印象。

会议最后,主持人刘作翔教授指出,本次会议主办是中国法理学研究会,承办的是厦门大学法学院、厦门大学社会与文化研究中心、厦门大学立法研究中心,还有法律出版社、《中国法律评论》以及厦门鹭江公证处。本次会议在厦门大学的领导下,工作任务分得很细,投入了许多心血。最后刘作翔教授对会议组织者、筹备者以及所有老师和志愿者表示感谢,并宣布中国法学会法理学研究会2017年年会闭幕!

图书在版编目(CIP)数据

中国法理. 第4辑 / 李林, 齐延平主编. -- 北京 :
法律出版社, 2019
ISBN 978 - 7 - 5197 - 3053 - 6

Ⅰ. ①中… Ⅱ. ①李… ②齐… Ⅲ. ①法理学 - 中国
- 文集 Ⅳ. ①D920.0 - 53

中国版本图书馆 CIP 数据核字(2019)第018714号

中国法理(第4辑)
ZHONGGUO FALI(DI-4 JI)

中国法理学研究会主办
李　林　齐延平 主编

责任编辑 韩满春
装帧设计 马　帅

出版 法律出版社
总发行 中国法律图书有限公司
经销 新华书店
印刷 三河市龙大印装有限公司
责任校对 杨锦华
责任印制 陶　松

编辑统筹 学术·对外出版分社
开本 787毫米×1092毫米 1/16
印张 14.25
字数 320千
版本 2019年2月第1版
印次 2019年2月第1次印刷

法律出版社/北京市丰台区莲花池西里7号(100073)
网址/www. lawpress. com. cn
投稿邮箱/info@ lawpress. com. cn
举报维权邮箱/jbwq@ lawpress. com. cn
销售热线/010 - 83938336
咨询电话/010 - 63939796

中国法律图书有限公司/北京市丰台区莲花池西里7号(100073)
全国各地中法图分、子公司销售电话:
统一销售客服/400 - 660 - 6393
第一法律书店/010 - 83938334/8335
重庆分公司/023 - 67453036
深圳分公司/0755 - 83072995
西安分公司/029 - 85330678
上海分公司/021 - 62071639/1636

书号:ISBN 978 - 7 - 5197 - 3053 - 6
定价:58.00元
(如有缺页或倒装,中国法律图书有限公司负责退换)